本辑执行主编 高静

2022

马克思主义在中国早期传播研究

年度报告

湖北大学马克思主义学院 湖北大学马克思主义早期传播研究中心 编

主 编 易振龙 徐信华

策 划 田子渝

长江出版社
CHANGJIANG PRESS

马克思主义在中国早期传播研究

年度报告2022 编委会

目录

综 述

2022年是党的二十大召开之年，是进入全面建设社会主义现代化国家、向第二个百年奋斗目标进军新征程的重要一年。习近平总书记在党的二十大报告中指出："党用伟大奋斗创造了百年伟业，也一定能用新的伟大奋斗创造新的伟业。"[①]回首党的百年历史，"中国共产党的先驱们创建了中国共产党，形成了坚持真理、坚守理想，践行初心、担当使命，不怕牺牲、英勇斗争，对党忠诚、不负人民的伟大建党精神"[②]。伟大建党精神深刻反映和凝聚着中国共产党人的初心和使命，其精神要义充分体现在中国知识分子传播马克思主义和创建中国共产党的历史实践之中。中华人民共和国成立以来，"马克思主义在中国的早期传播史"和"中国共产党创建史"（简称"二史"）研究始终是国内学术界的热点和重点课题。在中国特色社会主义新时代的今天，深入推进"二史"研究是在新的历史条件下体悟党的初心与使命、领会伟大建党精神的必要之举。尤其是在2021年中国共产党建党一百周年之际，相关研究更是呈燎原之势，形成"千树万树梨花开"的璀璨之景。纵观2022年度学术界，专家和学者们围绕"二史"这两大主题，开展了大量的学术研究活动，形成了丰硕的学术成果。

这一年"二史"相关研究在2021年璀璨之景基础上，有了可喜的发展。据不完全统计，2022年以"马克思主义在中国的早期传播"（以下简称"早期传播"）和"中国共产党创建"为主题的学术论文与博硕论文近800篇，学术著作30部，举办相关学术研讨会24场，博物馆、展览馆开展相关展览活动44项，另有相当数量的音乐作品、美术作品、影视作品问世。从整体上看，这些研究成果呈现出

---

① 习近平：《高举中国特色社会主义伟大旗帜 为全面建设社会主义现代化国家而团结奋斗——在中国共产党第二十次全国代表大会上的报告》，北京：人民出版社，2022年版，第71页。

② 习近平：《在庆祝中国共产党成立100周年大会上的讲话》，《人民日报》2021年7月2日，第2版。

两个典型特点：一是高校越来越趋向于有组织地开展系统性研究。如北京大学、清华大学、湖北大学、湘潭大学、嘉兴大学等高校已形成研究团队，并出版一批研究成果。另有华东师范大学组织学生开展系列研究，撰写相关硕士学位论文；二是相关研究越来越趋向于基于原始史料对历史细节的进一步考证和阐释。如学者们对《我的马克思主义观（上）》的成稿时间、中共一大闭幕时间、旅法小组成立的时间、李汉俊等人物的历史细节的考证等。

一、习近平总书记关于“二史”的论述

“早期传播”推动了中国共产党的创建，对近代中华民族影响颇深。2022年，习近平总书记在多个重要场合回顾、阐明马克思主义在中国的传播和中国共产党创建的历史与伟大意义。

（一）关于马克思主义在中国传播的论述

2022年5月11日，习近平总书记在庆祝中国共产主义青年团成立100周年大会上的讲话中指出，近代中华民族遭受了前所未有的劫难，值此民族危难之际，一大批先进青年纷纷觉醒，“伟大的五四运动促进了马克思主义在中国的传播，拉开了新民主主义革命的序幕，也标志着中国青年成为推动中国社会变革的急先锋”[①]。青年力量的觉醒促进了先进思想的传播，中国共产党也应运而生。王沪宁在主持大会时表示，习近平总书记的重要讲话，全面回顾了100年来共青团坚定不移听党话、跟党走的青春历程，充分肯定了共青团在党的领导下，团结带领一代代团员青年为实现中华民族伟大复兴中国梦所作出的重要贡献，深刻阐明了共青团和青年工作的历史经验。[②] 2022年8月25日，在外文出版社成立70周年之际，习近平总书记在勉励外文出版社的外国专家为促进中国和世界各国交流沟通、推动构建人类命运共同体作出新贡献的回信中也指出：“中国历史上佛经汉译，近代西方学术文化著作汉译，马克思主义经典翻译传播，十七、十八世纪中国文化经典在欧洲的流传，对人类文明进步产生了积极

① 习近平：《在庆祝中国共产主义青年团成立100周年大会上的讲话》，《人民日报》，2022年5月11日，第2版。

② 《庆祝中国共产主义青年团成立100周年大会在京隆重举行 习近平发表重要讲话》，新华社，2022年5月10日。

作用。”[①]百余年前，马克思主义在中国的早期传播，促进了中国人的觉醒，中国先进知识分子通过翻译马克思主义经典文献，通过马克思主义与中国实际相结合、与中国传统文化相结合，使得马克思主义在中国获得了新的生命力，习近平总书记的论述充分肯定了青年在马克思主义早期传播和中国社会发展中的重要作用，也进一步阐明了马克思主义在中国的传播推动了人类文明的交流互鉴，推动了人类社会向前发展。

(二)关于中国共产党创建的论述

“中国产生了共产党，这是开天辟地的大事变。”[②]习近平总书记多次强调中国共产党成立的伟大意义。2022 年 9 月 20 日，习近平总书记发表《在复兴之路上坚定前行——〈复兴文库〉序言》指出：“中国共产党成立后，团结带领人民前仆后继，进行艰苦卓绝的斗争，坚持马克思主义指导地位，找到了实现中华民族伟大复兴的正确道路，通过革命、建设、改革各个历史时期的不懈努力，迎来了从站起来、富起来到强起来的伟大飞跃，谱写了中华民族发展进程中最为波澜壮阔的历史篇章，中华民族伟大复兴展现出前所未有的光明前景。”[③]“我们要在学好党史的基础上，学好中国近代史，学好中国历史，弄清楚我们从哪里来、要到哪里去，弄清楚中国共产党人是干什么的、已经干了什么、还要干什么，弄清楚过去我们为什么能够成功、未来怎样才能继续成功。”[④]为此，《重庆日报》约请有关专家学者，以笔谈的方式，交流研读“序言”。扶小兰、唐伯友指出：“历经探索的艰辛和失败，历史和人民最终选择了中国共产党，中国共产党由此担负起民族复兴的历史使命，团结带领人民在复兴之路上克服一个又一个困难，走向一个又一个胜利。”[⑤]黄晓东强调：“《复兴文库》以坚实的历史逻辑证明，近代以

① 习近平：《习近平回信勉励外文出版社的外国专家为促进中国和世界各国交流沟通推动构建人类命运共同体作出新贡献》，《人民日报》，2022 年 8 月 27 日，第 1 版。

② 毛泽东：《唯心史观的破产》，《毛泽东选集》第四卷，北京：人民出版社 1991 年版，第 1514 页。

③ 习近平：《在复兴之路上坚定前行——〈复兴文库〉序言》，《人民日报》，2022 年 9 月 27 日，第 1 版。

④ 习近平：《在复兴之路上坚定前行——〈复兴文库〉序言》，《人民日报》，2022 年 9 月 27 日，第 1 版。

⑤ 《在复兴之路上坚定前行——学习习近平总书记〈复兴文库〉序言笔谈》，《重庆日报》，2022 年 10 月 13 日第 12 版。

来，特别是中国共产党成立以来的历史，是坚持走中国道路，坚持实事求是思想路线推动中国发展的历史。”[①]蔡斐提出，“《复兴文库》记录的历史和现实都证明，没有中国共产党，就没有新中国，就没有中华民族伟大复兴。”[②]《复兴文库》记录了近代以来中国人在民族危难中求得新道路、发展新道路、坚持新道路的历史进程，是先进知识分子探索救亡图存的历史见证，更是中华民族由危难走向复兴的历史见证。在中华民族由危难走向复兴的历史过程中，中国共产党的创建、成长与壮大起到了至关重要的作用。当前，世界百年未有之大变局加速演进，中华民族伟大复兴进入关键时期，要以史为鉴、察往知来，继续坚持党的全面领导，才能开创中国特色社会主义事业新局面，进而全面建设社会主义现代化国家。

二、学术成果

伴随着中国共产党成立一百周年盛大庆典的历史契机，2022 年学术界关于“二史”的研究延续了 2021 年的盛况，学术论文和著作的数量都有不同程度的上升，反映了学术界对“二史”研究观照程度逐步提升。

（一）论文成果颇丰

经过搜集，2022 年度发表在中国知网（CNKI）上关于“二史”研究的报刊论文与硕博论文共近 800 篇。

1. 报刊论文

2022 年，以“二史”研究为主题的报刊论文成果颇丰，部分学者进行了整体性研究，更多学者则趋向做微观研究。

第一，关于“早期传播”的整体性研究。《马克思主义与中国》（陈曙光，《马克思主义研究》2022 年第 1 期）、《马克思主义在中国传播与伟大建党精神的内

① 《在复兴之路上坚定前行——学习习近平总书记〈复兴文库〉序言笔谈》，《重庆日报》，2022 年 10 月 13 日第 12 版。

② 《在复兴之路上坚定前行——学习习近平总书记〈复兴文库〉序言笔谈》，《重庆日报》，2022 年 10 月 13 日第 12 版。

在逻辑探析》(王宁,《西藏发展论坛》2022 年第 1 期)、《马克思主义中国化的历史起点:问题、问题域与问题本源》(王海稳、王威,《毛泽东邓小平理论研究》2022 年第 3 期)、《马克思主义在中国早期传播的演变与发展》(库德华、刘洋,《西安航空学院学报》2022 年第 4 期)、《从"学说"到"思潮"的知识演进:马克思主义在中国的早期传播(1917—1921)》(蒋含平、汪娜娜,《安徽大学学报(哲学社会科学版)》2022 年第 5 期)等论文或从马克思主义传播的历史进程出发探寻马克思主义在中国的演变与发展,或从思想史的角度入手研究马克思主义在中国的演进,从宏观上描述了"早期传播"的整体概况。值得一提的是,《马克思主义在中国早期传播的历史背景、演进历程和著作回顾》(田子渝、徐方平、马建强,《决策与信息》2022 年第 5 期)指出"早期传播"是引领中华民族伟大复兴的思想启蒙,是中国共产党的初心和使命之源。作为近代中国在思想领域寻求救亡图存武器的客观需要,承载着伟大的时代使命。文章还具体分析了"早期传播"的三个维度:一是从 1918 年 11 月至 1920 年 5 月,是自发、自觉的传播维度;二是从 1920 年 6 月至 1922 年 6 月,是中国共产党有组织的传播维度;三是从 1922 年 7 月至 1927 年 7 月,是早期马克思主义中国化的传播维度。三个维度具有逻辑的连贯性,前一维度是后一维度的逻辑起点,后一维度是对前一维度质的跨越,体现了"早期传播"与时俱进的特征,清晰地记录了"早期传播"由自发、自觉传播到有组织传播,再到早期"中国化"的历史过程。

第二,关于"早期传播"的微观研究。相较于整体性研究,更多学者将研究目光聚焦于诸多历史细节进行叙事、考证,如《中国共产党第一部党章的诞生与秘存》(周铁钧,《党史纵横》2022 年第 1 期)、《鲁迅与章锡琛的交往始末》(胡峰、李雁,《东岳论丛》2022 年第 4 期)、《中国共产党创建过程中党纲制定问题初探》(王新生,《中国浦东干部学院学报》2022 年第 2 期)、《赵世炎入党暨旅法共产主义小组成立时间再探讨》(张艳国、吴荣杰,《党史研究与教学》2022 年第 6 期)、《有关 1920 年初陈独秀南下上海相关问题的考证》(曹典、徐迟,《中共创建史研究》2022 年第 6 辑)、《毛泽东蔡和森是何时接触到"实事求是"这四个字的?》(曾长秋,《党史博采》(上)2022 年第 6 期)、《黄金荣两捕陈独秀之疑案》(肖伊绯,《党史博采》(上)2022 年第 11 期)、《"主编"还是"指导"?——李大钊〈晨报副刊〉任职身份考辨》(张泉泉,《青年记者》2022 年第 2 期)、《李大钊未出席中共一大原因的多维度探究》(刘岳,《北京党史》2022 年第 5 期)、《李大钊的工资去哪儿了》（鼎甲、冯雪利，《党史博览》2022年第6期）、《李大钊被捕地到底在哪?》（张晓东，《世纪风采》2022年第7期）等。这些文章着眼于历史细节，从浩如烟海的史料中找出蛛丝马迹，最大限度地还原历史原貌，体现了学者们扎实的学术功底。学界对于中共一大的闭幕日期看法不统一，从7月31日到8月5日都有各自支持的论据。《关于中共一大闭幕日期若干史料的补充及分析》（宋妍婧，《党史研究与教学》2022年第6期）一文通过对报刊史料的再挖掘，最终找到有关天气、铁路、航运等新史料信息，并对这些间接事件进行分析，挖掘出中共一大闭幕时间考证的原始史料，论证中共一大闭幕的时间。《"成立史"，还是"创建史"？——石川祯浩〈中国共产党成立史〉榷谈》（孙艳华、汪浩，《淮阴师范学院学报（哲学社会科学版）》2022年第5期）指出，日本史学家石川祯浩著的《中国共产党成立史》判定中国共产党成立于1920年11月的"成立史"观点不正确，文中通过历史文献的考证，指出中国共产党的创建经历了两年多（1920年—1923年6月）时间，可分为准备期、组建期、文献完备期。《李大钊、陈独秀未出席中共一大原因考》（邵维正，《中共创建史研究》2022年第6辑）分析了李大钊未出席中共一大的原因有两点：一是北京党支部未选举李大钊出席一大；二是当时李大钊正在北京领导八所国立院校的教职员工展开反对北洋军阀政府的"索薪斗争"。而陈独秀彼时担任广东省教育委员会委员长（相当于省教育厅厅长）兼大学预科校长，正处于主持广东教育工作的重要当口，不能离开，因此未出席中共一大。

还有部分学者从概念史角度探究了"共产党""中国共产党""党支部""先锋队""大地主""人民""五四运动"等概念或名称的确立和发展的历史过程，深刻挖掘其含义。

第三，关于建党精神的研究。2022年涌现了一批聚焦伟大建党精神的学术论文。如《伟大建党精神研究视角及其拓展探析》（李瑊，《毛泽东邓小平理论研究》2022年第1期）、《论伟大建党精神的形成历程与内在构成》（徐光寿，《思想理论教育》2022年第1期）、《伟大建党精神的百年贡献与时代价值彰显理路》（王俊涛、高晓林，《思想理论教育》2022年第1期）、《伟大建党精神的内涵特质、形成机理与实践理路》（李斌雄、魏心凝，《新疆师范大学学报（哲学社会科学版）》2022年第1期）、《伟大建党精神与中国共产党人的精神谱系关系研究》（张明，《新疆师范大学学报（哲学社会科学版）》2022年第1期）、《伟大建党精神的北京实践(1919—1949年)》(张春丽,《北京党史》2022年第1期)、《马克思主义在中国传播与伟大建党精神的内在逻辑探析》(王宁,《西藏发展论坛》2022年第1期)、《伟大建党精神研究的回顾与思考》(郭国祥、覃雅兰,《毛泽东思想》2022年第2期)、《伟大建党精神政治功能研究——基于政党理论视角的分析》(柴宝勇、藜田,《政治学研究》2022年第3期)、《弘扬伟大建党精神》(齐卫平,《红旗文稿》2022年第3期)、《伟大建党精神百年三个维度的延伸和展开》(雷厚礼,《贵州社会科学》2022年第4期)、《伟大建党精神与上海》(贾彦,《上海党史与党建》2022年第5期)等。论文《伟大建党精神:生成逻辑、内涵意蕴与弘扬路径》(张士海,《马克思主义研究》2022年第2期)指出,作为"中国共产党的精神之源"的伟大建党精神,发轫于实现中华民族伟大复兴的目标坚守,规定于马克思主义科学性与真理性的理论特质,形成于中华优秀传统文化的丰厚滋养,凝结于系列建党活动的伟大实践,并且在真理性与价值性、理论性与实践性、革命性与政治性以及党性与人民性的辩证互成中不断衍生新内容、开辟新境界。新时代我们要继续弘扬伟大建党精神,必须使这一理论成果得到深入严谨的研究阐发、健全完善的制度保障、底蕴深厚的文化濡染以及切实有效的实践转化。

第四,关于马克思主义理论传播研究。学者们依据相关史料,探寻了马克思主义国家学说、马克思主义政治经济学、马克思人的自由全面发展思想、马克思主义法治思想、马克思主义科学史观等在中国的早期传播。如《马克思主义中国化时代化的早期实践——以马克思主义国家学说的传播与接受为例》(肖瑞宁,《福建师范大学学报(哲学社会科学版)》2022年第1期)、《马克思主义政治经济学在中国的早期传播研究——基于相关译介文本的考察》(张凯,《马克思主义与现实》2022年第3期)、《马克思主义政治经济学在中国的早期传播——以〈一个马克思学说的书目〉为视角》(李天华、郭广迪,《广东党史与文献研究》2022年第4期)、《马克思人的自由全面发展思想在中国早期传播的背景及特点分析》(冯红伟,《成都大学学报(社会科学版)》2022年第3期)、《清末留日学生与马克思主义法治思想在中国的早期传播》(原琳、戴平安,《湖北社会科学》2022年第3期)、《马克思主义科学史观的早期传播及其境遇——基于第二届国际科学技术史大会苏联代表团的自述报告研究》(金俊开、唐文佩,《中国科技史杂志》2022年第4期)等。

第五，关于“早期传播”的区域研究。《马克思主义在东方早期传播的历史逻辑》（孙来斌，《北京大学学报（哲学社会科学版）》2022 年第 4 期）从整体上指出，马克思主义在俄国、中国的早期传播，符合科学理论传播的一般规律，诸如理论需要律、斗争传播律、实践指向律、先进牺牲律。马克思主义在俄国、中国的早期传播，因两国的历史和现实，又使一般规律表现出东方个性，从而表现出独特的历史逻辑：满足理论需要，映现经济落后而革命领先的“奇怪”历史背景；经历复杂斗争，遭遇马克思主义与其他西方思潮交织碰撞的复杂关系；契合实践指向，体现马克思主义译介者与革命者身份的特殊叠合；彰显牺牲精神，反映马克思主义早期传播者有产阶级家庭出身与无产阶级立场的矛盾统一。此外，据不完全统计，2022 年度发表的期刊论文中，约有 20 篇论文聚焦马克思主义在中国早期传播的区域研究，涉及的区域有东北、西北、内蒙古、贵州、安徽、山西、上海、北京、江西、广东、四川等，其中聚焦上海的论文研究数量最多。《马克思主义在贵州早期传播的实践考察与现实启示》（沈港、李安峰，《洛阳师范学院学报》2022 年第 4 期）指出，在贵州人民早期传播马克思主义的进程中，军阀统治和经济萧条的状况为新思想的传播提供了现实需要，“五四运动”为马克思主义在贵州的传播提供了实践榜样，红军在贵州的活动与地下党组织的建立奠定了坚实的群众基础。马克思主义在贵州传播的实践方式主要是通过学校教师的言传身教、报刊的广泛宣传以及早期革命家与进步青年的传播。《马克思主义在哈尔滨的早期传播探析》（李美瑶，《党史博采（下）》2022 年第 9 期）提出观点：通过俄国布尔什维克各方面的宣传，哈尔滨逐渐成为马克思主义在东北地区最主要的传播中心。《马克思主义在浙江的早期传播及当代启示》（户新竹著，《西部学刊》2022 年第 14 期）指出，敢为人先的浙籍早期马克思主义传播者以实现国家重建和民族复兴为己任，通过创办报纸杂志、翻译经典著作、组织工农运动、筹备中共一大等多元化的媒介宣传马克思主义，为国人重新审视革命道路和革命前途提供了新的思维范式。《马克思主义在四川的早期传播研究综述》（陈佳，《今古文创》2022 年第 42 期）对马克思主义在四川早期传播的背景、主体、方式等进行了研究。

第六，关于“早期传播”人物研究。人物研究历来是“早期传播”研究的重点，2022 年也涌现了大量的学术成果，约有 120 篇论文涉及了“早期传播”人物研究，数量达近 30 位，其中对毛泽东、李大钊的研究最多，也有部分论文涉及人物群体研究，如冀东南回族进步知识分子、上海工人群体、浙籍先进分子群体、中国近代第一批女报人、20 世纪初留俄学生群体、安源路矿工人俱乐部、湖南热血青年群体等。论文《20 世纪初留俄学生与社会主义在中国的传播》（庄宇，《上海师范大学学报（哲学社会科学）》2022 年第 6 期）指出，20 世纪初留俄的中国学生凭借地缘优势，将俄国正在发生的社会变革详尽介绍给国内外的华人，成为社会主义在中国广泛传播的中坚力量，为正处于历史十字路口的中国带来了新生的希望。论文《李汉俊与孙中山的关系及其他——李汉俊〈十四年前的回顾〉的解读及若干考证》（李丹阳、刘建一，《党史月刊》2022 年第 10 期）基于李汉俊撰写的文章《十四年前的回顾》，考证了李汉俊少时赴日留学的缘由、加入中国同盟会的确切时间、开始接触马克思主义的年份、脱党后对国共合作进行国民革命的态度等历史细节。

第七，关于“早期传播”团体、组织研究。2022 年度聚焦“早期传播”组织研究的论文有 30 余篇，主要涉及以下团体、组织：上海马克思主义研究会、中共北京早期组织、中共上海早期组织、平遥县第一个中共支部、黄冈共存社、中共安源支部、江苏早期共青团组织、南京地方团组织、上海大学团组织、“五四”进步社团、旅法共产主义小组、太原社会主义青年团、渭南早期党团组织等。值得一提的是，在中国共产主义青年团成立 100 周年之际，《中国共青团组织形态百年变迁的历史逻辑》（郑长忠，《中国青年研究》2022 年第 4 期）回顾和总结了中国共青团组织形态百年变迁的历史，分析其逻辑与机理，指出党的领导是中国共青团组织形态变迁的本质规定，文明形态发展是中国共青团组织形态变迁的逻辑力量，青年生存形态发展是中国共青团组织形态变迁的重要依据，共青团组织形态发展具有相对自主性。论文《中共济南早期组织若干问题考辨》（黄爱军，《广东党史与文献研究》2022 年第 3 期）指出，自 20 世纪 80 年代以来，质疑中共济南早期组织存在的文章不时见诸报刊，作者通过史料考证，得出结论：济南早期组织的存在是一个不争的事实。济南早期组织的名称为“中国共产党山东部”，其成员人数为 8 人，分别为王尽美、邓恩铭、王翔千、王乐平、王象午、王复元、贾乃甫、庄龙甲。

第八，关于“早期传播”报刊研究。报刊、文本研究是“早期传播”的主要文化载体，是“早期传播”研究的重点。2022 年度，有近 110 篇文章均聚焦此方向，主要涉及的报刊有:《新青年》、《共产党》月刊、《劳动界》、《晨报》及其副刊、《中国青年》、《生活周刊》、《申报》、《红灯》、《建设》、《青年周刊》、《星期评论》、《向导》周报、《觉悟》、《浙江新潮》、《武汉星期评论》、《先驱》、《妇女声》等,其中《新青年》是研究重点,研究触及《俄罗斯研究》专栏、"随感录"栏目等。《〈新青年〉的革命话语与中国共产党革命意识的生成》(徐信华、徐尚思,《学习与实践》2022 年第 8 期)指出,《新青年》杂志的"革命话语"经历了从"文学革命"到"社会革命"的转变与发展,催动着中国共产党革命意识的生成与演进。除了对报刊展开详细研究,学者们也展开了马克思主义早期传播文本研究,主要聚焦《共产党宣言》、《我的马克思主义观》、《共产主义与智识阶级》、《中国共产党宣言》等文本。《中国共产党早期报刊创办历史经验与当代启示》(党李丹、王灿发,《河南大学学报(社会科学版)》2022 年第 1 期)系统梳理了 1921 年 7 月至 1924 年 1 月早期中国共产党的报刊特点和创办经验,提出中国共产党早期报刊具有典型特征:报刊内容具有先进性、阶段性和现实性;报刊话语具备严谨性、生动性和战斗性;报刊编发体现党性、群众性和组织性。第九,关于马克思主义在中国早期传播与中华优秀传统文化相结合的研究。继 2021 年习近平总书记在庆祝中国共产党成立 100 周年大会上的重要讲话中提出"两个结合"重要论述以来,学界掀起了"两个结合"研究热潮。学者们从中华优秀传统文化出发,探寻早期传播者在中外历史语境中思考如何推动马克思主义与中华优秀传统文化相结合,使得马克思主义在中华文化中获得新的生命力。《马克思主义在中国早期传播的文化向度研究》(石丹阳、吴宁、李幸霖,《集美大学学报》(哲学社会科学版)2022 年第 1 期)围绕该主题展开专题研究,该论文分析了马克思主义在中国早期传播的文化动因,指出马克思主义之所以被中国人民广泛接受,是因为其与中华优秀传统文化具有诸多内在契合性。《论马克思主义和中华优秀传统文化的契合性——以五四时期先进知识分子接受马克思主义为例》(陆卫明、曹芳,《理论学刊》2022 年第 1 期)则进一步指出五四时期的先进知识分子从中国古典哲学的历史观接受马克思主义的唯物史观,从中国传统革命思想接引阶级斗争学说,从儒家的大同理想通向科学社会主义,从中国文化传统的中庸之道和实用理性解读马克思主义的科学理性精神,使马克思主义与中华优秀传统文化在近代中国社会形成了互动、融合、共进的双向逻辑关系。《文化视域中马克思主义的出场语境与思想内嵌(1919—1923)》(陈红娟、陈飞《社会主义研究》2022 年第 5 期)侧重分析建党时期马克思主义在中国传播面临的传统政治威权、儒家经书典籍以及伦理道德等特殊的文化空场。在这些巨大的文化场域中，知识分子推动马克思主义与传统文化的相契合、阐明马克思主义理论体系自身的科学性，使得马克思主义为更多先进知识分子所理解、接受并践行。并在革命实践中利用报刊等媒介组织、高等院校以及自身的人际网络，积极进行思想建构，使马克思主义成为应对文化认同危机、重建文化秩序和激活传统文化活力的重要依托。这些文章对20世纪初马克思主义入场中国的深层次文化动因、面临的文化场域和马克思主义与中华优秀传统文化相结合内容进行了学理阐释，为新时代继续推进马克思主义同中华优秀传统文化相结合，并由此实现马克思主义中国化以及中华优秀传统文化的创造性转化和创新性发展，提供了重要的方法论原则和历史性借鉴。

2. 硕博论文

2022年以“早期传播”“中共创建”为主题的硕博论文仍然较多。据统计，有博士论文6篇，硕士论文78篇，和2021年博士论文更多地聚焦宏观研究相比，2022年博士论文则更多地聚焦微观研究。

博士论文《马克思主义在中国的早期传播与党的思想政治工作创始研究》（宫兰一）通过研究得出结论：第一，“早期传播”是党的思想政治工作创始；第二，党的思政工作创始使“早期传播”获得实践途径；第三，“早期传播”与思政工作创始并行加速革命发展；第四，“早期传播”与思政工作为党的百年伟业奠定根基；第五，“早期传播”与思政工作结合改变中国文化性质结构；第六，“早期传播”与思政工作凝聚党伟大的历史主动精神。2024年是中国思想政治教育学科创立四十周年，就目前研究情况来看，中国共产党早期思想政治教育工作仍旧是党的思想政治教育研究的薄弱环节，此博士论文的创作和完成，进一步推动了中国共产党的早期思想政治教育研究向纵深发展，也是献给中国思想政治教育学科创立四十周年的一份贺礼。

博士论文《列宁著作汉译过程中的概念意义再生产研究》（周强）视角新颖，研究方法独特。作者将概念史研究方法引入马克思主义传播史研究当中，以列宁著作汉译本为切入点考察了“早期传播”。作者首先通过梳理列宁有关民族和殖民地学说著作、党的建设学说著作、哲学学说著作、经济学学说著作创作、汉译的基本情况，分析和再现了受列宁著作汉译本影响下的以帝国主义、殖民地、半殖民地、无产阶级专政、先锋队、民主集中制、党内政治生活、物质、辩证法、实事求是、市场、商品经济、国家资本主义为代表的4组共13个较为重要的马克思列宁主义经典原著术语概念向中国化马克思主义术语概念转变的历史轨迹。然后，透过经典原著概念、术语向中国化马克思主义术语概念转变的现象，研究其中所蕴含的马克思主义理论基本概念发生转义丰义的一般性、本质性规律。最后，在上述研究内容的基础上总结列宁著作汉译本过程中概念意义再生产所体现的马克思主义中国化的基本经验、带来的重大影响以及产生的时代价值，不仅展现了中国共产党人对马克思列宁主义理论的认识是怎样从早期的“生涩僵硬”到“熟练掌握”再到后来牢牢掌握了马克思列宁主义概念的定义权和马克思列宁主义理论创新主动权，进而“运用自如”的动态过程，还展现了中国共产党人在理论和实践上是怎样从“幼稚”走向“成熟”的过程。

硕士论文的研究聚焦于“早期传播”的人物研究、组织研究、文本研究、区域传播研究。

在“早期传播”人物研究方面，主要分为两种：一种研究个体人物，如对毛泽东、李大钊、陈独秀、李汉俊、恽代英、陈潭秋、蔡和森、赵世炎、任弼时、方志敏、张仲实、华岗、柯柏年、萧楚女、熊得山、高君宇、侯外庐、杨闇公等人的研究；另一种是人物群体研究，如研究中共黄冈籍领导人、中国共产党成立前后知识分子群体、浙籍共产主义知识分子、中共第一批留苏学生、留日学生群体、中共早期女报人群体、五四时期进步社团、贵州先进知识分子等在马克思主义早期传播中的作用。值得一提的是，通过文献梳理发现，华东师范大学专门组织了三位研究生分别对张仲实、华岗、柯柏年如何推进马克思主义中国化进行了研究，具体文章为《张仲实推进马克思主义传播研究（1924—1956）》、《华岗推进马克思主义中国化研究（1919—1949）》、《柯柏年推进马克思主义中国化研究（1919—1949）》。三位研究生的写作方法较为相似，先介绍了时代背景，再介绍这一人物推进马克思主义中国化的历史进程及其内容，然后分析其特点，最后对其展开评价。这种有组织的研究，在高校研究生毕业论文中较为少见，值得学习。

在“早期传播”组织研究方面，相关硕士论文较少，主要如下：《中共旅欧支部研究》、《北京大学马克思学说研究会探究》、《北京社会主义青年团研究》、《上海共产党早期组织的创建研究》、《利群书社在中国早期传播马克思主义研究》。

在“早期传播”文本研究方面，解码原始著作的论文较少，仅有3篇：《〈共产党宣言〉在中国的传播历程研究》、《陈望道译〈共产党宣言〉全译本研究》、《国民革命时期列宁〈帝国主义论〉的传播研究》，涉及的原始著作文本为《帝国主义论》、《共产党宣言》。解码报刊的论文有 2 篇，涉及《学生杂志》和《向导》周报。除此之外，武汉大学张俊涛同学的论文《中国共产党早期通俗理论读物研究》则较为系统地分析了中国共产党早期通俗理论读物开启马克思主义大众化通俗化的进程，论文确定的研究对象为这一时期党出版的具有代表性的两本通俗刊物——《劳动界》、《劳动音》，和六本通俗理论读物——《共产主义的 ABC》、《马格斯资本论入门》、《马克思主义浅说》、《唯物史观浅释》、《唯物史观解说》、《青年平民读本》，作者进一步梳理，发现这些读物具有以下特点：在语言风格上通俗直接、明白如话；在理论介绍上观点鲜明、说理透彻；在内容表达上言简意赅、种类多样。同时，这些通俗读物也有力地促进了马克思主义在中国的传播，推动了国民革命进程，教育了一大批革命的新生力量，产生了深远的影响。华东师范大学姚新宇同学的论文《〈学生杂志〉推进马克思主义理论在学生群体中的传播（1921—1926）》是为数不多的以《学生杂志》为切入点的研究论文。该论文通过对《学生杂志》推动马克思主义理论传播的背景、内容和特点的研究，得出结论：《学生杂志》推动了马克思主义理论在学生群体中的传播，弥补了转型时期报刊对学生切身问题关注的缺失，强化了马克思主义理论与现实生活的紧密结合，拓宽了"早期传播"媒体的窗口。

在"早期传播"区域传播研究方面，有 9 篇论文，涉及的地区有东北、四川、河南、江西、山西、内蒙古、浙江等。此外，中国矿业大学董晓丽同学的论文《马克思主义在开滦煤矿工人中的早期传播研究（1918—1927）》则聚焦开滦煤矿。她将 1918 年到 1927 年马克思主义在开滦煤矿工人中的早期传播分为了四个阶段："五四运动"前的萌芽期，"五四运动"后的发展期，建党前后的高潮期，五矿同盟罢工前后的扩大期。在这期间，早期马克思主义者通过报刊、工人组织和集会纪念活动等方式，用通俗易懂的语言，深入煤矿工人中向他们宣传马克思主义阶级斗争思想、工人团结斗争思想及向苏俄学习等方面的内容，促进了开滦煤矿工人的觉醒，推动了开滦煤矿工人运动的发展，实现了马克思主义与工人运动的结合。

除了以上"早期传播"人物研究、组织研究、文本研究以及区域传播研究之外，湖北工业大学郑之欣同学的论文《中共纪念列宁活动对列宁主义早期传播贡献研究（1924—1927）》，是为数不多的聚焦了列宁主义在中国早期传播这一主题的硕士论文。该论文研究视角较为新颖，以第一手历史文献史料为基础，从理论上深入系统地梳理了大革命时期中共通过纪念列宁传播列宁主义的形式主要有四种：召开追悼会、座谈会等，进行会议纪念；出版列宁论著、发行纪念册、发表宣言通告等，进行文本纪念；开展游行集会、群众演讲等，进行行为纪念；组织“观影”“化装演说”“双簧”节目表演等，进行文艺纪念。这些纪念活动在塑造列宁正面形象、构建国人集体对列宁缅怀的记忆、整合动员各阶层民众基础上，掀起了列宁主义在中国早期传播的第一次高潮，促进了列宁主义中国化进程，有效推动了革命历史进程。

纵观硕博士论文，研究视角趋于微观研究，并且部分论文能运用其他学科如传播学、历史学等来分析“早期传播”，令人可喜的是，学生们开始注意运用原始史料进行分析研究，但是也存在一定的不足——部分论文写作方法单一，研究视角狭窄，创新力度不够。在早期传播领域，仍需进一步大量挖掘史料，提高学科理论水平，勇于攀登“二史”研究的高峰。

(二)大量著作问世

得益于党的百年华诞的历史契机，许多学术著作于本年度问世。纵观这些著作，按照其编著内容和方式，主要分为三大类：

第一类为文献汇编。

继2021年出版了7套重大红色文化基础丛书后，2022年陆续出版了5套重要文献汇编：

(1)《马克思主义在中国早期传播著作精粹(1920—1927)》(7卷26册)。徐信华等编，湖北：长江出版社2022年1月版。《精粹》与《马克思主义在中国早期传播著作丛编》(湖北人民出版社2021年版)为“早期传播”著作的姊妹篇，其中《十月革命给了我们甚么》《共产主义与共产党》《湖南农民革命(一)》《中国社会各阶级的分析》等文献是中华人民共和国成立后第一次以原创性著作影印出版，填补了“早期传播”著作出版的空白。

(2)《中国共产党重要文献汇编》(1—12卷)，收录了1921年至1927年的重要文献1109篇，共计430余万字。中共中央党史和文献研究院、中央档案馆编，北京：人民出版社2022年9月版。该书首次以“汇编”形式公开出版党的历史文献，内容涵盖党的代表大会、中央全会等重要会议文件，党中央的重要决议、决定、宣言、通知、通告、指示、计划，中央领导人的重要报告、讲演、谈话、文章、信件等，以及党的地方组织发布的具有全局性重要影响的文献，还包括党的创始人、早期革命活动家、知识分子和工人党员代表的重要讲话、文章等，是迄今为止收入党的历史文献最系统、最全面的文献汇集。其中新公布了众多的档案文献，具有很高的档案价值。

(3)《复兴文库》，全五编包含 60 多卷、300 多册、1.1 亿多字。金冲及编，北京：中华书局 2022 年 9 月版。截至 2022 年 11 月，《复兴文库》第一至三编已出版发行，第四、五编正在编纂。该书选编了从 1840 年鸦片战争以来为中华民族复兴而奋斗的各种社会力量、仁人志士以及先进政党所形成的历史文献，以 1921 年中国共产党建立以来形成的历史文献为主要线索，以具有思想史意义为各种文献入选的衡量标准，全景式展现了中华优秀儿女为实现国家富强、民族振兴、人民幸福而不懈探索、百折不挠的历史足迹。其中，第一编和第二编收录了部分与“早期传播”相关的文献。习近平总书记在《复兴文库》序言中直接指出：“在我们党带领人民迈上全面建设社会主义现代化国家新征程之际，这部典籍的出版，对于我们坚定历史自信、把握时代大势、走好中国道路，以中国式现代化推进中华民族伟大复兴具有十分重要的意义。”

(4)《中国共产党第一次全国代表大会档案文献选编》，中共中央党史研究室、中央档案馆编，北京：中共党史出版社 2022 年 9 月版。该书第一版已于 2015 年 5 月出版，原书主编为李忠杰、段东升。2015 年 5 月版书籍已断货，因此 2022 年 9 月版为再版书籍，内容没有任何改动，仅更换开本、定价和装帧。

(5)《新中国成立前马克思主义传播文献续编》，王东红编，上海：上海科学技术文献出版社 2022 年 9 月版。该书是在 2020 年出版的《新中国成立前马克思主义传播文献汇编》(全 58 册)的基础上，增补相关文献 100 余种。《新中国成立前马克思主义传播文献续编》共计 42 册、总字数达 1099.9 万，其中第 1—27 册收录的是“早期传播”相关文献，共 69 种。此丛书是原始著作影印，为马克思主义在中国传播研究提供了第一手资料，但编者没有进行文本研究，没有“说明”“注释”等，希望以后能够补入，以提高文本的学术水平和时代价值。

第二类为学术专著。

一是通史类著作。有《中国共产党的一百年》(中共党史出版社 2022 年版)、《从五条脉络看百年党史》(当代中国出版社 2022 年版)、《百年征程——中国共产党坚守初心之路》(人民出版社 2022 年版)等书籍先后出版。《中国共产党的一百年》分为"新民主主义革命时期""社会主义革命和建设时期""改革开放和社会主义现代化建设新时期""中国特色社会主义新时代"四卷,第一卷"新民主主义革命时期"首先有"二史"的内容,但过于简略。《从五条脉络看百年党史》共有六章,其中前五章均以"中共创建"或"早期传播"为始。《百年征程——中国共产党坚守初心之路》以"中共创建"为发端,对中国共产党为什么能取得巨大成就以及能否实现中华民族伟大复兴做了理论上的系统、全面梳理阐释。

与此相关的与地方党史整体性研究联系在一起的著作,如《中国共产党重庆 100 年大事记》(重庆出版社 2022 年版)、《中国共产党上海历史第一卷(1921—1949)》(中共党史出版社 2022 年版)等,其中都有"二史"叙事。

一是中国共产党创建史著作。《伟大从此开始——中国共产党的创建》(祝彦,中国青年出版社 2022 年版)、《东方欲晓:中国共产党是如何诞生的》(邵维正,人民日报出版社 2022 年版)、《伟大的起点:中国共产党是这样创立的》(中共上海市委党史研究室,上海人民出版社 2022 年版)等相继出版。以上专著聚焦于中国共产党创建这一核心命题,除此之外,《百年大党的关键抉择》(徐斌,北京联合出版公司 2022 年版)、《中国由此改变》(中共中央党校中共党史教研部,北京联合出版公司 2022 年版)、《中国共产党历史自信从哪里来》(任仲文,人民日报出版社 2022 年版)等著作中也均有部分篇章涉及中国共产党的创建。以上这些专著均依据大量原始史料,探究了中国共产党的创建过程和相关问题,深刻诠释了"不忘初心、牢记使命"的永恒课题,弘扬了伟大建党精神。与上述学术专著不同的是,《鲜红的党旗:写给青少年的建党故事》(刘统,上海少年儿童出版社 2022 年版)从儿童本位出发,把一些原本晦涩深奥的历史学术语、名词和复杂的历史背景转化为一个个形象生动的小故事,同时还结合历史人物与事件配置一些类型丰富多样的图片,图文并茂地反映了与党的建设这一主题相契合的历史场景和历史故事。

一是"早期传播"著作。2022 年出版的著作中,《马克思主义在中国的创新与发展》(杨金海,辽宁人民出版社 2022 年版)共分十章,是从整体层面阐明了马克思主义中国化的历史进程和理论成果。其中开篇即介绍了五四时期马克思主义在中国的传播与中国共产党的成立相关内容。其余专著则从某个切入点出发研究马克思主义在中国的早期传播。

全面、整体性叙事"早期传播"的专著尚缺,多半是专题性研究,有的是将

“早期传播”与党组织结合起来。如《北大红楼日志》(中国共产党早期北京革命活动纪念馆编写组,中共中央党校出版社 2022 年版)、《少年中国学会研究——基于马克思主义中国化的历史审视》(张曼著,四川大学出版社 2022 年版)均聚焦微观组织。

有的是区域性研究。如《马克思主义东北传播史》(田鹏颖、宋建欣,辽宁人民出版社 2022 年版)将国家档案馆和东北各省、市级档案馆收藏的有关马克思主义在东北传播的档案,尤其是那些尚未数据化的纸质档案进行了较为系统的收集、整理和分类,对马克思主义在东北的传播进行了分时期且较为细致的介绍;《中国共产党早期报刊与马克思主义在上海的传播》(徐立波,光明日报出版社 2022 年版)、《信仰的力量:金华早期共产党人的初心和使命》(中共金华市委宣传部、浙江师范大学马克思主义学院,东南大学出版社 2022 年版)等专著均展开了马克思主义在中国早期传播区域研究。

有的是“早期传播”人物研究。马克思传记是传播马克思主义的最通俗和形象的图书,深受进步青年的欢迎。《新中国成立前马克思传记重要文本研究——以李季著〈马克思传〉研究为中心》(刘霞,中国社会科学出版社 2022 年版)介绍了李季。李季于 1920 年参加中国早期组织,并开始从事社会主义、马克思主义的翻译传播。1921 年到德国留学时,他就潜心收集马克思的资料,1926 年出版了《马克思——其生平其著作及其学说》,后来在此基础上完成了《马克思传》3 册近 70 万字,这是民国时期最全面、最丰富、最精彩的马克思传,扩大了马克思及其学说在中国的影响,推动了马克思主义在中国的广泛传播。《寻找“主义”:五四时期恽代英的政治思想转型》(徐霞翔,人民出版社 2022 年版)以“新青年”恽代英为切入点,通过剖析恽代英政治思想由道德理想主义向革命理想主义转型,揭示了五四时期知识分子的现代性选择和共产主义在中国的传播路径。

三、学术研讨会

据不完全统计,全国各地举行“早期传播”学术研讨会 24 场。其中以“早期传播”为主题的研讨会 3 场,以“伟大建党精神”为主题的研讨会 12 场,以创建时期党史人物为主题的研讨会 5 场,其他 4 场。和上一年度相比,以“伟大建党精神”为主题的研讨会数量明显增加,而以“早期传播”的人物研究为主题的研讨会数量有所下降，具体对比如下：

	早期传播	伟大建党精神	人物研究	其他
2021 年	9	8	13	2
2022 年	3	12	5	4

从学术研讨会举办的地点来看，上海是举办研讨会最多的地方，与上海在“早期传播”和“中共创建”中的历史作用一样，研讨会的举办也充分体现了上海在全国学习、宣传马克思主义理论中的主阵地作用。“最年轻的中共四大代表、北方工人运动的先驱者之一”阮章史料征集与学术研讨会、“弘扬伟大建党精神，奋进新时代新征程”学术研讨会、第六届“中国共产党的创建与上海”学术研讨会、上海市纪念首部党章通过 100 周年座谈会、“百年辅德里 奋进新时代”——纪念中国共产党首部党章通过 100 周年学术研讨会、中共二大与统一战线百年发展研讨会、“新时代与新青年：上海红色基因传承学术研讨会”先后在上海举办。

从学术研讨会举办的时间来看，一半集中在 7—8 月份举办。

从学术研讨会举办的形式来看，受疫情因素影响，多数研讨会采用线上、线下相结合的形式召开，这种形式更有利于扩大研讨会的影响力。此外，多数研讨会也都开展了征文活动，出版研讨会论文集，进一步推动“二史”“早期马克思主义中国化”研究。

四、纪念活动

与学术界相呼应，社会各界关于“二史”研究的活动，无论是在规模数量上还是内容形式上与以往相比都有了巨大超越，这种超越一方面得益于学术界关于“二史”的新进展，另一方面得益于新的科学技术手段的发展与运用。

（一）主题展览：精彩纷呈

乘 2021 年中国共产党的百年华诞之东风，本年度全国各地各种庆祝活动和展览继续涌现，延续了 2021 年的璀璨之景。2022 年各项展览活动达 44 项，其中综合性展览 2 项，“建团一百周年”主题展览 9 项，其他专题展览 33 项。

第一，综合性展览如下：

展览主题	开展时间	展览地点
以史为鉴 开创未来——党的一大到十九大	2022.10.1	八七会议会址纪念馆
“光辉的历程——中国共产党一大到二十大”主题展	2022.10.18	福建船政交通职业学院

以上综合性展览以党的历次代表大会为主题，以党的历史发展脉络为主线，对党的一大至十九大会议情况精心梳理、精炼概述，并辅以相关延伸，生动展现了中国共产党团结带领中国人民铸就百年辉煌的不懈奋斗、不怕牺牲、理论探索、为民造福、自身建设的壮阔历程。其中涵盖有马克思主义在中国早期传播和中国共产党创建的篇章。通过综合性展览，大家能进一步深刻感受到红色政权来之不易、新中国来之不易、中国特色社会主义来之不易；进一步深刻认识到中国共产党为什么能、马克思主义为什么行、中国特色社会主义为什么好。

第二，“建团100周年”主题展览。2022年5月11日，庆祝中国共产主义青年团成立100周年大会召开，习近平总书记出席并发表重要讲话。本年度全国上下围绕“建团100周年”这一主题展览活动颇多。主要展览如下表：

展览主题	开展时间	展览地点
“喜迎二十大 永远跟党走 奋进新征程”——庆祝建团100周年主题展览	2022.4.22	建川博物馆
复兴路上 青春闪光——武汉庆祝中国共青团成立100周年专题展	2022.4.28	中共五大会址纪念馆
心向党 正青春——中国共产主义青年团南京史料展	2022.4.28	中共代表团梅园新村纪念馆
齐鲁青未了——庆祝中国共产主义青年团成立100周年山东省青年美术作品展	2022.4.29	山东美术馆
“青春百年”——庆祝中国共产主义青年团成立100周年美术展	2022.4.29	广州市天河艺苑、广州市天河区文化馆
中国青年运动历史展览	2022.5.5	中央团校
中国共产党领导下的中国社会主义青年团创建历史陈列	2022.5.12	团一大纪念馆
强国有我逐梦航海：庆祝中国共产主义青年团100周年特展	2022.7.1	中国航海博物馆
“初心凝聚在申城 共青火炬耀青春”——庆祝建团百年史料珍遗展	云展	中国社会主义青年团中央机关旧址纪念馆

习近平总书记指出："一百年来，在党的坚强领导下，共青团不忘初心、牢记使命，走在青年前列，组织引导一代又一代青年坚定信念、紧跟党走，为争取民族独立、人民解放和实现国家富强、人民幸福而贡献力量，谱写了中华民族伟大复兴进程中激昂的青春乐章。"①各项"建团一百周年"展览均展现了中国青年用实际行动践行了"请党放心、强国有我"的青春誓言。如中国青年运动历史展览就以"中国青年在党的领导下为实现中华民族伟大复兴而不懈奋斗"为主题，将展览分为"紧跟党打破旧世界""追随党建设新中国""听党号召搏击改革潮""青春向党奋进新时代"四个部分。"历史和实践充分证明，中国共青团不愧为中国青年运动的先锋队，不愧为党的忠实助手和可靠后备军！"②

第三，专题性展览。

展览主题	开展时间	展览地点
启航——中华全国总工会在广州	常展	中华全国总工会旧址纪念馆
中共中央机关旧址——春园	常展	中共中央机关旧址春园
华南明灯——杨匏安旧居革命史迹展	常展	杨匏安旧居
初心如炬——共产党人与黄埔军校展	常展	黄埔军校旧址纪念馆
"黄埔军校中的共产党人"油画展	常展	黄埔军校旧址纪念馆
伟大精神铸就伟大时代——中国共产党伟大建党精神专题展	2022.1.25	全国巡展
犹记峥嵘岁月稠——宣传画中的家国情怀	2022.1.26—7.18	武汉中共中央机关旧址纪念馆
红巷巾帼——庆祝"三八"国际劳动妇女节专题图片展	2022.3.8	武汉革命博物馆
《上海1927——纪念上海工人第三次武装起义胜利95周年》主题云展	2022.3.22	中共四大纪念馆微信公众号"中国四大纪念馆"
用生命诠释忠诚——中国共产党首届中央监察委员会委员生平展	2022.4—9	巡展
一起向未来——常州三杰的青年担当	2022.5.4	巡展
中共苏州独立支部史料展——党团组织	2022.5.5	苏州革命博物馆云展

① 习近平：《在庆祝中国共产主义青年团成立100周年大会上的讲话》，《人民日报》，2022年5月11日，第2版。

② 习近平：《在庆祝中国共产主义青年团成立100周年大会上的讲话》，《人民日报》，2022年5月11日，第2版。

续表

展览主题	开展时间	展览地点
常州革命文物图片展	2022.5.12	巡展
罗亦农生平业绩陈列展	2022.5.18	湘潭县红色教育发展中心
“革命文物说·见证”——初心	2022.5.20	苏州革命博物馆云展
《红船起航》专题展	2022.6.5	巡展
人格的力量——中国共产党人的家国情怀	2022.6.8	国家博物馆
红色足迹——中国共产党党章历程展	2022.7.1	武昌农讲所
《红船从“浙”里启航——中国共产党在浙江(1921—1949)》大型图片巡展	2021.5.20—2024.5.20	浙江省医学科技教育发展中心
不爱红装爱武装——纪念武汉中央军事政治学校女生队成立95周年特展	2022.8.1	巡展
伟大的握手——孙中山与李大钊会晤百年纪念展	2022.8.23	孙中山故居纪念馆
启航——中华全国总工会在广州图片展	2022.8.25	武昌农讲所
初心照耀——中共一大纪念馆建馆70周年纪念展	2022.9.3—2023.1.2	中共一大纪念馆
信仰的力量——馆藏中国共产党文献特展	2022.9.3—11.30	浙江省博物馆
伟大历程——中共一大至七大巡展	2022.9.16	延安革命纪念馆
光明摇篮 精神之源——迎二十大上海红色文物史料展	2022.9.29	上海市历史博物馆
伟大的历史转折——八七会议	2022.10.1—11.15	张太雷纪念馆
“书生壮烈林可彝”——中共早期伟大的马克思主义者林可彝旧居展陈	2022.10.14	林可彝故居
抓铁有痕铸党魂——中国共产党早期纪律建设史料展	2022.11.11	中共四大纪念馆
信仰的力量——红色文献里的初心使命	2022.12.15	南湖革命纪念馆
“红色江南——长三角党史纪念地巡礼”展览	2022.12.16	苏州革命博物馆
初心永驻 使命相继——建党精神 延安精神 红旗渠精神联展	2022.12.26—2023.5.1	中共一大纪念馆、红旗渠纪念馆、延安革命纪念馆
“百年前北大学术纪念展1922”线上展	2022.12.30	“北京大学图书馆”微信公众号

以上专题性展览或展示中国共产党创建时期的著名旧址，或陈列中国共产党党员生平事迹，或叙事中国共产党创建时期的重大事件或会议，或展现某地与中国共产党创建的关系。其中，“伟大精神铸就伟大时代——中国共产党伟大建党精神专题展”为全国巡展，通过“伟大建党精神：中国共产党的精神之源”、“浴血奋战、百折不挠，夺取新民主主义革命伟大胜利”、“自力更生、发愤图强，完成社会主义革命和推进社会主义建设”、“解放思想、锐意进取，进行改革开放和社会主义现代化建设”、“自信自强、守正创新，开创中国特色社会主义新时代”五个部分内容，展示了在伟大建党精神引领下党和人民的百年奋斗历程。另外，值得一提的是，2022 年也是中共一大纪念馆建馆 70 周年，在此特殊时刻，“初心照耀——中共一大纪念馆建馆 70 周年纪念展”在上海开幕。该展览首次展出反映 20 世纪 20 年代法租界周边环境，50 年代会址勘察复原，70 年代以来纪念馆管理、修缮、建设的珍贵档案、文献、手稿 50 余件，从馆藏 12.8 万件（套）革命文物中精选 180 件实物原件，翔实反映了中共一大会址从开天辟地、隐姓埋名到重见天日、举国瞩目的过程。展览共分为两个部分，第一部分以会址建筑发展历程为主线，第二部分以人物故事为叙，以口述历史为媒，打破馆史展览的常规时间线叙事，以专题形式创新内容及形式设计手段。该展览真正保护和呈现了中国共产党创建的历史资源，讲述和传播了中国共产党创建故事，也再次阐释了伟大建党精神。

（二）影视作品：扣人心弦

从展现形式上来看，2022 年的影视作品以短视频、纪录片为主。其中短视频形式的影视作品有 8 部，纪录片形式的影视作品有 3 部，其他如话剧、喜剧、情景剧、电视访谈、评弹等形式的影视作品有 10 部。

青年兴则国家兴，青年强则国家强。从内容上来看，这些影视作品主要以“中国共青团成立 100 周年”为主题，充分展现了在中国共产党的领导下，在振兴中华的历史进程中，广大青年共同奋斗前进，与国家共命运、与时代齐发展，唱响了不同历史时期的青春之歌，谱写了永载史册的青春乐章。如《青春百年》《共青春》《百年青春 当燃有我》《星火筑梦人》《一封信》等，通过展现在中国发展的各个历史阶段青年的风采，来表达青年的时代职责与使命。除了建团百年的主题外，其余影视作品主要分为以下几种：

以历史事件或重要人物为主题。如“高擎革命火炬，践行初心使命”——李大钊事迹专题片线上展播、《谋将来永远幸福——张太雷》《辅德里 1922》《百年辅德里 明灯伴我行》《一叶红船问初心》《惊涛》《思南路上的枪声——向着光明前行》《握手》《红讲台之农运风云》《红色摇篮·烈火永生》《红色革命的心脏》，以上影视作品或讲述李大钊、张太雷等人的英雄事迹，或为纪念中共二大召开一百周年介绍了首部党章诞生地辅德里，或演绎大革命时期农民运动领袖和骨干在全国各地掀起农运浪潮的革命故事。

以坚定共产主义信仰为主题。如《信仰的守望》《铁骨柔情铸信仰》等。《信仰的守望》主要通过龙华烈士纪念馆的文物保管员、讲解员与华东师大一附中的思政课老师一起合作，在龙华烈士纪念馆里为学生准备一节特殊的思政课为切入点，引出陈为人、陈延年、陈乔年、许白昊、杨匏安等一个个革命者守望信仰的故事，展现了两代青年人共通的精神内核，和对于未来共同的信仰与守望。《铁骨柔情铸信仰》展现了夏明翰的坚定信仰。

（三）文艺演出：美轮美奂

2022 年，全国各专业剧团演出 7 场，其余各机关、各学校、各团体和社会各阶层的文艺演出和活动则层出不穷。其中 5 场是以庆祝中国共青团成立 100 周年为主题，其余文艺演出主题则有“纪念国歌唱响 87 周年”“庆祝中国共产党成立 101 周年”。

2022 年 5 月 7 日，国家大剧院举办了“庆祝中国共青团成立 100 周年特别演出‘征程’——国家大剧院合唱团演绎经典合唱作品专场音乐会”。这场音乐会设置了五大主题：第一，“学堂乐歌和中国艺术歌曲”，演奏了有声故事片《还我山河》的插曲《旗正飘飘》以及脍炙人口的抗战歌曲《长城谣》等；第二，“工人阶级的觉醒与抗争”，传递了来自中国工人阶级及社会劳苦大众的声音，包括冼星海的《夜半歌声》，聂耳的《大路歌》《毕业歌》和《码头工人歌》等抗日救亡的经典曲目，其鲜明有力的节奏和旋律对中国青年有着强烈的号召力；第三，“致敬先烈”，演奏了光未然作词、闫述诗作曲的《五月的鲜花》，并通过选自《献给无名烈士的歌》缅怀英雄；第四，“冬奥精神”，以歌曲《雪花》和《一起向未来》传递冬奥精神，歌声中有雪花般晶莹纯洁的心，也有美好期待的未来；第五，“中国正青春”，《中国正青春》《征程》与《领航》等充满正能量的作品，书写了新时代中国青年必能在未来放飞人生梦想，书写青年担当。

2022 年 7 月 1 日 20 时，由中共中央宣传部、文化和旅游部、中央广播电视总台联合主办的《庆祝中国共产党成立101周年交响音乐会》在中国共产党历史展览馆举行，首都各界群众代表500余人观看了演出。7月2日晚该音乐会在中央广播电视总台央视综合频道、综艺频道黄金时段播出。音乐会共分为四个篇章，一首首经典曲目和新创作品，带领全场观众追寻红色记忆、感悟红色精神、汲取红色力量，奏响实现中华民族伟大复兴的天地交响。

除了大型文艺演出之外，2022年也诞生了许多经典音乐作品，如《青春之歌》《有我》《时空的花朵》《五月的光芒》《青春无畏》《闪亮》《强国青年》《百舸》《闪光如你》《青春》《百年正青春 一起向未来》《五月之光》《伟大建党精神之歌》《我们是青春中国的力量》《心之所向》《筑梦时空》《团聚青春歌》《发光》《青春如火》等。

（四）水墨丹青：精妙绝伦

为展现"早期传播"的绚丽画面，美术界创作了许多匠心独运的美术作品，其中以中国画和油画为主要创作形式。

2022年4月29日，"青春百年——庆祝中国共产主义青年团成立100周年美术作品展"在广州开幕。展览由广州市文学艺术界联合会指导，广州市美术家协会、共青团天河区委员会、广州市天河区文联、天河区文化广电旅游体育局主办。160多件展品从征集到的600余件美术作品中被精选，在广州市天河艺苑以及广州市天河区文化馆与公众见面，涵盖油画、国画、版画、水彩等，既有全国知名美术大师的力作，也有近年涌现的优秀中青年美术家的新品。广州美术家协会副主席、油艺会主任陈铿介绍了他创作《青春之歌》的立意："我想知道，百年前的青年，是如何的热血；我想知道，百年前的几本小册子，是如何打开他们的心智？豆蔻年华，充满理想，充满活力，最易吸收新思潮，最想建立一个新世界！"钟誉民创作的《长夜明灯·广东农讲所叙事》通过时空错位的方式，展现了革命先辈用马克思主义思想照亮旧的世界，创造新的世界。

2022年5月2日，《中国美术报》第268期专门策划推出"在青春的赛道上奋力奔跑"选题，以名家的经典作品展现一代代中国青年前赴后继、勇当先锋的青春风采。在一幅幅精美的美术作品中，美术家用画笔展现早期共产党人不屈不挠的斗争精神，也阐明了没有中国共产党就没有朝气蓬勃的中国青年运动，矢志不渝跟党走是中国青年百年奋斗的最宝贵经验，深深融入血脉的红色基因是中国青年百年奋斗的最宝贵财富。

在一幅又一幅的水墨丹青中,《青年 1 · 王尽美》《新青年—1》《新青年》《星星之火 · 团一大》《振兴中华》《谭平山的一封信》《青年阮啸仙》《青年 · 一群无声的炬火》等美术作品的叙事性、针对性很强,塑造出党成立之时中国青年不屈不挠的集体形象,也说明了中国青年是不怕牺牲、敢于斗争,经受了生与死的考验,为争取民族独立和人民解放冲锋陷阵,抛洒热血。

"求实篇"是《年度报告》特设栏目,刊登"二史"研究原创性的文章,稿源一是投稿,一是约稿,一是已发表的论文精品。本期发表 9 篇论文,其中评述马克思列宁主义的论文 4 篇,值得一读。中共上海早期组织成立的时间,主要有"8 月说"和"6 月说"。《中共上海发起组成立于 1920 年 6 月 16 日》用许多第一手资料考证为"6 月说",为将来权威党史著作提供了史料基础。马克思主义的三大圣书之一《资本论》在中国传播是学界研究的热门课题,成果很多,但早期传播研究却十分肤浅,许多史实缺失。《"剩余价值"术语何时传入中国?》深入早期社会主义、马克思主义早期传播的著述中,挖掘新史料,探寻出"剩余价值"何时传入中国,解读最初的 8 种译名,为《资本论》早期传入中国研究作出了贡献。中国共产党出版史专著文章不多,特别是早期出版史不仅内容少,而且还有重大失误。《中国共产党早期出版机构的历史考察》是学界第一篇全面记录 1920 年至 1927 年中国共产党的红色出版机构历史的文章。《京汉工人流血记》的封面是一位体格强健的工人高举一把铁锤,画面有很强的感染力。但长期以来,学界对这幅画没有研究。该书编者罗章龙在回忆录中称这是编辑绘制的。《〈京汉工人流血记〉封面美术作品考》的作者彭茹娜是一位美术博士,她在美国留学期间开始关注中国红色美术,经过长期寻觅,找到了《京汉工人流血记》封面设计的原型是匈牙利无产阶级红色画家考米哈伊 · 比罗(Mihály Biró,1886—1948)于 1912 年间创作的一幅名为"挥舞锤子的红色男人"的海报,纠正了罗章龙回忆的错误。此封面美术作品并不是简单的抄袭,而是将比罗石版画改为木刻画,画家用刀刻作画,线条粗犷有力,展示了工人阶级威武雄壮、奋起锤子砸烂旧世界的战斗形象,极具震撼力。此文不仅揭示了《京汉工人流血记》封面设计的来源,而且是中国红色美术研究的突破。

(高静)

报纸论文

报纸论文目录

1. 略说北大“红楼”历史沿革．林齐模．北京大学校报2022年1月5日第4版

2. 恽代英:“愿我的磷发出更多的热和光”．林珊珊．学习时报2022年1月7日第6版

3. 中国共产党成立初期的党史学习教育及其经验启示．张健、齐付清．光明日报2022年1月19日第11版

4. 贺龙:弃奢从简求新生．钱敏．学习时报2022年2月7日第3版

5. 马克思名字、画像首次传入中国．牛伟坤．学习时报2022年2月7日第3版

6. 荔泉书院:邓恩铭烈士成长的摇篮．叶文举．学习时报2022年2月25日第6版

7. 以对革命的坚定诠释伟大建党精神．杨文淼．学习时报2022年2月25日第7版

8. 南社:以文学鼓吹革命阐扬国魂．顾思思．解放日报2022年3月1日第11版

9. 凤巘书院:一支人民军队从这里走来．杨会清．学习时报2022年3月4日第6版

10. 少年罗瑞卿的“觉醒年代”．李力可．学习时报2022年3月7日第7版

11. 邓恩铭诗词中的济世情怀与献身精神．叶文举．学习时报2022年3月18日第4版

12. 新文化运动与马克思主义哲学中国化的开启．何萍．光明日报2022年3月21日第15版

13. 深刻理解和把握以伟大建党精神为源头的精神谱系．北京市习近平新时代中国特色社会主义思想研究中心．光明日报2022年3月25日第11版

14. 李大钊与中国早期马克思主义传播．袁咏红．光明日报2022年3月30日第11版

15. 何叔衡诗词中的“大家”和“小家”．徐佳佳．学习时报2022年4月1日第3版

16. 信江书院:“以天下国家为己任”. 邵声 . 学习时报 2022 年 4 月 1 日第 6 版

17. 党如何在不同历史时期制定纲领和目标 . 程连升 . 学习时报 2022 年 4 月 1 日第 7 版

18. 党的一大唯一的少数民族代表邓恩铭 . 张衍霞 . 学习时报 2022 年 4 月 1 日第 7 版

19. 李克农:隐蔽战线的传奇将军 . 鲍晓菁 . 学习时报 2022 年 4 月 11 日第 7 版

20. 八本蓝章图书 . 胡俊 . 学习时报 2022 年 4 月 11 日第 7 版

21. 千秋家国照“横塘”——走进长沙清水塘毛泽东杨开慧故居 . 王帆 . 学习时报 2022 年 4 月 15 日第 4 版

22. 岑山书院:从传统文化到革命精神 . 薛体伟 . 学习时报 2022 年 4 月 15 日第 6 版

23. 云山书院:宁乡革命的摇篮 . 张文珍 . 学习时报 2022 年 4 月 22 日第 6 版

24. 瞿秋白为广州起义正名 . 周二中 . 人民政协报 2022 年 04 月 28 日第 11 版

25. 李大钊诗中的图强求变 . 张朋 . 学习时报 2022 年 5 月 6 日第 4 版

26. 王尽美诗歌中的“尽善尽美”. 颜廷平 . 学习时报 2022 年 5 月 13 日第 4 版

27. 龙泉书院:从育“天下士”到播革命种 . 王大林 . 学习时报 2022 年 5 月 13 日第 7 版

28.《共产党宣言》的第一个北大译本 . 陈长安 . 北京大学校报 2022 年 5 月 15 日第 3 版

29.“真理的味道非常甜”——走进浙江义乌陈望道故居 . 李一 . 学习时报 2022 年 5 月 20 日第 4 版

30. 学习李大钊的学术精神,推进新时代李大钊研究 . 宇文利 . 北京大学校报 2022 年 5 月 25 日第 3 版

31. 北大料理李大钊身后事 . 林齐模 . 北京大学校报 2022 年 5 月 25 日第 4 版

32. 李大钊与昌黎五峰山 . 苏宝铭、祝彦 . 学习时报 2022 年 5 月 27 日第 7 版

33. 中国共产党第一个关于妇女运动的决议 . 周铁钧 . 学习时报 2022 年 5 月 30 日第 7 版

34. 周恩来与陈望道．周晔．学习时报 2022 年 6 月 10 日第 4 版

35. 党的干部教育早期开拓者罗亦农．陈安杰．学习时报 2022 年 6 月 17 日第 7 版

36. 党的四大：提出无产阶级领导权问题．楚向红、安东华．文摘报 2022 年 6 月 29 日第 6 版

37. 谋将来永远幸福——走进江苏常州张太雷故居．谢军．学习时报 2022 年 7 月 1 日第 4 版

38. 王若飞："一切要为人民打算"．徐冀宁．学习时报 2022 年 7 月 1 日第 6 版

39. 进一步"找到与中国实际的联系"．王国英、丁晓强．解放日报 2022 年 7 月 5 日第 8 版

40. 瞿秋白的两首诗．陆克寒．人民政协报 2022 年 7 月 7 日第 11 版

41. 教育家徐特立接办湖南孤儿院．叶松．学习时报 2022 年 7 月 8 日第 2 版

42. 马列主义文献早期传播与中国共产党创立．朱鸿召．中国社会科学报 2022 年 7 月 15 日第 4 版

43. 从红色文献看伟大建党精神．忻平、姜楠．中国社会科学报 2022 年 7 月 15 日第 5 版

44. 出版印刷机构见证红色文献在沪诞生．姚霏、苏智良．中国社会科学报 2022 年 7 月 15 日第 6 版

45. 李大钊对青年乌兰夫的培养．韩笑．学习时报 2022 年 7 月 15 日第 6 版

46. 李达的法学研究与学术贡献——以《法理学大纲》为中心．匡凯．光明日报 2022 年 7 月 20 日第 11 版

47. 周文雍绝笔诗中的"革命精神不可灭"．汪霏霏．学习时报 2022 年 7 月 22 日第 4 版

48. 戢翼翚：以笔为枪，为实现共和呐喊．王淼．人民政协报 2022 年 07 月 21 日第 10 版

49. 寻找党章守护者张人亚．顾小立．新华每日电讯 2022 年 7 月 29 日第 9 版

50. 工人运动先驱——林祥谦．陈弘毅．学习时报 2022 年 8 月 1 日第 7 版

51. 党的纪律建设奠基之作．徐光寿．解放日报 2022 年 8 月 2 日第 10 版

52.“学就是原理，术就是应用”——陈望道的治学之道．王恩宝．学习时报 2022 年 8 月 3 日第 5 版

53. 邓中夏诗歌中的革命火种．方新．学习时报 2022 年 8 月 5 日第 4 版

54. 中国共产主义运动先驱—— 李大钊．任丽颖．学习时报 2022 年 8 月 8 日第 7 版

55. 陈望道：忘我追寻真理，毕生坚守信仰．孙洁、胡建涛．学习时报 2022 年 8 月 12 日第 6 版

56. 李大钊诗歌中的“青春之气”．戴和圣．学习时报 2022 年 8 月 26 日第 4 版

57. 从“国民”到“平民” 从“平民”到“人民”．陈兰馨．解放日报 2022 年 8 月 30 日第 12 版

58. 瞿秋白曾两次见到列宁．崔鹤同．人民政协报 2022 年 9 月 1 日第 11 版

59. 谭梓生：井冈山根据地第一位“红色县长”．颜慧．学习时报 2022 年 9 月 2 日第 3 版

60. 恽代英的处女作．顾燕．人民政协报 2022 年 9 月 8 日第 11 版

61. 联奎书院：点燃井冈山星火的红色书院．邵声．学习时报 2022 年 9 月 9 日第 6 版

62. 中共二大与党的群众工作．李传兵．光明日报 2022 年 9 月 14 日第 11 版

63. 大革命洪流中的中共贵溪、余江支部．况建军．人民政协报 2022 年 09 月 22 日第 10 版

64. 党的二大对于党章建设的双重贡献．李君如．北京日报 2022 年 9 月 26 日第 11 版

65. 陈赓的戎马一生．罗元生．学习时报 2022 年 10 月 3 日第 7 版

66. 建党之初和大革命时期党员读书活动的开展．易凤林．光明日报 2022 年 10 月 12 日第 11 版

67.“西湖会议”的几个“关键”细节．李传玺．人民政协报 2022 年 10 月 13 日第 11 版

68. 瞿秋白的“提案”．周二中．人民政协报 2022 年 10 月 13 日第 11 版

69. 我党第一支武装力量诞生记．黄河．学习时报 2022 年 10 月 17 日第 7 版

70. 瞿秋白关注语言学．刘兴尧．学习时报 2022 年 10 月 17 日第 7 版

71. 人民军队的第一批女兵．陈升．学习时报 2022 年 10 月 24 日第 7 版

72. 熊雄:不应忘却的黄埔精魂．胡晓军、马荣瑞．学习时报 2022 年 10 月 24 日第 7 版

73. 做一个像青松一样堂堂正正的中国人——走进江西弋阳方志敏故居．徐佳佳．学习时报 2022 年 10 月 28 日第 4 版

74. 第一位女共产党员缪伯英．何立波．人民政协报 2022 年 11 月 3 日第 11 版

75. 李大钊眼中的"赤色"．王善英．学习时报 2022 年 11 月 4 日第 5 版

76. 周恩来亲笔修改《八一起义》说明稿．刘小花．学习时报 2022 年 11 月 7 日第 7 版

77. 李大钊的警醒．周二中．人民政协报 2022 年 11 月 10 日第 11 版

78. 茅盾早期在上海的地下革命活动．钟桂松．人民政协报 2022 年 11 月 17 日第 11 版

79. 拳拳爱国情 铮铮铁骨意．刘松山、黄彦婷．解放日报 2022 年 11 月 29 日第 12 版

80. 把对老百姓有用作为一生坚守之"常"——走进乐亭李大钊故居．李芬．学习时报 2022 年 12 月 2 日第 3 版

81. 第一位女共产党员缪伯英．何立波．学习时报 2022 年 12 月 5 日第 7 版

82. 夏明翰:砍头不要紧,只要主义真．何勇．学习时报 2022 年 12 月 12 日第 7 版

83. 卢德铭:秋收起义铸丰碑．梁懿丹．学习时报 2022 年 12 月 19 日第 7 版

84. 恽代英:中国革命青年的楷模．白光迪．学习时报 2022 年 12 月 19 日第 7 版

85.《共产党宣言》在中国的翻译与传播．李昕皓．中国社会科学报 2022 年 12 月 29 日第 4 版

86.《共产党宣言》的人民性品格．邵晓秋．中国社会科学报 2022 年 12 月 29 日第 4 版

87."尽善尽美唯解放"——走进山东诸城王尽美故居．颜廷平．学习时报 2022 年 12 月 30 日第 4 版

报纸论文文摘

中国共产党成立初期的党史学习教育及其经验启示

中国共产党成立初期进行的党史学习教育主要包含六个方面内容：第一，早期工人运动和中国共产党创建史的介绍与总结；第二，成立党史研究机构，收集党史文献资料；第三，发表党史研究论著，编写出版党史教材；第四，在探索中国革命道路中，自觉开展党史学习教育；第五，各地设立各级各类党校，开设党史党建相关课程；第六，开展党史学习教育与党的理论宣传动员紧密结合。

中国共产党成立初期将党史学习教育与政治教育、思想教育紧密结合，在探索中国革命道路中自觉开展党史学习教育，在政治宣传动员的过程中也融入党的历史的学习教育。以毛泽东同志为代表的中国共产党人通过学习党的历史，总结历史经验，明确了前进方向，提升了对党的历史的认识，留下了宝贵的经验。首先，党史学习教育要做到理论和实践相结合。中国共产党成立初期，中国共产党人通过学习党的历史、总结历史经验解决实际问题，找到正确的前进方向。时代是不断发展的，党史学习教育的内容也要契合社会发展需要，做到理论与实践相结合。其次，党史学习教育应与马克思主义理论中国化的最新成果相结合。中国共产党百年历史同时也是一部马克思主义中国化的历史。党史学习教育要将马克思主义中国化的最新成果纳入党史学习教育体系之中，始终同学习马克思主义中国化的最新成果相结合，才能把握好党史学习教育的方向。再次，党史学习教育应将党内教育与群众性宣传教育相结合。中国共产党在百年发展进程中，始终保持同人民群众的血肉联系，在不同历史阶段，党史学习教育内容的侧重点各有不同，但无论哪个时期，都始终将党内教育与群众性宣传教育结合。面向未来，我们要认真总结党史学习教育经验，建立常态化、长效化制度机制，推进党史总结、学习、教育、宣传，坚定历史自信、筑牢历史记忆，满怀信心地向前进。

摘自《光明日报》2022年1月19日第11版，张健、齐付清

李大钊与中国早期马克思主义传播

李大钊是中国共产主义运动的先驱、中国共产党的主要创始人之一。他在进行学理研究的基础上认同马克思主义的科学性和革命性，树立了马克思主义信仰，并注重从实际出发运用马克思主义救国救民、改造中国社会。他是中国最早的马克思主义传播者，一生的奋斗历程同马克思主义在中国传播的历史紧密相连，同中国共产党创建的历史紧密相连。在他的影响带动下，一批中国先进知识分子积极研究、传播马克思主义，促进马克思主义与工人运动相结合，推动了中国革命事业的发展。

李大钊在精研学理的基础上深刻认识了马克思主义理论的科学性，从而对马克思主义理论产生了信仰。首先，他认为马克思主义理论具有完整性和系统性。李大钊把马克思主义分为三个有机组成部分：唯物史观、经济学说、阶级竞争学说（即阶级斗争学说）。其次，李大钊认为马克思的唯物史观、经济学说、阶级斗争学说都是科学的，是深入进行科学研究的结果和对客观规律的揭示。他认为马克思主义唯物史观是关于人类生存和发展问题的深入研究和真实解答。经济学说方面，李大钊首先从研究社会经济学学理入手研究马克思主义理论，他认为马克思在继承前人优秀研究成果的基础上，超越了前人并开创了社会主义经济学这一科学的理论体系。阶级斗争学说方面，李大钊认同马克思的阶级竞争学说，认为阶级斗争的结果就是互助光明的到来和阶级社会的消亡，这是人类社会发展的必然规律。

俄国十月革命胜利后，李大钊树立了对马克思主义的理论自信和坚定的共产主义信仰。李大钊 1919 年发表《我的马克思主义观》一文，标志着他已经成为马克思主义者。这篇文章比较系统地介绍了马克思主义且作出了基本正确的阐释，在思想界、学术界产生了重要影响。李大钊、陈独秀、李达、李汉俊等在与当时流行的各种思潮的论战中，帮助一批倾向社会主义的进步分子划清了社会主义同资本主义以及科学社会主义同资产阶级、小资产阶级社会主义流派的界限，使知识分子们进一步了解和认识马克思主义、社会主义。李大钊亲自参与了“问题与主义之争”和“社会主义论战”。除了参与论战、撰写文章、发表讲演宣传马克思主义，李大钊还在《新青年》上办了“马克思研究号”，并帮助《晨报副刊》开辟了“马克思研究”专栏。此外，他还利用三尺讲台继续扩大马克思主义的宣传和马克思主义在青年知识分子中的影响力。由于李大钊在中国最早举起马克思主义旗帜，且和陈独秀一起“相约建党”，因此，在思想界享有“南陈北李”的崇高声誉。

李大钊注意从中国的实际出发传播、运用马克思主义理论，推动马克思主义与工人运动相结合。他接受马克思主义后，就主张运用马克思主义去解决中国的实际问题，开始把马克思主义与中国具体的“实境”相结合。李大钊认识到农民是中国革命的依靠力量，明确提出“中国的浩大的农民群众，如果能够组织起来，参加国民革命，中国国民革命的成功就不远了”。他重视农民、农村，号召先进知识分子去做“开发农村的事”。中国第一个农村党支部——中共直隶安平县台城特支就是在李大钊的直接领导下建立起来的。在李大钊的关怀领导下，他的家乡乐亭县及安平县、饶阳县、玉田县等地的农村党组织纷纷成立了，为党培养了一批善于发动农民、开展北方农村工作的早期骨干力量。

李大钊树立了马克思主义信仰并积极传播、实践马克思主义，在二十世纪初播下火种。在李大钊等人的影响、带动下，一批先进知识分子纷纷走向工厂、农村，与工农结合起来，他们走上了一条近代中国没人走过的新道路，预示着中国先进知识分子们应当遵循的新方向。这些具有共产主义思想的知识分子成为工农的发动者、组织者，工人阶级开始由自在阶级向自为阶级转变。这一切，为后来中国工农革命的发展和胜利奠定了重要基础。

摘自《光明日报》2022 年 3 月 30 日第 11 版，袁咏红

党的一大唯一的少数民族代表邓恩铭

邓恩铭是中国共产党的创建者和工人运动的重要创始人之一，是党的一大唯一的少数民族代表，也是山东党组织的缔造者和早期领导者之一。1931 年 4 月 5 日，他被国民党枪杀于济南，年仅 30 岁。

“志在苍生，不顾安危”。1901 年 1 月 5 日，邓恩铭出生于贵州省荔波县水浦寨的水族家庭。他自幼聪明伶俐，读书期间，受到老师高梓仲民主革命思想的影响，对民间疾苦和社会不平非常关切。1915 年 6 月，反日讨袁爱国运动波及荔波，思想进步的邓恩铭带领同学走上街头演讲，反对卖国的“二十一条”，开展抵制日货的运动。

“济南名士知多少，君与恩铭不老松”。1918 年，邓恩铭考入山东省立第一

中学。五四运动后，济南成为宣传马克思主义的一方热土。邓恩铭与王尽美等一起研究、探讨并接受了马克思主义，成为山东最早的青年马克思主义者。1920年秋，邓恩铭等在济南成立马克思学说研究会，推动了马克思主义在山东的传播。11月，邓恩铭与王尽美等人组织成立励新学会，创办《励新》半月刊，为济南共产党早期组织的建立奠定了基础。1921年春，在上海、北京共产党早期组织的影响和帮助下，王尽美、邓恩铭等人成立了济南共产党早期组织。1921年7月，年仅20岁的邓恩铭与王尽美一同出席了党的一大。

“不能不算是难能可贵”。党正式成立后，邓恩铭积极投身于山东党组织的创建、领导开展山东工人运动。1922年8月，邓恩铭首次到淄博开展工作。在邓恩铭等人的不懈努力下，1924年7月建立中共淄博支部，成为山东建党较早的地区之一。

1923年，邓恩铭受济南党组织派遣，到青岛筹建党团组织，青岛成为他在建党后从事革命工作时间最长的地区。邓恩铭创建了青岛的第一个共产党组织和社会主义青年团组织。1925年2月，中共青岛支部成立，邓恩铭任书记。1925年2月，邓恩铭领导了四方机厂工人大罢工并取得了胜利。在四方机厂工会的基础上，宣告成立了胶济铁路总工会。4月，在邓恩铭的组织、影响下，青岛日商纱厂工人举行了三次同盟大罢工，罢工工人达到18000余人。邓恩铭亲自起草了《青岛大康纱厂全体工人泣告书》，为罢工工人呐喊助威。在运动中，邓恩铭被反动当局逮捕驱逐出青岛。之后，他又秘密潜回青岛，继续领导工人运动。

1925年8月19日王尽美在青岛病逝后，邓恩铭担任中共山东地方执行委员会书记。1926年10月，他任中共山东区委委员，1927春赴武汉向中共中央汇报山东党组织的工作，并出席在此召开的党的五大。会后，他应邀在毛泽东主办的农民运动讲习所讲课。七一五反革命政变后，邓恩铭由上海回山东，在平原会议上当选为山东省委书记。其间斗争形势异常复杂，山东省委领导更迭频繁，他的工作几经变动。1928年2月，邓恩铭受党组织委派再次到青岛，任中共青岛市委书记。7月又调回省委，被派往淄博张矿区负责党的工作。

“不惜唯我身先死，后继频频慰九泉”。1929年1月，邓恩铭在济南向山东省委汇报工作期间，因叛徒告密，第三次被捕入狱。在被关押的两年多时间里，邓恩铭一直是狱中党组织的主要负责人，领导狱友进行多次绝食抗争，并策划了两次越狱斗争。1931年4月5日凌晨，邓恩铭等22人被押赴刑场。当刑车驶上大街时，邓恩铭等同声唱起了国际歌，高呼口号，壮烈牺牲。他们被后人称为“四五烈士”。

摘自《学习时报》2022年4月1日第7版，张衍霞

学习李大钊的学术精神，推进新时代李大钊研究

李大钊先生离开我们已经95年了。95年来，中国共产党人对李大钊先生的缅怀持续不绝，时间愈久，怀念愈增。李大钊先生离开的是身躯，留下的是精神。众所周知，李大钊先生曾手书一副对联：铁肩担道义，妙手著文章。这副对联，可以说代表了李大钊先生的精神追求和人生目标，也是李大钊先生的精神写照。我个人体会，这副对联是对李大钊先生革命精神与学术精神的凝练和表达。无论是对于革命事业，还是对于学术事业，这副对联中所凝结的精神无疑是李大钊人格精神中异常显著的两个方面。这两个方面一而二、二而一，像一枚硬币的两面不可分离。今天我们缅怀李大钊先生，除了学习李大钊先生的革命精神外，也要学习他的学术精神。

大钊学术精神的形成和涵育。作为政治人物，李大钊是受人敬仰的革命家，在他身上体现了革命精神；作为学者，李大钊也是名副其实的学问家，在他身上体现了学术精神。概括而言，大钊学术精神的形成受到了以下几个方面的影响，也有一些具体体现：一是早年对前世学人学术品格的敬仰；二是一生对求得学识和学术环境的重视；三是对学术的提倡和敬畏；四是对学术研究和教育教学的投入；五是对学术方法的变革和励新。

大钊学术精神的特质。作为学人的李大钊追慕学术，他所葆有的学术精神既是他的实践精神的内容，也是他的生命精神的要素。统揽李大钊先生的遗文，感悟他的学术精神，我们可以发现其中所蕴含的一些特质。概括起来说，主要有以下几个方面：一是学术见政治的精神；二是学术为革命的精神；三是学术求自由的精神；四是学术觉国民的精神；五是学术利文化的精神；六是学术扬文明的精神。

以大钊学术精神推动新时代李大钊研究。李大钊的学术精神与其革命精神密不可分，构成了中国共产党伟大建党精神的重要组成部分，也为中国共产党百年精神发展史和伟大精神谱系奠基。新时代新阶段，研究者应当准确把握和继承李大钊的学术精神，学习李大钊“铁肩担道义、妙手著文章”的政治情怀

与学术品格，把学习李大钊学术精神与发扬革命先烈的革命精神结合起来，以大钊学术精神推动新时代李大钊研究。一要深入研究李大钊的学术精神和学术贡献，努力塑造和还原李大钊的伟大学术形象；二要结合历史素材的发掘、研究方法的改进和时代条件的参照，深化和创新李大钊研究；三要以李大钊学术思想研究为支点，在习近平新时代中国特色社会主义思想的指导下推进百年中国共产党学术思想研究。

摘自《北京大学校报》2022 年 5 月 25 日第 3 版，宇文利

从红色文献看伟大建党精神

1921—1933 年，中共中央长期驻扎上海。这一时期，是党的幼年时期，也是伟大建党精神在形成之后得到进一步传承发展的起步阶段。通过这一时期的红色文献，透视伟大建党精神的内涵与外延，是研究伟大建党精神的新视角。

见证革命道路。上海是中国共产党的诞生地和中共中央的长期驻扎地。从 1921 年 7 月中国共产党正式成立，到 1930 年 1 月迁往江西苏区，除三次短暂迁离外，中共中央一直驻扎上海。党中央驻沪时期的红色文献，记录的是这一时期全党的历史信息，空间上并不局限于上海。其内容极为丰富，依据载体类型可分为三大类：一是档案；二是文稿；三是报刊。综合来看，党中央驻沪时期的红色文献既见证了革命道路的走向，也反映了党的精神品格，具有重要历史价值与现实意义。

蕴含伟大精神。红色文献与伟大建党精神具有内在关联性。红色文献作为一种红色资源，是红色文化的重要物质载体。伟大建党精神是红色文献的精神内核，构成了红色文献的内在底蕴。党中央驻沪时期的红色文献，呈现了伟大建党精神四个层面的内涵：第一个层面是“坚持真理、坚守理想”，这是对中国共产党人理想信念和价值追求的集中表达；第二个层面是“践行初心、担当使命”，这是对中国共产党人历史责任和时代使命的集中表达；第三个层面是“不怕牺牲、英勇斗争”，这是对中国共产党人精神风范和意志品质的集中表达；第四个层面是“对党忠诚、不负人民”，这是对中国共产党人政治担当和人民立场的集中表达。

构建精神谱系。伟大建党精神形成于建党实践中。红色文献真实记录了这段历史，是研究党史事实的主要史料。通过梳理党中央驻沪时期红色文献，

还原这一时期的历史脉络,可以清晰地看到,马克思主义中国化进程与伟大建党精神的发展过程呈现一致性。正是在正确推进马克思主义中国化的前提下,作为精神之源的伟大建党精神在特殊的历史环境下,孕育出井冈山精神、苏区精神、古田会议精神等伟大精神,中国共产党人精神谱系逐步形成并不断完善。

党中央驻沪时期红色文献中保存了党的历史和精神,也留下了正反两方面的历史经验。随着革命实践的深化和对国情认识的加深,中国共产党在汲取经验的基础上,走出一条独立自主的中国革命新道路,最终迎来了革命的胜利。

摘自《中国社会科学报》2022 年 7 月 15 日第 5 版,忻平、姜楠

出版印刷机构见证红色文献在沪诞生

红色文献出版发行的"三驾马车"。成立于 1920 年 8 月的中共发起组高度重视开辟理论宣传阵地。中共发起组的第一个出版发行机构《新青年》月刊发行社承担了中共发起组编辑策划的《新青年》《劳动界》《上海伙友》等刊物的出版发行。中国共产党成立后,有组织、有计划地出版马列主义相关著作成为宣传工作的中心。在成为中共二大会址之前,南成都路辅德里 625 号已是人民出版社所在地,是中国共产党真正意义上的第一个出版社。1923 年 11 月,为加强党的宣传工作,中共中央在上海创办集出版、印刷、发行于一体的上海书店,之后近三年,上海书店延续并壮大了《新青年》社、人民出版社的红色出版发行事业。

隐蔽"地下"的红色印刷机器。红色文献需要依靠印刷才能产生广泛影响。五卅运动爆发后,党的宣传品需求量快速增长,以往依靠商业机构的方法行不通了,中共中央决定创办自己的印刷机构。1925 年 6 月,中共中央在上海的第一个秘密印刷厂,即国华印刷所(又名"崇文堂印务局")成立。同年 9 月,交通员在运送党内文件清样途中遭巡捕搜身。为避免暴露,印刷所随即关闭。其后,青云路桥境的印刷所也暴露了。之后,党把印刷所的选址安置回租界内。1926 年与 1927 年之交,公共租界新闻路东西两头的鸿祥里和西斯文里,分别隐蔽着中共的两处印刷所——中兴印刷所和文明印务局。前者一般只印刷在上海发行的书籍,后者则排印党的内部文件和遭到公开查禁的书籍。不久之后,第一次国共合作破裂,党在上海的许多机构岌岌可危,印刷所也不例外。但上海的印刷机构依然坚持印刷书籍、报纸、传单,向全国传递革命思想。

1931 年，毛泽民受中央委派再次回到上海负责秘密印刷事业。吸取之前的经验教训，秘密印刷厂改为排字、印刷、装订分开的方式进行印刷，这样既保障印刷机构不会“全军覆没”，又能通过专业分工提高效率。从地点来看，这一时期所有的秘密印刷所或排字厂等，或位于公共租界东区杨树浦一带的工厂区，或位于商铺掩护的公共租界西区。同年 4 月，由于顾顺章叛变，秘密印刷厂转移到梅白克路一幢新建红砖三层公寓内。

让红色文献在城市中熠熠生辉。从 1921 年中国共产党诞生到 1933 年临时中央政治局撤离，作为中共中央 12 年驻地的上海，是红色文献编辑印刷出版的起点。上海的红色文献编印机构，让马克思主义经典理论和中国共产党的实践经验经过物质技术加工转变为印刷产品，传递给社会大众，传播至中国各地，推动了红色革命的发展壮大，同时也为后世留下了回顾峥嵘岁月的重要文本。而中共出版印刷人与时俱进、顽强不屈、舍生忘死的红色精神，也为人们留下了丰厚的精神财富。

摘自《中国社会科学报》2022 年 7 月 15 日第 6 版，作者姚霏、苏智良

李达的法学研究与学术贡献——以《法理学大纲》为中心

李达同志是中国共产党的主要创始人和早期领导人之一，也是中国近现代史上卓有建树的马克思主义理论家，他将马克思主义世界观和方法论运用于分析中国现实，为构建具有中国特色的马克思主义法学体系、推进马克思主义中国化发挥了重要作用。

在 1935 年以前，李达法学研究中的译著占据了一定的数量。通过翻译，李达掌握了系统的唯物论方法，了解了各学术流派的基本观点，同时也对世界历史和制度的变迁有了较为深入的掌握。这些都为《法理学大纲》提供了理论和知识基础。而 1947 年他在湖南大学的境遇则促成了此书的面世。在李达被聘为法学院教授之后，国民党当局只准他讲授法理学。于是，李达便自己编写教材，《法理学大纲》由此诞生。

《法理学大纲》一书运用辩证唯物论和历史唯物论的方法对法理学的对象、法律与国家的关系、法律的本质与现象、法律的内容与形式、法律的属性等问题进行了系统论述。如以客观存在的“法律的发展法则”为基础，说明了法理学的对象和任务。从经济基础出发，阐明了法律的阶级性本质对国家目的的保障和

对法律属性的决定作用，还阐明了生产关系作为法律的内容对国家发展的影响，以及法律内容与法律形式之间的统一和矛盾。

李达通过批判历史上各法学流派，对民国时期的一些流行观点进行了批驳，破除了抽象的法治观。当时，改良主义、实用主义思想和法社会学占据了法学话语的主导权，一些学者认为："近代市民的国家，立法、司法与行政三权分立，法律是由市民的立法机关之国会制定。这就是所谓法治国时代。"书中对各法学流派及其研究方法展开了批判，指出他们采取"形式论理学的方法"。实际上，"市民国家一切关于政权与治权的法规，都是保障资本至经济结构的法规，其内容仍然是经济"。"（法律）形式上虽然平等，而（经济）内容却是不平等"。

《法理学大纲》是我国第一部系统的马克思主义法理学著作。书中创造性地提出法理学要研究当代社会问题、劳工问题以及中国社会史、世界社会史，并强调要考察中国与世界的现状。可以说，它是李达前期法学研究积累的集中展示。正如汪信砚教授指出的，李达撰写了中国第一部马克思主义法学著作《法理学大纲》，以唯物辩证法和唯物史观为思想方法，对历史上各种有代表性的法学流派和观点进行了系统的分析批判，对各种法学理论问题进行了深入考察，并对国民党玩弄"制宪"把戏欺骗人民的伎俩做了巧妙的揭露，是马克思主义法学中国化的最早实践。

摘自《光明日报》2022 年 7 月 20 日第 11 版，匡凯

从"国民"到"平民"　从"平民"到"人民"

平民主义源于新文化运动高举的"德先生"旗帜，是"德谟克拉西"的意译，也被译作"民本主义""民生主义"和"庶民主义"。这一时期的平民主义杂糅着新村主义、工读主义、无政府主义、托尔斯泰泛劳动主义等其他社会思潮，影响了一大批中国先进知识分子，促使他们将视线转向"国民"中的"平民"、"平民"中的"劳工"。由此，他们关注更为广泛的社会议题，鼓励妇女反抗压迫，提出劳工不受资本压迫，倡导解放个体、捍卫权利、冲破传统束缚等，让人民成为国家和社会的主人。

当马克思主义在中国进一步传播，平民主义的话语内核开始从"平民政治"转向"无产阶级专政"。在平民主义思想的持续影响下，中国早期马克思主义者心中原本抽象的"平民"概念愈发具象、清晰。他们从"民"的概念中分化出来，

成为“农民”“工人”“劳动者”，一直到后来的“人民群众”等。与此相伴，“无产阶级专政”“人民至上”“群众路线”等，逐渐成为中国共产党重要的政治话语，并进一步转化为切实的原则、政策、实践、行动。

摘自《解放日报》2022 年 8 月 30 日第 12 版，陈兰馨

“西湖会议”的几个“关键”细节

西湖会议是在马林和陈独秀都是被作为重点盯防人物前提下，无法在上海召开只好移往他地召开的中央全会。在会议上，张国焘不仅没有认真贯彻东方民族大会精神和列宁的要求，反而以极左的面目极力阻挠国共合作，并且影响了陈独秀的态度。鉴于当时没有民主集中制，在必须取得一致方能通过决议的情况下，面对两种不同态度的对立，李大钊较早领会马林的建议和共产国际的精神，极力说服，得以保证西湖会议圆满结束，从而推动了以国共合作为标志的“民主的联合战线”的顺利建立，帮助中国共产党迅速发展壮大，走上了中国革命的舞台中央。

摘自《人民政协报》2022 年 10 月 13 日第 11 版，李传玺

《共产党宣言》在中国的翻译与传播

《共产党宣言》(以下简称《宣言》)是发行量最大、影响范围最广的马克思主义经典文献之一。自 1848 年正式出版以来，它通过 200 多种文字、1100 多个版本传遍全球、改变世界；自 19 世纪末 20 世纪初进入国人视野，它更是影响、培育了无数革命者，对中国社会和历史发展产生了深刻影响。

从欧洲到中国。《宣言》进入中国是从摘译开始的，之后出现了全文译本，在此基础上又不断修订，前后可分为三个阶段。

一是 1899 年至 1919 年译介阶段，以引用、摘译、节译为主。最早有记载介绍《宣言》进入中国的是英国传教士李提摩太(T. Richard)和蔡尔康。随着近代日本西化及社会主义的传播，中国留日学生、学者日众，日本成为 20 世纪初向中国传播马克思主义的主渠道。同盟会革命者马君武、宋教仁等就参与了《宣言》的译介，1905 年朱执信在《民报》上参照日英译本摘译了部分文字。1908 年民鸣想要在《天义》报连载序言及后续章节，但随着日本国内政局急转，《宣言》

的翻译和传播受到限制和镇压，然国人火种已播，1919 年国内《每周评论》《新青年》《国民》等陆续摘译了《宣言》的部分章节，同年流传出译自德文原版的油印节本，国人对《宣言》全文中译本的需求呼之欲出。

二是 1920 年至 1949 年全文译本阶段。此阶段共出现七个全文中译本，分别为 1920 年陈望道据日英文版的译本，1930 年华岗据英文版的译本，1938 年成仿吾、徐冰据德文版的合译本，1943 年博古据俄文版的译本，1943 年陈瘦石译本，1948 年乔冠华据英文版的译本及 1949 年谢唯真据德文原版的莫斯科“百周年纪念版”。许多老一辈革命家正是受陈望道译本的影响走上了革命道路。

三是 1949 年至今译本修订阶段。1953 年中国人民大学和 1987 年人民出版社出版过成仿吾的修订本，前者修订者自述“印出了很少份数，供校内使用”；中央编译局在 20 世纪 50 年代“转载”“校订”过 1949 年的谢唯真译本，并在 1964 年、1978 年、1995 年、2009 年先后重新校译四个版本。中央编译局 2014 年、2018 年又出文库版、纪念版，吸收了国内外最新研究成果，增强了译文可读性，2021 年出校注本，再现全文译本阶段的七个中译本的历史原貌。香港新苗出版社（1998）、香港三联书店（2005）、台湾《当代》杂志（1998）、台湾脸谱文化出版社（2001）、台湾启思出版社（2003）、台湾左岸文化出版社（2004）等分别在中央编译局的基础上改动、校译出版；另外，民族出版社出版了蒙、藏、维吾尔、哈萨克、朝鲜等少数民族版文本，盲文出版社出版了盲文版。《宣言》中译本质量不断提升，其传播对象从知识精英、领袖群体拓展到普罗大众、各族人民。

摘自《中国社会科学报》2022 年 12 月 29 日第 4 版，李昕皓

期刊论文

期刊论文目录

1. 马克思主义与中国．陈曙光．马克思主义研究 2022 年第 1 期

2. 2021 年毛泽东等老一辈革命家思想生平研究系列学术会议综述．王永魁、韩同友、潘敬国、王倩、周书羽、王光鑫、周锟、王桢、张安雷、唐国军．党的文献 2022 年第 1 期

3. 毛泽东对伟大建党精神的开创性贡献．李捷．毛泽东思想 2022 年第 1 期

4. 李达对马克思主义唯物史观和唯物辩证法的独特运用与阐释．宋俭、栗荣．党史研究与教学 2022 年第 1 期

5. 江西地方社会的权势格局与五四运动(1917—1920)．张蓝天．党史研究与教学 2022 年第 1 期

6.《申报》视野中的李大钊．牟文鹏、刘宝东．党史研究与教学 2022 年第 1 期

7.《马克思主义在中国早期传播著作丛编（1920—1927)》述论．王千迁、田子渝．党史研究与教学 2022 年第 1 期

8. 马克思主义中国化时代化的早期实践——以马克思主义国家学说的传播与接受为例．肖瑞宁．福建师范大学学报(哲学社会科学版)2022 年第 1 期

9. 中国共产党探索培育中华民族共同体意识研究(1921—1949)．崔晓鳞、陈婷．广西民族大学学报(哲学社会科学版)2022 年第 1 期

10. 上海马克思主义研究会再研究．黄爱军．成都理工大学学报(社会科学版)2022 年第 1 期

11. 中国共产党早期报刊创办历史经验与当代启示．党李丹、王灿发．河南大学学报(社会科学版)2022 年第 1 期

12. 五四新文学与国语建设新论．高玉．华中师范大学学报(人文社会科学版)2022 年第 1 期

13. 早期中共北京党组织成员的历史命运及其形成原因．程美东．江苏社会科学 2022 年第 1 期

14. 中国共产党“马克思主义政党”概念的源流考释与语义演变．黄晓娟、胡国胜．科学社会主义 2022 年第 1 期

15. 伟大建党精神研究视角及其拓展探析．李瑊．毛泽东邓小平理论研究 2022 年第 1 期

16. 回眸百年：毛泽东关于青年和青年工作思想的研究与传承．黄志坚．中国青年社会科学 2022 年第 1 期

17. 毛泽东俄国革命观的演变历程及其鲜明特点．丁俊萍、贾书衡．毛泽东研究 2022 年第 1 期

18. 无产阶级文化派的理论旅行——陈望道的波格丹诺夫翻译及其语文理论的实践．高维宏．文学评论年第 1 期

19. 平度的骄傲——记革命先驱杨明斋、刘谦初．金小丽、张蕾、刘旭光．中国档案 2022 年第 1 期

20. 罗章龙忆毛泽东赠诗及二人联句诗之剖析．胡为雄．毛泽东研究 2022 年第 1 期

21. 新民主主义时期革命文艺基因溯源．李建军、张福运．青海社会科学 2022 年第 1 期

22. 形象和话语的塑造：国民革命时期中共对列宁的纪念．周游．史林 2022 年第 1 期

23. 后五四“社会科学”热与革命观念的知识建构——以民国时期左翼期刊为中心的讨论．唐小兵．史林 2022 年第 1 期

24. 上海共产党早期组织建构的现实基础与理论逻辑．程丙．思想教育研究 2022 年第 1 期

25. 论伟大建党精神的形成历程与内在构成．徐光寿．思想理论教育 2022 年第 1 期

26. 伟大建党精神的百年贡献与时代价值彰显理路．王俊涛、高晓林．思想理论教育 2022 年第 1 期

27. 伟大建党精神的内涵特质、形成机理与实践理路．李斌雄、魏心凝．新疆师范大学学报（哲学社会科学版）2022 年第 1 期

28. 伟大建党精神与中国共产党人的精神谱系关系研究．张明．新疆师范大学学报（哲学社会科学版）2022 年第 1 期

29. 1925—1926：新文化群体的分化及其人文困境——以《语丝》与《现代评论》关系为考察中心．姚玳玫．学术研究 2022 年第 1 期

30. 新文化运动与马克思主义哲学中国化的开启．何萍．学术月刊 2022

年第 1 期

31. 中国共产党教育培训的早期探索．湛风涛．中国高校社会科学 2022 年第 1 期

32. 革命意识与五四文学新变．韩宇瑄．中国高校社会科学 2022 年第 1 期

33. 中共党史研究的百年考察、现实遵循及未来路向．刘吕红．中州学刊 2022 年第 1 期

34. 百年芳华 独"伊"无二．操凤琴．党建 2022 年第 1 期

35. 中国共产主义青年团的创建．郑洸、罗成全．党史文苑 2022 年第 1 期

36. 从三个历史决议看对陈独秀评价的嬗变．王刚．党史博采(上)2022 年第 1 期

37. 李启汉:无产阶级的先锋 劳动运动的健将．梅兴无．党史博采(上)2022 年第 1 期

38. 李大钊政党思想探析．马洪建．党史博采(下)2022 年第 1 期

39. 李大钊良好家风对党员干部的启示．王砚红．党史博采(下)2022 年第 1 期

40. 向警予妇女解放思想所蕴含的"四个自信"及其时代价值．梁舒然．党史博采(下)2022 年第 1 期

41. 建党初期冀东南回族进步知识分子中华民族共同体意识的觉醒与动因．郭凯峰、牛革平．党史博采(下)2022 年第 1 期

42. 传承方志敏精神 培育爱国主义情怀．夏华娇．党史博采(下)2022 年第 1 期

43. 李大钊与中国共产党理论形态的起源——理论史研究的新课题．侯且岸．北京党史 2022 年第 1 期

44. 李大钊对中国社会主义工业化问题的理论探索．吴起民．北京党史 2022 年第 1 期

45. 李大钊在海淀地区的建党实践．韦磊．北京党史 2022 年第 1 期

46. 伟大建党精神的北京实践(1919—1949 年)．张春丽．北京党史 2022 年第 1 期

47. 精神血脉代代传——从油画《星火》说起．文汇．党史文汇 2022 年第 1 期

48. 平遥县第一个中共支部创建始末．王志峰、张惠棠．党史文汇 2022 年第 1 期

49. 论中国共产党第二次全国代表大会的理论创新．张云．上海党史与党建 2022 年第 1 期

50. 伟大建党精神与新四军铁军精神．刘苏闽．上海党史与党建 2022 年第 1 期

51. 五卅运动与中共早期对军事问题的探索．刘白杨．上海党史与党建 2022 年第 1 期

52. 中共党内巡视制度建立的起因．红舟、徐德刚、胡丹．党史博览 2022 年第 1 期

53. 1927 年中共中央组织部在武汉．赵晓琳．党史博览 2022 年第 1 期

54. “红色火种守护者”张人亚在芜湖的革命活动．丁瑜．党史纵览 2022 年第 1 期

55. 革命摇篮地 红色七里坪．张剑虹．党史纵览 2022 年第 1 期

56. 马克思主义在中国铁路的传播(1911—1921)．王小燕．理论学习与探索 2022 年第 1 期

57. 中东铁路与马克思主义的早期传播．王欣欣．理论学习与探索 2022 年第 1 期

58. 1922 年 1 月:罢工怒潮．刘岳．前线 2022 年第 1 期

59. 旅欧期间周恩来在推求比较中确立共产主义信仰．张雪婷．世纪风采 2022 年第 1 期

60. 严朴在上海的革命运动．严淡如．世纪风采．2022 年第 1 期

61. 建党先驱李达的建党精神表现．柏春林．湖南科技学院学报 2022 年第 1 期

62. 马克思主义在中国的曙光初现——陈望道之前中国学者对《共产党宣言》的翻译活动研究．曾长秋、周霞．湖南第一师范学院学报 2022 年第 1 期

63. 谭平山对马克思主义在广东早期传播的主要贡献．陈玄德．理论观察 2022 年第 1 期

64. 中国工人阶级接受马克思主义理论教育研究——基于京津冀地区的历史考察(1917—1927)．冯用军、赵雪．集美大学学报(教育科学版)2022 年第 1 期

65.“情书”公共化之后——1919年新青年婚恋话语的危机．盖琳．文学评论2022年第1期

66.《共产党》月刊对马克思主义早期传播的历史贡献．郭巧云、曾艳．荆楚理工学院学报2022年第1期

67.《新青年》的《俄罗斯研究》专栏与马克思主义在中国的早期传播．洪美玲．前沿2022年第1期

68. 论罗亦农对党建工作的早期探索及其现实启示．黄森森、赵子林．中共云南省委党校学报2022年第1期

69. 重审《新青年》诞生的现代性背景．李天福、宋蓉．四川戏剧2022年第1期

70. 动因、进路、效果:《劳动界》引导工人阶级意识觉醒的三维分析．卢烁乐．工会理论研究(上海工会管理职业学院学报)2022年第1期

71. 中共早期工会开展工人思想政治教育的路径与经验启示——以安源工人俱乐部为例．陆华东．山东工会论坛2022年第1期

72. 论马克思主义和中华优秀传统文化的契合性——以五四时期先进知识分子接受马克思主义为例．陆卫明、曹芳．理论学刊2022年第1期．人大复印资料《马克思列宁主义研究》2022年06期

73. 施存统早期革命活动述略(1919—1923)．邵雍．青年学报2022年第1期

74. 歌乐声中承载的革命理想——王德三烈士编创的乐歌赏析．申吉浩岚．民族音乐2022年第1期

75. 马克思主义在中国早期传播的文化向度研究．石丹阳、吴宁、李幸霖．集美大学学报(哲学社会科学版)2022年第1期

76. 五四运动前后场域博弈中《共产党宣言》首译本的诞生．谭思蓉、苏艳．中国翻译2022年第1期

77. 马克思主义在中国传播与伟大建党精神的内在逻辑探析．王宁．西藏发展论坛2022年第1期

78. 新潮社后期思想转变的原因探析．王甜甜．华夏文化2022年第1期

79. 恽代英在安徽对马克思主义传播的贡献及启示．王亚雯．佳木斯大学社会科学学报2022年第1期

80. 秋瑾早年行迹考辨——以《京报》相关史料为中心．夏晓虹．东南学术

2022年第1期

81. 早期共产党人对"新教育"的探索和影响——基于《新青年》的文献分析．杨世昇、楼世洲．教育学报2022年第1期

82. 高君宇马克思主义观的山西实践．于坤民．晋城职业技术学院学报2022年第1期

83."研究系喉舌"与"新文化阵地"——《晨报》及其副刊定性评价差异考论．张泉泉．阜阳师范大学学报(社会科学版)2022年第1期

84. 论李大钊的建党精神．张天浩．中共云南省委党校学报2022年第1期

85. 中国共产党第一部党章的诞生与秘存．周铁钧．党史纵横2022年第1期

86. 瞿秋白:鲁迅的共产党朋友．张家康．党史纵横2022年第1期

87. 五卅运动前后上海工人民族和阶级意识的双重变奏．张家冀、唐棣宣．广东党史与文献研究2022年第1期

88. 1923—1931年中共对东北工人的动员策略．亓冠华．广东党史与文献研究2022年第1期

89. 论建立在人类社会发展规律基础之上的信仰坚守．王利传．马克思主义研究2022年第2期

90. 伟大建党精神:生成逻辑、内涵意蕴与弘扬路径．张士海．马克思主义研究2022年第2期

91. 新民主主义革命时期中国共产党与美国共产党的交往．张牧云．中共党史研究2022年第2期

92. 从八七会议看中国共产党人勇于担当使命的精神品格．张晓彤．党的文献2022年第2期

93. 新民主主义革命时期中国共产党对八小时工作制的认识与实践．张龙平．党的文献2022年第2期

94. 伟大建党精神研究的回顾与思考．郭国祥、覃雅兰．毛泽东思想2022年第2期

95. 第十四届全国"毛泽东论坛"在韶山召开．李天航、陈龙．毛泽东思想研究2022年第2期

96. 新民主主义革命时期的中共章程与中华民族．郝时远．中央民族大学学报2022年第2期．中国社会科学文摘2022年第8期

97. 工人运动的背叛者:大革命时期中国共产党对工贼的认识与斗争. 刘海军. 安徽大学学报(哲学社会科学版)2022 年第 2 期

98. 早期中国共产党人接受马克思主义的历史契合点及其当代启示——20 世纪初“社会主义论战”的再审视. 李萍、张冠. 北京师范大学学报(社会科学版)2022 年第 2 期

99.“共产党”的宣介与“中国共产党”名称的确立. 张育诚、张旭东. 党史研究与教学 2022 年第 2 期

100. 塑造和传播妇女“劳动”:1920—1937 年城市的“五一”节和“三八”节纪念仪式. 王燕. 妇女研究论丛 2022 年第 2 期

101. 辛亥革命前后的阶级言说. 罗福惠. 湖北大学学报(哲学社会科学版)2022 年第 2 期

102. 中国知识界对 1917 年俄国革命的认知与反应. 白冰. 湖北大学学报(哲学社会科学版)2022 年第 2 期

103. 民国时期(1919—1926)社会风俗、法律对女性身体的规训——基于“禁止剪发”告示的思考. 王蕾、刘春. 湖南师范大学社会科学学报 2022 年第 2 期

104. 中国共产党人精神谱系的影像书写. 彭涛. 华中师范大学学报(人文社会科学版)2022 年第 2 期

105. 新民主主义革命时期中国共产党调查研究的制度化. 许江、王里. 江海学刊 2022 年 2 期

106. 中国现代化演进的历史向度:从西学东渐到文明创生. 杨晓娟、姜红明. 江汉论坛 2022 年第 2 期

107. 20 世纪前期马克思主义史家的先秦民主论——以郭沫若、吕振羽和侯外庐为中心. 徐国利、陈晨. 江淮论坛 2022 年第 2 期

108. 中国共产党人精神谱系之源头、演进和主题. 王义广、李世坤. 理论探索 2022 年第 2 期

109. 联合起来——毛泽东早期“民众的大联合”思想述论. 王树荫、欧阳朔. 毛泽东邓小平理论研究 2022 年第 2 期

110. 在“改造”与“辅导”背后:阅读史视野下的《新青年》. 张宝明. 山西大学学报(哲学社会科学版)2022 年第 2 期

111. 1920 年代“赤都”莫斯科的《新青年》阅读场之构建. 赵广军. 山西大

学学报(哲学社会科学版)2022 年第 2 期

112.“科学主义”影响下的五四文学．姜丽清．社会科学战线 2022 年第 2 期

113. 中共早期组织/中央机关在沪的空间分布——以上海红色旧址信息数据库为基础的研究．姚霏．史林 2022 年第 2 期

114. 建党时期中共党内对社会主义革命的两种理解．赵旭铎．史林 2022 年第 2 期

115. 中共旅莫支部清除小资产阶级思想运动与干部教育(1921—1926)．孙会修．党史月刊 2022 年第 2 期

116.《共产党》月刊对无政府主义的批判——基于马克思主义在中国早期传播的视角．梁大伟、茹亚辉．思想教育研究 2022 年第 2 期

117. 后五四时代的家庭革命与社会改造思潮——以《中国青年》《生活周刊》《申报》为中心．唐小兵．天津社会科学 2022 年第 2 期

118. 有限革命的张力:“国民革命鲁迅”形象的建构与解构．邱焕星．西南民族大学学报(人文社会科学版)2022 年第 2 期

119. 新时代加强李大钊研究的若干思考．宇文利．中国高校社会科学 2022 年第 2 期

120. 中国共产党贫困治理的演进历程与未来取向——基于“赋能、赋权—资本积累”的贫困治理分析框架．汪三贵、黄奕杰、郑丽娟．中国人民大学学报 2022 年第 2 期

121.《共产党》月刊与建党初心使命的三维表征．陈殿林、徐来富．学校党建与思想教育 2022 年第 2 期

122.“主编”还是“指导”？——李大钊《晨报副刊》任职身份考辨．张泉泉．青年记者,2022 年第 2 期

123. 民族性的“遮蔽”及其背后——论沈雁冰对格雷戈里夫人剧本的译介．周琦．山东师范大学学报(社会科学版)2022 年第 2 期

124. 黄冈共存社独立展开建党活动．董志伟、史智鹏．武汉文史资料 2022 年第 2 期

125. 陈独秀的教育思想和教育实践．徐光寿、郝玲玲．河北师范大学学报(教育科学版)2022 年第 2 期

126. 青年毛泽东的社会空间建构．李依睿．湘潭大学学报(哲学社会科学

版)2022年第2期

127.“像松柏那样长青的革命元老”——江浩．叶介甫．党史文苑2022年第2期

128.一只“突破重围”的怀表．李君．党史文苑2022年第2期

129.中共早期党校办学的探索与启示——以在江西创办的几所党校为例．张建琴、邓赟．党史文苑2022年第2期

130.党章视域下党员入党条件的演进与启示．朱庆佳．党史博采(下)2022年第2期

131.关于“反帝反封建”的历史记忆——对若干重要党史人物早期日记的检视．周湘宁．北京党史2022年第2期

132.论李大钊民族复兴思想的发展演进与启示．赵书昭．北京党史2022年第2期

133.略论中共二大对建党伟业的杰出贡献．邵维正．上海党史与党建2022年第2期

134.中共二大是如何弥补一大“纲领”缺陷的．东方、杨奎松．党史博览2022年第2期

135.“先锋队”概念的考证与疏义．潘沁、王梦毅．传承2022年第2期

136.1922年2月:革命是不可避免的．刘岳．前线2022年第2期

137.俞秀松:艳阳高照化大雪 秀松高洁挺而直．邵雍．世纪风采．2022年第2期

138.“为革命青年所公有”:江西早期团组织的办刊实践——以《红灯》为中心的考察．曾林浩．苏区研究2022年第2期

139.李达:由熬长夜而创基业．陈晨、俞可．世界教育信息2022年第2期

140.马克思主义在近代中国的早期传播——以《新青年》为中心的考察(1918年10月—1922年7月)．董潇铭．中共乐山市委党校学报2022年第2期

141.百年回望及经验启示:《新青年》视野下青年的使命担当．胡玲玲、柳泽民．湖南第一师范学院学报2022年第2期

142.红色报刊发刊词论析．贾一凡、雷家军．中共云南省委党校学报2022年第2期

143.认知与背离:《建设》杂志的马克思主义早期传播及其局限．荆蕙兰、

刘东．理论学刊 2022 年第 2 期

144. 接受、确立与践行：李大钊的马克思主义道路．李学林、王智．重庆三峡学院学报 2022 年第 2 期

145. 浙籍先进分子群体与中共早期工人运动研究．李云波．嘉兴学院学报 2022 年第 2 期

146. 鄞县会馆与少年中国．刘文丰．北京观察 2022 年第 2 期

147. 论毛泽东对伟大建党精神的历史性贡献．卢成观．长春理工大学学报(社会科学版)2022 年第 2 期

148. 五四时期戴季陶与马克思主义的早期传播．任彬瑶．西部学刊 2022 年第 2 期

149.《晨报》议题选择与马克思主义中国化早期历程．王天根．新闻知识 2022 年第 2 期

150. 中国共产党创建过程中党纲制定问题初探．王新生．中国浦东干部学院学报 2022 年第 2 期

151. 天津觉悟社社刊的创办和影响．王勇则．中国出版史研究 2022 年第 2 期

152.《新青年》第九卷主编者问题再探——兼论“上海、广州两个编辑部并存”．闻学峰．浙江海洋大学学报(人文科学版)2022 年第 2 期

153. 百年党史观照下建党初期党的新闻宣传工作研究．徐兆荣．中国记者 2022 年第 2 期

154. 论周恩来对伟大建党精神的贡献及启示——基于“坚持真理、坚守理想”的视角．杨成敏．淮阴师范学院学报(哲学社会科学版)2022 年第 2 期

155. 五四时期的知识界与非基督教运动——以《晨报副刊》为例．岳亮．宗教学研究 2022 年第 2 期

156.“新青年”为什么用科学批判儒学．张春光．国际儒学(中英文)2022 年第 2 期

157. 弘扬“光祈”精神　缅怀革命先驱——2021 中国(成都)王光祈学术研讨会综述．赵崇华、王玺哲．艺海 2022 年第 2 期

158. 社会主义的自由比无政府主义的自由更易实现——以《民报》为考察对象．周福振．太原学院学报(社会科学版)2022 年第 2 期

159. 列宁经济学著作中若干概念的汉译史——以“市场”、“商品经济”和

“国家资本主义”为例．周强．国外理论动态 2022 年第 2 期

160. 王会悟：党的一大特殊贡献者．王树仁．党史纵横 2022 年第 2 期

161. 中共留法群体对国民革命议题的探讨．贾凯、林俣威．理论与评论 2022 年第 2 期

162. 马克思主义政治经济学在中国的早期传播研究——基于相关译介文本的考察．张凯．马克思主义与现实 2022 年第 3 期

163. 早期中国共产党人对巴黎公社的宣传及其启示．房静雅．马克思主义与现实 2022 年第 3 期

164. 伟大建党精神政治功能研究——基于政党理论视角的分析．柴宝勇、藜田．政治学研究 2022 年第 3 期

165. 大革命时期广东区委与中共中央关系考察——以鲍罗廷和陈独秀的矛盾为线索．卢毅．中共党史研究 2022 年第 3 期

166. 试论李大钊的“中心势力”思想．翁有为．中共党史研究 2022 年第 3 期

167. 大革命后期湖南农民“平粜阻禁”再析．何益忠．中共党史研究 2022 年第 3 期

168. 新民主主义革命时期中国共产党探索建立请示报告制度的历程．刘琦．党的文献 2022 年第 3 期

169. 任弼时早年三篇佚文考析．李曙新．党的文献 2022 年第 3 期

170. 共产国际执委会的中国籍委员“张凯”是谁？——兼谈张太雷在青年共产国际二大当选执委一说．任牧．党的文献 2022 年第 3 期

171. 试论中国红色出版史研究的三个维度．李光杰．出版科学 2022 年第 3 期

172. 中共创建初期的“小组织”问题研究．杨阳．党史研究与教学 2022 年第 3 期

173. 历史的浪漫派：鲁迅厦门时期写作中的“旧事”与“古史”．殷鹏飞．东岳论丛 2022 年第 3 期

174. 1920 年代中共话语中“大地主”的概念使用与指向变迁．杨泰龙．广东社会科学 2022 年第 3 期

175. 从区委到省委：中共地方一级组织体系演变考论（1921—1927）．张欢．广东社会科学 2022 年第 3 期

176. 弘扬伟大建党精神．齐卫平．红旗文稿 2022 年第 3 期

177. 青年毛泽东调查研究思想源流探析．张海燕、张佳．湖南大学学报(社会科学版)2022 年第 3 期

178. 被历史的钢针碰响:“三一八”、闻一多与《诗镌》的创立．姜涛．华中师范大学学报(人文社会科学版)2022 年第 3 期

179. 瞿秋白传播践行马克思主义的重要贡献．宋林飞．江海学刊 2022 年第 3 期

180. 马克思主义中国化的历史起点:问题、问题域与问题本源．王海稳、王威．毛泽东邓小平理论研究 2022 年第 3 期

181. 毛泽东早年上海足迹探寻(1919—1926)．张大伟．毛泽东邓小平理论研究 2022 年第 3 期

182. 百年来中国共产党认识和评价辛亥革命的逻辑转换．杜家丞．武汉大学学报(哲学社会科学版)2022 年第 3 期

183. 中共建党时期的乡缘谱系考察．高红霞．史林 2022 年第 3 期

184. 马克思主义中国通史撰述的早期探索．谢辉元．史学理论研究 2022 年第 3 期

185. 中国共产党党史学习教育的百年历程与基本经验．古宇飞．思想战线 2022 年第 3 期

186.“中华民族伟大复兴”概念的历史演进．肖贵清、张坚洲．四川师范大学学报(社会科学版)2022 年第 3 期

187. 中国共产党百年教育反贫困的体系与历史经验．吴晓荣、吴霓．西北师大学报(社会科学版)2022 年第 3 期

188. 五四戏剧论争:以胡适和宋春舫的戏剧观为中心的考察．王淼．西南民族大学学报(人文社会科学版)2022 年第 3 期

189. 鲁迅杂文人物形象谱系研究小史——“秋白之问”的持续求解．郜元宝．学术月刊 2022 年第 3 期

190. 释读吴宓的“学衡”之外——以《新文化运动之反应》为中心．瞿骏．学术月刊 2022 年第 3 期

191. 中国共青团纪律建设的历史经验及对当代的启示——基于历届团章与团的组织建设文献的考察．乐亚山．中国青年研究 2022 年第 3 期

192. 八本蓝章图书．胡俊．党建 2022 年第 3 期

193. 纪念熊雄同志诞辰130周年．汪洋、程芳池．党史文苑2022年第3期

194. 中共安源支部的创建和发展．黄领．党史文苑2022年第3期

195. 彭湃:伟大建党精神的光辉典范．罗春花．党史文苑2022年第3期

196. 任辅臣——中国第一个布尔什维克．裘伟廷．党史文苑2022年第3期

197. 李大钊与中国早期工人运动研究．赵雪、宋剑．党史博采(下)2022年第3期

198. 李大钊的“青春中华”理想对新时代青年的激励．宗玉田、王砚红．党史博采(下)2022年第3期

199. 改革开放以来中共二大研究述评．赵爽．北京党史2022年第3期

200. 光辉的足迹(一)——从党的一大到党的十九大．本刊编辑部．党史纵览2022年第3期

201. 1922年3月:冲破黑暗 寻找光明．刘岳．前线2022年第3期

202. 回顾与展望:伟大建党精神研究综述．周梦真．实事求是2022年第3期

203. 回忆往事 不忘初心 永远跟党干革命．沈一之．旗帜2022年第3期

204. 李大钊十二次进出上海滩．徐光寿、徐超颖．世纪风采2022年第3期

205. 20世纪上半叶马克思主义在内蒙古地区的传播:历史境遇、价值意蕴和当代审思．布和朝鲁、崇丽强．理论研究2022年第3期

206. 少年中国学会的妇女解放思想探微——以《少年中国》和《少年世界》为考察．常慧、张文．乐山师范学院学报2022年第3期

207. 马克思人的自由全面发展思想在中国早期传播的背景及特点分析．冯红伟．成都大学学报(社会科学版)2022年第3期

208. 五四新文化运动时期马克思主义启蒙转向理路研究．葛展源．大庆社会科学2022年第3期

209. “五四”时期广州妇女运动的发展及启示．胡勇．探求2022年第3期

210. 上海社会主义青年团创建的背景与原因研究．林升宝．青年学报2022年第3期

211. 《青年周刊》与马克思主义在广东的早期传播．魏法谱、马琦景．岭南

文史 2022 年第 3 期

212.“火烧晨报馆”与 1920 年代中国知识界的思想与政治分野．薛小荣．安徽史学 2022 年第 3 期

213.“唤醒民众”：早期共产主义知识分子是如何动员群众的？．杨红运．文史杂志 2022 年第 3 期

214. 北京大学早期的平民学校（1918—1930）——考察蔡元培平民教育思想的一个视角．姚家育．山东高等教育 2022 年第 3 期

215. 清末留日学生与马克思主义法治思想在中国的早期传播．原琳、戴平安．湖北社会科学 2022 年第 3 期

216. 中国共产党创建的三重逻辑探析．张新平、熊绍祯．马克思主义理论教学与研究 2022 年第 3 期

217. 中国共产党创办的第一份妇女期刊．周铁钧．党史纵横 2022 年第 3 期

218. 广东省立宣讲员养成所史实新探．沈志刚．广东党史与文献研究 2022 年第 3 期

219. 蔡和森 1927 年 1 月 8 日致共产国际执委会信解读．李永春．广东党史与文献研究 2022 年第 3 期

220. 中共济南早期组织若干问题考辨．黄爱军．广东党史与文献研究 2022 年第 3 期

221. 主义、组织与群众：中国共产党成立初期的特质．王毅．历史研究 2022 年第 4 期

222. 李大钊与伟大建党精神．杨梓楠．中国档案 2022 年第 4 期

223. 译文质变的侨易节点与“翻译心灵”的呈现——以陈望道、成仿吾等的《共产党宣言》汉译为中心．叶隽．政治思想史 2022 年第 4 期

224. 新民学会的组建及其对早期党建的影响．赵学华．江西社会科学 2022 年第 4 期

225. 陈独秀无神论思想的历史功绩与局限性．曹加亮、厉红．科学与无神论 2022 年第 4 期

226. 党的二大与党的自身建设．李颖．党的文献 2022 年第 4 期

227. 建党之初和大革命时期党员读书活动的开展．易凤林．党的文献 2022 年第 4 期

228. 战略家毛泽东的道路．李洪峰．毛泽东思想研究 2022 年第 4 期

229. 毛泽东推进马克思主义经典著作编译的方法及启示．蒋辛．毛泽东思想研究 2022 年第 4 期

230. 毛泽东在推进“两个结合”中的方法论特质．彭冰冰．毛泽东思想研究 2022 年第 4 期

231. 妇女解放与劳动解放关系的理论逻辑——基于共产党创始人、先进分子早期妇女解放论述的考察．韩贺南．湘潭大学学报 2021 年第 4 期．中国社会科学文摘 2022 年第 1 期

232. 中国共产党形象塑造的百年历程．中国共产党形象塑造的百年历程与不懈追求．龙钰．中州学刊 2022 年第 4 期．中国社会科学文摘 2022 年第 10 期

233. 马克思主义在东方早期传播的历史逻辑．孙来斌．北京大学学报(哲学社会科学版)2022 年第 4 期．

234. 从思想启蒙到革命动员:《新青年》对工人工作时间的讨论．朱文哲．安徽大学学报(哲学社会科学版)2022 年第 4 期

235. 戴季陶主编《星期评论》“传播马克思主义”问题辨析．王宪明．安徽大学学报(哲学社会科学版)2022 年第 4 期

236. 红色报刊的开拓:建党之初的党报实践与办报思想．韩红星、蔡思梦．当代传播 2022 年第 4 期

237. 蔡和森与“少年共产党”的创建．李永春、孙欢．党史研究与教学 2022 年第 4 期

238. 中共诞生前后“苏维埃”思想的引进和确立．唐国平．党史研究与教学 2022 年第 4 期

239. 鲁迅与章锡琛的交往始末．胡峰、李雁．东岳论丛 2022 年第 4 期

240. 伟大建党精神百年三个维度的延伸和展开．雷厚礼．贵州社会科学 2022 年第 4 期

241. 新中国成立以来中国共产党纪念、研究李大钊的历史及价值．吴兴德．贵州社会科学 2022 年第 4 期

242. 从独白到复调:《新青年》编辑理路的历史价值和现代启示．张宝明．河南大学学报(社会科学版)2022 年第 4 期

243. 从舆论到宣传:《新青年》主编编辑理念之嬗变．褚金勇．河南大学学

报(社会科学版)2022 年第 4 期

244. 商业、新思潮与政治——《新青年》广告编辑实务三嬗．赵广军．河南大学学报(社会科学版)2022 年第 4 期

245. 微言大义:《新青年》“随感录”栏目编辑与杂志转向．张剑．河南大学学报(社会科学版)2022 年第 4 期

246.“文艺与政治的调适”:瞿秋白编辑《新青年》季刊的内在理路．李帅．河南大学学报(社会科学版)2022 年第 4 期

247. 中国共产党在马克思主义中国化百年进程中的角色担当．宋建、张振．湖南师范大学社会科学学报 2022 年第 4 期

248. 李大钊、郭沫若与中国马克思主义史学的形成．谢辉元．江海学刊 2022 年第 4 期

249. 中国共产党百年出版业之历史嬗变．王广义、赵馨．科技与出版 2022 第 4 期

250. 百年来中国共产党培养接班人的历史进程和基本经验．左鹏、种娟．毛泽东邓小平理论研究 2022 年第 4 期

251. 民主革命时期中国共产党法律实践创新．郝铁川．毛泽东邓小平理论研究 2022 年第 4 期

252. 镜子里的影子:瞿秋白和他的世界．黄道炫．清华大学学报(哲学社会科学版)2022 年第 4 期

253. 最适合“中国”的中国:中国共产党建国构想的历史演进与内在意蕴．李超群．社会主义研究 2022 年第 4 期

254. 秋收起义前毛泽东对农民阶级的认知转变及其价值意蕴．段成名、李银兵、文婧．四川师范大学学报(社会科学版)2022 年第 4 期

255.《向导》周报与中共早期国民党左派、右派概念的建构．陈红民、胡馨仪．学术界 2022 年第 4 期

256. 中国共青团组织形态百年变迁的历史逻辑．郑长忠．中国青年研究 2022 年第 4 期

257. 组织治理视域下中国共青团自身建设的百年历程与逻辑．胡献忠．中国青年研究 2022 年第 4 期

258.“先锋力量”的话语探源——中国共产党青年话语的百年发展与阐释原则．刘佳．中国青年研究 2022 年第 4 期

259. 瞿秋白人才思想对培育时代新人的启示．杨文茜、朱喆．学校党建与思想教育 2022 年第 4 期

260. 安源儿童团的建立与发展．张丹．党史文苑 2022 年第 4 期

261. 矢志革命的陈赞贤．朱一华、邱华林．党史文苑 2022 年第 4 期

262. 一件“神秘”的罗长衫．李君．党史文苑 2022 年第 4 期

263. 环龙路:那些年毛泽东在上海的生活圈．吴基民．党史文苑 2022 年第 4 期

264.《共产党》月刊创办的前前后后．梅兴无．党史博采(上)2022 年第 4 期

265.“党支部”定名的历史考察．黄明、顾圣莹．党史博采(下)2022 年第 4 期

266. 唱《国际歌》起始于中共三大．史真、李蓉．党史博览 2022 年第 4 期

267. 与中山舰事件有关的两份重要文献．胡毅．党史纵览 2022 年第 4 期

268. 光辉的足迹(二)——从党的一大到党的十九大．本刊编辑部．党史博览 2022 年第 4 期

269. 论瞿秋白的文化贡献及当代价值．秦文晋．传承 2022 年第 4 期

270. 邓小平留法经历对其思想影响研究．李冬美．传承 2022 年第 4 期

271. 农民运动讲习所研究综述．刘杰潘、何琴．传承 2022 年第 4 期

272. 李大钊对马克思主义中国化的历史贡献．王新城、琚春林．传承 2022 年第 4 期

273. 1922 年 4 月:春风与战火．刘岳．前线 2022 年第 4 期

274. 青年周恩来的“海军梦”. 张开明．世界风采 2022 年第 4 期

275. 新文化运动中科学的界说和范畴——以《新青年》为中心．蔡培琳．南昌航空大学学报(社会科学版)2022 年第 4 期

276.“成为中国无产阶级革命的罗针”——中共中央理论机关刊《新青年》述论．曾成贵．中国延安干部学院学报 2022 年第 4 期

277. 中国社会主义青年团 1920 年创立辨析．曾景忠．广东党史与文献研究 2022 年第 4 期

278. 琼崖革命青年运动和早期马克思主义的传播. 郭志东、邹顺宏．新东方 2022 年第 4 期

279. 早期江苏共青团组织的建立与发展．范小燕、张丞．档案与建设

2022年第4期

280. 基于跨语际比较法的《我的马克思主义观(上)》成文时间考证．耿春亮、李会勤．唐山学院学报2022年第4期

281.“通俗”的新文化是否可能——以《新生活》周刊为中心．季剑青．中国现代文学研究丛刊2022年第4期

282. 马克思主义科学史观的早期传播及其境遇——基于第二届国际科学技术史大会苏联代表团的自述报告研究．金俊开、唐文佩．中国科技史杂志2022年第4期

283. 马克思主义在中国早期传播的演变与发展．库德华、刘洋．西安航空学院学报2022年第4期

284. 中国共产党创建研究的新视角新史料新成果——第六届“中国共产党的创建与上海”学术研讨会综述．李明哲、高福进．党政论坛2022年第4期

285. 山西早期革命先驱与中共太原支部．李青．中共山西省委党校学报2022年第4期

286. 马克思主义政治经济学在中国的早期传播——以《一个马克思学说的书目》为视角．李天华、郭广迪．广东党史与文献研究2022年第4期

287. 李大钊主编的《晨报》副刊与鲁迅的关系辨析．廖华力．唐山师范学院学报2022年第4期

288. 五四青年的一种人生走向:吴品今事迹钩沉．刘敏．石家庄学院学报2022年第4期

289. 湘区革命斗争与毛泽东建党思想．罗业永．湘潮2022年第4期

290. 马克思主义传播起始阶段与中国传统文化的结合——以《马藏》第1部第1—8卷为考察对象．邱华宇．理论学刊2022年第4期．人大复印资料《马克思列宁主义研究》2022年10期

291. 重大革命史叙事与记忆建构研究视域的拓展——以《布尔塞维克》《申报》《上海民国日报》对南昌起义的报道为例．阙伟康、叶桉．江西科技师范大学学报2022年第4期

292. 党的创建时期周恩来建党实践的历史考察．任俊宏、杨满仁．淮阴师范学院学报(哲学社会科学版)2022年第4期

293. 马克思主义在贵州早期传播的实践考察与现实启示．沈港、李安峰．洛阳师范学院学报2022年第4期

294. 马克思主义在中国高校的早期传播研究．王刚、徐晓光．理论学刊 2022 年第 4 期

295. 中东铁路四次全线大罢工的实践意义．王欣欣、王栩生．理论学习与探索 2022 年第 4 期

296. 杨贤江：马克思主义中国化的理论先驱．叶介甫．民主与科学 2022 年第 4 期

297. 北京大学马克思学说研究会史实新探——以“亢慕义斋”的藏书与编译为中心．吴冕．大学图书馆学报，2022 年第 5 期

298. 觉悟社对中国共产党早期组织成立的重要意义．王珂．中共郑州市委党校学报 2022 年第 5 期

299. 青年毛泽东世界观转变历程再考察——兼评 1920 年“夏天说”“冬天说”和“过程说”．吴璇．毛泽东研究 2022 年第 5 期

300. 20 世纪 30 年代前后毛泽东关于党的建设的认识与实践．黄亚楠．毛泽东研究 2022 年第 5 期

301. 1920 年《觉悟》“通信”栏与早期社会主义思潮研究．谢菲、周婷婷．石河子大学学报(哲学社会科学版)2022 年第 5 期

302. 一九二七年中共关于四一二反革命政变的应对．张仰亮．中共党史研究 2022 年第 5 期

303. 党的早期探索奋斗历程的全面呈现——《中国共产党重要文献汇编》首批文献集的内容与特点．杨明伟、樊宪雷、詹珩、董文墨．中共党史研究 2022 年第 5 期

304. 中山舰事件前后的孙文主义学会再研究．靳帅．中共党史研究 2022 年第 5 期

305. 从安源工人俱乐部裁判委员会看中国共产党的早期司法探索．张丹．党的文献 2022 年第 5 期

306. 马克思主义经典著作在中国的印制出版(1920—1966)．杨林、郭路．党的文献 2022 年第 5 期

307. 俄藏毛泽东参加青年团二大相关史料考．中共南京市委党史办东南大学团委联合课题组．党的文献 2022 年第 5 期

308.《中国共产党重要文献汇编》(1—12 卷)编辑举要．杨明伟、龚格格、翟佳琪．党的文献 2022 年第 5 期

309. 毛泽东的调查研究思想及其当代启示．韩强、刘雨乔．毛泽东思想研究 2022 年第 5 期

310.《国家与革命》和唯物史观中国化的演进(1919—1949)．高华梓．毛泽东思想研究 2022 年第 5 期

311. 建党百年青年政策发展脉络、发展趋势及政策意涵．蔡康晓、孙晓伟．青年探索 2021 年第 5 期．新华文摘 2022 年第 2 期

312. 中国共产党百年调查研究的三重逻辑:历史、理论与实践．董海军．人文杂志 2022 年第 5 期．中国社会科学文摘 2022 年第 11 期

313. 从“学说”到“思潮”的知识演进:马克思主义在中国的早期传播(1917—1921)．蒋含平、汪娜娜．安徽大学学报(哲学社会科学版)2022 年第 5 期

314.“马克思主义在中国早期传播”学术研讨会在山东威海荣成市举行．王千迁．党史研究与教学 2022 年第 5 期

315. 中共武汉地方组织与 1921 年汉口人力车夫大罢工．杨锴、严昌洪．广东社会科学 2022 年第 5 期

316. 中国共产党报刊发行事业的百年历程、伟大成就与经验启示．吴锋．河南大学学报(社会科学版)2022 年第 5 期

317. 中国共产党意识形态建设的基本经验与启示．蒯正明．理论探讨 2022 年第 5 期

318. 中国共产党为人民服务价值观的百年历史演化．杨峻岭、张昊楠．马克思主义理论学科研究 2022 年第 5 期

319.“开篇之作”与“首要问题”——剖析毛泽东对《中国社会各阶级的分析》文本修改的深刻内涵．邹卫绍．毛泽东邓小平理论研究 2022 年第 5 期

320. 马克思主义中国化历程中的教条主义批判及其时代价值．蔡文成、李珊杉．青海社会科学 2022 年第 5 期

321. 上海大学团组织与青年运动(1923—1927)．廖大伟、陈骞．上海大学学报(社会科学版)2022 年第 5 期

322. 20 世纪 20 年代马克思主义理论在地化、日常化和大众化传播谫论——以上海大学为例．张青紫矜、高立伟．上海大学学报(社会科学版)2022 年第 5 期

323. 文化视域中马克思主义的出场语境与思想内嵌(1919—1923)．陈红

娟、林飞．社会主义研究2022年第5期

324. 梁启超与革命党人关于社会主义论战的再认识．鲁法群．社会主义研究2022年第5期

325. 中国共产党对近代中国“半殖民地”社会性质的认识历程．翟宇．社会主义研究2022年第5期

326. 唯物史观与中国共产党的百年奋斗．张艳国．史学理论研究2022年第5期

327. 马克思主义伦理思想的中国化生成——以毛泽东早期伦理思想的转变与探索为中心的考察．李义天、孔希宇．思想教育研究2022年第5期

328. 建党初心与李大钊的先期理论建构．杜品．思想理论教育导刊2022年第5期

329.《体育之研究》融入体育课程思政的具身认知、价值意蕴及实践向度．张晓林、关清文、舒为平．西安体育学院学报2022年第5期

330. 马克思主义民族理论中国化的早期探索——基于共产国际和中国共产党文献的研究．陈建樾．西南民族大学学报(人文社会科学版)2022年第5期

331. 中国共产党思想政治教育内容建构:历程、逻辑、进路．项久雨、龚安静．中共中央党校(国家行政学院)学报2022年第5期

332. 中国共产党领导高等教育百年历程的阐释逻辑．宋争辉．中州学刊2022年第5期

333. 只看东方北斗杓——中国共产党指导思想的百年宣传．路军．党建2022年第5期

334. 纪念罗亦农同志诞辰120周年．汪洋．党史文苑2022年第5期

335. 李达、王会悟:中共一大成功召开的杰出贡献者．徐忠友．党史文苑2022年第5期

336. 陈独秀的名号究竟有何意义．王宝山．党史博采(上)2022年第5期

337. 王若飞“一切要为人民打算”革命品格的形成逻辑及其时代价值．秦朗．党史博采(下)2022年第5期

338. 百年来中国共产党“人民”范畴的历史考辩．雷洁．党史博采(下)2022年第5期

339. 中共五大对党的建设的探索及其启示．王钦双．北京党史2022年第5期

340. 李大钊未出席中共一大原因的多维度探究．刘岳．北京党史 2022 年第 5 期

341. 青年毛泽东这样确立信仰．周亮亮．党史文汇 2022 年第 5 期

342. 光辉的足迹(三)——从党的一大到党的十九大．本刊编辑部．党史纵览 2022 年第 5 期

343. 百年党史红耀五月．王建伟．前线 2022 年第 5 期

344. 书写党领导青年运动的北京篇章．李军会．前线 2022 年第 5 期

345. 建党伟业中陈独秀的无私奉献精神．徐光寿．世纪风采 2022 年第 5 期

346. 南京地方团组织的建立与活动．徐立刚．世纪风采 2022 年第 5 期

347. 侯绍裘:唤醒青年力量的旗手．曹晋丽．世纪风采 2022 年第 5 期

348. 马克思主义在中国早期传播的历史背景、演进历程和著作回顾．田子渝、徐方平、马建强．决策与信息 2022 年第 5 期

349. 上海在伟大建党精神形成中的地位与贡献．丁晓强、黄欣．思想政治课研究 2022 年第 5 期

350. 自然辩证法思想早期在华传播路径——以《自然辩证法》两部导读译本为考察对象．高晞．复旦学报(社会科学版)2022 年第 5 期

351. 中国共产党早期妇女运动的典型代表——安源工运时期妇女运动研究．黄莉瑶、张辉海．萍乡学院学报 2022 年第 5 期

352. 伟大建党精神与上海．贾彦．上海党史与党建 2022 年第 5 期

353. 马克思恩格斯:马克思主义中国化的思想先驱．雷云飞、梁严冰．延安大学学报(社会科学版)2022 年第 5 期

354. 五四新文化运动时期工人群体媒介形象研究．李妍妍．湖北理工学院学报(人文社会科学版)2022 年第 5 期

355.《新青年》往事．罗泰琪．红岩春秋 2022 年第 5 期

356.“成立史”,还是“创建史”?——石川祯浩《中国共产党成立史》榷谈．孙艳华、汪浩．淮阴师范学院学报(哲学社会科学版)2022 年第 5 期

357. 两份珍贵的抗战时期出版的《中国青年》创刊号．王海勇．军事史林 2022 年第 5 期

358.《向导》周报:马克思主义新闻理论的初步实践．王天琪．新闻采编 2022 年第 5 期

359. 19 世纪晚期晚清报刊中的社会主义思潮——《马藏》第三部第一卷编纂研究．王蔚．思想教育研究 2022 年第 5 期

360. 从《青年杂志》不得不更名为《新青年》说起——“‘五四’与报刊”之一．张仲民．博览群书 2022 年第 5 期

361.《浙江新潮》与新文化运动中的浙江人——“‘五四’与报刊”之二．王学斌．博览群书 2022 年第 5 期

362. 论马克思主义在中国的早期传播和中国共产党的成立——从《觉醒年代》视听语言的运用谈起．张步中、董银娥．淮阴师范学院学报(哲学社会科学版)2022 年第 5 期

363. 五四时期《新青年》传播社会主义的文化心理路径．章育良、张淑芬．湘潭大学学报(哲学社会科学版)2022 年第 5 期

364. 从“女性”到“小资产阶级”——五四之后现代性方案中的性别与阶级．周文晓．广州大学学报(社会科学版)2022 年第 5 期

365. 中国共产党组织召开的第一次全国劳动大会．周铁钧．党史纵横 2022 年第 5 期

366. 致力国共合作:马林与中共三大史事探析．曾庆榴．广东党史与文献研究 2022 年第 5 期

367. 中国共产党早期发展策略转换与群众性政党的成长．孙会修．近代史研究 2022 年第 6 期

368. 重建社会“中心势力”说与国共的两度合作．郑师渠．近代史研究 2022 年第 6 期

369. 中国共产党对马克思主义中国化的早期探索．欧阳军喜．历史研究 2022 年第 6 期

370. 从长时段看马克思主义基本原理同中华优秀传统文化相结合．张太原．历史研究 2022 年第 6 期

371.“两个结合”的思想渊源和原创性理论贡献．金民卿．历史研究 2022 年第 6 期

372.“走自己的路”的文明基因．张明．马克思主义与现实 2022 年第 6 期

373. 中国先进知识分子与马克思列宁主义同中国工人运动的结合——中国共产党创建史研究的一个重要视角．黄光秋．党的文献 2022 年第 6 期

374.“互助”话语影响下沈雁冰对妇女解放的思考．辛玲、黄乔生．山东师

范大学学报(社会科学版)2022 第 6 期

375. 李大钊主持的北京大学图书馆对北京大学教学科研的支持——以《1919—1920 年西文图书登录簿》德文图书为中心的考察．程援探．大学图书馆学报 2022 年第 6 期

376. 中国共产党领导妇女解放的历史经验与时代意蕴．郑吉伟、李雪微．毛泽东思想研究第 6 期

377. 毛泽东论办报办刊．黄珊．毛泽东思想研究 2022 年第 6 期

378. 论毛泽东新文化运动时期的中西文化融合思想．刘文彬．毛泽东思想研究 2022 年第 6 期

379. 逻辑进路与现实观照:中国共产党对马克思主义意识形态领导权的确立．种娟．毛泽东思想研究 2022 年第 6 期

380. 建党百年来马克思主义基本原理研究的回顾与展望．张建云、胡倩熙．党政干部学刊 2021 年第 9 期．新华文摘 2022 年第 6 期

381. 红色出版文献的历史考察及整理、出版路径探析．李光杰．出版发行研究 2022 年第 6 期

382.“五四”进步社团与中共早期组织的创建．王娟娟．党史研究与教学 2022 年第 6 期

383. 图像证史:中国共产党建党纪念邮票的三重叙事．庞毅．党史研究与教学 2022 年第 6 期

384. 赵世炎入党暨旅法共产主义小组成立时间再探讨．张艳国、吴荣杰．党史研究与教学 2022 年第 6 期

385. 关于中共一大闭幕日期若干史料的补充及分析．宋妍婧．党史研究与教学 2022 年第 6 期

386. 中国共产党表彰制度的发展历程与逻辑演进．刘拥锋、罗永宽．东北大学学报(社会科学版)2022 年第 6 期

387. 真理的力量:《共产党宣言》与中国共产党的创建．李瑊．复旦学报(社会科学版)2022 年第 6 期

388.《新青年》译诗与早期新诗音节的建构．王泽龙、王璐．河北学刊 2022 年第 6 期

389. 早期中国共产党人的民族复兴话语析论．俞祖华、王疆辉．河北学刊 2022 年第 6 期

390. 传播、创新与马克思主义中国化的起源——以李大钊《我的马克思主义观》文本解读为中心．王娟娟、吴汉全．河北学刊 2022 年第 6 期

391. 马克思主义中国化对传统亲民文化的价值提升——以中国共产党第一次全国代表大会《中国共产党纲领》为主要研究对象．陈德琥、方孝坤．河南大学学报(社会科学版)2022 年第 6 期

392. 中国共产党文化建设思想的“变”与“不变”．张国祚、李哲．湖南大学学报(社会科学版)2022 年第 6 期

393. 中国共产党工业化实践的历史沿革、理论探索与经验总结．蒋治、孙久文、胡俊彦．兰州大学学报(社会科学版)2022 年第 6 期

394. 中国共产党坚定理想信念的生动叙事:革命文物的“言说”．韩玲、唐松．毛泽东邓小平理论研究 2022 年第 6 期

395. 从爱国救亡走向建立共产党——以《救国日报》为主要文献的考察．李丹阳、刘建一．中共创建史研究 2022 年第 6 辑

396. 天津报刊与马克思主义早期传播．王纳、李延华．中共创建史研究 2022 年第 6 辑

397.《救国日报》载建党人物轶文和有关报道选编．李丹阳、刘建一．中共创建史研究 2022 年第 6 辑

398. 日本早期对中国共产党创建史的研究及其贡献——以民国时期日本书刊为例．张清华．中共创建史研究 2022 年第 6 辑

399. 中共一大会址:中国共产党的精神发源地．薛峰．中共创建史研究 2022 年第 6 辑

400. 中共一大何以宣告中国共产党正式成立．徐明．中共创建史研究 2022 年第 6 辑

401. 试论中共一大期间共产党人在上海的接续奋斗．吴海勇．中共创建史研究 2022 年第 6 辑

402. 山东“济南共产党早期组织”创建述论．丁龙嘉、江洋．中共创建史研究 2022 年第 6 辑

403. 李大钊、陈独秀未出席中共一大原因考．邵维正．中共创建史研究 2022 年第 6 辑

404. 秦墨哂与李大钊及建党初期北京中外报章类纂社探缘．王世清．中共创建史研究 2022 年第 6 辑

405. 有关1920年初陈独秀南下上海相关问题的考证．曹典、徐迟．中共创建史研究2022年第6辑

406. 武汉是马克思主义在中国早期传播的重镇——以经典文本为例．田子渝．中共创建史研究2022年第6辑

407. 建党时期中国共产党人对劳工问题的认识研究——基于《劳动界》的考察．程正光．中共创建史研究2022年第6辑

408.《向导》周报的“振宇”笔名再考．李永春、李泽民．中共创建史研究2022年第6辑

409. 中共创建时期苏俄及共产国际对华工作的有关机构．孙艳玲．中共创建史研究2022年第6辑

410. 中共一大前后上海租界警方监视全国各界联合会的若干史料．朱华．中共创建史研究2022年第6辑

411. 建党百年中国共产党新闻政策的变迁轨迹、基本规律和动力要素．武志勇、王嘉澍．山西大学学报(哲学社会科学版)2022年第6期

412. 20世纪初留俄学生与社会主义在中国的传播．庄宇．上海师范大学学报(哲学社会科学)2022年第6期

413. 中国共产党作风建设的历史考察及主要经验．冯留建、江薇．思想理论教育导刊2022年第6期

414. 中国共产党国际传播工作回顾与展望．李海涛．中国出版2022年第6期

415. 大革命时期农民运动讲习所在马克思主义传播史上的重要贡献．杨金海、刘永俊．中国高校社会科学2022年第6期

416. 试论张闻天党报刊编辑出版思想．张恩强、荆蕙兰．党史文苑2022年第6期

417. 毛泽东蔡和森是何时接触到“实事求是”这四个字的？曾长秋．党史博采(上)2022年第6期

418. 毛泽东与夏明翰．吴楚婴．党史博采(上)2022年第6期

419. 李大钊在北京海淀地区的革命足迹．中共北京市海淀区委宣传部“李大钊与海淀”课题组．党史博采(下)2022年第6期

420. 邓中夏与中国共产党早期北京革命活动．罗存康．北京党史2022年第6期

421. 安源路矿工人俱乐部反腐倡廉实践及其启示．刘岳．北京党史2022年第6期

422. 李大钊的初心．闫夏．党史文汇第6期

423. 党的一大——开天辟地大事件．楚向红、胡湘君．党史博览2022年第6期

424. 李大钊的工资去哪儿了．鼎甲、冯雪利．党史博览2022年第6期

425. 秦邦宪：莫斯科中山大学的好学生．秦红．党史博览2022年第6期

426. 黄公略的入党之路．陈成．党史纵览2022年第6期

427. 毛泽东与安源路矿工人运动——纪念安源路矿工人大罢工胜利100周年．宋亚霖．理论学习与探索2022年第6期

428. 1922年6月：打倒军阀．刘岳．前线2022年第6期

429. 施滉：勇担时代重任的青年先锋．陈旺．世纪风采2022年第6期

430. 喜迎党的二十大．世纪风采2022年第6期

431. 思想引领与组织建构：常州三杰与中国青年运动．蔡嘉生．常州工学院学报(社科版)2022年第6期

432. “五四运动”名称的发端问题考释．陈晔．历史教学问题2022年第6期

433. 湖南热血青年为中国工运事业早期发展作出历史性贡献．胡振荣．湘潮2022年第6期

434. 20世纪上半期马克思主义在中日的译介传播研究．库德华．外语教学2022年第6期

435. 近代中国社会性质及现实出路的话语探析——基于《向导》周报的文本考察．刘向辉．中北大学学报(社会科学版)2022年第6期

436. 大革命时期广州劳动学院的组织运作特点探析——以《工人之路(特号)》为中心．刘旭．中国劳动关系学院学报2022年第6期

437. 严译《天演论》对社会主义思想在中国早期传播的四大贡献及其影响．王宪明、陈娟．理论学刊2022年第6期

438. 胡政之离开《新社会报》的原因辨析．王咏梅、刘林．新闻春秋2022年第6期

439. 中国北伐战争时期时局与舆论场之关系：以《南昌民国日报》为例．危志强、黄平．南方文物2022年第6期

440. 南京高师—东南大学与新文化运动——以刘伯明为线索的再考察．徐佳贵．学术月刊 2022 年第 6 期

441. 对中国共青团创建时期基本经验的历史考察．阎治才、张炜琪．中国青年社会科学 2022 年第 6 期

442. 建党初期“党性”和“人民性”在党媒工作中的体现及统一——以《新青年》《共产党》和《劳动界》为例．袁宏舟．传媒 2022 年第 6 期

443. 中共“一大”党员董锄平．张在军．同舟共进 2022 年第 6 期

444. 中共早期党员杨章甫生平补述——以陈君葆日记为中心．张求会．广东党史与文献研究 2022 年第 6 期

445. 李大钊对马克思主义中国化“两个结合”的突出贡献．王新城．学习月刊 2022 年第 6 期

446. 马克思主义中国化“前史”研究的一部力作——评《清末民初社会主义在中国的传播》．汪兵．学习月刊 2022 年第 6 期

447. 李达对马克思主义哲学中国化的原创性贡献．成龙．理论与评论 2022 年第 6 期

448. 中国共产党百年奋斗中坚持敢于斗争的历史经验研究．张浩．马克思主义理论学科研究 2022 年第 7 期

449. 中国共产党“坚持敢于斗争”的哲学依据、历史沿革和实践路径论析．李楠．思想教育研究 2022 年第 7 期

450. 中国青年与中国共产党关系百年发展的回顾与思考．彭庆红、田珊．思想教育研究 2022 年第 7 期

451. 中国共产党疏解青年成长烦恼的逻辑、路径和经验——以《中国青年》(1923—1927)为例．张铭宇、吴鑫鑫、李璎珞．思想教育研究 2022 年第 7 期

452. 中国共产党民主革命纲领的制定及其基本经验．张雅琪．思想理论教育导刊 2022 年第 7 期

453. 革命红旗要擎紧——中国共产党思想政治教育工作百年宣传．孙迪．党建 2022 年第 7 期

454. 从“劳心者治人”到“劳力者治人”：五四前后李大钊、陈独秀对“劳心劳力”的认知转变．白冰．山东社会科学 2022 年第 7 期

455. 中国共产党百年思想政治工作方法体系的建构历程、主要成就与基本经验．程琼、刘宏达．学校党建与思想教育 2022 年第 7 期

456. 中国共产党百年自我革命的历史进程与宝贵经验．王金凤、王勇顺．学校党建与思想教育 2022 年第 7 期

457. 中共二大召开纪实．吴跃农．党史博采(上)2022 年第 7 期

458. 恽代英对中国民主革命理论的探索与实践．臧谦禧．党史博采(下)2022 年第 7 期

459. 成仿吾与马克思主义．张家仪．党史博采(下)2022 年第 7 期

460. 党领导山西人民百年奋斗史的脉络展现．王卫香．党史文汇 2022 年第 7 期

461. 党的二大——制定民主革命纲领．楚向红、胡湘君．党史博览 2022 年第 7 期

462. 中国共产党成立初期的文件签发代号．林凯歌．党史博览 2022 年第 7 期

463. 陈延年的“叛逆”之路．李朋飞．党史纵览 2022 年第 7 期

464. 孙一中烈士的革命传奇．时光往、孙全利．党史纵览 2022 年第 7 期

465. 1922 年 7 月:风正好扬帆．刘岳．前线 2022 年第 7 期

466. 从俄共党员到中共党员——杨明斋在渔阳里的革命实践．胡孝锴、张帅．世纪风采 2022 年第 7 期

467. 李大钊被捕地到底在哪? 张晓东．世纪风采 2022 年第 7 期

468. 场域、递嬗与影响:早期传播马克思主义的进步报刊——以《哈尔滨日报》为例．陈珊珊．哈尔滨学院学报 2022 年第 7 期

469. 马克思主义在日本传播的进程及其对中国的影响——以不同时期传播的侧重点变化为视角．孟成全、罗雯．南方论刊 2022 年第 7 期

470. 中共一大召开时间的考证经过．王树仁．党史纵横 2022 年第 7 期

471. 五四时期中日知识界的往还．孙江．中国社会科学 2021 年第 8 期．中国社会科学文摘 2022 年第 1 期

472. “战胜外寇,复兴中国”——探寻毛泽东初心的民族心．曹应旺．毛泽东邓小平理论研究 2022 年第 8 期

473. 早期共产党人马克思主义新闻思想中国化的理论探索与当代启示——基于张友渔 20 世纪 30 年代新闻观价值面相及其实践的考查．朱清河、宋佳．学术界 2022 年第 8 期

474. 加强党对教育工作的全面领导——中国共产党领导教育工作的百年

历程与基本经验．张志勇、赵阳．中国教育学刊 2022 年第 8 期

475. 新民主主义时期中国共产党请示报告制度的建立及启示．何旗．中南民族大学学报(人文社会科学版)2022 年第 8 期

476. 瞿秋白在中央苏区的革命活动．邱华林、朱一华．党史文苑 2022 年第 8 期

477. 毛泽东等革命者在安源工运实践中的精神品格及启示．丁煊淼．党史文苑 2022 年第 8 期

478. 宿迁地区早期党组织活动研究．罗前娥．党史博采(下)2022 年第 8 期

479. 从党代会视角看中国共产党新民主主义革命时期的经验启示．郭倩．党史文苑 2022 年第 8 期

480. 从红色地标中探析李大钊的初心之路．吕洪文．党史文汇 2022 年第 8 期

481. 党的三大——决定国共合作．胡湘君．党史博览 2022 年第 8 期

482. 1922 年 8 月：青春激荡与罢工怒潮．刘岳．前线 2022 年第 8 期

483. 从党的百年奋斗史看入党誓词中"保守党的秘密"的重要地位．聂文婷．旗帜 2022 年第 8 期

484. 中共第一位女中央委员向警予的壮烈人生．王礼生．世纪风采 2022 年第 8 期

485. 确定党纲党章和规划革命行动的重要会议——纪念中共二大召开 100 周年．吴跃农．世纪风采 2022 年第 8 期

486. 湘潭县：致敬革命先驱　赓续红色血脉．黄劲松．湘潮 2022 年第 8 期

487. 马克思主义在安徽早期传播的特征及启示．廖玉林．宿州学院学报 2022 年第 8 期

488.《向导》通信栏与中共早期党报党性、人民性特征的建构．齐辉 陈康．新闻大学 2022 年第 8 期

489.《新青年》的革命话语与中国共产党革命意识的生成．徐信华、徐尚思．学习与实践 2022 年第 8 期

490.《向导》周报内容与风格特征探析．张静雯．中国报业 2022 年第 8 期

491. 中国共产党的第一份理论刊物《共产党》．刘莹莹、赵云泽．党史纵横

2022年第8期

492.《共产主义与知识阶级》与中国共产党的成立．李冉、葛世林．思想教育研究2022年第9期

493. 中国共产党早期在上海大学开展马克思主义理论教育述论．李林．思想理论教育2022年第9期

494. 觉醒与成长:共青团早期团刊的出版传播．韩红星、杨晓彤．中国出版2022年第9期

495. 中国共产党舆论引导工作的历史经验．刘从德、杨科．中南民族大学学报(人文社会科学版)2022年第9期

496. 新民主主义革命时期中国共产党引领青年弘扬五四精神的基本经验．张金福、石书臣．学校党建和思想教育2022年第9期

497. 纪念陈乔年同志诞辰120周年．汪洋．党史文苑2022年第9期

498. 百年党史·安源记忆——安源路矿工人大罢工．黄领．党史文苑2022年第9期

499. 江西早期革命家——曾天宇、郭志锋．党史文苑2022年第9期

500. 鲁迅与李大钊:站在同一战线上的伙伴．吴杰．党史博采(上)2022年第9期

501. 直南百年党小组的荣与光．崔利民、崔海江．党史博采(上)2022年第9期

502. 马克思主义在哈尔滨的早期传播探析．李美瑶．党史博采(下)2022年第9期

503.《武汉星期评论》对湖北早期党组织创建与发展的贡献研究．段峦芯．党史博采(下)2022年第9期

504. 李克农情报工作研究．常益敏．党史文汇2022年第9期

505. 从五四时期三次主义论战看李大钊的斗争精神．郭曜辉、李雨西．党史文汇2022年第9期

506. 党的四大——明确提出领导权问题．胡湘君．党史博览2022年第9期

507.“工人阶级的英雄”——项英在中国工人运动中．张明金．党史博览2022年第9期

508. 陈望道在省立安徽大学的一次演讲．方瑞．党史纵览2022年第9期

509. 毛泽东与江苏早期农民运动．田艳丽．世纪风采 2022 年第 9 期

510. 饶平县党组织创建者杜式哲．郭精奇．源流 2022 年第 9 期

511.“铁肩辣手”邵飘萍．李桂华、岳博伟．前线 2022 年第 9 期

512.“四大副刊”的马克思主义传播动因探析．牛萃云．中国地市报人 2022 年第 9 期

513. 从《先驱》到《中国青年》(1922—1927)：中国社会主义青年团早期机关报刊与青年引领．涂雨秋．贵州师范学院学报 2022 年第 9 期

514.《新青年》编辑艺术研究．吴秀娟．传媒论坛 2022 年第 9 期

515. 张昆弟：中国工人运动先驱．夏正君、李志清．湘潮 2022 年第 9 期

516. 中国共产党建立的第一个农村党支部．周文洋．党史纵横 2022 年第 9 期

517. 论作为五四运动的关键动力的近代中国出版业．韩晗．编辑之友．2022 年第 10 期

518.“新青年”与学衡派．谢任．党史月刊 2022 年第 10 期

519. 李汉俊与孙中山的关系及其他——李汉俊《十四年前的回顾》的解读及若干考证．李丹阳、刘建一．党史月刊 2022 年第 10 期

520. 重新发现“东方”：1920 年代前期中苏交往的国际视域．马建标．探索与争鸣 2022 年第 10 期

521.《星期评论》对社会主义的认知与宣传．杨宏雨．学术界 2022 年第 10 期

522. 中国共产党百年伟大社会革命对民族精神的传承和升华．孙武安、杨帅杰．学习与探索 2022 年第 10 期

523. 中国共产党的劳动政策变迁与经验启示．梁伟军、章书玉．中南民族大学学报(人文社会科学版)2022 年第 10 期

524. 邓中夏在北京的早期革命活动——以北大红楼基本陈列中邓中夏相关文物为视角．徐源．党史文苑 2022 年第 10 期

525. 安源工人的革命精神：秩序齐心勇敢．胡尘白、汪少舟．党史文苑 2022 年第 10 期

526. 青年毛泽东在湖南建立党团早期组织的心路历程．周伟东．党史博采(上)2022 年第 10 期

527. 李大钊一次“极关重要”的青年问题讲演．肖伊绯．党史博采(上)

2022年第10期

528. 太原社会主义青年团早期活动和历史贡献．彭锁、张宝慧．党史博采2022年第10期

529. 江竹青：李先念牵挂的红军团政委．辛向阳．党史博览2022年第10期

530. 1922年10月：向死而生．刘岳．前线2022年第10期

531. 从主张“湖南自治”到建党先驱——建党前后青年毛泽东政治哲学的几个特点．李卫政．湘潮2022年第10期

532. 异音同位：思想史视野下的《学衡》与《新青年》．张宝明．史学月刊2022年第10期

533.《新青年》“双簧信”的起因、建构与影响．周濛薇．文学教育(上)2022年第10期

534. 现代政治转型与鲁迅的“杂文自觉”．邱焕星．东岳论丛2022年第11期

535. 1920年代邓小平在沪活动地研究．姚霏．毛泽东邓小平理论研究2022年第11期

536. 中国共产党农村调查的历史回溯、基本经验与前瞻启示．位杰、田克勤．西南民族大学学报(人文社会科学版)2022年第11期

537. 李大钊文艺思想的基本要义与哲学根基．王春辉．学习与探索2022年第11期

538. 赵醒侬：江西民族革命运动的先锋．欧阳正豪．党史文苑2022年第11期

539. 在《新青年》的旗帜下——鲁迅与陈独秀．吴杰．党史博采(上)2022年第11期

540. 黄金荣两捕陈独秀之疑案．肖伊绯．党史博采(上)2022年第11期

541. 李大钊的斗争精神具有重要新时代价值．王砚红、宗玉田．党史博采2022年第11期

542. 成功运用斗争策略的安源大罢工．刘源、刘建民．党史文汇2022年第11期

543. 党的五大——危急关头错失时机．胡湘君．党史博览2022年第11期

544. 恽代英为什么能赢得政见不同者的赞颂．肖冬．世纪风采 2022 年第 11 期

545. 董必武在湖北的干部教育实践．余志强．世纪风采 2022 年第 11 期

546. 党的创建史．管飞．中国图书评论 2022 年第 11 期

547. 王懋廷：西北马克思主义传播先驱．呼东方．新西部 2022 年第 11 期

548. 演讲·争鸣·重塑——《新青年》杂志的传播范式研究．金蕾蕾．新闻世界 2022 年第 11 期

549. 唯物史观在中国早期传播及其对中国共产党成立的影响．施言志、孟成全、汪洋、宫玉涛．黑龙江工业学院学报(综合版)2022 年第 11 期

550. 探寻中国马克思主义的思想史源头．孙代尧、路宽．中国社会科学 2022 年第 11 期

551.“五卅”前后中共革命思想在日本的传播——以东京《国民评论》为中心．唐荣堂．学术月刊 2022 年第 11 期

552. 一份被“遗忘”的中国共产党早期报刊：东京《国民评论》．唐荣堂．图书馆杂志 2022 年第 11 期

553. 周恩来与廖家三代的交情．朱天培．世纪风采．2022 年第 11 期

554. 在《新青年》的旗帜下——鲁迅与陈独秀．吴杰．党史博采(上)2022 年第 11 期

555. 20 世纪 20 年代北京平民教育的发展(1919—1928)．张熙、靳潇飒．北京档案 2022 年第 11 期

556. 最早的《中国共产党宣言》．周文洋．党史纵横．2022 年第 11 期

557. 中国共产党领导的第一所红色大学．周铁钧．党史纵横．2022 年第 11 期

558. 五卅运动前后的中国青年——从美国媒体的视角来观察．王笛．探索与争鸣．2022 年第 12 期

559.《向导》的言论传播活动及其启示——兼论中国共产党早期党报党刊言论的功能．李舒、张寅．出版发行研究．2022 年第 12 期

560. 革命战争年代中国共产党生活纪律教育的优良传统及历史经验．董芝杰．毛泽东邓小平理论研究．2022 年第 12 期

561. 新民主主义革命时期党领导金融工作的历史实践与经验启示．余力．毛泽东邓小平理论研究 2022 年 12 期

562. 中国共产党成立初期和大革命时期关于合作社的探索与实践．刘显利．毛泽东邓小平理论研究．2022 年 12 期

563. 党团队一体化建设的历史演进及其政治逻辑．张旭东．中国青年研究 2022 年第 12 期

564. 党团队一体化建设的历史、理论与实践探析．吴庆．中国青年研究 2022 年第 12 期

565. 百年来党团关系的历史回溯、内在规定与未来展望．彭容容、王跃．中国青年研究 2022 年第 12 月

566. 使命传承：中国共产党民族高等教育政策的演进逻辑．康翠萍、王之．中南民族大学学报（人文社会科学版）2022 年第 12 期

567. 中国共产党追求共同富裕的理论变迁、实践探索与经验启示．陈晨、熊友华．中州学刊 2022 年第 12 期

568. 冲破性别界限：五四以后北京女子参政运动考述．刘灿．中国国家博物馆馆刊 2022 年第 12 期

569. 潮涌江汉关——探寻 95 年前工人运动先驱留下的红色印记．牛萃云、欧阳吟子、王宏勋．工友 2022 年第 12 期

570. 指称中国的“东方”意义之生成：马克思、列宁与毛泽东对“东方”概念的建构．王菁．社会科学 2022 年第 12 期

571. 李大钊：中国第一个马克思主义者——在研究、传播马克思主义上的重要贡献．冯景源．观察与思考 2021 年第 12 期．人大复印资料《马克思列宁主义研究》2022 年 04 期

572. 纪念刘伯承同志诞辰 130 周年．汪洋．党史文苑 2022 年第 12 期

573. 陈潭秋：从中共一大代表到第七届中央委员．李中华．党史文苑 2022 年第 12 期

574. 安源路矿工人俱乐部斗争之特点浅析．张志勇．党史文苑 2022 年第 12 期

575. 李大钊：恢宏一生诠释伟大建党精神．李雨西、郭曜辉．党史博采（上）2022 年第 12 期

576. 渭南早期党团组织建立发展的历史意义和时代启示．张思奇．党史博采 2022 年第 12 期

577. 旅欧中国少年共产党历史回顾与经验启示．李宇霆．党史文汇 2022

年第12期

578. 用生命诠释共产党人对信仰的坚守——夏明翰狱中家书凝结的红色信仰．徐龙建．中国党政干部论坛2022年第12期

579. 1922年11月：唤起工农千百万，同心干．刘岳．前线2022年前线第12期

580. 1922年12月：开辟光辉的未来．刘岳．前线2022年第12期

581. 革命时期党的隐蔽战线工作．石庆．世纪风采2022年第12期

582. 中国共产党青年工作的百年历史回顾与展望．王亚男．学校党建与思想教育2022年第13期

583. 中国共产党党内派驻监督的历史变迁及经验启示．张蕾、陈松友．学校党建与思想教育2022年第14期

584. 从中国革命历次大转折看大别山革命老区的历史贡献．裴艳丽、汪季石．学校党建与思想教育2022年第14期

585. 马克思主义在浙江的早期传播及当代启示．户新竹．西部学刊2022年第14期

586. 共青团成立之初出版活动综览．马天祥．中国出版2022年第16期

587. 论李大钊与中国共产党伟大建党精神．李阎．中学政治教学参考2022年第16期

588. 百年党史　百年先驱——记口述历史档案中中国共产党早期革命家张伯简．陈素娟．办公室业务2022年第16期

589. "传播马克思主义的先驱"杨匏安．何立波．检察风云2022年第16期

590. 记录世纪风云传颂百年伟业——论中国共产党新闻事业百年奋斗的历史成就及贡献．郑保卫、尹延永．中国出版2022年第17期

591. 马克思主义在日本的早期传播及对中国的影响．向惠民．西部学刊2022年第18期

592. 清末民初中国近代第一批女报人研究．徐飞鹏．科技传播2022年第19期

593. 马克思主义在中国的早期传播．路军．党课参考2022年第20期

594. 李大钊建党思想：理论源起·革命实践·当代价值．彭帮姣、寇东亮．中学政治教学参考2022年第20期

595. 淬炼共产党人政治品格：历史进路与现实举措．刘启春、李金旭．学

校党建与思想教育 2022 年第 21 期

596.《新青年》与马克思主义早期中国化进程．别克扎提·达吾列提．品位·经典 2022 年第 21 期

597. 建党前马克思主义在中国的报刊传播研究．高杨文、韩姵妤．传媒 2022 年第 24 期

598. 中国工人阶级自觉意识的觉醒与马克思主义在中国的早期传播(1919—1925). 马铭泽．活力 2022 年第 24 期

599. 中国共产党坚持和践行群众路线的百年历程与经验启示．程奎．学校党建与思想教育 2022 年第 24 期

600. 中国共产党早期媒介动员实践考察——以《劳动界》出版活动为中心．程丽红、于军．中国出版 2022 年第 24 期

601. 马克思主义在四川的早期传播研究综述．陈佳．今古文创．2022 年第 42 期

期刊论文文摘

李达对马克思主义唯物史观和唯物辩证法的独特运用与阐释

李达是马克思主义在中国的早期传播者,是中国共产党的早期创建者和主要领导人之一,是杰出的马克思主义理论家。早期,他致力于系统研究和传播唯物史观,运用唯物史观阐释社会主义和中国革命基本问题,并对马克思主义唯物史观做出了中国式阐释,为中国共产党的新民主主义革命理论和政策的形成提供了理论支撑。

一是运用唯物史观阐释科学社会主义学说和中国革命的基本问题。李达是马克思主义唯物史观在中国早期的主要传播者和阐释者,他对于唯物史观的介绍和阐释具有两个鲜明的特点:一是注重运用唯物史观介绍和阐释马克思的科学社会主义学说;二是注重运用唯物史观来探讨中国革命的理论问题。李达将唯物史观从纯粹的理论探讨转向与中国革命相结合的实践理论阐释,尝试运用唯物史观分析中国的经济、政治情形,探讨马克思主义对于中国社会革命的指导意义。首先,李达充分肯定马克思的学说可以应用于中国社会的改造。其次,李达结合中国的经济、政治情况,分析了中国无产阶级应该怎样实行革命的问题,他认为,共产党可以根据中国国情,并参照马克思给波兰、瑞士、德国共产党所设的计划来制定政策,联合国民党推倒军阀政治,但共产党要注意保持自身的独立性。最后,李达指出,在中国的社会革命中,国家政策的制定必须"根据当时产业的状况和文化的程度来决定"。这些重要的思想观点表明李达对唯物史观认识的逐步深化,并开始运用唯物史观来思考中国社会革命的重大理论和政策问题。1926 年 6 月,他将讲授唯物史观的讲义整理为《现代社会学》出版。李达在该书中对唯物史观的阐释表现出独到的理论见解:一是对经济决定论进行反思,彻底冲破了早期唯物史观阐释的机械决定论的樊篱;二是将唯物史观与阶级斗争学说相结合;三是对中国社会实际和中国革命特殊性的分析;四是对马克思主义唯物史观的中国式阐释。

二是运用唯物史观分析阐发孙中山的三民主义学说。李达运用唯物史观对孙中山的三民主义进行分析和阐释,比较三民主义与马克思主义的异同,指出三民主义在民主革命阶段的积极意义，以探寻真正适合中国实际需要的革命道路和革命策略，提出了一系列独到的思想主张。第一，对孙中山三民主义哲学基础——民生史观进行系统分析，阐述唯物史观与民生史观的异同，强调二者可相互补充，为中国反帝反封建的民主革命服务。第二，运用唯物史观研究三民主义学说，对孙中山的三民主义学说进行革命性阐发。第三，结合中国社会实际，分析了帝国主义时代背景下三民主义与新民主主义革命的一致性，阐明了中国革命的性质、对象、所要依靠的力量和革命的前途。

三是对唯物辩证法的探索性研究和应用。1937 年，李达的马克思主义哲学专著——《社会学大纲》由上海笔耕堂书店出版。这部被毛泽东誉为“中国人自己写的第一本马列主义的哲学教科书”，是当时中国最系统、最准确地论述马克思主义唯物辩证法的理论著作。在 20 世纪 30 年代初期的中国马克思主义理论家中，大多数人对马克思主义哲学体系还缺乏整体性把握。李达《社会学大纲》对唯物辩证法、历史唯物论的基本理论，以及它们在社会历史、社会意识形态中的作用作了详细的阐述，形成了颇具中国特色的马克思主义哲学体系，填补了中国马克思主义哲学体系的空白。第一，《社会学大纲》对马克思主义哲学体系作了全面、系统的介绍和阐释，构建了中国化的马克思主义哲学体系。第二，提出“实践的唯物论”，强调马克思主义哲学的实践性。第三，将马克思主义理论和中国实践相结合，把马克思主义普遍原理和方法论运用于中国革命和社会问题之中，为分析和解决中国问题提供科学的理论参考。

新民主主义革命时期，李达为唯物史观和唯物辩证法的传播与阐释做了大量的开拓性工作，最早较完整、全面地阐述马克思主义哲学基础理论，构建了中国的马克思主义哲学体系，他对唯物史观和唯物辩证法的独特运用与阐释，推动了马克思主义中国化的进程，为马克思主义中国化的第一次历史性飞跃——毛泽东思想的形成做出了重要的理论贡献。

摘自《党史研究与教学》2022 年第 1 期，作者宋俭、栗荣

《马克思主义在中国早期传播著作丛编(1920—1927)》述论

《马克思主义在中国早期传播著作丛编(1920—1927)》，是一部搜集、整理与研究马克思主义在中国早期传播著作汇编而成的鸿篇巨作，极大地丰富了马克思主义在中国的早期传播史、中共创建史、马克思主义中国化史的研究内容，

为以上研究提供了一手资料。

一、《丛编》简介。《丛编》分五编45卷，约2500万字。第一编为马克思恩格斯列宁的经典著作，共3卷14种。第二编为外国政治家、理论家和学者对马克思主义的诠释本，共21卷61种。第三编为国内政治家、理论家和学者对马克思主义的诠释本，共10卷40种。第四编为早期马克思主义中国化著作，共6卷25种。第五编为专题性图书，共6卷13种。

二、《丛编》体例。《丛编》的体例由“原始文本”“说明”“注释”三部分组成。一是“原始文本”。其中过半为第一版，80%影印本是第一次集结面世，像这样系统的、大规模的原汁原味的文本与读者见面，在马克思主义在中国传播出版史上尚属首次。二是“说明”。对著作的版本、封面设计、基本内容、价值及出版、社会效果等作研究性的解读。《丛编》对全部原始文本封面一一进行了专业性解读与描述，成为马克思主义著作丛书的创新之举。三是“注释”。所谓“注释”就是对原始文本中的专有名词、基本重要概念和词语、人物、事件、著作、报刊、地名等作解读、疏解、考据，帮助读者读懂早期文献。

三、《丛编》价值。一是收藏价值。第一，“早期传播”著作的搜集是个动态的历史过程，目前收集到的250多本还需要继续发掘。第二，“早期传播”的著作属于民国图书，为新善本。二是史料价值。《丛编》汇集了大量珍本、善本、孤本，整套丛书彩色插图、全文影印，完整呈现了历史文本的本来面貌，是一套具有一定的独创性、基础性的资料工具书。第一，重现重要著作。《丛编》中的原始文本全部影印出版，80%是第一次与当代读者见面。第二，补充历史事实。三是学术价值。《丛编》广泛收集第一手资料，吸收学术界最新研究成果，有些注释或改写传统的说法，或纠正错误结论，填补了学术上的一些空白。四是当代价值。第一，《丛编》表明中国共产党人一开始就抓住了马克思主义的核心理论。第二，《丛编》用实物诠释“不忘初心”。第三，《丛编》用原始红色文化载体有力地说明中国共产党的指导思想是从哪里来的，是具有中国特色的革命、建设、改革的思想源头。第四，《丛编》让大量“早期传播”红色文物“活”起来。第五，《丛编》推动马克思主义在中国的传播史向纵深发展。

《丛编》中的“早期传播”文本也烙印上“早期传播”的不成熟性，主要是当时的传播者对马克思主义的精髓还缺乏自主性的理解，教条和照搬具有普遍性。因此，对于《丛编》中的文本必须坚持尊重历史的原则，应将文本内容与当时的特殊历史时代背景相结合进行分析，谨慎下判断，以防得出脱离历史事实的错误结论。

摘自《党史研究与教学》2022年第1期，王千迁、田子渝

上海马克思主义研究会再研究

上海马克思主义研究会是中共上海早期组织构成的一个重要方面，在中共创建中具有十分重要的地位。本文从上海马克思主义研究会客观存在的史实、成立的时间、属性三个方面对上海马克思主义研究会进行再研究：

一是上海马克思主义研究会客观存在。目前学界质疑上海存在马克思主义研究会的理由除陈望道、邵力子的回忆材料外，并无文献资料的佐证，且施存统、沈雁冰（被认为是上海马克思主义研究会成员）明确否认上海马克思主义研究会的存在。揆诸史实，此质疑不能成立。第一，上海马克思主义研究会的存在，有确切的史料为据。第二，除了陈望道、邵力子两人的回忆资料外，当事人杨之华、袁振英、彭述之、包惠僧、张国焘亦留下了有关上海马克思主义研究会方面的回忆资料。第三，要辩证看待施存统、沈雁冰的有关回忆。第四，新青年社是马克思主义研究会的出版机关。总之，上海马克思主义研究会是客观存在的，质疑其存在的观点不能成立。

二是上海马克思主义研究会成立的时间。根据当事人陈望道当时的行踪，可以对其成立的大体时间做出一个基本的判断，这个时间不会早于 1920 年 6 月。第一，根据陈望道自己的回忆，他是在 1920 年 5 月收到戴季陶等人的电报后，才从浙江义乌河里乡分水塘赶往上海。陈望道到上海后，第一个目的地就是星期评论社，因为星期评论社希望他接替即将离沪的戴季陶的编辑工作。第二天星期评论社开会，决定停办《星期评论》。从《星期评论》终刊的出版时间——1920 年 6 月 6 日来判断，陈望道到达上海的时间，应在 5 月底或 6 月初。第二，《星期评论》社委托陈望道翻译《共产党宣言》，并计划通过连载的方式在该刊发表。陈望道是在家乡分水塘完成《共产党宣言》译稿后才前往上海的。第三，俞秀松日记记载，陈望道是在 1920 年 6 月下旬的 27、28 日，才让俞秀松将《共产党宣言》译稿送交陈独秀的。第四，在陈望道家乡分水塘，至今还传颂着他当年因专心于翻译《共产党宣言》而蘸墨汁吃粽子的故事。这则小故事说明陈望道赴上海的时间不会早于当年的 6 月。因为一般情况下，吃粽子应在端午节期间，而 1920 年的端午节是公历 6 月 20 日；第五，1920 年 5 月，陈独秀等党的发起人在上海成立了社会主义大学校。作为中共上海早期组织重要成员的陈望道，既不是社会主义大学校成立时的成员，又不是中共上海发起组成立时的成员，其中原因之一，可能就是陈望道当时不在上海。第六，陈独秀在上海发起的建党活动，主要依靠的对象是星期评论社成员。陈望道应星期评论社之邀赴上海，到上海后随即加入星期评论社活动，之所以未参加社会主义大学校和中共上海发起组成立这些重要活动，只能说明他此时不在上海。第七，施存统回忆，他没有和陈望道一起讨论发起（成立）共产党。陈公培回忆，上海发起成立共产党的时候，陈望道当时在杭州。另外，彭述之对上海马克思主义研究会成立时间的回忆，亦为该会成立的时间不会早于1920年6月提供了一个参照。最后，对邵力子的相关回忆也需做些说明。邵力子的相关回忆似乎与陈望道的回忆形成了某种印证，但如果对其在建党时期的活动进行考察就可以发现这种印证其实并不存在。笔者认为，邵力子有关“马研会”的回忆并不能确信。

三是上海马克思主义研究会的属性。本研究从五个方面对其属性进行具体探讨：第一，不是中共上海早期组织的前期组织；第二，是中共上海早期组织的一个事业机构；第三，与中共上海早期组织有所同亦有所不同；第四，在全国马克思主义研究会中扮演着“总会”的职能；第五，上海马克思主义研究会的工作内容。本研究根据有限资料对上海马克思主义研究会的工作内容做一个初步归纳。一是每周开会一次，互相交流或研讨；二是请人讲演；三是对《新青年》杂志进行改造；四是通过邵力子在《觉悟》上发表文章，使《觉悟》成为上海宣传马克思主义的又一个重要阵地；五是翻译马克思主义经典著作；六是同反马克思主义思潮展开论战；七是由《新青年》编辑部同人成立新青年社，负责马克思主义书刊的编辑、出版发行工作。

通过对上海马克思主义研究会的成立及相关问题的考察，本文的结论是：1920年中国共产党在上海的发起创建，没有经历一个从成立马克思主义研究会到创立党组织的过程，而是先把党建立起来，然后再成立马克思主义研究会。这反映了中共创建道路的独特性，也内在地揭示了中共创建的一个重要特点和规律。

摘自《成都理工大学学报（社会科学版）》2022年第1期，黄爱军

中国共产党早期报刊创办历史经验与当代启示

中国共产党的报刊活动和报刊事业同我国的政治、军事及其他社会活动密切相关，并在其中发挥着至关重要的作用。在逐渐丰富的报刊实践中，中国共产党积累了一系列相对成熟的、科学的、优秀的经验。对历史经验的溯源与总

结可以为当下报刊活动实践与创新提供一定的镜鉴。本文聚焦于早期党报党刊,将时间段锁定在建党前后的1921年7月至第一次国共合作开始的1924年1月,主要研究这一时期中国共产党报刊活动的主要特征和历史经验。

一、中国共产党早期党报党刊特征:内容、话语与发行。中国共产党在早期报刊活动中,形成了独有的报刊特性,积累了丰富的报刊编辑经验。其特征表现在:第一,早期党报党刊内容具有先进性、阶段性和现实性。第二,早期党报党刊话语具有严谨性、生动性与战斗性。第三,早期党报党刊编发具有党性、群众性与组织性。

二、中国共产党早期党报党刊创办经验:原则、方法与对象。第一是党性原则贯穿始终。早期党报党刊遵循的党性原则,一方面来自对马克思、恩格斯、列宁以及其他第三国际共产党报刊经验的总结与学习;另一方面体现在中国共产党对内部报刊活动党性的直接要求上。第二是报刊活动服务于党的中心工作。早期党报党刊的报刊活动主要服务于共产党各阶段中心工作的开展。第三是建立多位一体的"媒体矩阵"。在宣传机构的多位建设上,一是成立了专门的出版机构;二是创办了一系列社团;三是成立不同类型的学校,向不同群体传播无产阶级思想。在对各级社会群体的多元传播上,早期中国共产党首先是创办了多种适合各类对象的报刊和读物;其次,在传播方法上,注重区分群体。

三、早期党报党刊实践对当今编辑出版活动的启示。早期党报党刊的实践是中国共产党新闻事业的起步阶段,也是后来我国社会主义编辑出版事业经验积累的重要阶段。这一时期,中国共产党领导的报刊活动探索了一些典型的做法和经验,为当下的报刊活动提供了重要的参考。第一,坚持党性原则,处理好党性和人民性之间的关系。第二,既要构建多声部传播矩阵,又要在关键时刻形成舆论合力。第三,善用新科技,不断优化传播方法。

摘自《河南大学学报(社会科学版)》2022年第1期,党李丹、王灿发

早期中共北京党组织成员的历史命运及其形成原因

早期中共北京党组织成员的历史命运:其一,对早期北京地方党组织而言,虽然也有叛徒和脱党分子出现,但这是个别现象。其成员总体上信念坚定、不怕牺牲,很多人成为烈士,展现出伟大的牺牲精神,无愧于大钊先生开创和孕育出来的"党的最早发源地"的荣誉;其二,早期北京党组织成员在大革命之后中

国革命舞台上担任重要角色的很少，该组织众多在建党初期担任党内重要领导职务的同志在大革命的血雨腥风中因为被反动派绞杀而过早地牺牲了。

早期中共北京党组织的成员是中国共产党最早创立者，他们无论是理论水平、革命意志还是实际工作能力总体上都非常优秀，但是在土地革命战争之后，在中国共产党的历史舞台上却少有他们的身影，其原因如下：第一，以李大钊为代表的早期组织重要成员在大革命前后过早地牺牲或者病逝。第二，他们对于政治路线和思想路线高度重视、格外重视，有的时候超过了对于特定环境下组织路线的重视，当实际工作中出现思想路线和组织路线认识上与执行上的差距时，他们所长期浸染的政治文化会造成其中部分人物的政治实践产生偏向于思想路线的特点。第三，北京地区党组织中受到重用的多数是国内大学教育出来的知识分子，而在 1927 年之后，革命干部的主体变为工农干部和莫斯科留学归来的知识分子，原来的这些国内高校知识分子都退居次要位置，占党内干部的比例越来越低。第四，1927 至 1934 年这段时间里，中国共产党领导的革命是以湘鄂赣闽粤皖川等南方红色根据地为中心，在这些地域成长了一大批领导干部，而此时，北方的苏维埃革命之火远远没有形成燎原之势，该地域干部的成长发展自然受到了一定影响。需要指出的是，从早期北京地委和北方区委长期互相交叉的角度来看，可以认为中原、西北、东北等早期党组织成员的历史命运是早期北京党组织成员历史命运的延续和升华。

摘自《江苏社会科学》2022 年第 1 期，程美东

上海共产党早期组织建构的现实基础与理论逻辑

从时代坐标看，五四运动在发展中所面临的实践难题以及青年集体化应对的努力与尝试，形成了上海共产党早期组织创建的现实境遇：第一，行动秩序之难。五四运动的影响范围不断扩大。但与此同时，运动中也不可避免地出现了一些行动失序的倾向。第二，主义认同之难。伴随着五四运动的发展，西方各种“主义”如洪水般地被介绍进中国。这些“主义”客观上启蒙着他们参与五四运动的觉悟，但唤起青年觉悟的效果则参差不齐，无形中阻滞着青年之于“主义”的认同。一是辐射范围有限；二是滋长空谈之风；三是“主义”之间的排他倾向，分化着青年阵营。一部分青年选择以马克思主义来指导革命行动；一部分青年则投入其他温和“主义”或保守“主义”的怀抱；亦有部分青年左右踟蹰。第

三，阶层整合之难。1920 年前后，青年集体化逻辑是五四运动行进的正确方向，只是囿于不成章法，此时的组织与联合仍是一种矛盾丛生的“街头政治”行为，尚未上升到政党政治的实践高度。

从建构过程看，借鉴俄国革命模式而开辟的“政党——青年——群众”新型组织化理路，呈现了上海共产党早期组织先行探索的现实行动：第一，共产主义训练班与行动规范。从外力支持看，行动契约规范性弥散在共产国际对上海共产党早期组织的指导与帮助中。从内力聚合看，行动契约规范性蕴含于上海青年团的组织逻辑中。第二，信仰认同与“主义”降噪。上海共产党早期组织在扩大青年基础过程中，采用隐性与显性相结合的灵活策略，渐进式抬升马克思主义主导地位。一是将组织领导权交付于信仰共产主义的核心成员；二是在理论学习中传播马克思主义学说。第三，标榜社会改造的革命运动，要真正促使工人、农民等劳苦大众能给予同情并携起手来，关键在于运动融入劳动者社会。因此，帮助青年与社会界，尤其是与受压迫阶级“和解”，是上海共产党早期组织行动的重要目标。一是引导“加入工人阶级”；二是唤起“劳动联合”觉悟。一方面，举办《劳动界》周刊，大量揭露劳动者受剥削的残酷事实，启发劳苦大众联合反抗的意识。另一方面，组织深入劳动者的宣传小组，通俗化传播革命理论。

从现实中抽象，上海共产党早期组织面向时代、面向组织、面向主体的基本向度，以及相应内蕴的场域意识、规训意识、赋能意识，昭示着无产阶级政党在中国创建的理论逻辑。这或许也初步耦成了伟大建党精神发轫的意识形态前提：第一，面向时代：叩问五四运动所处时代的场域意识。上海共产党早期组织从耦成现实的三重场域来解构五四运动所处的时代。一是基于工具理性的技术场域；二是基于群体心理的文化场域；三是基于政治属性的社会场域。复合着“工具—技术”属性、“心理—文化”属性以及“政治—社会”属性的场域意识，成为上海共产党早期组织观察时代、解析时代、把握时代的精神“锁钥”。第二，面向组织：优化新型政党组织的规训意识。一方面，显现为指向行为的规训。另一方面，显现为指向认知的规训。第三，面向主体：实现主体价值的赋能意识。一是情感赋能；二是身份赋能；三是使命赋能。上海共产党早期组织的建党实践，从无产阶级劳苦大众的根本立场出发，将人民主体力量作为革命行动的动力之源。相应地，作为革命行动的策划者、组织者与参与者，早期共产主义者等革命主体便肩负着人民幸福、民族复兴的光荣使命，并始终遵照这一主体使命的人民性方向矢志前行。

摘自《思想教育研究》2022 年第 1 期，程丙

新文化运动与马克思主义哲学中国化的开启

从起源学的角度看，马克思主义哲学中国化是从新文化运动中转出来的。这一转出，以十月革命胜利与五四运动为契机，在思想层面上经过了三个环节：

第一个环节是从高扬“科学”与“民主”到传播十月革命的社会主义观。这一环节是新文化运动从第一个节点到第二个节点的主线，而把这根主线连接起来的，有两个因素：一个是“科学”与“民主”的内在精神；一个是十月革命的胜利和五四运动的爆发。在这个环节上，中国早期马克思主义者把十月革命的社会主义观念的传播与中国道路的思考紧密地结合起来，创造了马克思主义哲学中国化的思想起点。

第二个环节是从传播马克思的学说到研究唯物史观。在这个环节上，十月革命的胜利和五四运动的爆发给新文化运动带来的第二个积极的影响，就是从新文化运动中走出来的中国早期的马克思主义者开始在中国传播马克思的学说，进而联系中国道路研究唯物史观。李大钊以马克思的社会主义经济学为基础，阐发了马克思的唯物史观，建构了研究中国革命问题的方法论。

第三个环节是从研究中国革命问题到提出中国共产党的政党观念。在这个环节上，十月革命的胜利和五四运动使李大钊、陈独秀转向了对政治、对中国革命问题的思考，而研究唯物史观给了李大钊、陈独秀探究中国革命问题的方法论。正是在对中国革命问题的思考中，李大钊、陈独秀联系世界范围内的社会主义运动，探讨中国革命的问题，提出了中国共产党的政党观念，从而开启了马克思主义哲学中国化的思想征程和实践征程。

摘自《学术月刊》2022 年第 1 期，何萍

论中国共产党第二次全国代表大会的理论创新

中国共产党的 100 年，是高扬马克思主义旗帜的 100 年，是马克思主义基本原理与中国具体实际相结合，开创马克思主义中国化，运用中国化的马克思主义指导中国革命、建设和改革开放历史进程的 100 年，也是坚持理论创新的 100 年。中国共产党第二次全国代表大会的理论创新，深刻反映了建党时期我们党对于中国革命指导思想、政治策略和工作方针所发生的重大转变，印证了

马克思主义中国化的历史内涵和时代特点，凸显了幼年时期的中国共产党就已具备理论思维活动的创新品格和创新能力。

一、跳出对马克思主义基本原理照抄照搬的思维模式，提出民主革命纲领，实现党的指导思想的重大转折。“二大”所制订的党的最高纲领和最低纲领，所提出的彻底的反帝反封建的民主革命纲领，和与之相适应的联合战线政策，正是列宁关于民族和殖民地这一马克思主义基本理论和中国社会实际特别是中国革命实际这两个方面结合起来加以思考的理论成果，是党的指导思想创新的必然产物。

二、突破对中国社会各个阶级作简单化、一刀切的分析方法，首次提出民主联合战线政策，凸显党的策略思想的重大突破。党的二大在制订民主革命纲领的同时，又在《关于“民主的联合战线”的决议案》等文件中，提出了建立民主主义革命联合战线的政策，凸显中国共产党自“一大”以来其政策和策略思想的一个重大突破。从“一大”主张不同其他党派建立任何关系，到“二大”提出建立民主主义联合战线，这是党的领导方式、水平特别是领导理念的跨越式进步和提升，反映了党对于中国国情和各阶级关系有了新的认识，对于马克思列宁主义理论和中国革命实际相结合方面有了新的突破。

三、注重对中国革命斗争作多维思考，首次提出工人运动、青年运动、妇女运动等具体要求，开启党的实际工作新局面。第一，关于工会运动。“二大”通过的《关于“工会运动与共产党”的决议案》，在总结“一大”以来党领导工人运动经验教训的基础上，结合新的形势提出了领导工人运动的新思想和新原则。第二，关于妇女运动。“二大”制订的《关于妇女运动的决议案》，是党指导妇女运动的第一个历史性文件，为近代妇女运动的转型指明了方向。“二大”之后，中国的妇女运动得到了迅速发展，出现了崭新的面貌。第三，关于青年运动。党的二大讨论通过了《关于少年运动问题的决议案》，该决议案从三个方面阐述了对青年运动的指导思想，并对党团关系作了明确的界定。总之，“二大”时党对实际工作方针的指导，其视野更加开阔，思考更加周全。“二大”关于工人、妇女、青年等群众运动的决议案，初步体现了中国共产党领导中国革命运动过程中多方面开展马克思主义中国化的尝试。

尽管，“二大”还有许多不尽如人意之处，比如对中国国情的认知还有待深化，对民主革命中无产阶级领导权的问题尚未明示，对农民运动和解决农民的土地问题甚至未能提及，等等。但是，“二大”的理论创新，充分体现了党领导中国革命的“革命毅力、革命创造力、革命首创精神的意义”，在中国革命史上竖起了一座丰碑。

摘自《上海党史与党建》2022年第1期，张云

马克思主义在中国的曙光初现

——陈望道之前中国学者对《共产党宣言》的翻译活动研究

《共产党宣言》这部国际共产主义运动的第一个纲领性文件，在清末民初就有某些留学日本的中国知识分子将其“片段内容”传入我国。此后，北京大学学习德文的学生也投入了对《共产党宣言》的“部分”翻译工作。五四运动以后，为了推动马克思主义传播和建党工作，陈望道由英文版和日文版对照翻译，1920年8月在上海出版了《共产党宣言》第一个中文全译本。笔者拟对陈望道之前早期中国学者翻译《共产党宣言》的活动，进行简要介绍和阐释。

赵必振在中国首次译介包括《共产党宣言》在内的社会主义著作。现已搜集到赵必振从日文版翻译的书籍达28本之多，其中与《共产党宣言》直接相关的是《近世社会主义》。1903年2月，赵必振受谢无量的委托，翻译了日人福井准造1902年著的《近世社会主义》，在广智书局出版。赵必振1903年翻译的《近世社会主义》，其中4处地方转述了《共产党宣言》的内容。由于该书是中国首次译介马克思主义或社会主义著作，加上是从日文版转译的，他翻译成中文所表达的意思不够精确，有些名词比较费解。尽管如此，今天我国学界已取得共识：赵必振是中国译介社会主义著作、传播马克思主义第一人。

朱执信、刘师培最早直接翻译而且比较系统地介绍《共产党宣言》。从目前发掘的史料看，最早直接翻译而且比较系统地介绍《共产党宣言》的中国人，除了陈望道之外，还有两个广东人——朱执信和孙中山、两个江苏人——刘师培与何震。朱执信在日本读过幸德秋水翻译的《共产主义者宣言》（即《共产党宣言》，与堺利彦合译）以及所著《社会主义神髓》，受其影响，于1905年11月26日在《民报》第2号发表《德意志社会革命家小传》，介绍了马克思和恩格斯的生平及革命活动，同时刊登了由日文转译为中文的《共产党宣言》部分内容，作为所发表“小传”的佐证。刘师培与何震一起在东京创办《天义》旬刊（实为半月刊），该刊1907年6月首次刊登了马克思的肖像，就是陈望道所译《共产党宣言》封面上那张马克思像，从而使中国人能够目睹“大胡子马克思”的真容。该

刊还首次刊登了刘师培翻译的《共产党宣言》第一章，虽然不是全译本，也将整个章节向读者呈现。从资产阶级革命家朱执信等人到无政府主义者刘师培等辈，他们抛开个人的功利要求，接受西方的新思想，也情不自禁地翻译了一些与社会主义相关的论著，客观上推动了马克思主义在中国的传播活动。

罗章龙、李梅羹直接从德文版翻译《共产党宣言》等经典著作。对马克思主义经典著作《共产党宣言》比较准确的翻译工作，是五四时期由北京、上海等地创建中国共产党的早期共产党人完成的。在中共一大之前，早期共产党人罗章龙和李梅羹在北京大学德语系求学，由图书馆馆长李大钊交给他们一批“学习资料”，于是他们直接从德文版翻译而不是从其他文本转译《共产党宣言》。罗章龙、李梅羹等人翻译《共产党宣言》比陈望道的时间略早，发生在中国共产党的酝酿期。罗章龙、李梅羹是同乡同学，都是湖南浏阳人，一起参加了北京大学“马克思主义学说研究会”翻译小组，大家在课余时间分头进行译书工作。罗章龙、李梅羹、宋天放、王有德、商章孙等是德文翻译组的成员，不但译过《马克思传》《震撼世界十日记》等介绍马克思生平和俄国十月革命的书籍，还译过《共产党宣言》《国家与革命》《资本论》(第一卷)等经典著作。《共产党宣言》译文整理出来之后，会员们自己动手刻写成油印本。毛泽东对斯诺说，1920 年初发动驱张(敬尧)运动，自己在北京读过《共产党宣言》，估计是这个油印本。

摘自《湖南第一师范学院学报》2022 年第 1 期，曾长秋、周霞

中国工人阶级接受马克思主义理论教育研究

——基于京津冀地区的历史考察(1917—1927)

早期京津冀地区工人阶级接受马克思主义教育的方式主要有三个方面。

第一，启发工人觉悟——创办报刊。中国共产党一诞生，就非常重视工人报刊出版工作。当时各个共产主义小组和后来党所领导下的工会组织大都创办了专门向工人进行宣传的报刊，大大启发了工人阶级的政治觉悟，如《劳动界》《劳动音》《劳动者》《劳动周刊》《工人周刊》《劳工周刊》等，宣传马克思主义和国际国内的工人运动，帮助工人建立革命的工会组织，并指导工人阶级进行经济的、政治的各种革命斗争。

第二，提升工人素质——创办工人学校。1920 年 3 月，北大“平民讲演团”开始走向工人和农民；1921 年元旦，邓中夏和张特立等青年一起创立了长辛店

劳动补习学校；1921 年 9 月 11 日，李大钊派知识分子安体诚、于树德在天津创办了工人工余补习学校；1922 年 4 月，由林西机器厂工人孙家耕、赵玉亭、郭润航、朱金华等人发起，在唐山开滦矿成立了“工余补习社”；1922 年 6 月初，工人图书馆中的开滦工人骨干建立起唐山矿工人夜校“大同社”。通过办学，知识分子与工人群众之间建立了密切的联系，马克思主义理论有了补习学校的环境支撑很容易灌输到工人中去，通过理论教育，发现、培养积极分子，团结和凝聚工人力量，为马克思主义理论真正变为解放自身的武器、为成立工会和领导工人进一步开展斗争奠定了基础。

第三，创建工人家园——成立现代工会。北京共产主义小组在长辛店开办劳动补习学校的基础上，于 1921 年 5 月正式建立了“工人俱乐部”（即工会）。1922 年陈为人、陈乔年创办南水关工会；1923 年京汉铁路总工会成立；1925 年，党以印刷工人为主干创立北京工人俱乐部，同年成立“北京总工会”。虽然革命工会在创建初期规模不大，数量也不多，但它却是建立中国工人阶级新型工会的样板，工人开始逐渐正确地理解和接受了马克思主义的理论。

马克思主义的传播为早期工人运动提供了理论指导，在科学理论的武装下，中国工人阶级逐渐认识到自身的历史使命与历史责任，对社会革命有了科学认知，逐渐由自在阶级向自为阶级转变。首先，奠定了中国共产党成立的阶级基础。早期工人运动的客观实践又进一步传播了马克思主义，在政治意识觉醒的现实需求下，工人阶级积极寻求自身解放，这股力量团结起来使全国的产业工人在思想觉悟方面都得到了很大的提升，要求成立自己的阶级组织，从而在一定程度上促成了中国共产党的成立。其次，培养了大量优秀党员与工人骨干参与革命运动，如工运领袖邓中夏、中国劳动组合书记部天津支部负责人李培良、唐山地区的工人领袖邓培等。第三，进一步推动了马克思主义理论与实践相结合。早期工人阶级接受马克思主义理论教育与马克思主义理论的进一步传播形成了一个双向互动的良性循环，一方面，知识分子通过理论宣传教育向工人阶级传播马克思主义理论，用于指导其革命斗争；另一方面，又需要工人阶级的实践向理论工作者反馈实践的具体效果，不断推进马克思主义中国化的历史进程，使中国革命最终走向成功。

摘自《集美大学学报（教育科学版）》2022 年第 1 期，冯用军、赵雪

《新青年》的《俄罗斯研究》专栏与马克思主义在中国的早期传播

《俄罗斯研究》是1920年9月《新青年》8卷1号新开辟的专栏，从《新青年》8卷1号到9卷3号，《俄罗斯研究》专栏时间跨度为1920年9月1日到1921年7月1日，历时将近一年，共发表文章41篇。具体而言，可以按文章内容和传播渠道的不同对《俄罗斯研究》专栏的文章进行分类。

按文章内容分类，本文将《俄罗斯研究》专栏的文章按内容划分为四大类：第一类是苏俄革命家的马克思主义理论文章，第二类是介绍苏维埃俄国基本建设的文章，第三类是介绍俄罗斯妇女问题的文章，第四类是其他文章（分别从他国人民对苏维埃和列宁的评价、俄国革命斗争的历史、列宁对俄国的具体贡献等内容展开论述）。按传播渠道分类，本文采用欧洲、日本、苏俄、美国四条渠道的说法对《俄罗斯研究》专栏文章进行了分类。其中，《俄罗斯研究》专栏中来自苏俄渠道的文章最多，共有26篇。

《俄罗斯研究》专栏在《新青年》8卷1号的开设，标志着杂志的传播理念由宣传“自由”和“民主”转向传播马克思主义。这种转向绝非偶然，有其深刻的内部和外部原因。外部原因在于《苏俄第一次对华宣言》的发表和共产国际对华的援助。内部原因在于中国先进知识分子对救国之路的探索、编辑理念的变化和人员的改变。

《俄罗斯研究》专栏的开辟，是马克思主义在中国的早期传播的重要里程碑，对早期传播而言具有重要的意义和价值。第一，标志着早期传播渠道由日本转向苏俄。第二，标志着马克思主义早期传播内容开始进入第二阶段。第三，提供了走“中国之路”的理论和实践依据。

摘自《前沿》2022年第1期，洪美玲

论马克思主义和中华优秀传统文化的契合性

——以五四时期先进知识分子接受马克思主义为例

本文将立足五四时期，聚焦马克思主义传入中国之初先进知识分子最为关注的唯物史观、阶级斗争和共产主义愿景，追问和推究当时的先进知识分子接受马克思主义的深层文化心理结构，分析和探讨马克思主义和中华优秀传统文化的融合在这些知识分子身上究竟何以可能以及具体如何发生的，以为新时代继续推进马克思主义中国化和中华优秀传统文化集成创新的良性互动作出学理性说明。

第一，唯物史观与中国传统历史观的融合。从经济原因出发去解释社会现象，千百年来影响着历朝历代士大夫有关政治统治和社会发展的思考，这无疑对五四时期先进知识分子接受马克思主义“以经济为中心考察社会问题”的唯物史观，起了重要的作用。以往的研究多强调唯物史观的科学性和中国传统历史观的唯心性，而忽视了马克思主义在中国的传播首先从唯物史观开始这一事实与中国传统哲学提供的历史土壤的关联。

第二，阶级斗争学说与中国传统革命思想的融通。马克思主义中有一整套关于暴力革命、统一战线、无产阶级专政等的阶级斗争学说，而且这套学说在俄国十月革命中已被证明是行之有效的，非常适应于当时中国先进知识分子救亡图存的实际需要。同等重要的是，这种选择和接受又与先进知识分子头脑中的传统革命思想是分不开的。当这种与唯物史观紧密相连又契合了中国民族主义诉求的西方学说一经出现，就迅速在这些先进知识分子中产生了共鸣，并被作为了打破旧世界、建立新世界的新理论、新工具，李大钊、陈独秀等早期先进的知识分子开始在中国系统阐述、传播阶级斗争学说并且身体力行。

第三，科学社会主义愿景与中国大同社会理想的融会。马克思的科学社会主义是在中国缺乏发展社会主义的物质条件、阶级基础的背景下传入的，但这丝毫不影响先进的知识分子选择、接受并信仰它。个中的缘由，首先在于科学社会主义较之其他各种社会主义具有科学性、真理性。其次在于儒家的大同社会理想与科学社会主义学说之间存在着某种一致性，这种“性相融会”恰如一条纽带联结了先进的知识分子与马克思主义。尽管中国古代的大同理

想带有明显的空想色彩，与马克思主义的科学社会主义在性质上有着本质差别，但都包含着对理想社会的诉求，而且在理想社会的设想上具有某种同构性。这无疑在很大程度上消解了先进知识分子对马克思主义的认知障碍，也为马克思主义与中华优秀传统文化的会通提供了一种可能性。

第四，科学理性精神与中庸之道与实践理性的会通。马克思主义在中国传播的过程中，中国传统哲学中的中庸之道与实践理性精神起了重要作用。中庸作为中国哲学的重要范畴，它强调以公正客观、不偏不倚的立场和观点看待问题、处理问题。实践理性属于行动哲学，强调重现世、重实践、重事实、重功效、

重结果，是中国人最为典型的思维方式和价值取向。受这种中庸之道与实践理性熏陶的中国知识分子，一方面往往乐于接受也善于吸收、融合外来文化，集百家之长，兼八方精义；另一方面则兼具“学问为现世所用”的学术传统和“以天下为己任”的政治情怀，关心国运民瘼，富有使命感，为先进知识分子选择马克思主义提供了重要文化尺度。

马克思主义中国化在近代中国的发生、发展表明，任何一种外来的学说要想在中国得到传播和发展，并为国人所真正接受，必须与中国的文化传统相结合。当然，马克思主义与中华优秀传统文化相结合，绝不意味着用中华优秀传统文化来取代马克思主义，同时也不意味着用马克思主义来取代中华优秀传统文化。马克思主义与中华优秀传统文化相结合，应是“和而不同”：一方面是中华优秀传统文化的现代化，即在马克思主义指导下实现传统文化的新阐发和新运用；另一方面则是马克思主义的中国化，即在吸收中华优秀传统文化基础上实现马克思主义的新发展。在这个过程中，马克思主义和中华优秀传统文化相互吸收和融合，共同得到丰富和发展，并与其他文化成分一起，构成中国特色社会主义的新文化。

摘自《理论学刊》2022年第1期，陆卫明、曹芳

该文被人大复印资料《马克思列宁主义研究》2022年06期转载

马克思主义在中国早期传播的文化向度研究

19世纪末20世纪初，马克思主义与其他各种救国思潮一起被先进知识分子引进中国，在经历一次次思想论战后，最终被中国的先进知识分子和广大人民接受。马克思主义之所以被中国人民广泛接受，是因为其与中国优秀传统文化具有诸多内在契合性，二者具有丰富的共同因子。在这些共同因子影响下，马克思主义自引入中国后就不断与中国优秀传统文化融合，并且在融合过程中不断扩大在中国的影响力。中国优秀传统文化也由于与马克思主义的融合而实现了从传统向现代的超越，马克思主义与中国优秀传统文化成功地早期融合为新时代继续推进马克思主义中国化提供了有益的启示。

马克思主义在中国早期传播的文化动因。马克思主义能够在中国大地广泛传播，是20世纪初中国各阶层社会力量共同努力的结果。这些社会力量大致分为三大阶层，即知识分子阶层、工人阶层和农民阶层。其中知识分子阶层

通过报刊、译著、文章、演讲、工人夜校、农民讲习所等形式，系统引进、宣传马克思主义理论，完成了马克思主义的启蒙工作；工人则通过夜校学习马克思主义基本原理，并积极运用到实践中，积极开展各类工人运动，推动了马克思主义逐步与中国革命的具体实际相结合和马克思主义中国化的进程；农民则在接受中国先进知识分子的启蒙教育之后，在全国范围内开展了轰轰烈烈的反封建农民运动。中国各阶层先进分子对马克思主义的选择并非偶然，中国传统优秀文化和马克思主义在方法、观点和价值追求等方面有诸多内在契合之处，马克思主义蕴含诸多中国文化因子。这些共通之处和共同因子构筑了马克思主义被中国引进、传播和接受的文化基础和思想基础，使马克思主义在一次次的关于思想和主义的斗争中取得胜利，成为中国先进分子的最终选择。

社会主义学说译著潮开启了马克思主义在中国的早期传播。推进马克思主义中国化的一个必要条件则是马克思主义经典著作的翻译，马克思主义中国化过程最初始于晚清时期社会主义和马克思主义经典著作的翻译，马克思主义经典著作的译介与马克思主义中国化、时代化和大众化是有机融合的。中国人民了解和传播马克思主义始于社会主义的引进与介绍。海外留学生是社会主义在中国早期传播的主要主体。自 19 世纪 70 年代起，中国的知识分子和西方的传教士就陆续在中国传播了西方工人运动和社会主义学说的部分内容，但这些内容零散、不成体系，是无意识的，多以猎奇为视角，并未在中国引发过多关注和深层思考。中国先进知识分子真正有意识地传播社会主义始于 20 世纪初。到 19 世纪末 20 世纪初，日本出现了专门研究社会主义的社会团体，成为社会主义传入中国的主要渠道。

新文化运动加速了马克思主义在中国的早期传播。“五四”运动助推了马克思主义在中国的早期传播。“五四”运动推进了马克思主义在中国的传播和中国传统文化向现代文化的转化，促使新文化运动迎来一个全新的高潮，成为中国文化史的分水岭。“五四”运动一个重要成就是促使一大批先进知识分子转变为马克思主义者，同时也推动了中国马克思主义政党的成立。随着“五四”运动后的系统宣传，马克思主义在中国的传播不断扩大，到 1920 年开始具有真正的广泛影响力。“五四”运动使工人阶级开始成为中国革命的主导力量。与此同时，在认识到马克思主义的科学性、真理性以后，李大钊、陈独秀等马克思主义者与胡适、周作人等资产阶级改良派决裂。在此过程中，马克思主义者也认识到了组建无产阶级政党代表最广大人民的根本利益、领导中国革命的重要性和必要性。1920年8月至1921年初间,中国共产党早期组织先后在上海、北京、武汉、长沙、济南等地成立,中国基本完成了成立无产阶级政党所需的思想准备、政治准备和阶级准备。

文化向度下继续推进马克思主义中国化的思考。马克思主义和中国优秀传统文化有机融合是新时代继续推进马克思主义中国化的关键。100年来,马克思主义与中国相互影响、共同发展,一方面,马克思主义深刻改变了中国,另一方面,中国极大丰富和发展了马克思主义。把马克思主义与中国的具体实际紧密结合是中国共产党领导中国人民百年来赢取决定性胜利的关键,马克思主义和中国优秀传统文化的有机融合有效地推进了马克思主义中国化和中国优秀传统文化现代化,这一伟大的历史性互动,集中体现在中国共产党坚定自觉、一以贯之推进马克思主义中国化、时代化、大众化的历史进程中,对于坚定道路自信、理论自信、制度自信、文化自信具有重要意义。

摘自《集美大学学报(哲学社会科学版)》2022年第1期,石丹阳、吴宁、李幸霖

五卅运动前后上海工人民族和阶级意识的双重变奏

上海工人阶级在五卅运动中同帝国主义坚决斗争,为推进中华民族独立作出了重要贡献。五卅运动前后,帝国主义成为上海工人阶级斗争的主要对象。这不仅同中共的阶级教育密不可分,还与共产国际等政治因素有着复杂的纠葛。本文以上海工人阶级为主要考察对象,探究反帝语境下上海工人群体民族意识与阶级意识的交织演进与行动表达。

一、马克思主义阶级观的反帝走向。第一,中共对上海工人阶级观的培育。在国共第一次合作开始前,中共就已着手恢复上海地区的工运工作,邓中夏等人以上海大学为阵地,培养了一批优秀的工运干部,为后来中共在上海地区开展工运工作储备了人才。国民革命统一战线正式形成后,中共以上海大学为核心,派出大批共产党员到上海的工业区开办工人补习学校,在教授上海工人文化知识的同时对工人开展阶级教育,并组织成立工人俱乐部等工人团体,这为五卅运动的爆发奠定了良好的组织基础。第二,反对帝国主义话语的出场。五卅运动前后中共反帝话语的建构与苏俄、共产国际有着密切的关系。列宁曾对帝国主义作出了许多精辟的论断,1917年俄国十月革命胜利后,列宁的反帝话语迅速传播至各殖民地、半殖民地国家,并在共产国际的领导下逐步成为这些

国家反对国际帝国主义的系统性纲领，中国共产党自1922年开始逐步接受并宣传反帝话语。第三，工人运动与民族革命的结合。1925年1月中共四大在上海召开，大会在对全国工人运动形势进行系统分析后，拟定并通过了多项职工运动决议案，对之后的中国工运进程产生了重要影响。一是阐明了工人运动与民族运动的关系，明确提出工人阶级掌握中国民族革命领导权的必要性。二是为中国工人运动的发展制定了系统的策略与计划，以坚持阶级斗争为核心的工运策略的制定为中国工人阶级获取民族革命的领导地位提供了极大帮助。

二、反帝话语在上海工人中的传播。在共产国际和中共四大的政策导向下，中共开始在上海工人阶级中广泛宣传反帝话语。加之帝国主义对中国人民掠夺剥削的进一步加深，上海工人阶级的生活状况不断恶化，在这样的形势下，以民族主义为核心的反帝话语开始在上海工人阶级中广泛传播并获得极大认同。第一，反帝是工人阶级的特殊使命。为启发工人的阶级觉悟，中共利用《向导》周报、《工人周刊》等刊物进行宣传教育，向工人阶级揭露帝国主义的本质，引导工人阶级同帝国主义进行坚决斗争。第二，工人阶级是民族解放的前锋。首先，中共强调工人阶级担任民族革命的领导阶级，既是为了工人阶级自己的利益，更是为了中华民族的解放；其次，面对严峻的反帝斗争形势，为更好地对工人开展阶级教育。第三，团结起来实现被压迫阶级的大联合。首先，中共向上海工人阐明了工人阶级要团结起来的原因；其次，中共着重向上海工人介绍了当前严峻的革命形势，以此来说明工人阶级加强团结的紧迫性。

三、反帝斗争中上海工人群体阶级观念的深化。中共通过《向导》周报、《中国青年》等党报党刊与其他先进报刊对工人阶级开展阶级教育，同时通过组织成立工人俱乐部等方式引导工人积极开展反帝爱国运动，实现了思想启蒙与革命行动的结合。第一，日商纱厂工人阶级情感的激发。中共前期在工人俱乐部中开展的阶级教育起到了革命播火的积极效用，在工厂工人中发展了大批共产党员与共青团员，建立了党的组织，为后期开展工人运动奠定了良好的组织基础。第二，"三罢"期间工人阶级意志的表达。五卅运动爆发后，为了更好地在全国范围内开展反帝斗争，中共中央决定联合各革命阶级组建广泛的反帝统一战线，并动员上海市民同帝国主义开展"三罢"斗争（工人罢工、商人罢市、学生罢课），工人阶级成为"三罢"斗争的中流砥柱。第三，统一战线分化情形下工人阶级信念的展现。五卅运动爆发时，民族资产阶级由于经济上长期受到帝国主义资本的挤压，在中国商界的政治地位也低于西方资本家，因此他们同工人学生一道加入了反对帝国主义的“三罢”斗争中。但由于民族资产阶级同帝国主义间有着千丝万缕的联系，导致其具有软弱妥协的一面，他们在反帝的同时仍对帝国主义抱有幻想，随时准备谋求同帝国主义妥协，随着政府交涉的失败与开市，民族资本家退出了“三罢”斗争，统一战线出现分化，工人阶级陷入了被动、孤立的局面。作为反帝斗争前锋的中国工人阶级近代以来饱受帝国主义摧残，他们是最了解帝国主义侵略本质的，因而对政府同帝国主义的交涉谈判并不抱有任何幻想，尤其在接受了阶级教育后，上海工人阶级普遍具备了坚定的阶级信念，相信只能依靠自身力量同帝国主义者斗争。

五卅运动前后，面对日益严重的民族危机，“以俄为师”的中国共产党人开始积极宣传反帝话语。由于上海地区集中了当时中国的大多数工人且为中共中央所在地，在中共中央的重视与领导下反帝话语在上海工人阶级中广泛传播，上海工人的阶级观因此呈现出阶级意识与民族意识相互交织的多重样态。通过史料的剖析不难发现，中共所开展的反帝话语宣传、阶级观教育与组织动员仍是推动上海工人走向行动的根源所在。

摘自《广东党史与文献研究》2022 年第 1 期，张家冀、唐棣宣

新民主主义革命时期中国共产党与美国共产党的交往

中共与美共的交往体现了两党对于列宁的民族和殖民地问题理论的贯彻。支持和援助东方殖民地、半殖民地国家的民族解放运动，尤其是中国革命，是美共对国际共产主义运动作出的历史性贡献。中共和美共在新民主主义革命时期的交往，紧紧围绕中国革命各个阶段的中心任务，美共在支持中国革命的世界各国共产党中具有特殊地位。

作为统一的世界性共产党，共产国际自 1919 年成立后在各大洲许多国家帮助无产阶级建立共产党组织，指导各国共产党的成长与成熟，拉开了这些国家共产主义运动的序幕。同时，共产国际以其高度集中的组织机制推动各国共产党的相互联系。新民主主义革命时期中共与美共交往的不断深化，得益于共产国际严密的组织机制。作为共产国际的最高权力机关，共产国际代表大会是推动中共与美共关系的关键枢纽。共产国际六大重点关注殖民地、半殖民地国家民族解放运动问题，中共与美共代表通过参加共产国际六大，公开表示加强合作。共产国际七大提出建立反法西斯统一战线的策略后，共产国际推动各国

共产党开展反法西斯斗争，中共与美共进一步密切联系。共产国际执委会派遣多位美共党员前往共产国际执委会远东局等联共(布)、共产国际的对华工作机构，美共党员的中国经历加强了美共对中国问题的了解与重视。赤色职工国际作为共产国际领导下的国际性群众组织，是世界范围内执行民族和殖民地问题战略策略的重要渠道之一，它尝试打通太平洋沿岸国家工会运动的设想为中共与美共提供了交往的可能。在中共驻共产国际代表团以及美共的双重指导下，美共中央中国局逐渐成为美国民众了解中共的独特窗口，在舆论、物资、人才等多方面支持中国革命。虽然共产国际曾在指导一些国家革命时存在失误，但共产国际在推进世界革命和各国革命的实际运动方面仍然作出了积极贡献。在共产国际的影响下，中共与美共产生了更加深入和多样的联系，中共与美共的交往由共产国际的指导联络，逐步转变为两党相对独立的主动交往。两党的交往历程是中共在新民主主义革命时期同外部世界深刻关联互动的一个缩影。

摘自《中共党史研究》2022 年第 2 期，张牧云

早期中国共产党人接受马克思主义的历史契合点及其当代启示

——20 世纪初“社会主义论战”的再审视

中国共产党人选择并接受马克思主义有三个重要的历史契合点：

一是中国共产党的“初心”与马克思主义的契合。中国共产党人选择接受马克思主义，特别是历史唯物论、无产阶级专政理论及社会主义理论，将其作为改造旧世界、建设新世界的指导思想，正是顺应了当时中国社会最广大人民根本利益的诉求。换言之，马克思主义正是契合了中国共产党人要通过彻底改变旧社会使多数人过上人的生活之迫切需要的使命。这种契合不仅是一种历史必然性，而且与中国共产党的建党宗旨一致，“初心”与“使命”便成了中国共产党百年奋斗的理想与实践。

二是中国共产党的使命与“社会主义”理想的契合。从认识论的角度看，20 世纪初，早期中国共产党人认识、接受马克思主义，并不是从直接系统地学习马克思主义的先进理论开始的，而是从中国的社会现实之迫切需要出发的。回溯历史，主要有三个路径背景：其一，1840 年西方列强用武力打开中国大门，西方宗教、科学、技术、制度与文化等所谓的“资本主义”文明随之汹涌而至。其二，

随着西方经济贸易的东进,越来越多的中国青年去东洋西洋留学,带回许多新的思想,由此中国开始了现代教育。其三,俄国十月革命的胜利,使中国共产党人找到了通向光明的现实样板。马克思社会主义理论的传播和俄国的革命实践,完整地构成了早期共产党人接受马克思主义的一个重要契合点。

三是马克思主义与中华民族文化传统基本价值的契合。中华民族的文化传统是中国人深层次的社会基因,并构成中华民族精神追求的基本定力。为什么马克思主义诞生在欧洲,但并没有深刻地影响、改变欧洲社会,而马克思主义在中国却如此地受欢迎?以马克思主义理论为指导的中国共产党得到广大人民的衷心拥护和支持,从接受主体的文化角度来看,马克思主义与中华民族文化传统的基本价值具有某种契合性。第一,"贵公"作为中国社会主流的伦理价值取向,与社会主义社会的价值理想具有某种相似性。第二,中国文化传统的超越性、理想性气质与马克思主义的社会理想图景具有某种契合性。第三,"经世致用"的文化传统与马克思主义所强调的哲学,不仅在于认识世界,更在于改造世界的实践唯物主义的特质具有某种契合性。由此可见,在民国初期,中国社会各派无论对社会主义的理解有多少不同,但"社会主义"作为一种"时尚"被广泛讨论、传播,不能不说与中国人的文化传统之特质有关。

本文所述的三个历史契合点从共产党人的立场初衷、使命理想和伦理文化的维度,展现了二者内在的具象与交集,蕴含着某种历史选择的必然性。这种必然性并不旨在代表某种理论的结论或历史事态的结果,而在于它昭示的历史发展方向与方法论:其一,中国共产党的党性就是人民性;其二,必须从中国社会的实际出发发展生产力,才能实现为人民谋幸福的根本宗旨;其三,马克思主义的真理是在历史实践中不断发展完善的。

摘自《北京师范大学学报(社会科学版)》2022年第2期,李萍、张冠

中共早期组织/中央机关在沪的空间分布

——以上海红色旧址信息数据库为基础的研究

近代上海的时空特征为中共活动创造了条件。20世纪二三十年代,无论是法租界新城区,还是闸北和公共租界北区越界筑路区域,抑或沪西越界筑路地区,都在经历着城区的快速发展。草创阶段的新城区,区位合理、交通便利、租

金低廉，为中共各级组织分布提供空间便利。同时，不同时期中共革命活动的不同背景、任务和主题，以及国内外形势和斗争环境的剧烈变化，也使得中共早期组织和中央机关呈现出空间分布上的变化。1920—1922年间，中共早期组织和中央机关活动以建党人物寓所为中心；1923—1927年间，闸北和虹口越界筑路地区成为中共中央乃至各级机关的聚集地；1927—1933年间，中共中央核心机关和重要会议地回迁苏州河以南公共租界。需要特别指出的是，华洋分治的城市格局一定程度上为中共活动提供了制度上的缝隙。当国共合作时期或革命对象是帝国主义时，可以选择以华界为机关主要驻地；当国民党成为主要对手时，租界一定程度上提供了庇护。但必须指出的是，租界并非“铁板一块”的概念，不仅公共租界和法租界有差别，不同时期、不同租界对待中共活动态度也会伴随中国政治形势的瞬息万变而大不相同。1930年代后，当南京国民政府与帝国主义联手后，上海租界作为“革命庇护地”优势已然不存。加之根据地的开辟和中国革命自发因素的增强，中共中央机关的转移就是必然之举。因此，在中共与租界关系的问题上，我们还需要更为辩证、更为谨慎地下结论。

中共在上海革命活动的空间分布彰显出上海作为中共中央早期驻地的优势。同时，从只能被动依赖优势空间环境、规避恶劣空间环境，到主动利用不同行政区划间的权力缝隙；从寓所机关合一、群聚性的机构设置，到有组织、有总体规划的机构设置，空间分布变化也从侧面彰显出中国共产党对不同时期革命任务、斗争形势、斗争环境的总体判断，见证了一个新兴政党的日益成熟。

摘自《史林》2022年第2期，姚霏

建党时期中共党内对社会主义革命的两种理解

在中国共产党初建时期，党内对于如何在中国开展社会主义革命有两种不同的理解。党内多数成员认为，议会政治与选举活动不过是当权者与资产阶级迷惑平民的陷阱，因而革命者绝不可参加政府或议会，也不应与其他政治势力发生关系，而应该以无产阶级的直接行动推翻现政权。在广州的谭平山与陈公博则强调工人参与现实政治对于无产阶级革命的重要性，认为民主选举与地方自治能够促进工人阶级意识的启蒙和政治能力的训练，从而为即将到来的革命奠定基础。

本文从三个方面推进了对这一问题的探讨：

第一，笔者从全球左翼思想史的视角出发，揭示了五四时期中国激进知识分子与世界社会主义思潮之间的紧密联系。通过全球视野下的分析和比较，笔者揭示出，在“直接行动”概念的指引下，中共早期党内多数派的激进化受到了美国与日本无政府工团主义思想资源的支持，而更为稳健的少数派实际上更加贴近正统的欧洲马克思主义革命学说。

第二，本文第二部分以谭平山、陈公博为首的广州共产主义小组为例，探讨了少数派是如何在19世纪末20世纪初德国社会民主主义思潮的影响下，将马克思主义革命思想同地方政治实践相结合的。1921—1922年的广东同之前桂系盘踞时期相比，政治局面与社会思潮均有较大改观，地方自治的推行、广州市市政厅的建立、新文化的传播、教育改革的起步以及舆论界的繁荣都促使广东共产党领导人探索一种与党内主流观点所不同的通向社会主义的路径。谭平山与陈公博的主张展现了德国社会民主主义思想是如何同五四时期地方自治与民众启蒙的话语相结合的，而这种结合呈现了马克思主义在中国语境中的多元化解读的可能性。

第三，笔者指出，我们需要给予两种革命观以充分的同情之理解，在二者之间，并没有严格的谁对谁错，而是应该放在具体的历史情境中去审视。马克思、恩格斯和列宁早就指出，社会主义者应当根据具体的政治与社会环境制定灵活的革命策略。以“革命道路的唯物辩证法”这一视角来看，党内出现两种不同的革命观点是完全可以理解的。然而，在建立布尔什维克式革命党的过程中，这两种不同观点不可能一直共存。十月革命的胜利让陈独秀、施存统、李达等人确信，秘密的地下斗争、严密的组织纪律和一战而胜的工人直接行动是任何国家和地区实现社会主义的不二法门。陈公博被开除出党，而谭平山则暂时从广东调离，赴北京任职。广东局势亦不复孙陈共治时期的开放自由，广州共产党人的社会民主主义政治实践就此戛然而止。尽管如此，在革命的准备过程中是否参与议会选举、是否参与“合法政治”、是否与现存其他政治势力发生关系等问题并未随之消失，而是继续成为党内领导人不得不面对的重要问题。

摘自《史林》2022年第2期，赵旭铎

《共产党》月刊对无政府主义的批判

——基于马克思主义在中国早期传播的视角

《共产党》月刊对无政府主义批判的缘起。五四时期，作为理论宣传媒介而问世的《共产党》月刊虽仅存半年光景，却能量持久。纵观《共产党》月刊的发文经过，其对无政府主义的批判实属马克思主义在中国早期传播画卷中的点睛之笔。然而，《共产党》月刊对无政府主义进行批判并非是书生圈子内的"笔墨官司"，而是与五四时期思想界的动态密切相关。一是新文化运动期间无政府主义甚嚣尘上；二是十月革命后马克思主义在中国广泛传播；三是建党初期马克思主义与无政府主义激烈交锋。

《共产党》月刊对无政府主义批判的焦点。《共产党》月刊首次在中国亮出"共产党"的旗帜。面对无政府主义的直接开火，《共产党》月刊不甘示弱，围绕国家与政权、生产与分配、自由与组织三大焦点对无政府主义进行批判，这抑制了无政府主义思潮进一步泛滥，在"破"与"立"中传播了马克思主义。

第一，批判"无强权、无国家"，主张阶级斗争和无产阶级专政。在国家与政权方面，无政府主义者反对一切强权，主张废除国家与政府。无政府主义也向马克思主义的无产阶级专政学说反扑。《共产党》月刊编辑众人立足马克思主义立场针锋相对，主张阶级斗争和实行无产阶级专政。一方面，批驳了"反对一切强权"的错误言论，阐明采取革命手段以夺取政权的做法。另一方面，指明了无产阶级专政的必要性与重要性。无政府主义将社会光怪陆离的现象都降罪于国家与政府，是因为从根本上没有弄清国家与政府的起源以及存在的必要性。而《共产党》月刊初步提及无产阶级专政思想，廓清理论迷雾，以此传播了马克思主义国家学说。

第二，批判"各尽所能，按需分配"，提倡产业国有和按劳分配。在生产与分配方面，无政府主义鼓吹共同生产、共同消费，主张"生产自由化"与分配上的绝对平均主义。对此，《共产党》月刊作者立即撰文予以批判，提倡产业国有和按劳分配。在生产方面，分散式的生产方式会导致供需出现不平衡，而共产主义的集中生产方式能使供求达到平衡。无政府主义把人人划到道德无上的制高点，事实上并非每个人都那么善良，同时以有限的生产力来满足人民的任意需求，这种做法势必会造成社会紊乱。共产主义的分配原则是按劳分配，无政府主义所主张的消费平等只能是在世界产业发达到极致的时候才能实现，但是在社会生产力处于有限状态和人类道德素养还没有达到至神至圣的程度时，实行科学社会主义的公平分配制度，才最符合当下中国国情。

第三，批判个人“绝对自由”，阐明极端个人主义的空想性与不可行性。在自由与组织方面，无政府主义以个人主义作为立论基础，主张自由不能有任何限制，极力反对建立全国统一的组织。无政府党在阐释其立论根基时，也倍加责难马克思主义在俄国所进行的实践方式。无政府主义者只看到组织纪律的约束性，而无视组织壮大对思想宣传的拉动作用。无政府主义的“绝对自由观”受到了早期马克思主义者的严厉批驳。《共产党》月刊抓住无政府主义各派的共同要素进行解剖，充分揭示了无政府主义者更多是在革命词句掩盖下的个人主义者的实质。

《共产党》月刊对无政府主义批判的成效。面对无政府主义向马克思主义直接开炮，李达、施存统、周佛海等人在《共产党》月刊中纷纷撰文给予无政府主义迎头痛击。《共产党》月刊对无政府主义的批判是马克思主义与反马克思主义斗争的重要缩影，对当下和今后都显现出重大且深远的成效：一是澄清了马克思主义与无政府主义的差异；二是促进了无产阶级政党在思想与行动上的统一；三是建构了中国早期共产主义者的形象；四是推进了马克思主义中国化的新发展。

摘自《思想教育研究》2022 年第 2 期，梁大伟、茹亚辉

略论中共二大对建党伟业的杰出贡献

中共二大对建党的主要贡献，可概括为“五个首次”：

一、首次提出反帝反封建的民主革命纲领。中共二大制定的反帝反封建民主革命纲领，揭示了中国社会的主要矛盾，提出了中国民主革命的中心任务，认清谁是敌人、谁是朋友这一革命的首要问题，把革命的矛头从资产阶级转向帝国主义和封建军阀，指明了现阶段革命斗争的大方向，具有重大的历史意义和指导意义。

二、首次制定《中国共产党章程》。中共二大通过的党章，奠定了历次修订党章的基础，特别是“二大”作出的组织章程决议案，丰富和拓展了党章的内容，增强了党章的权威性。“二大”通过的党章和决议案，对于规范党员言行，健全党的生活，推进党组织的发展和巩固，提高党的战斗力和执行力，发挥了积极作用。

三、首次确立民主联合战线思想。中共二大通过的《关于"民主的联合战线"的议决案》在思想认识上有了突破，并进而提出了具体的实施计划，使认识上的提高，落到了行动上的安排。

四、首次议决加入第三国际。中共二大首次作出加入第三国际的决议是正确而又及时的。在与中国共产党20多年的联系和交往中，共产国际对中国革命斗争十分关心，道义上的支持以及经费物资的援助是巨大的。虽然因不了解中国国情也曾出现过指导上的失误，但大多数时间尤其是创建时期、大革命前期起到积极作用，总体上应予以肯定。

五、首次提出组成"无产阶级革命大的群众党"。"二大"通过的《关于共产党的组织章程决议案》明确要求应把少数人团体发展成为大的"群众党"。中共二大提出建设推进无产阶级革命的大"群众党"，除了强调党的发展工作以外，还有更深刻的内涵，即号召全体党员要深入到工农大众中去，与广大人民群众建立密切的联系。

摘自《上海党史与党建》2022年第2期，邵维正

"为革命青年所公有"：江西早期团组织的办刊实践

——以《红灯》为中心的考察

1927年春，国民革命走向最后的高潮，统治中国长达15年的北洋军阀政府走向穷途末路。这一时期，以蒋介石为首的国民党右派，将南昌作为战略据点，与武汉国民党左派中央党部进行对抗。在南昌市内，蒋介石通过一系列人事任命，将《南昌民国日报》打造成为土豪劣绅的机关报，进一步压缩中国共产党在江西省内的宣传活动空间。面对此况，中国共产党人开始有计划地针对国民党右派发起反攻，在青年群体中发展革命势力并领导革命运动。以该时期江西省团刊《红灯》为考察中心，通过梳理该刊物的创办历程及其编辑部同人办刊思想，还原身处革命风暴中心的江西早期团组织的办刊实践，有助于深入了解马克思主义学说在江西省内的早期传播历程，并为研究提供新视角和新思路。

一、因革命而发刊：《红灯》的创办历程。《红灯》是中国社会主义青年团在江西省内创办的第一份团刊。1923年12月3日，南昌团地委在给团中央的第五号报告中提出："由地方委员会发行一种刊物，定名《红灯》专鼓吹反抗英美，学生干政，批评本省谬误学说，介绍外地我们同志编的刊物，也推定崔豪编辑。"

《红灯》力图宣扬马克思主义学说,组织工人学生运动等。然而,《红灯》创刊后并未实现预期效果。作为江西省内的早期进步期刊,《红灯》创刊号一经发售便受到了江西军阀蔡成勋的“格外重视”,经他本人批准,《红灯》只刊发一期旋即被禁。《红灯》停刊的原因,一是自身办刊条件有限,办刊经验尚为欠缺;二是中国共产党人在江西的办刊活动始终面临来自国民党右派及江西本土军阀势力的双重排挤与打压;三是省内青年群体对马克思主义学说的认识并不充分。

1926年底,中共江西省委作出决定,要求团省委出版机关刊物,继续沿用“红灯”之名。《红灯》复刊目的是“针对当时国民党右派的反动宣传,正面和侧面给以猛烈的还击”,帮助江西群众认清革命形势,激发革命热情。通过对《红灯》创刊和复刊历程的梳理,可以发现,从南昌团地委的机关刊物到中共江西省委的理论刊物,《红灯》始终与中共江西党团组织的成立与发展密不可分。在国民革命日陷低谷之时,如何争取更多的青年群体加入革命队列中去,是中国共产党人亟待解决的问题。刊物编辑在具体的办刊活动中紧紧围绕青年群体,以理论联系实践,使得《红灯》成为江西党团组织开展革命宣传事业的舆论阵地。

二、一切为了青年:《红灯》的办刊特色。作为一份面向革命青年的团刊,《红灯》复刊后的主要任务便是对广大青年群体进行宣传鼓动,进一步在江西省内传播革命思想。从刊物的版面设计上看,复刊后的《红灯》,除第5期、第15期外,都以“灯”为核心要素创作样式不同的封面图,都离不开“红灯”之意,借用更加形象生动的图画吸引青年群体购买阅读《红灯》,这反映出编辑部所坚持的艺术性,同时也兼顾青年受众的喜好。在刊物内部的板块设计中,《红灯》前十期(除第9期因改为专刊而取消外)连续编排了“如是我闻”栏目。栏目内的一系列文章短小精练,尖锐泼辣,切中时弊,针对性强,为广大读者特别是青年群体所喜爱。在内容上,针对青年读者的阅读喜好,《红灯》刊出了一系列针砭时弊的评论文章,为江西本地青年做革命动员。国民革命时期的江西党团组织在成立之初便有计划地宣传马克思主义学说,努力促使马克思主义与青年运动结合。除理论宣传外,《红灯》中的评论文章更着眼于指导青年群体进行具体的革命活动。

三、育理想于实践:《红灯》与革命运动。《红灯》复刊五个月后即宣告停刊,虽办刊时间不长,但以首任编辑崔豪和复刊后的主编袁玉冰为核心的编辑部,在江西早期的青年运动和马克思主义传播过程中作出了诸多积极有益的尝试。从《红灯》编辑们的经历可以看出,他们于1927年初开始从事《红灯》编辑工作时，年龄普遍在20至30岁之间，正值青壮年；长期与青年群体交往，均具备一定的理论基础和宣传组织工作经验。这些优势大大加深了他们对青年群体的认识，使他们能在与国民党右派斗争的过程中更好地指导青年革命。其中，袁玉冰作为《红灯》复刊后的主编，更是成为将刊物与革命活动紧密联系起来的关键人物。除了指导群众进行革命实践，袁玉冰等人同样以《红灯》为宣传阵地，将南昌市民暴动中的两次革命提案向外界公布，彻底驳斥了社会上认为"共产党因此猖獗"的错误言论。

从五四运动到国共第一次合作，革命运动的不断演进是马克思主义在中国发展的重要契机。在对《红灯》办刊历史的梳理过程中，可以发现，大革命时期的中国共产党人对革命策略的实践已经超越了理论层面上的研究，进而转向为一种社会运动，刊物中的实用主义意味更为浓厚。1923年《红灯》初创之时，国内社会尚处在从新思潮为主的文化运动逐步转向社会改造运动的过程中，"主义与问题"之争喧嚣尘上。作为一本由地方团组织创办的刊物，其自身活动的政治空间较窄，舆论宣传缺乏群众基础。然而，伴随着革命形势的急转直上，1927年复刊后的《红灯》较之前显得更加成熟，无论是指导青年革命实践，抑或宣传马克思主义学说，均体现出"联系青年，鼓励实践"的团刊特色。革命的紧迫性要求革命者对于其所面对的社会结构，较革命尚处空想阶段时思考得更为透彻，实践的指向要更为明确。

值得注意的是，作为一本地方团刊，《红灯》在办刊实践上更加贴近青年群体，尤为关注青年的革命活动与思想教育。这一方面是源自团机关刊物的自身定位，另一方面则是因为大革命时期，青年群体逐渐成为一种天然的革命力量并得到社会广泛关注。《红灯》作为一本由江西早期党团组织创办的机关刊物，全面呈现出地方共产党人在大革命时期对青年群体的理论宣传和革命引领。首先，从创办背景和办刊活动上看，刊物本身与江西早期党团组织的创立有着千丝万缕的联系，却又因"先团再党"的特殊历史背景呈现出与党刊略有不同的办刊特色。其次，为鼓动地方青年开展革命运动，袁玉冰等早期中国共产党人在复刊后的《红灯》编辑工作中做了诸多尝试，从封面设计、内容编排、专刊撰稿等方面均可略窥一二。最后，以地方青年运动的特殊社会背景来重审地方团刊的发展历程，又会出现有别于中央团刊的不同衍变与特征，这些问题还有待作更进一步的历史考察。

摘自《苏区研究》2022年第2期，曾林浩

马克思主义在近代中国的早期传播

——以《新青年》为中心的考察(1918 年 10 月—1922 年 7 月)

《新青年》传播马克思主义的背景条件。《新青年》诞生于新文化运动与俄国十月革命相碰撞的革命浪潮中。新文化运动反对落后的封建传统思想,大力弘扬以"民主""科学"为代表的西方先进思想。这为后期马克思主义在中国的传播扫清了思想障碍。十月革命之后,马克思主义真正传播开来,马克思主义思想逐渐成为《新青年》宣传的主流思想。第一,新文化运动提倡民主和科学。《新青年》的反传统内容首先是对孔子的批判,其次是对封建神权及迷信思想的批判。第二,十月革命后兴起马克思主义传播热潮。十月革命胜利之后,国内的有识之士开始将目光转向马克思主义,各大报刊也纷纷刊载宣传马克思主义的文章,马克思主义热潮一时兴起。这股热潮也直接影响到了《新青年》的内容转向,突出表现为李大钊发表在《新青年》五卷五号的两篇文章《庶民的胜利》和《BOLSHEVISM 的胜利》。这两篇文章标志着《新青年》开始从主要刊载民主、科学、倡导文学革命的内容转向大量刊载、介绍马克思主义的内容。自此马克思主义得以在中国广泛传播。

《新青年》传播马克思主义的不同阶段及其主要内容。第一,《新青年》传播马克思主义的开端。《新青年》在五卷五号之前都以反封建、反传统、推崇民主科学为主要内容。但是,随着俄国十月革命的爆发,各大报纸都开始纷纷发表宣传马克思主义的文章,一时兴起了马克思主义传播热潮,这股热潮直接影响了《新青年》的内容转向。第二,《新青年》对马克思主义基本原理的宣传。《新青年》从五卷五号开始投入到马克思主义的宣传活动中。直到发行至八卷一号,其间总共刊登涉及马克思主义学说内容的文章十二篇,其余大量篇幅还是用于介绍民主以及文学、哲学思想。可见,这一阶段马克思主义在《新青年》刊载文章中所占比例仍然较小。《新青年》在 1918 年 10 月至 1920 年间传播马克思主义的主要内容大致可分为两个方面:一方面是介绍马克思生平,另一方面,介绍马克思主义主要原理及理论体系构成,包括马克思主义历史唯物主义、价值与剩余价值论、阶级竞争说。第三,《新青年》对国际社会主义运动经验的宣传。《新青年》从 1920 年 9 月开始开设"俄罗斯研究"学习专栏,连续刊载七期,发表文章共计 36 篇。这一专题将俄国十月革命的胜利果实与马克思主义基本原理结合起来进行介绍，全面介绍苏俄状况，分析俄国成功的经验。专栏的内容包括俄国的各方面研究，涉及政治制度、女性地位及妇女解放、教育现状、文艺现状、社会改造等问题。第四，《新青年》与非马克思主义思潮的论争。几篇捍卫马克思主义、反对非马克思主义思潮的文章集中发表在这一阶段。首先是马克思主义与无政府主义的交战，其次是关于社会主义的论争。

《新青年》传播马克思主义的策略。《新青年》巧妙运用多样化的传播策略推进马克思主义的大众化传播，致力于引导马克思主义占据主流意识形态地位。主要有以下策略：第一，开辟专栏，促进传播内容系统化。《新青年》创造性地开辟了“马克思研究”专号、“劳动节纪念”专号、“俄罗斯研究”专栏等，各有侧重地介绍了马克思主义，促进了传播内容的系统化。第二，形式多样，推进传播内容大众化。《新青年》不只依靠理论性、思想性极强的文章传播马克思主义，而且采取了大众喜闻乐见、易于接受的文学体裁来推动马克思主义传播的大众化。《新青年》收录的文章体裁采用了诗歌、小说、随感、短剧等形式。语言形式采取白话文表达，语法更加灵活，内容更加通俗易懂，这些都有利于马克思主义传播的大众化。第三，重视互动，推动传播效果深入化。《新青年》设置了“通信”“读者论坛”栏目，主要用于和读者互动，或沟通疑难问题，或各抒己见，对新文化、新思想的传播起到了很大的推动作用。

《新青年》传播马克思主义的当代启示。第一，坚持正确舆论导向不动摇，我们应该坚定马克思主义指导地位不动摇，增强辨别各种社会思潮和政治观点的能力，坚持党对意识形态工作的领导权。第二，推动传统传媒和新兴传媒良性融合，因此我们要利用好科技的力量，推进新型传播媒体建设，推动电视、报刊等传统媒体和新兴网络媒体良性融合、优势互补，打造舆论引导力一流的现代化传播平台。第三，深化受众群体分析，深入群众开展多层次、多类型传播，在当今传播马克思主义时，更应注意理论宣传与群众实践相结合，把理论和人民群众关心的民生问题结合起来，使传播更有成效。与此同时，应坚持深化受众群体的分析，有针对性地选取不同受众群体最能接受的信息接收渠道，采用喜闻乐见的宣传方式，将马克思主义宣传深入到各个阶层、各行各业中去，推动马克思主义大众化传播。

摘自《中共乐山市委党校学报》2022 年第 2 期，董潇铭

红色报刊发刊词论析

红色报刊真实记录和见证了中国共产党走过的波澜壮阔的光辉文化历程，充分体现了中国共产党为什么能和马克思主义为什么行的问题。红色报刊发刊词感国运之变化、立历史之潮头、发时代之先声，积极做党和人民的“耳目喉舌”。本文以1915—1949年间的红色报刊发刊词为例，揭示其所具有的战斗性和鼓动性，挖掘发刊词对动员群众、鼓舞群众，推动中国革命走向胜利发挥的作用，从而帮助我们更深刻地领悟伟大建党精神，坚定中国特色社会主义文化自信，推动新时代党的宣传思想工作健康发展。

一、红色报刊发刊词的风格特点。红色报刊发刊词具有以下风格特点：第一，聚焦民众，通俗易懂。新民主主义革命时期，广大民众的文化水平普遍不高，但是他们的精神需求却日益增长，要满足这种精神需求，就要求红色报刊的内容必须聚焦民众、通俗易懂。第二，扩大视野，增长见识。红色报刊发刊词以扩大群众视野、增长见识为宣传策略，有针对性地对广大民众进行革命斗争的宣传和动员，积极提炼总结国内外的革命斗争经验，介绍国际工人运动的情况，为各地革命运动的开展提供了有益经验，拓展了民众的思路与视野。第三，高举旗帜，宣传政策。党报党刊要高举革命斗争旗帜，把对敌对思想的批判和推翻放在首位。党报党刊的作用和力量就在于它能使“党的纲领路线，方针政策，工作任务和工作方法，最迅速最广泛地同群众见面”。

二、红色报刊发刊词的功能演变。发刊词作为报刊的宣言，是报刊的办刊目标和思想方向的体现，是新闻事业的组成部分，具有鲜明的阶级性，在不同的革命战争年代发挥着不同的功能。第一，是无产阶级革命思想的宣传武器。1921年中国共产党成立后，红色报刊随着革命的深入和理论的提高，将自己的定位逐步上升到成为无产阶级革命思想的宣传武器，向广大人民群众传播马克思主义、介绍中国共产党，发挥了新闻舆论工具的作用。第二，是武装斗争的宣传工具。土地革命战争时期，广大知识分子创办了一批红色报刊，用以宣传党的工农武装割据思想，开展阶级斗争，积极扩大中国共产党的影响，这些思想最先从其发刊词的内容中体现出来。第三，是革命实践的组织媒介。抗日战争时期，红色报刊发刊词呼吁民众积极参加抗战，组织全国力量团结一致对敌。第四，为武装夺取全国胜利而努力。抗战胜利后，党的新闻工作侧重点转向对战争的动员宣传和军事报道，红色报刊发刊词的主要内容也就成了为武装夺取全国胜利而努力。

三、红色报刊发刊词的思想引领。红色报刊发刊词以马克思主义为指导，坚持唯物史观，坚定人类自由解放崇高理想，始终走在时代前列，在文化宣传实践中凝结成的理论性、科学性、时代性和人民性，是其先进性质的主要体现。第一，坚持以马克思主义理论为指导。发刊词文本是红色文化的组成部分之一，其先进性与进步性源于其思想体系始终坚持马克思主义，始终以马克思主义理论的思想观点来引领、引导发刊词的内容。这些创办了红色报刊的先进知识分子有着坚定的马克思主义信仰、系统的马克思主义理论知识体系，他们忠诚于党的事业，无私无畏为大众谋利益，其坚持马克思主义科学理论的指导为红色报刊发刊词赋予了先进性、战斗性和革命性。第二，坚持以服务人民大众为根本宗旨。红色报刊发刊词始终坚守服务人民大众这一根本宗旨。第三，坚持以人类自由解放为崇高理想。红色报刊发刊词在思想上坚持了马克思主义科学理论的指导，正是坚定了人类终会实现自由解放这一崇高理想。

四、红色报刊发刊词的目标旨趣。红色报刊发刊词在观念上确立了正确的价值目标、坚定的理想信念，在革命思想理论中不忘初心，积极发挥先锋作用。第一，走在反帝反封建和社会改造的前沿。这一时期，红色报刊发刊词遵循弃旧从新原则和自由主义原则，主要目的在于开启民智，改造社会，为争取民族解放做准备。第二，走在促进无产阶级觉悟团结的前列。红色报刊发刊词坚持以践行党的方针政策为统领，以开展国民运动为重点，在促进革命阶级觉悟上走在前列；树立了坚持真理、求真务实、旗帜鲜明的战斗风格，运用各种独具特色、行之有效的宣传报道方法，在促进无产阶级团结上走在前列；充分发挥报刊资源优势，在为党的革命事业奋斗上走在前列。第三，走在全面加强党的建设的前头。关于党的建设的思想也是解放前红色报刊发刊词的目标旨趣之一。红色报刊发刊词中关于党的建设的思想逐渐成熟、日趋完善。发刊词中关于党建的论述也启示我们要加强党的建设就要始终坚持马克思主义为指导，坚持理论与实际相结合，坚持以政治建设为统领。这一思想对于新时代党的新闻事业、理论工作的开展也有一定的启迪意义。

近 30 年的红色报刊发刊词的内容展示了中国共产党的新闻宣传和思想理论建设的风貌，是中国革命精神的创造和体现，是马克思列宁主义报刊学说与中国无产阶级新闻工作实际相结合的产物，是中国革命文化的重要组成部分。

党的新闻思想的形成是全党进行革命新闻实践的经验总结和理论概括，是全党在新闻领域集体智慧的结晶。红色报刊发刊词为研究党史和红色文化提供了鲜活而丰富的第一手资料，对了解解放前的社会发展、党的领导和革命现状提供了重要的参考，也为争得民族解放和新民主主义革命的胜利作出了历史性的思想理论贡献，对新时代党的新闻事业、理论工作的发展也有一定的借鉴意义。

摘自《中共云南省委党校学报》2022年第2期，贾一凡、雷家军

认知与背离：《建设》杂志的马克思主义早期传播及其局限

《建设》杂志作为五四时期孙中山领导创办的一份重要理论刊物，每月出版一期，六期为一卷，每期所刊发的文章也多以编辑的个人文章为主，共设有“论说”“纪事”“杂录”“通讯”等几大栏目。1919年8月1日在上海创刊。1920年上半年，广东政局出现较大变动，“建设社”多位重要人物的离开，导致《建设》杂志被迫停刊了四个月之久，后来虽然复刊，但终因难以维系，不得不于1920年12月份在出版了第3卷第1期后终刊。从创刊到终刊，《建设》杂志先后共出版了13期。《建设》杂志虽然办刊时间并不长，却是五四时期孙中山领导创办的一份重要刊物，是当时资产阶级革命派的重要言论机关，其对马克思主义学说的译介、宣传与研究，极大地促进了五四时期马克思主义在中国的早期传播。

重视介绍马克思主义学说和社会主义思想是《建设》杂志的一大理论特色。从对文本的考察可以发现，《建设》杂志关于马克思主义学说的文章刊载率很高。《建设》杂志总共刊发文章160余篇，其中与马克思主义有关的各类文章就多达33篇，占比达到了20%以上。《建设》杂志对马克思主义的宣传主要有：对马克思主义唯物史观的解读、对马克思主义阶级和阶级斗争学说的阐释、对工人劳动问题的关注。《建设》杂志所刊载的关于马克思主义的相关内容，也因其涉及面广和阐述深刻，一经出版便广受社会各界的欢迎，从而有力地促进了五四时期马克思主义在中国的早期传播。

相较于同一时期宣传马克思主义的其他刊物，《建设》杂志具有更多的学理性和较大的影响力，从而使其成为五四时期传播马克思主义的重要理论阵地，且具有十分鲜明的个性特征。首先，《建设》杂志具有强大的编辑队伍。《建设》杂志拥有一支文化水平高、思想深刻活跃的编辑队伍。《建设》杂志是当时中国资产阶级革命派的重要理论刊物，当时国民党中长于写作的人差不多都是《建

设》杂志的撰稿人。其次,《建设》杂志长于进行学理性探究。《建设》杂志在马克思主义学说的介绍与阐释上,更多时候强调对马克思主义进行学理性探究,注重运用马克思主义的基本观点来解读、分析中国面临的现实问题,并对相关社会现象或复杂的历史文化问题进行学理性的追根溯源。最后,《建设》杂志尤为注重与读者、报刊之间的互动。《建设》杂志通过与读者的互动实现了马克思主义学说传播的广泛性,通过与各大报刊的联动提高了自身的业内影响力。

虽然《建设》杂志关于马克思主义学说的介绍与研究对马克思主义在中国的早期传播起到了一定的积极作用,但资产阶级革命派对马克思主义所秉持的传播理念始终是强调学理性和实用性的,正因如此,他们的马克思主义传播存在诸多局限。第一,"表"与"里"的差异:对马克思主义理论的认知局限。资产阶级革命派对马克思主义理论的认知局限主要体现在,他们常常歪曲马克思主义的个别原理和论断,把它和整个马克思主义理论体系割裂开来进行孤立、片面的解释,然后再融入自己的学说系统中,为自己的论点服务。第二,"形"与"源"的区别:马克思主义实际运用中的局限。资产阶级革命派在马克思主义方法运用上的局限主要体现为,戴季陶、沈仲九和胡汉民等人对马克思主义学说只观其"形"而不寻其"源"。第三,"名"与"实"的不符:在认识帝国主义本质上的局限。《建设》杂志奉孙中山的三民主义为圭臬,但事实上并未公开竖起三民主义的旗帜,只是借助于论说和翻译的形式,从各个具体的方面阐述三民主义的基本原则和原理,并不系统、充分和彻底。第四,"体"与"用"的分离:对马克思主义立场的阶级局限。资产阶级革命派没有将马克思主义与实际的革命斗争结合起来,在介绍与宣传马克思主义的过程中世界观也未发生根本性转变,而始终将三民主义视为"本",将马克思主义当成"用"。

摘自《理论学刊》2022 年第 2 期,荆蕙兰、刘东

《新青年》第九卷主编者问题再探

——兼论"上海、广州两个编辑部并存"

创刊于 1915 年 9 月的《新青年》,到 1922 年 7 月共出版九卷五十四期(每卷六期)。其中,一至三卷系陈独秀主编,四至六卷由陈独秀、胡适、钱玄同等北大教授轮流主编,第七卷"由仲甫一人编辑",第八卷前期是陈独秀主编,后期则由陈望道接编。上述史实在学界基本已形成共识。但是对于《新青年》第九卷主

编者问题，不仅当年参与编撰该刊的有关人员说法不一，目前学界也尚无共识。

陈望道主编九卷一号，关键时期《新青年》得以接续出版。有三种史实可佐证九卷一号为陈望道主编：第一，陈望道积极为九卷一号组稿。1921 年 1 月 28 日，陈望道致信周作人："大著小说三篇已登八卷六期，九卷一期稿，请设法搜罗一点来。诗稿也很缺乏，也请先生尽力。"第二，陈望道以编辑身份为九卷一号有关文章撰写"附记"。九卷一号刊登了《从科学的社会主义到行动的社会主义》，在该文结尾处有署名陈望道的一段"附记"，该"附记"介绍了《新青年》向山川均和堺利彦的约稿经过以及两位学者的近况，对山川均在病中坚持为《新青年》撰稿表达了谢意，并对未把此文翻译成罗马文字刊发在"志末"的原因作了说明。从该"附记"的内容和作者署名来看，陈望道无疑是九卷一号的编者。第三，九卷一号《编辑室杂记》系陈望道撰写。综合以上史实，我们可以判断陈望道应是九卷一号的主编者。

《新青年》九卷二号至六号均由陈独秀编辑。这个判断主要依据下述几方面的史实：第一，陈望道自九卷二号起未在《新青年》上发表任何作品。陈望道直至接编《新青年》后才在该刊正式发表作品，这些作品散见于其主编的各期，但从九卷二号起该刊再也没有刊登过其一篇作品，如果此间其仍主编《新青年》却未在该刊发表任何文章，这与编辑工作常理不

合。据此我们判断，从九卷二号起陈望道很可能没有再主编《新青年》，甚至连撰稿人也不是。第二，1921 年 7 月后，鲁迅给《新青年》寄稿时寄稿对象为"仲甫"。1921 年 7 月以后，鲁迅由此前把稿件寄给陈望道改为寄给陈独秀，且所寄稿件都被刊登在《新青年》上，

这说明自九卷二号起《新青年》的主编者已是陈独秀。第三，陈独秀在《新青年》上留下了编辑该刊的痕迹。"通信"是《新青年》各栏目中唯一贯穿该刊出版全过程的栏目，但是八卷四、五、六号及九卷一号并未开设该栏目，其中除八卷四号系陈独秀主编外，八卷五号、六号和九卷一号均为陈望道主编。自九卷二号起包括二、三、四、六号不仅再次恢复了"通信"栏目，而且所有读者来信的答疑者都是陈独秀一人。这种答疑模式与陈独秀独立主编该刊一至三卷和七卷、八卷(一至三号)期间"通信"栏目的答疑模式相同，即由主编者本人亲自回复读者来信。据此可推断九卷二号之后各期主编者很可能就是陈独秀。另外，九卷二号曾以《新剧的讨论》为题约请了苏瑞熊、陈公博和亚魂等人分别发表对于新剧问题的看法。在讨论结束后，陈独秀又另外加了一段"附识"，表达了自

己对于新剧的认识。从编辑工作角度看，该“附识”即相当于今天的“编后”，而陈独秀的身份即“编者”。

陈望道从八卷五号开始接编《新青年》，一直编到九卷一号，原本应持续下去，但自九卷二号起该刊再次由陈独秀接编。其中的原因值得探讨。笔者认为这至少与三方面的因素有关：第一，因胡适的不满，陈望道主观上无意长期主持《新青年》。第二，因与陈独秀不和，陈望道被迫离开《新青年》。第三，新青年社从上海迁至广州，由陈独秀主编《新青年》更便于该刊的出版和发行。

《新青年》从八卷五号至九卷六号是否同时存在上海和广州两个编辑部？笔者认为这种情况应该不存在。因为陈独秀在离沪南下时曾一再向胡适等北京同人强调其已将《新青年》编辑部事务交予陈望道主持，若其到广州后再同时另设一处编辑部，既是对陈望道的不信任，也失信于上海同人和北京同人。从前文也可看出，自九卷二号起，《新青年》编辑部迁到广州以及后来随陈独秀再迁回上海，陈望道应该都没再参与《新青年》的编撰。

摘自《浙江海洋大学学报（人文科学版）》2022年第2期，闻学峰

五四时期的知识界与非基督教运动

——以《晨报副刊》为例

科学与宗教，是五四新文化运动的重要内容。自近代新知识分子发起新文化运动后，知识界对科学与宗教的关系进行了持续不断的思考和争论。《晨报副刊》是由李大钊、孙伏园等新知识分子主编的新派报刊，是五四时期著名的“四大副刊”之一。曾先后主编《晨报副刊》和《京报副刊》的孙伏园对日报副刊的定位构想有系统的论述：第一，中国的专门杂志少，“日报的附张于是又须代替一部分杂志的工作”。第二，日报附张的正当作用就是“供给人以娱乐，所以文学艺术这一类的作品，我以为是日报附张的主要部分，比学术思想的作品尤为重要”。第三，短篇的批评也是日报附张的主要部分。正是在这样的办报理念下，1921—1924年孙伏园任主编期间的《晨报副刊》文学艺术与学术研究并举，既注重增加新文学作品的发表，也不惜拿出大量的版面连载学术研究成果和讨论社会问题。因此，当非基督教运动爆发后，一向关注现实的《晨报副刊》就带着明显的问题意识积极参与到科学与宗教问题的论争中，成为五四知识分

子重要的言论空间。

一、非基督教运动的言论空间。近代中国曾经发生过两次规模巨大的反基督教运动：一次是1900年的义和团运动，一次是1922年至1927年的非基督教运动。从思想文化史的角度审视，非基督教运动既是新文化运动前期“打倒孔家店”的继续，又是新文化运动在新的历史条件下从批判东方传统的儒家、孔教到转向批判西方外来宗教，批判对象的转移和深入。非基督教运动大致可以分为三个阶段：第一阶段是1922年3月至是年6月；第二阶段是1924年4月到1925年5月；第三阶段为1925年“五卅惨案”后到1927年国民党北伐成功上台执政。《晨报副刊》介入科学与宗教的大讨论主要在非基督教运动的第一阶段。《晨报副刊》以“兼容并包”的立场，对于支持和反对基督教的不同立场观点的文章都提供了发表和传播的平台。一方面，《晨报副刊》发表的系列文章尽管对基督教的认识并不一致，但对于非基督教运动暴露出的一些过激言辞和行为都给予批评。另一方面，无论是否赞成推翻宗教，这些文章一致表达了对科学本身的推崇，科学的方法和精神成为非基督教运动中两个知识人阵营相互批评的共同武器。这一时期的《晨报副刊》对非基督教运动的立场总体上取兼容并包的立场，侧重对运动的反思，体现了五四知识界主流声音之外的一种客观理性的导向。

二、科学与宗教能否并立。在为五四知识分子积极打造非基督教运动言论空间的同时，《晨报副刊》进一步在学理层面推动知识界对科学与宗教的关系进行深入探讨。五四时期的非基督教者对基督教和宗教发起攻击，主要的一个着力点和依据是认为宗教与科学不能同时并立共存。讨论科学与宗教是否可以并立共存，必然要先厘清“科学”与“宗教”的概念和范畴。对此，《晨报副刊》在当时的报业环境下不惜拿出大量的版面来发表学理性的学术文章。考察这一时期《晨报副刊》讨论科学与宗教的系列文章，主要有三种观点：其一是以钟衍林为代表的坚持科学与宗教不能两相并立，处于互相反对和根本冲突的位置，赞扬科学、贬抑宗教。其二是梁启超和屠孝实主张的科学与宗教在感情和理智两方面各司其职，互不冲突，认可宗教对人生情感的慰藉和终极关怀的作用。其三是徐旭生揭示的科学与宗教并非相互反对或独立的，而是互相交叉和互相调和的，科学也包含有情感的、非理性的信仰因素。《晨报副刊》关于科学与宗教能否并立共存的讨论始终交织着对知识界关于非基督教运动的回应。但整体而言，《晨报副刊》所发表的系列文章还是基于客观理性的学术研究，这也反映了《晨报副刊》重视学理的一贯特色。《晨报副刊》在倡导“科学”的同时肯定“宗教”对人生终极关怀的人文价值，提出“科学”与“宗教”可以并立共存，无疑是对五四思想界“科学一元论”的一种突破。

三、新宗教与新信仰的建设。《晨报副刊》对新宗教新信仰的话题讨论，与五四之前“科学代替宗教”“美育代替宗教”等各种排斥宗教的“宗教代替说”不同。它反映了随着新文化运动的深入，一部分知识分子认可了宗教作为人类文化基因的功能，承认宗教有存在的合理性和必要性，可以与科学并立共存，并试图构建包括宗教在内的，宗教与科学相互容纳、相互吸收的新信仰体系。在新文化运动语境下的宗教，作为“文化”的构成内容，是思想文化革新宏观意义下的一方面，并未指向具体的教义教理、教派教规等学理层面。新文化运动从其开始到 20 年代后期，中国知识分子对宗教问题的态度始终与时局变化紧密相连，现实关照是不可忽视的重要动因。在民初“立孔教为国教”的背景下，知识分子们意识到宗教是对新文化运动所倡导的民主、科学理念的威胁，从而把宗教与封建迷信、宗法礼教等视为一体加以反对，其真正目的在于建构具有现代特征的新文化体系。从反孔教时期到非基督教运动时期，宗教问题一直处在学术与政治的夹缝中。非基督教运动虽然产生于基督教在华不断扩充的时代背景，但这一由五四知识分子发起的运动从根源上把基督教与帝国主义和西方文化的侵略连在一起加以反对，因此不可能成为像西方宗教改革一样的宗教运动。

1922—1923 年《晨报副刊》对科学与宗教问题的讨论，展示了五四知识分子在破旧革新的道路上不断确立新的目标对象的现代化进程。非基督教运动扩大了五四新文化运动“反传统”的界限，将西方的宗教传统也纳入到偶像破除的范围。《晨报副刊》充分发挥了五四知识分子公共空间的媒体责任，在民族主义高涨的非基督教运动背景下发起科学与宗教的学术讨论，主张科学与宗教可以并立共存，并试图探索建设包括宗教在内的新信仰体系。这一努力固然囿于时代局限而没有给出直接有效的解决方案，但五四知识分子寻求中国现代化的历史价值仍然可贵。

摘自《宗教学研究》2022 年第 2 期，岳亮

马克思主义政治经济学在中国的早期传播研究

——基于相关译介文本的考察

马克思主义政治经济学在中国的传播发端于1899年出版的《大同学》，随后主要依托社会主义学说和经济学说传入中国，在《社会主义》《社会主义神髓》以及《最新经济学》等著述中综合呈现。1903年《近世社会主义》中译本的出版，推动了马克思主义政治经济学传播走向深入。对马克思主义政治经济学传入中国之源流的追溯，有助于我们从更为宽广的思想史视域，再现马克思主义政治经济学初入中国的起源沿革和基本面貌，系统把握马克思主义政治经济学在中国早期传播历程的思想特征和演进路向。本文在考察这一时期典型文本译介情况的基础上，结合时代背景、历史语境，深入探究马克思主义政治经济学在中国早期传播的阶段性特征，对于深刻认识马克思主义政治经济学在中国的百年发展历程具有重要意义。

一、传播发端：1899年《大同学》的出版。这部最早提到马克思恩格斯名字及其思想的中文著述，是从介绍马克思恩格斯的经济学说切入的。一是首次引介了马克思享誉世界的经济学巨著《资本论》。二是简要转述了马克思关于资本主义积累规律的理论。三是介绍和阐述了恩格斯的经济思想。马克思主义政治经济学在中国传播的历史开端，并不是直接源自马克思恩格斯的经典原著，也不是源自系统性、整体性地对其进行引介与分析的专题译著，而是随着国际共产主义运动潮流以及进化论思想的盛行而被偶然选择，并通过其他著述译本的片段内容进行引录和间接转译而来。《大同学》的正式出版，既是马克思主义传入中国的重要标志，也是马克思主义政治经济学在中国传播启程的历史标识。

二、传播载体：书刊结合。该时期，“先分期刊发、再集册出版”是宣传西学新学和前沿思想动态的主要手段。早先选择登载于期刊报纸这一主流媒介更为合适，能够利用报刊出刊迅速的独特优势。一旦思想被逐渐接受并广泛传播，译介成果则以完整版书籍的方式出版发行。这种书刊结合的模式为马克思主义政治经济学的早期传播提供了极具时效性的宣介平台，在近代中国思想史上掀起了第一次探索社会主义的热潮，引起了当时国人的极大热忱与关注。马克思及其学说在我国早期译介的历史起程，既开启了马克思主义政治经济学在中国传播的先河，也启迪了中国早期共产主义者的思想先觉。

三、传播话语：与中国传统文化的互动融合。中国知识分子基于国情实际和社会变革诉求，选择译介了马克思主义思想中最为国人所需要的内容。为了消弭语境差异，译者采用节译、摘译、引译、转译等翻译策略，通过归化式的意译方式，对马克思主义经济学说的术语概念和范畴体系进行过滤、转换与整合，并加以主观评析，使其适应国人的文化心理和思维方式，从而更容易推动思想的交流互动。马克思主义政治经济学在中国的早期译介与传播，不仅以独具中国文化特色的表述风格，彰显了传播话语的时代化，而且在学理上肇始了马克思主义政治经济学理论与中国传统思想文化的结合。

四、传播内容：零散化、片段化介述。总体上看，早期译介著述呈现出详略各异、真伪混杂的文本状况，但正是这些文本的出现，成为中国摸索、了解和学习马克思及其学说的重要窗口，使得国人初识马克思，并开始从理论层面了解资本主义生产方式的内在缺陷及固有弊端。当然，由于时代和阶级的局限性，国人尚未全面把握和领悟马克思主义政治经济学的理论真谛，难免存在或多或少的理解肤浅、概念杂糅和观点偏隘等问题；但这些译著成果仍不失为传播马克思主义理论学说的重要资料，引发了早期知识精英对马克思主义政治经济学的关注和思考，为之后马克思主义政治经济学在中国被接受、运用和发展提供了思想准备。

五、传播动机：理论自发。一方面，从传播的出发点来看，当时多数国人只是把马克思主义政治经济学当作一门普通学问来了解，由于缺乏理论自觉的意识和能力，对它的研究多半是浅尝辄止，未能全面理解和深刻把握其中的理论要核和思想特质，也不知晓如何运用它作为解决当时中国社会经济问题的实践指南。另一方面，从传播的阶级基础来看，由于译者的身份、动机和态度不尽相同，加之传播队伍构成复杂，不同成员的思想倾向和政治立场各有差异，使之在介绍和宣传马克思主义政治经济学相关知识时各有侧重和取舍，旨在实现各自不同的目的与诉求，所以才会在对中国历史命运和发展前途的认识上出现诸多分歧，对马克思主义也采取各取所需的实用主义倾向，将这一系统的科学理论变为片段式、碎片化的个别主张。

综上所述，马克思主义政治经济学传入中国并非一蹴而就，而是经历了较长时间逐步渗入的过程。尽管早期译著文献的传播停留在理论自发的阶段，尚未达到理论自觉的程度，但还是形成了中国马克思主义政治经济学思想史的源头，为十月革命尤其是五四运动以后马克思主义政治经济学在中国的广泛传播奠定了基础，生成了马克思主义政治经济学中国化的历史萌芽。

摘自《马克思主义与现实》2022 年第 3 期，张凯

早期中国共产党人对巴黎公社的宣传及其启示

早期中国共产党人对巴黎公社的认知和宣传：第一，在理论斗争中厘清巴黎公社的性质。一方面，中国共产党人通过与各种思想流派的论战，确立正确的党内认知。另一方面，在党内形成对巴黎公社的正确认知后，中国共产党人立足革命形势，将科学认知进行对外宣传。第二，在理论上提炼巴黎公社的经验。中国共产党在创立之初对巴黎公社的学习和宣传，一方面是基于对国际共产主义运动的追随；另一方面，中国共产党人也要借助对巴黎公社的宣传来扩大在国内的政治影响。在宣传巴黎公社的过程中必须汲取对中国革命有益的经验，以促进革命的发展。首先，革命需要唤醒无产阶级的反抗意识。其次，正确认识并坚持阶级斗争在人类历史上的推动作用。第三，在实践中汲取巴黎公社的教训。总体上看，中国共产党人抓住了巴黎公社两个最基本的教训：其一，建立统一的政党对革命至关重要。其二，实行无产阶级专政以保护新生政权。

早期中国共产党人宣传巴黎公社的当代启示：第一，在不断反思中探索正确的理论指导。一方面，中国共产党人在与错误理论的交锋中坚持马克思主义的价值立场，彰显马克思主义理论的科学性。另一方面，随着理论水平的提升，中国共产党人不断自我纠错，更好地运用马克思主义理论指导中国革命。第二，在思想上和组织上坚持中国共产党的领导。在革命运动中动员群众、组织群众加深对巴黎公社的认同感，是中国共产党人在革命背景下将群众力量转化为革命力量的重要契机。第三，坚持马克思主义基本原理与中国实际相结合。中国共产党的革命史，就是联合各个革命团体和组织发动广大群众共同革命的历史。中国共产党的理论宣传特别注重群众基础。中国共产党人对巴黎公社的宣传与中国革命的结合，集中体现在两个方面：一是与中国具体事件相联系，增强宣传感染力；二是与中国的工人运动相结合，增强宣传的指导性。中国共产党人在对巴黎公社进行宣传的过程中，紧密联系中国群众运动的形势，服务于中国革命的需要。

摘自《马克思主义与现实》2022 年第 3 期，房静雅

试论中国红色出版史研究的三个维度

针对中国红色出版史研究基础比较薄弱的现实，本文尝试阐释中国红色出版史研究中革命史、文献史和社会文化史三个研究维度，认为每个研究维度都具有优势和局限。只有立足红色出版史研究的现实传统，吸取多维度的研究方法，才能促进红色出版史研究的纵深发展。

一是革命史维度的研究路径。红色出版史研究的革命史维度具有先天合理性：一方面红色出版为革命鼓与吹，起到号角和旗手的作用，是配合武装革命斗争的工具；另一方面，革命政权为红色出版"赋权"，为其存在和发展的"合法性"提供保障。红色出版和革命事业的关系具有相互依存的同步同调性，红色出版史的研究的革命史维度也就顺理成章。这个维度的研究已有相当多的研究成果，但还可以进一步深入挖掘。这些研究成果体现在如下四个方面。第一，通过革命史的类型区分来呈现红色出版的脉络。第二，通过马克思主义传播呈现革命思想史的变迁。第三，通过区域性宏观探讨解析红色出版特征。第四，通过区域性专题史研究总结红色出版规律。革命史的研究维度从最初就一直被广泛运用于红色出版史研究中，但由于革命史的维度带有前置的历史观和价值取向，难免存在着一定的局限：预设的理论导致对出版现象的观察和出版规律的判断趋于统一，跟历史的实际未必相符；过度关注政治因素，其他因素关注不够；侧重于宏观叙事，忽略微观侧写；注重整体描述，个案分析不够；聚焦重大事件和重要人物，缺少"眼光向下"的书写等。

二是文献史维度的研究路径。红色出版史研究的文献史维度就是运用中国传统文献学的方法，对红色出版文献进行梳理和研究，认识红色出版活动的规律和自身价值。红色出版文献是介于古籍和现代文献之间的一种历史文献，具有过渡性的特点：版式以竖排繁体为主；语言文白参杂；纸张和印刷方式既运用现代工业技术，不得已的时候仍然沿用传统手工方法。目前，红色出版文献已经被国家列入"新善本"加以重点保护和开发，这给学术界和出版界提供了良好的机遇，可以积极利用中国传统的文献学方法系统整理、出版红色出版文献，更好地解决"藏"与"用"的问题。运用中国传统文献学的目录学、版本学、校勘学的方法指导红色出版文献的整理，有利于红色出版文献整理的科学化、规范化，确保文献的安全、准确，为红色出版史研究提供可靠的基础文献。然而，我们也应看到，在目录、版本和校勘的框架下进行文献的整理和研究，过于专注文本，对文本背后的因素缺少关注；另外，红色出版文献毕竟不同于传统古籍，照搬传统文献学的研究方法难免会水土不服。

三是社会文化史维度的研究路径。红色出版是一种文化活动，社会文化史的维度为红色出版史研究带来新的视角，使得红色出版史研究出现以下转向：放弃线性历史观，强调红色出版文化的多元性；摒弃宏大的政治叙事，关注红色出版中的个案研究和微观考察；关注以往被忽视的红色出版活动中的历史细节和边缘群体；以红色出版活动中的人为叙事主体，突出个体的人，拒绝群体化的人；揭示红色出版活动中的人同客观条件和外界事件的关系；注重对红色出版文献文本和背后的意义的挖掘和呈现。从史学研究发展的角度来看，社会文化史的出现，无疑是值得重视并应该在红色出版史中参考借鉴的新观念、新视角和新方法，但在利用时，也需要注意其局限。其一，是社会文化史将社会和文化的视角作为重要关注点，但历史学毕竟还是要以史料和史实为基础，如果过于夸大了社会文化因素的比重，就有可能让历史丧失其客观性；其二，社会文化史强调微观史研究，这固然弥补了过去史学传统的宏观叙事，但也应该注意不可走极端，要避免只见树木不见森林的危险，尤其是在红色出版史研究中，革命的红色大背景是绝对不可忽视的；其三，是社会文化史对边缘人群的关注问题，在对解放区的红色出版史研究中，对中心人群和边缘人群的划分又是更为特殊的问题，对此也是要谨慎分析讨论的。

中国红色出版史研究相较于别的史学领域，是一个资历尚浅、基础较为薄弱的研究领域，同时又是一个方兴未艾、研究空间巨大的领域。笔者作为一个在出版界工作二十多年的出版人，根据自己的出版工作经历和体会，对红色出版史研究的未来发展尝试做以下展望：一是坚持革命史维度的“红色”立场；二是立足文献学传统，充分做好红色出版文献的整理、出版和研究；三是立足现有的研究传统，吸收和借鉴先进的研究方法；四是培养复合型研究人才，促进红色出版史研究的开展。

摘自《出版科学》2022 年第 3 期，李光杰

中共创建初期的“小组织”问题研究

中国共产党创建初期，一些党员针对中央局与上海地委的组织现状，提出强化纪律和规范组织生活的建议。这些主张相近者聚拢成团并进行独立政治决策，逐渐被党内冠以“小组织”之名。笔者在细致梳理国内外档案文献的基础上，专门考察建党初期小组织的形成背景、成员谱系、活动轨迹及消散原因，兼论陈独秀与共产国际代表因应小组织问题的策略变化，进一步探究中共早期组织纪律建设的动力机制与推进成效，寻求李立三所说化解小组织问题“在政治上有伟大意义”的根据所在。

一、“小组织问题”的产生。1922 年中共正式确立与共产国际的组织关系后，共产国际有加速其组织成分新陈代谢的培新策略，即更新组织核心的干部结构，促使中共逐步建成“职业革命家的组织”。工运干部和留学归国的青年党员积极加入这一培新过程中，形成一股区别于原有建党干部的新生力量，主张从严制定无产阶级政党组织纪律并加以落实，形成与建党干部之间在组织建设上的观念分歧。双方在行事风格和组织认知上有较大差异，后者是深受五四新文化运动浸润、作风自由浪漫的知识分子，对“铁的纪律”的刚性约束机制和集中制的组织原则存在不同看法。张国焘主导的小组织正是以中国劳动组合书记部从事工人运动的党团成员为依托，结合归国青年党员，构成具有国际色彩和工会基础的工运干部团体。由于获得共产国际代表的支持，工运干部的发展和成长较为快速，但负责指导工运的张国焘有意利用工作谋取政治地位，在结果上造就了一个小组织。

二、“小组织”成员谱系与中央权力结构变更。总体来看，小组织的发展脉络可以划分为三个阶段：一大至二大是酝酿时期，核心议题指向党的组织纪律问题；自二大至西湖会议是问题公开时期，党内围绕国共合作政策为线索，对党的纪律、组织路线乃至党权问题发生争论；从西湖会议到中共三大是小组织消解时期，张国焘落选中央委员后小组织彻底消失。从组织构成来看，形成小组织的人员基础有两大来源：其一是中国劳动组合书记部。其二是在 1922 年前后陆续归国的旅俄或留欧党员。从组织特征而言，张国焘为加强其在组织内部的地位而聚合一些主张相近或相同的党员，形成一种组织中的组织，若任其继续发展，必然会严重危害党的团结统一。小组织的干部资源充实且纪律严格，因此，他们在党内的影响力急剧升高。与之相对应的是，中共创建时期以陈独秀为核心的建党干部群体则逐步边缘化，使得陈独秀在党内日渐孤立。一些党员认为，小组织的活动目标是指向陈独秀的领导地位。

三、“小组织问题”扩大化。中共二大后，小组织藉国共合作问题“包围”陈独秀，致使陈独秀提出辞职。西湖会议期间，马林将小组织问题付诸全党讨论，维护了陈独秀的领导地位。一方面，中共的创建工作之所以取得极大成功，陈独秀在其中发挥了重要作用。另一方面，中共一大至三大以前，张国焘的个性作风使其在党内招致较多的反对者。此外，张国焘的个性作风也不利于国共合作期间党际关系的融洽。张国焘主导的关系网络既不融洽也不稳定，与陈独秀相较而言，前者并不适合领导岗位。面对二者之间的微妙关系，共产国际没有用张国焘取代陈独秀的打算。西湖会议前后，马林在主观意识上还颇为关照张国焘，对其派系活动只进行了一定程度的批评，但“张国焘对此不以为然”，也未停止小组织行动的步伐。因此，西湖会议没能够彻底解决小组织问题，小组织与非小组织之间的矛盾继续存留，直接造成党内紧张关系，使两派的争论进一步扩大化。

四、解决“小组织问题”与中共强化组织制度建设。中共三大形成新的中央领导格局后，小组织失去存在基础。自西湖会议至中共三大，张国焘、马林关系逐步失和，马林最终放弃了对张国焘的支持和培养。不过，张国焘与共产国际代表的政策分歧只是原因之一，小组织消失还有其他两重因素。其一，1923 年 2 月京汉铁路大罢工遭遇直系军阀吴佩孚的血腥镇压，中国第一次工人运动高潮受挫，指导工运工作的张国焘党内地位因此动摇；其二，张国焘的个人作风造成。综上三种因素，张国焘在中共三大遭遇了彻底失败，小组织亦失去存在的空间。为了尽力消弭分歧，陈独秀以领袖威信表明立场：一是否定党内存在小组织，二是肯定“张国焘有错误”，三是党内自此不再讨论“小组织问题”。经过小组织事件，中共中央格外重视集中统一领导，专门作出组织调整与制度调适，强化自身的组织纪律建设。一方面，中共三大首次确立了中央领导体制的若干组织原则，强调全党集中统一领导，专门制定了党的第一部组织党规《中国共产党中央执行委员会组织法》，对中央执行委员会、委员长、委员的职权分工与工作制度作出明确规定。另一方面，中共中央在组织纪律与制度建设领域也接纳了小组织的部分诉求。

小组织问题的成功解决也得益于陈独秀作为中共中央主要负责人的领导权威与共产国际的仲裁地位，二者有效抑制了小组织扩大成为“第二党”的可能性。中共成功处理小组织问题并解除其“第二党”倾向，为中共全面实践民主集中制的组织原则和化解政治风险积累了历史经验，对推动无产阶级政党组织建设和中国革命的发展都具有深远影响。

摘自《党史研究与教学》2022 年第 3 期，杨阳

中共建党时期的乡缘谱系考察

中国共产党创立时期的党员籍贯呈现出一些特点：党员分属 6 个省市和旅日、旅法共 8 个小组。成员籍贯涉及 13 省市，但相对集中在湖南、湖北、浙江三省，其次是广东、山东和河北。马克思主义信仰的感召力绝对是中国共产党成立的关键因素，但在最初党的组织形成过程中，传统中国的乡缘网络也曾有意无意地发挥过一定作用。中国共产党一经诞生就是一个全国性政党，但在早期党员中有乡缘籍贯的聚集，这样的状况出现有着更深广的地理区位和由此产生的社会文化的影响。20 世纪 20 年代前后的留学生运动，主要是留日、留法勤工俭学等运动，深刻地影响了中共创党时党员的籍贯结构与层次，考察这些特质，有助于我们更深刻地理解近代中国社会的丰富性和复杂性，更全面地了解中国共产党发展的蜿蜒曲折。

摘自《史林》2022 年第 3 期，高红霞

瞿秋白传播践行马克思主义的重要贡献

百年之前，中国深受帝国主义列强的侵略与压迫，中华民族陷入了深重的苦难之中，首先觉醒的一代思考：救国救民的道路究竟在哪里？十月革命爆发以后，瞿秋白勇敢地赴俄实地考察，连续两年多向国内大量报道真实情况与评论；系统传播马克思列宁主义，推进中国共产党早期理论建设。他研究中国革命的基本问题，开创新民主主义革命理论。作为中国共产党主要领导人，他主持确定武装斗争与土地革命的方针，危急关头挽救了革命挽救了党。他对中国的民族独立和人民解放事业、毛泽东思想的形成作出了重要贡献。

第一，是觉醒年代的优秀传播者，培养与时俱进理论自觉。瞿秋白是中国知识分子赴俄考察十月革命的优秀先行者，实地采访报道俄国社会主义革命和建设情况，精心著译传播马克思主义。一是实地考察报道俄国“共产主义人间化”；二是加

强中国共产党早期马克思主义理论建设;三是研究宣传马克思主义理论体系。

第二,是救国救民的勤勉思想者,开创中国革命新道路。瞿秋白致力于马克思主义中国化,开创新民主主义革命理论。一是运用马克思主义起草中国共产党党纲;二是认清中国社会与革命性质;三是从国情出发分清中国革命的敌友;四是建立新民主主义革命统一战线与争取领导权。

第三,是临危受命的英勇革命者,推动武装斗争历史转折。瞿秋白主持确定党的土地革命与武装斗争新方针,推动中国革命第一次历史转折。一是建立中国共产党领导的革命军队;二是开创中国工农武装割据局面;三是提出土地革命的任务与方针。

第四,是革命风云中的坚韧领导者,精神和思想永远活着。瞿秋白在上海主持召开中共六届三中全会时正确指出了李立三实际主持的政治局冒险主义倾向的错误,要求要立刻完全纠正这些错误。瞿秋白被撤销领导职务,离开中共中央领导岗位后,继续留在白色恐怖之下的上海,以文艺学术为武器,继续为党工作。1934 年初,瞿秋白进入中央苏区,2 月被选为中华苏维埃共和国中央政府教育部部长。10 月,党中央及红军主力部队进行战略转移,瞿秋白被留在苏区坚持斗争。1935 年 2 月 24 日,他在转移途中被地方反动武装抓捕与囚禁。面对国民党的多次劝降,他严词拒绝,坚贞不屈,被蒋介石下令“就地枪决”。6 月 18 日,中国共产党早期主要领导人瞿秋白在福建长汀英勇就义。

瞿秋白同志将马克思主义与中国革命实际创造性地相结合,经世致用、文益天下、高风亮节、彪炳史册,树立了一个始终不忘初心的中国共产党党员的光辉形象,留下了 500 多万字的马克思主义论著,是中国共产党与中国人民宝贵的精神财富。

摘自《江海学刊》2022 年第 3 期,宋林飞

《青年周刊》与马克思主义在广东的早期传播

《青年周刊》是早期广东社会主义青年团出版的第一个机关刊物,于 1922 年 2 月 26 日正式创刊,通讯处设在素波巷 19 号。《青年周刊》和《先驱》(先后在北京、上海出版)、《少年》(在法国巴黎出版)、《人声》(在四川出版)等是中国最早一批青年团刊物之一。《青年周刊》创刊后就将推动广东青年运动、传播马克思主义作为自己的重要任务。目前发现的保存下来的《青年周刊》只有八期

（其中第一期仅有第一版）。

《青年周刊》从创刊之日起就将马克思主义作为刊物编辑的指导思想，传播马克思主义也成为《青年周刊》的题中应有之义。《青年周刊》创刊之后，因当时广东团组织人数不多，前四号一直是赠送给全体团员阅读。从第五号开始，因为团员人数逐渐增多，编辑部无力负担邮费，改为团员自取或自负邮费邮寄。后来，编辑部又制定《代派简章》，以扩大刊物的社会影响。为传播马克思主义，《青年周刊》刊登了不少马克思主义理论的文章，还在报纸中缝刊登《介绍书报》的广告，介绍了不少马克思主义理论著作的广告，这些广告对推动马克思主义传播也有积极意义。《青年周刊》传播马克思主义的内容相对比较广泛，涉及马克思主义的唯物史观、阶级斗争理论、经济学说等主要理论以及关于无产阶级革命等理论；还积极反对无政府主义，并积极关注俄国和世界无产阶级运动，对推动马克思主义在广东的传播起到了积极作用。《青年周刊》对马克思主义中国化进行了初步探索，涉及探索中国革命道路、重视农民问题、注重军队运动和武装斗争、主张效法俄国革命、反对无政府主义等。

《青年周刊》作为广东社会主义青年团的机关刊物，在推动马克思主义传播、探索中国革命道路方面起到了积极作用，比较全面地介绍了马克思主义理论最重要的几个组成部分，有力地推动了马克思主义中国化进程。《青年周刊》还积极关注俄国的革命运动，发表了不少俄国革命情况的报道，促进了当时广东广大青年了解俄国革命的情形，提高对俄国革命道路的认识和认同。同时，对当时的国际共产主义运动也高度关注，对英国、美国、日本等国家的革命运动和工人运动情形进行了重点报道，有利于促进广大青年了解马克思主义在全球革命运动中的作用。通过传播马克思主义，《青年周刊》吸引了广大青年关心国家的前途和命运，动员了一大批青年投入革命队伍中来，促进了广东党团组织的不断扩大，为大革命奠定了基础，发挥了重大作用。

摘自《岭南文史》2022年第3期，魏法谱、马琦景

清末留日学生与马克思主义法治思想在中国的早期传播

晚清的中国社会出现了知识分子的留日大潮。这些留日学生所学专业涉及面非常广泛，其中以法政和师范科最受欢迎。其原因一方面是甲午战败后，国人以为日本的胜利是普及教育和实行法治有成所致；另一方面，清末实行新

政以来，国内法政人才严重缺乏。随着国家法制的逐渐建立和推行，法政教育勃然兴起，对于法政人才的需求量不断增大，促使当时的留日学生在专业选择时偏爱法政科和教育科。

由于对新知识的迫切渴求，留日学生开始翻印日本报道和介绍新知的书籍。留日学生翻译的中文书籍自1898年开始出现了。1900年，留日学生创建的第一个译书团体“译书汇编社”在日本成立，它的社员多为励志会会员骨干。从译本数量上看，自甲午之战后到辛亥革命前，日文中译本数量是相当可观的。从译本内容上看，介绍各国政治、法律制度的书籍最为热门。大量政法类书籍被翻译，一方面是当时国内实施新政的需求，另一方面也是清末留日学生多数专攻法政科所致。从1896年至1911年间，专门介绍法律的日文中译本总计达96种。在留日学生翻译的著作和刊物中，介绍社会主义思潮的也相当之多，仅1900年至1906年间就达20种左右，社会主义学说在中国的传播出现了第一次高潮。

清末留日学生译介马克思主义法治思想的主要内容有：第一，马克思早期的法律正义观。在留日学生译介的多本著述中，均谈及马克思早期的法律正义观，其中皆认为弱势群体的尊严权利与生存权利的实现需要“制度的”公平对待。第二，法与经济基础的关系。法与经济基础的关系是马克思历史唯物主义法治观中的一个极其核心的问题，在留日学生的诸多译著中对这一问题进行了较为详细的阐述。第三，马克思主义劳工权益保护思想。1903年出版的日本学者福井准造的《近世社会主义》中文译本，围绕《资本论》系统阐释了马克思主义的劳动价值理论和劳工权益保护思想。第四，马克思主义人权思想。在留日学生翻译或转译的日文著述中，可以看出当时的日本学者对人类社会权利问题的关注。他们在阐述西方人权观念的同时，也介绍了马克思主义人权思想。

清末留日学生对马克思主义法治思想的传播主要通过三种途径：一是译介关于马克思主义法治思想的书籍和文章；二是创办杂志；三是发表译者对日文原著的理解或评述。对马克思主义法治思想在中国早期传播的影响在于：第一，引入法律新概念、术语。20世纪初期，自留日学生翻译出版了大量日文书籍将马克思主义学说传入中国起，大量的法律专业术语和马克思主义法治思想的重要概念一并传入了中国。第二，注重对马克思主义法治思想相关重要概念的阐释。留日学生翻译出版的译著中，不仅介绍了法律新术语，同时还对马克思主义法治思想相关重要概念进行了详细阐释。第三，初步介绍了马克思主义法治思想的基本原理。随着赴日留学生对马克思主义法治思想的深入了解，其译介的内容由最初概念的阐释和对原著的节译或摘录，逐渐转向更为艰深和严谨的基本原理的阐述。

由于特定的时代背景和政治因素等的影响，在清末留日学生的译介中对法的本质等马克思主义法治思想的核心观点涉及较少，对法与生产关系、社会阶级、国家之间的内在联系，法的统治功能及发展规律等马克思主义法治思想重要内容的介绍也不尽全面。尽管这一时期的译介活动存在许多历史局限性，但在这一理论逐渐累积和传播的过程中，孕育出一部分先进的中国人马克思主义法治思想的理论自觉与法治精神的不断成长。正是留日知识分子呕心沥血地译介，早期马克思主义法治才得以在中国历史文化语境下被不断赋予新的内涵，从而在20世纪初开启了马克思主义法治思想中国化的伟大历史进程。

摘自《湖北社会科学》2022年第3期，原琳、戴平安

主义、组织与群众：中国共产党成立初期的特质

本文试从中共自身的定位和他者的视角，探究其在成立初期相对于其他政党所表现出的独特之处，以揭示中共领导中国革命胜利的深层原因。本文所言“党成立之初”主要指1920—1924年，因论证需要，部分内容追溯至五四前后或后推至大革命失败之前。

一是“以主义为结合中心”。对主义的坚定信仰，成为党百折不挠的精神支撑。中国共产党最初的成员虽然大多受过其他主义影响，但最终聚集在马克思主义旗帜之下，力求同一个主义，“以主义为结合中心”，从而日益发展壮大。马克思主义之所以能脱颖而出，为思虑国家命运的人所选择，一方面在于其他主义之不“行”，另一方面则在于马克思主义的彻底性契合了革命者的追求和中国的需要，当然，亦是因为马克思主义是“真理性”的主义，将民主与科学都囊括其中，是已被证明行之有效的主义，有明确的大方向，又能够指导中国具体的社会改造。虽然在革命过程中，时有落荒者、逃脱者和叛变者，但是愈到后来，主义对队伍的支撑作用就愈加凸显，并不断吸引和凝聚新成员。

二是“强固精密的组织”。严密的组织成为实现主义的基础。提倡建立“强固精密的组织”，既是马克思主义革命理论的要求，亦有苏俄实践经验的参照。中共建立伊始便按照列宁的民主集中制建党原则，努力将自己打造为一个“强固精密的组织”，注意形成相应的制度规范，队伍因此日益“纯粹、精锐”。国民

党始终没有解决纪律松散、派系林立等组织问题，而中国共产党一直延续建党初期加强“组织建设”的做法，强化中央权威，逐渐锻造出一个纪律严明、组织严密的政党，为实现“主义”奠定组织基础。

三是“到群众中去”。扎根群众是党保持纯洁性和蓬勃生命力的根本原因。信仰化的主义和组织纪律是一个政党的两大支柱。然而，考之于近代以来的中国历史，如果政党的这两大支柱不根植于群众之中，同样是不能长久的。中共成立之初，在统一了对“行动”的认识又明确了工作对象之后，很快就围绕“群众”开展工作：成立中国劳动组合书记部，创办工人刊物，召开第一次全国劳动大会，发起劳动立法运动；建立工会，宣传和组织工人；将工人组织起来，掀起第一次工人运动高潮。与国民党不同，中共初创时期便植根于群众。在开展运动之初，共产党就能够大规模“策动群众”，充分说明中共不同于国民党等其他政党之“强”，充分说明主导中国革命的天平正向何方倾斜。

中共最初呈现出的对马克思主义的坚定信仰、上下畅通的组织系统和广泛的群众基础，使其超越中国的任何旧式政党，展现了中国政党政治的新气象，预示了社会改造和中国革命的新前景。需要说明的是，建党初期，这些特质固然是中国共产党区别于其他政党的优越因素，但尚未发展成为党的坚强武器。在信仰主义方面，没有很好地将马克思主义与中国实际相结合，陈独秀一度提出的“二次革命论”就是典型写照。在组织方面，还不能正确处理与共产国际和国民党的关系，对无产阶级领导革命的重要性认识不够清楚，最终放弃了革命领导权，以致 1927 年国民党右派背叛革命，中共力量遭到重大损失，中国革命遭遇重大挫折。当然，也正是由于这些特质的存在，年轻的中国共产党才能经受住血与火的考验，在大革命的惨痛失败后迅速总结经验教训，重整旗鼓。在艰苦卓绝的革命斗争中，经过中国共产党人不断巩固、深化、强化，这三种特质逐渐被锻造成强大的革命武器，熔铸为党永不磨灭的精神标识。

摘自《历史研究》2022 年第 4 期，王毅

党的二大与党的自身建设

今年是党的二大召开 100 周年。党的二大在党的自身建设史上具有重要地位。围绕党的自身建设，党的二大进行了多项探索，作出了重要历史贡献，不仅在党的一大基础上圆满完成了党的创建任务，而且奠定了党的自身建设制度

化、规范化的坚实基础。

第一，党的二大通过党的历史上第一个全国代表大会宣言和第一个组织章程决议案，明确提出反帝反封建的民主革命纲领，明确了党的无产阶级“急先锋”的性质和党的建设的两个重大原则。党的二大区分了最高纲领和最低纲领，第一次将党在民主革命中要实现的近期目标同将来进行社会主义革命要实现的长远目标结合起来，不仅明确提出反对帝国主义、反对封建主义的民主革命任务，而且指出要通过民主革命进一步创造条件，实现社会主义和共产主义。民主革命纲领的制定，使中国共产党对中国社会性质和革命性质的认识有了大的进步。通过《关于共产党的组织章程决议案》，其一，首次明确党的性质是“为无产阶级做革命运动的急先锋”。其二，首次提出党的建设的两个重大原则，即“群众性”和“纪律性”。

第二，党的二大通过党的历史上第一部党章，为党的自身建设提供了根本遵循。二大通过的《中国共产党章程》是党成立后的第一部党章。二大党章采用条款式表述，共计 6 章 29 条，其中心是建立严密的各级组织，加强党的纪律性。一是关于党员条件和入党手续有了更为详细的规定；二是初步建立起较为严密的党的组织体系；三是第一次设立“纪律”专章；四是设置了体系较为完备的会议制度和操作性较强的经费使用规定；五是明确阐释了党的民主集中制原则的基本思想。在党的一大纲领基础上，党的二大党章从总体内容到基本结构都有质的变化和提升，初步完成了体系化、成型化党章的基础性工作。二大党章的通过，标志着我们党从此有了自己的最高行为规范，体现了从严管党治党的要求，为加强党的自身建设提供了制度支撑。

第三，党的二大选举产生新的中央领导机构，完成了党的中央领导机构从临时向正式的过渡。党领导核心作用的发挥，是通过中央领导机构对全党坚强有力的领导得以实现的。一是决定加入共产国际对党的建设产生了深远影响；二是选举产生新的中央领导机构，二大选举产生了中央执行委员会，从而完成了党的中央领导机构从临时向正式的过渡。党的二大选举产生的中央领导机构主要进行了三方面工作：第一是党务工作；第二是进行政治宣传；第三是领导发动工人运动。但这一时期党中央的工作也存在一些不足：第一是中央领导机关力量不足，发挥作用不够。第二是理论准备不足，对中国革命的具体情况还缺乏深入认识。第三是民主集中制的组织原则贯彻执行还不够自觉。

第四，党的二大在党的自身建设史上的重大意义和现实启示。一是奠定了党的自身建设制度化、规范化的坚实基础。党的二大完成党的政治纲领和首部党章的制定等党的建设的奠基性工作，标志着党的创建任务已经圆满完成。正因为如此，在党的历史分期中，一般将党的创建时期延伸至党的二大。换言之，中国共产党的创建任务是党的一大和二大共同完成的。二是对新时代加强党的自身建设具有重要启示意义。其一，党的全国代表大会对党的建设提出新的目标要求，保证党的政治路线的贯彻执行。其二，党的全国代表大会选举产生新的中央领导机构和中央领导集体，坚决维护党的核心和党中央权威，确保党始终总揽全局、协调各方。其三，党的全国代表大会通过制定和修正党章，确立完善管党治党的总章程、总规矩。其四，党的全国代表大会制定严格的纪律规范，提高管党治党的自觉性。其五，党的全国代表大会明确党的组织原则，要求始终把选人用人作为关系党和人民事业的关键性、根本性问题来抓。

总之，1922 年召开的党的二大，在党的自身建设史上具有开创性意义，使得党以无产阶级"急先锋"的面貌，迅速从中国各政党和团体中脱颖而出。当时党虽然还比较弱小，却已成为任何敌人无法压倒的新生政治力量，获得了中国工人阶级和其他劳动群众的信赖。这为党发动和领导中国革命走向高潮直到取得最后的胜利，提供了坚强有力的保证。我们有理由相信，有着光荣传统、已走过百年征程的伟大的中国共产党，在革命性锻造中将永远坚定走在时代前列，始终是中国人民和中华民族的主心骨！

摘自《党的文献》2022 年第 4 期，李颖

马克思主义在东方早期传播的历史逻辑

马克思主义传播是一种世界历史现象，既具有国际性质，也带有地域特色。马克思主义在俄国、中国的早期传播，符合科学理论传播的一般规律，诸如理论需要律、斗争传播律、实践指向律、先进牺牲律。马克思主义在俄国、中国的早期传播，因两国的历史和现实，又使一般规律表现出东方个性，从而表现出独特的历史逻辑。认识马克思主义在东方早期传播的历史逻辑，有助于我们深入理解马克思主义的社会功能及其在俄国、中国的实现进路。

一是理论需要律。满足理论需要，映现经济落后而革命领先的"奇怪"历史背景。马克思主义在一个国家的传播状况，一般总是要反映这个国家的理论需要，符合理论需要律。马克思主义在俄国、中国的早期传播，满足了当时两个国

家的理论需要，也映现出经济落后而革命领先的“奇怪”历史背景。社会革命的根源无疑在于社会基本矛盾的尖锐化，在于经济发展对于上层建筑变革的要求。正所谓：“彻底的社会革命是同经济发展的一定历史条件联系着的；这些条件是社会革命的前提。”忽视这些条件的作用，就会犯俄国民粹派“落后优势论”的错误。但是，如果将经济状况的因素绝对化、片面化，就陷入某些第二国际理论家“经济决定论”的窠臼。当时的俄国、中国虽然经济发展落后，但由于特殊的社会矛盾，造就了特殊的革命形势，因而产生了特别的理论诉求。

二是斗争传播律。马克思主义是在同各种错误思想的斗争中扩大传播的，即具有斗争传播律。在俄国、中国的早期传播过程中，马克思主义与其他西方思潮存在着同路人、竞争者、敌对者等复杂的历史关系。之所以会出现这种复杂的情形，原因大致有三：其一，对本国社会发展前路的主张存在争议性。其二，对资本主义发展的理论反映具有多样性。其三，社会意识的发展具有复杂性。

三是实践指向律。契合实践指向，体现马克思主义译介者与革命者身份的特殊叠合。从国家层面来看，马克思主义在俄国、中国得以广泛传播，归根到底取决于两国人民寻求社会发展出路的实践需要。从个人层面来看，这一传播表现出译介者、革命者身份的特殊叠合，表现出传播者个人命运与国家命运的紧密联系。这种特殊叠合、紧密联系，从根本上契合了马克思主义的实践本性。中国的知识分子在译介西方社会理论的过程中对于文本的选择、译法的偏好、译文的考虑，大多会带着自己的政治立场、思想倾向。马克思主义在东方早期传播过程中表现出来的翻译家与革命家的特殊叠合，彰显了东方国家先进知识分子的革命追求，彰显了马克思主义的革命品质。可以说，俄国和中国的先进知识分子从一开始就不是把马克思主义当作单纯的学理来探究，而是把它当作改造世界、改造社会的思想武器。这也契合了马克思主义“问题在于改变世界”的实践指向。

四是先进牺牲律。彰显牺牲精神，反映传播者有产阶级出身与无产阶级立场的矛盾统一。在俄国、中国开展马克思主义早期传播，当时的先进知识分子面对的是旧的专制政府的各种阻挠、严重破坏和残酷镇压，因此更需要高度的牺牲精神。从中国的情况来看，早期马克思主义者大多出身有产阶级家庭。脱离有产阶级家庭出身、走向无产阶级和劳苦大众立场，这个过程所要忍受的个人痛苦、付出的个人牺牲，对于这些革命知识分子是何其巨大、何其不易，而对于国家和民族而言，又是何其重要、何其珍贵。

摘自《北京大学学报（哲学社会科学版）》2022 年第 4 期，孙来斌

戴季陶主编《星期评论》“传播马克思主义”问题辨析

《星期评论》主编者的自我定位与评价：历史上，《星期评论》曾就其与社会主义、马克思主义的关系做过三次自我定位。第一次是在创刊初期所发表的纲领中提出来的，其基本态度是反对马克思主义。第二次是在该刊停刊时所发宣言中，把自己定位为“宣传社会主义的刊行品”。第三次是在第一次国共合作的后期，戴本人并不把自己或朱执信、胡汉民当作“马克思主义者”。对于马克思主义与中国现实需求的关系，一方面说中国需要马克思的政治理论，另一方面却又说政治纲领和经济政策上不能用马克思的政治理论，那么，中国对马克思的政治理论的“需要”，又具体表现在什么地方呢？对于这些问题，戴季陶没有明确回答。《星期评论》在创刊、停刊和事后回顾时，三次定位从表面看似乎有所不同，但实质完全相同，即：《星期评论》的基本指导思想和目标，都是孙中山的三民主义，三民主义是灵魂，其所谓的“社会主义”并不是马克思的科学社会主义，而是孙中山的“社会主义”，即三民主义中的“民生主义”。当然，第三次定位中所涉及的材料，是事隔八九年之后的回忆或回顾，那时，戴季戴已经成为国民党右派的主要代表人物，成为共产党人所批判的“戴季陶主义”的始作俑者。此时的戴季陶不承认自己“传播”马克思主义，是一种实事求是的自我评价，还是在有意撇清自己与马克思主义之间的思想联系呢？

戴季陶在《星期评论》上所发文章及其思想主张：戴季陶在主编《星期评论》期间，共在该刊发表130多篇文章。从整体上看，这一时期，戴季陶对俄国十月革命的认识前后有较大变化，他前期把十月革命当作一种“过激”“暴乱”来防范，所看到的消极面较多，越往后期，他对十月革命的评价则越正面，所看到的积极因素也越来越多。但是，即使到最后《星期评论》停刊时为止，戴季陶也未能达到公开承认“走俄国人的路”的程度。

戴季陶等主编的《星期评论》确实发表了一些涉及马克思主义、社会主义的文章，但是，《星期评论》是以孙中山的三民主义为根本指导思想的。孙中山自认其“民生主义”即社会主义，但当时的思想界认为孙中山的社会主义只不过是一种在现存制度下进行改良的社会政策，根本就不是马克思主义或社会主义。以孙中山的三民主义理论为根本指导而创办的《星期评论》及其主编戴季陶，其重要主张也不太可能超出这一范围。

戴季陶及其主编的《星期评论》虽然译介了一些有关马克思生平传记和思想的论著，发表了一些有关十月革命、劳动运动等方面的文章，但是，他（它）只是部分地承认存在阶级斗争，而不承认无产阶级专政，其最高理想还停留在孙中山旧三民主义的水平上，因此，戴季陶不是马克思主义者，《星期评论》也不是在“传播马克思主义”，他（它）译介有关马克思生平思想和俄国十月革命的文章，并不是想实践马克思的理论或拿马克思主义理论来指导改造中国，相反，他认为马克思主义并不适合中国国情，在他眼中，马克思主义充其量不过是一个吓唬中国资产阶级的“稻草人”，告诫他们：如果不改善劳工待遇、加强劳工教育，就会出现马克思所预言的暴力革命。

摘自《安徽大学学报（哲学社会科学版）》2022 年第 4 期，王宪明

从舆论到宣传：《新青年》主编编辑理念之嬗变

本文从编辑学视角切入，考察《新青年》编辑部改组的原委曲折，同时剖析“发起舆论”与“主义宣传”两种编辑理念之下《新青年》引领现实社会的路径差异。

一、1919 年，作为北京大学文科学长的陈独秀被解职，不久又因街头散发传单被捕入狱。经历解职与入狱双重打击的主编陈独秀，将《新青年》从北京搬到了上海，并且主导了从“同人”到“同志”的编辑队伍重组，这引发北京同人不满和“编辑部移京”的争论。这一争论内蕴着北京、上海两个编辑群体的对抗，同时也是《新青年》内部“发起舆论”与“主义宣传”两种编辑理念的紧张。

二、以学问发起舆论：校—刊互动时期的《新青年》编辑理念。校—刊结合推动了《新青年》同人群体的生成，让学问与舆论在杂志的编辑出版中相得益彰：既让舆论的发起能够得到学问的支撑，同时也让学问的探讨得到舆论的开拓，形成一种“以学问发起舆论”的编辑理念。校—刊互动时期的《新青年》以思想启蒙为职志，掀起了一场场影响广泛的公共议题讨论，践行着“发起舆论”的编辑理念。杂志开设有《通信》《读者论坛》，以“互动”相吸引，从而将杂志的“同人”性和“公共”性有机结合在一起。

三、以主义规划宣传：党—刊互动时期。《新青年》的编辑理念随着编辑部南迁上海，进入党—刊互动的同志杂志时代，转向“主义宣传”“直接行动”的集体政治动员。为了缓和《新青年》知识群体的南北矛盾，陈独秀等采取了“容旧

立新”的编选策略，逐渐将杂志打造成中国共产党建党前后马克思主义活动的组织者和宣传者，形成了与同人时代迥异的“以主义规划宣传”的编辑风格，促成了作者群体的包容性与思想旗帜的鲜明性之间的有机结合，让《新青年》逐渐突破精英知识圈，与更为广泛的人民群众建立了联系，完成了“办报以建党”的编辑工作。

四、从舆论到宣传：《新青年》转向的编辑社会学审思。从发起舆论到主义宣传，《新青年》的编辑理念转向，促成了杂志由理性启蒙的思想文艺性的杂志到宣传马克思主义、社会主义的机关性刊物的转型。《新青年》前后编辑理念的转向不是一蹴而就的，而是有着一个逐渐推进的过程，因此在杂志文本中呈现出一种动态复杂的面相。首先，在校—刊互动时期，就已经出现对马克思主义的介绍与宣传。其次，在党—刊互动时期的《新青年》也会不时出现北京同人的稿件，与马克思主义不会形成思想上的对立竞争关系。其他涉及思想主义的稿件也是在配合呼应马克思主义传播的情况下编辑刊发的。陈望道的编辑工作遵照了陈独秀定下的“不除其旧，只增其新”的原则，一方面包容北京同人稿件，维持同人情谊并借以维持社会影响力，一方面又以推出“俄罗斯研究”专栏、吸收倾心马克思主义的年轻作者、增加马克思主义文章体量来“树旗帜”。《新青年》编辑通过杂志的出版与互动影响着广大的读者群体，践行着以文本编辑引领社会观念、以知识传播引导社会行动的社会价值。陈独秀主导了《新青年》编辑部的改组，让编辑部的社会使命从“发起舆论”“公共讨论”的个人思想启蒙转向了“主义宣传”“直接行动”的集体政治动员。

从发起舆论到主义宣传，《新青年》编辑部逐步统一了编辑理念，以马克思主义宣传来凝聚社会力量，引导人民群众参与到社会革命之中。而这种从多元到统一的理念转型，从个人思想启蒙到集体政治动员的编辑方针，触及了北京同人的敏感神经。不愿被“统一思想”的北京同人坚持以学问发起舆论的个体思想启蒙之路，或自觉或被迫渐渐淡出了《新青年》编辑部的相关事宜。而此后的《新青年》以主义宣传为理念，借助既有的社会影响力和舆论集聚效应，使马克思主义的影响力溢出了精英知识圈，与更为广阔的人民群众建立了联系，推动创立了中国共产党，改变了中国社会发展的进程。而这也正是10年之后胡适认为《新青年》编辑部移京的通信讨论“甚关近年思想史”的原因。

摘自《河南大学学报(社会科学版)》2022年第4期，褚金勇

“成为中国无产阶级革命的罗针”

——中共中央理论机关刊《新青年》述论

《新青年》无疑是中国现代史上最有影响的新型期刊之一，与马克思主义在中国的传播、中国共产党的创立、马克思主义中国化和中国革命的发展都有十分密切的关系。其全生命周期可分为前期、中期和后期。从 1915 年 9 月 15 日第一卷第一号到 1920 年 5 月 1 日第七卷第六号是前期。《新青年》一经陈独秀创办，就奠定了在中国新文化运动中先驱者和旗手的地位，并在俄国十月革命后由传播民主主义的新文化向传播马克思主义和社会主义转变。从 1920 年 9 月 1 日第八卷第一号到 1922 年 7 月 1 日第九卷第六号是中期。随着陈独秀领导创立了中国共产党上海早期组织，《新青年》编辑部成为党组织的办公地，杂志发生鲜明的政治转向，其主要篇幅用来传播马克思主义和社会主义，宣传十月革命和国际共产主义运动。从 1923 年 6 月 15 日《新青年》季刊第一期到 1926 年 7 月 25 日《新青年》月刊第五号是后期。根据中共中央的部署，成为中央理论机关刊物。《新青年》继承创刊以来的优良传统，以“成为中国无产阶级革命的罗针”为己任，积极发挥党的理论武器和思想喉舌的作用，努力续写新的荣光。

《新青年》为何放开民主革命而强调“成为中国无产阶级革命的罗针”？这需要从以下几个方面理解：第一，中国共产党是无产阶级政党，以马克思主义为指导，其终极理想和远大目标是“共产大同”，也就是实现共产主义，无产阶级革命是推翻资本主义统治，通往共产主义的必由之路，只有经常性长久性地宣传共产主义思想，才能使共产主义的信仰得到确立。第二，共产国际二大通过的民族和殖民地问题纲领，规定了殖民地和落后国家的民主革命是世界无产阶级革命的组成部分，尽管其本身的性质并非无产阶级革命，但在无产阶级政党的领导下，其结果势将不经过资本主义的发展阶段而走上社会主义道路，是故中国的民主革命离不开无产阶级革命思想的指引。第三，在《新青年》季刊出版的同时，中共中央机关刊物《前锋》已经创刊，后者集中发表研究和宣传国民革命即反帝反封建的民主革命问题的成果，在这方面，《新青年》与《前锋》有其职责和任务的分工。怎样达成“中国无产阶级革命的罗针”的目标，发挥其“罗针”的作用？“新宣言”宣示如下几点：一是坚持革命性；二是坚持实践性；三是坚持科学性；四是坚持国际性；五是坚持真理性。

作为中共中央理论机关刊物，《新青年》担当使命，大力传播马克思列宁主义，充分发挥了“革命罗针”的领航导向作用。《新青年》突出地传播了列宁主义，这既是重大贡献，也是主要特色。一是《新青年》大量译载列宁文献和宣传、研究列宁思想、业绩和生平的文章。二是《新青年》大量译载共产国际文献，刊登有关共产国际历史、国际共产主义运动的文章。共产国际是实践马克思列宁主义的国际性共产党组织，《新青年》编辑了“共产国际号”“世界革命号”。三是《新青年》着力介绍俄罗斯革命和苏联社会主义建设的经验。四是《新青年》继续传播马克思主义基本原理，集中宣传了辩证唯物主义和历史唯物主义。

马克思主义中国化几乎与俄国十月革命后马克思主义在中国的传播就同步开始了。中国共产党人把马克思主义基本原理运用于中国革命实际，推动马克思主义中国化，《新青年》是主要的理论载体之一。《新青年》论述了中国国民革命与社会主义的关系问题、无产阶级在民主革命中的领导权问题以及中国革命中的武装斗争问题。综上所述，《新青年》推进马克思主义中国化取得了上述主要方面的成果，是十分重要的理论贡献。由于它到底只是多个平台中的一个，我们只有全面研究同时期党的代表大会、重要会议、文件文告、领导人的著作文章等等历史文献，才能对这一阶段马克思主义的中国化得出整体性认识，避免以偏概全，以致脱离历史的真实。

作为中共中央理论机关刊的《新青年》，其季刊阶段保留了自创刊以来新文化领军刊物的流风余韵，注重装帧设计，刊载文学和文艺作品，如《国际歌》《赤潮曲》，其主体色彩则始终洋溢着强烈的政治性和革命性。在中共中央领导下，《新青年》本着“成为中国无产阶级革命的罗针”的初心，以主要篇幅大力宣传马克思列宁主义理论，为党领导中国革命夯实指导思想的理论基础，它重视发表研究中国问题的文章，为推进马克思主义中国化作出了积极贡献。在这个阶段，《新青年》还没有能够从中国革命的全部关系的总和中把握革命的特殊性，因而对中国革命的长期性、复杂性、发展的不平衡性得出足够认识，以至形成适合中国国情的科学的指导思想。这主要是受了主客观条件的制约。尽管如此，《新青年》担当使命，尽忠职守，在党的理论工作和宣传工作史上留下了光辉的一页。

摘自《中国延安干部学院学报》2022年第4期，曾成贵

中国社会主义青年团1920年创立辨析

一、中国社会主义青年团的创建和闪现世间。1920年夏，一批中国的马克思主义者在上海推动创建中国共产党，几乎同一时期，8月创建了中国社会主义青年团。不久，青年团即应邀派代表参加青年共产国际的会议，闪现于社会和国际。第一，中国社会主义青年团随中国共产党的创建而产生。在推动创建中国共产党时，建立社会主义青年团是建党计划的一个组成部分。中共创建后，社会主义青年团便产生了。在上海创建的社会主义青年团，由党组织指派俞秀松负责组织。俞秀松是社会主义青年团创建的当事人，他留下了大量档案资料，说明中国社会主义青年团是1920年创建的。第二，中国社会主义青年团及其依托的外国语学社1920年曾向社会半公开亮相。以青年团书记俞秀松的名义，1920年曾发出一则《青年团筹集基金启事》。而中国社会主义青年团所依托的外国语学社之招生广告，1920年秋公开发布于报纸。这份传单和广告，表明中国社会主义青年团已经在上海半公开亮相。第三，青年共产国际邀请中国社会主义青年团派代表出席1921年国际大会。当青年共产国际筹备于1921年召开第二次国际会议时，乃向中国社会主义青年团发出了邀请派代表与会的信件。第四，中国社会主义青年团代表1921年春启程前往苏俄出席青年共产国际二大。1921年春，俞秀松启程赴苏俄出席青年共产国际第二次代表大会。他在途中曾给父母亲写信，报告赴苏俄的行程和目的。

二、在上海成立的中国社会主义青年团是一个全国性团体。青年团的组织不只限于上海一地，故不宜称上海社会主义青年团，而是中国社会主义青年团。1920年8月以后至1921年间，中国社会主义青年团的地区组织，陆续在北京、天津、武汉、长沙、广州、济南等地陆续创建，不断发展，开展活动。大量资料证明，1920年8月后，中国社会主义青年团陆续在全国各地建立团组织，并非等到1922年5月才成为全国性的青年团。

三、中国社会主义青年团一大召开前已有中央机构。虽然直到1922年5月才举行青年团的第一次全国代表大会，但青年团的中枢机构实际上早已存在。第一，中国社会主义青年团1921年3月有无举行过代表会议，这是一个悬案。第二，青年团1920年后有无产生临时中央委员会。出席青年共产国际二大的中国代表团的报告《远东人民》本说，1921 年 3 月建立了“临时中央执行委员会”，还说建立了“中央执行委员会”。第三，青年团组织有无“中断”与解散。各地团组织除个别短暂停止活动和重建组织外，总体上团组织未曾解散，活动并未中断。第四，青年团的总部是在北京还是在上海。中国共产党成立于上海，随后以李大钊为中心的北京支部成立。团组织也在上海和北京相应建立。由于青年团是由共产党建立的，中共中央局在上海，自然青年团的中央机构也随着设在上海。对于青年团总部在上海，中国共产党早期创建人物谭平山说得很清楚。第五，青年团一大召开前已经设有团的中央局。在中国社会主义青年团中，俞秀松、张太雷、施存统相继担任团中央书记的工作。由此可见，青年团一大前，中国社会主义青年团已经有了中央领导机构——中央局。

四、建党之初的党团一体和隐党于团。现在没有资料证明，中国社会主义青年团在 1922 年举行一大前，曾召开过全国代表大会，产生过中央委员会。但是，青年团却在上海有个总部，实际上起着团的中央机构的作用，这是什么缘故呢？其奥秘在于：中国共产党和中国社会主义青年团创建初期，党团一体，隐党于团。中国共产党在上海秘密成立过程中，确实以青年团和外国语学社的公开外衣作掩护，开展活动。青年团创建时，上海团组织与党组织合为一体，所以俞秀松同时担任上海区党和团的书记（秘书），党的中央局直接领导着团的中枢，上海团的办事机构也是全国青年团的办事机构。试想，党的书记陈独秀操劳团事，亲自向外地寄发青年团的章程，不是正好证明党团一体吗？党的总部也就是团的总部。

五、所谓“团先于党成立说”。由于把中共成立时间定为 1921 年，便派生出“团成立先于党”的说法。青年团是中国共产党创建的，怎么又出现“团比党成立为早”的说法呢？中共本来创建于 1920 年 7 月，团亦于 1920 年 8 月随党的创建而建立。但将中共创建的时间定于 1921 年 7 月中共一大，就只好说“团比党成立为早”了。问题就出在中国共产党究竟是哪年创建这个关节点上。事实上，中国共产党与中国社会主义青年团一样，都是 1920 年创建的。

摘自《广东党史与文献研究》2022 年第 4 期，曾景忠

马克思主义政治经济学在中国的早期传播

——以《一个马克思学说的书目》为视角

1924 年 3 月 29 日,《中国青年》第 1 卷第 24 期上刊登了《一个马克思学说的书目——为南京社会科学研究会编》(以下简称《书目》)一文。作者署名“冰冰”,即袁玉冰(1899—1927),江西兴国县岚峰村(现属泰和县)人,1923 年在北京大学哲学系就读时,由李大钊介绍参加了中国社会主义青年团,不久加入中国共产党,1927 年在南昌被国民党杀害。《中国青年》是 1923 年在上海创刊的中国社会主义青年团的机关刊物,“南京社会科学研究会”则是在中共党团组织的领导下,于 1924 年 1 月 13 日在南京成立的,其参加者为东南大学、河海工程学校等学校的学生。袁玉冰就是为这些青年学者研究马克思的学说而“编了这个书目”,并对其中“每部书的内容加以简单的说明”,该书目所列的书籍共 23 部,最后还推荐了 5 种定期刊物,以作为“我们研究马克思学说的参考”。

一、《书目》所列书籍和期刊的基本情况。《书目》所列的 23 部书籍依次为:《陈独秀先生讲演录》《社会主义讨论集》《社会主义史》《近世经济思想史论》《欧洲政治思想小史》《马克斯学说概要》《马克斯派社会主义》《马克思主义和达尔文主义》《社会经济丛刊》《共产党宣言》《唯物史观浅释》《唯物史观解说》《经济史观》《阶级争斗》《共产党底计划》《俄国共产党党纲》《第三国际议案及宣言》《马格斯资本论入门》《工钱劳动与资本》《价值价格与利润》《马克思经济学说》《马克斯经济学原理》和《社会科学讲义》。《书目》中所推荐的 5 种期刊依次为:《新青年》(季刊)、《前锋》(月刊)、《向导》(周报)、《中国青年》(周刊)和《民国日报·觉悟(副刊)》(日刊)。《书目》中有 5 部书籍由人民出版社出版。

二、《书目》所列关于马克思经济学说的书籍。《书目》中有 5 部关于马克思经济学说的著作。第一,《书目》中有 2 部书籍是马克思的经济学原著:袁让翻译的《工钱劳动与资本》和李季翻译的《价值价格与利润》。第二,《书目》所介绍的《马格斯资本论入门》,从现代文献资料看应是中共一大代表李汉俊根据日本社会主义者远藤无水的日译本《通俗马克思资本论》(日本文泉堂 1919 年出版)转译。第三,《书目》直接介绍马克思经济学说的 2 部译著是陈溥贤翻译的《马克思经济学说》和周佛海翻译的《马克斯经济学原理》。

三、《书目》中内容与马克思经济学说相关的书籍。《书目》中有 13 部著作的内容与马克思的经济学说相关，分别为：《马克斯学说概要》《近世经济思想史论》《经济史观》《唯物史观浅释》《唯物史观解说》《社会主义史》《欧洲政治思想小史》《马克斯派社会主义》《共产党宣言》《陈独秀先生讲演录》《社会科学讲义》《社会经济丛刊(一)》《社会主义讨论集》。

四、《书目》所列期刊 1923 年底前发表的涉马克思经济学说的文章。第一，《新青年》。截至 1923 年底，《新青年》上发表过很多与马克思主义政治经济学相关的文章，如李大钊《BOLSHEVISM 的胜利》《我的马克思主义观》，陈溥贤《马克思的唯物史观》和《马克思奋斗生涯》，陈独秀《马克思学说》，李达《马克思还原》，周佛海《马克思的〈资本论〉》等人的相关文章。第二，《前锋》。《前锋》主要刊登的是阐述中共当时的“统战政策”“评价苏俄政策”和有关“亚非反殖民斗争情况”方面的文章，故基本上没有与马克思经济学说直接相关的文章。但有些文章是运用马克思关于生产力决定生产关系、经济基础决定上层建筑的理论分析中国以及印度等国家的有关情况，实际上也可以说是在间接地传播马克思的经济思想。第三，《向导》。《向导》主要刊登中共的“民主革命的纲领”“统一战线的策略”、反对帝国主义的入侵和封建军阀的统治等方面的文章。与《前锋》杂志类似，该刊也刊登过一些与马克思关于生产力决定生产关系、经济基础决定上层建筑的理论分析相关的文章。第四，《中国青年》。在 1923 年刊登了一些与马克思主义政治经济学相关的文章，如恽代英的《社会主义与劳工运动》、邓中夏的《中国现在的思想界》等。第五，《觉悟》。从 1921 年起，《觉悟》就刊登了不少直接传播马克思经济学说的文章，如陈望道附记的《名著译载》、黄绍谷所记的李大钊在北京大学马克思学说研究社的讲演《马克思的经济学说》、周佛海的《介绍马克思经济学说》、李汉俊的《研究马克思学说的必要及我们现在入手的方法》等。

综上所述，《书目》中有 18 部书籍和 5 种定期刊物 1923 年底前所发表的大量文章，与马克思的经济学说直接或间接相关，并对马克思主义政治经济学在中国的早期传播产生了重要影响。

摘自《广东党史与文献研究》2022 年第 4 期，李天华、郭广迪

马克思主义传播起始阶段与中国传统文化的结合

——以《马藏》第1部第1—8卷为考察对象

北京大学《马藏》编纂与研究中心现已出版的《马藏》第1部的第1—8卷，收入了1894年至1912年间(主要是1894至1904年)马克思主义在中国传播的39种重要著作(包括译著)文本，为进一步研究马克思主义在中国传播的起始阶段与中国传统文化的关系提供了很好的素材。

一、思想动机:“西学中用”的根本诉求。在19世纪后期的西学东渐过程中，中国学人和西方来华传教士等将各种有关社会主义的著述译介到中国，中国人开始了解马克思及其社会主义学说，从而开启了马克思主义在中国传播的进程。作为西学的社会主义和马克思思想学说自传入中国之日起就面临着如何处理与中国本土思想文化的关系问题，可以说，马克思主义在中国传播的开端也是马克思主义与中国传统文化相结合的开端。社会主义、马克思主义与中国传统文化发生联结，从根本上说是由于译介者带着强烈的经世致用、救亡图存的愿望，希望寻找到一种能救国救民的真理，因而对于包括社会主义、马克思主义在内的西学都抱持一种主动将其与中国文化结合起来，使其能为国人更好理解、增强其现实适用性的本土文化中心的立场。这种“西学中用”的根本诉求成为决定马克思主义和中国传统文化结合的重要思想动机。《马藏》第1部的诸多文本都体现了这种诉求。译者译介社会主义学说，始终是在进化论的思想背景下思考中国人如何实现自己的“保种自强”事业，进而将社会主义与民族主义这两种并不天然相通的思想联系在了一起。此外，译介者还会根据自己对国情的认识和救国主张选择翻译的文本主题，并在翻译中对文本内容进行有侧重的增减。

二、最初结合:“西学中源”的文化观及迻译理念。鸦片战争之后，为实现“师夷长技以制夷”，洋务派主张将西方的技艺、学理等引入中国，遭到守旧派人士的猛烈攻击。面对守旧派以须坚持“先王之制”“圣贤之道”等理由贬斥西学，洋务派首先采用了“西学中源”说来证明西学与中学可以相容。“西学中源”说蕴含着一种尊崇本民族文化传统的民族情愫，维护了中国人的民族自尊心，在一定程度上为提倡西学扫除了思想障碍，对于西学在中国的早期传播起到了一定的积极作用，有助于清末知识分子更好地接受西方的思想学说，是西学东渐早期国人看待中西文化的一种重要观念，在19世纪末传入中国的介绍社会主义、马克思思想的西学译著中仍有体现，是马克思主义在中国传播起始阶段文本迻译的最初理念。《马藏》第1部第1卷收入的《富民策》，就是这一理念的典型代表。《富民策》译者这种"西学中源"的中西文化观及其在文本迻译中的运用，引起当时不少知识分子的共鸣。但"西学中源"说的局限性和片面性也是十分明显，绝对化的"西学即中学"论会走向主张"今不如古"的文化复古论，并合乎逻辑地导出西学不足学、无须学的结论，从而陷入自相矛盾之中。仅从文化源头上作解释，而不从文化性质上进行分析，既不能客观地评价西方文化的长处，也难以充分说明中西文化交流的必要性。随着西方列强侵略的深入和国人对中西差距的进一步认识，这种观念已很难满足"西学中用"的根本诉求，其论证基本沦为牵强附会，因而到19世纪末社会主义和马克思主义进入中国时其已走到了穷途末路，仅在马克思主义中国传播的起始阶段短暂出现。

三、中西融合：理念探索和"西学中述"的实践。"西学中源"说难以为继之后，主张向西方学习的知识分子先后提出了两种主要的处理中西文化关系的理念，试图探索"中学"和"西学"相结合的模式：一是"中学为体、西学为用"说；二是"中西会通"说。应该看到，一方面，不管是以"体用""主辅"等概念界定中西文化结合的模式，还是以今文经学、孔教的形态来实现"会通中西"的尝试，都没有成功；但是另一方面，在这些主张中西文化融合互补的理念主导下，大量社会科学、经济方面的西方思想进入中国，探索其与中国传统文化融合并运用到救亡图存中的可能性。这种理念及实践也鲜明地体现在马克思主义中国传播起始阶段的诸多译著中，集中体现为"西学中述"的文本迻译方式。所谓"西学中述"，即用中国传统的理论体系、思维方式和话语体系翻译西方学说，是马克思主义开始在中国传播起始阶段文本迻译的主要方式。相比于"西学中源"，译者试图将西方学说与中国本土文化作某种联系，指出二者的共通性，并在传统知识框架中理解西学，但不再认为西学源自中学。《马藏》第1部第1卷收入的、由李提摩太和蔡尔康合译的《大同学》，便是这一方式的典型代表。"西学中述"是马克思主义在传播起始阶段和中国传统文化结合的一项重要探索。将中国本土思想与西方的社会主义、马克思主义相嫁接，用中国传统诗词典故解释西方学说，有利于中国人理解和接受新思想，有助于进一步挖掘和阐释社会主义思想与中国传统文化之间的契合性，为五四运动前后马克思主义在中国的广泛传播做了前期准备。但马克思主义与中国传统文化毕竟是两种不同性质的思想文化，用传统文化解读和表述马克思主义不仅难以准确传达其思想内涵，也容易导致国人在理解马克思主义时出现片面化和肤浅化等问题。因此，这一时期以“西学中述”为代表的中西融合是未能准确认识两种文化本质区别的简单和粗浅的“融合”，是马克思主义与中国传统文化之间尚不成熟的结合。

四、分歧初现：传统词汇与日文新词的博弈。在20世纪初从日本渠道进入中国的介绍社会主义、马克思主义的译著中，有一个值得注意的现象，即同一个著作的不同译本，有时在术语和概念的翻译上存在使用中国传统词汇与日文新词的不同。这种现象从一个侧面反映了当时国人在引进西学时对待中国传统文化的观念分歧，马克思主义正是在这种思想环境下与中国传统文化产生了更为复杂的联结。事实上，语言文字在传统的士大夫阶层看来是文脉的一种体现，随着翻译日书之风大盛，大量日文新词进入中国，人们对于中西文化的不同观念也反映在对待日文新词的态度上。一方面，严复融入中国文化的翻译方式没有成为主流，20世纪初由留日知识分子翻译的日文著作已较为普遍地采用日文新词；另一方面，反对进一步西化的人士往往拒绝采用日文新词；此外，新词还被与革命党联系在一起而受到抨击。20世纪初汉译日文社会主义著作中传统词汇与日文新词的博弈，反映出当时中国知识界存在一种脱离中国传统文化、更大程度引进西方文化的日趋激进的思想倾向。从马克思主义术语的发展史来看，这一时期马克思主义文本中传统词汇和日文新词的碰撞冲突，以及后来大量吸收采用日文新词的过程，正是马克思主义中国化话语体系的最初形成过程。

摘自《理论学刊》2022年第4期，邱华宇
该文被人大复印资料《马克思列宁主义研究》2022年第10期转载

马克思主义在中国高校的早期传播研究

马克思主义在中国高校的早期传播是一个相对宽泛的概念，其上限是1912年，民国政府颁布“壬子学制”、确立新式教育制度后；下限则是1937年，全面抗战爆发后，大部分高校内迁大后方，从而引发了中国高校组织的重大调整。因此，马克思主义在中国高校的早期传播，具体是指1912年至1937年间马克思主义在中国各类大专院校和专门学院的传播。高校既是马克思主义在中国早期传播中不可忽视的重要阵地，也是促进青年学生正确认知与接受马克思主义理论的重要环节，更是中共早期组织发展的“策源地”。

一、马克思主义何以进入近代中国高校。第一，条件变换：近代中国高校的改革与发展。近代以来，伴随着西方文明的输入，新式教育随之兴起。特别是甲午战争失利之后，“救亡图存”成为时代主题，近代中国高校随即纷纷建立。1912年，中华民国政府成立，开始推行“壬子学制”，变革性地推动了近代中国教育事业的发展，逐步确立了较为完整的新式教育制度，近代中国高校和在校学生于是呈爆发式增长。新式学堂的建立必然要求新的校风建设，而如何破解读书等于入仕的思想是当时最大的难题。蔡元培出任北京大学校长后进行改革。由于蔡元培等人的改革打破了学术壁垒，高校学风遂大为改观，学术至上逐渐代替了学而为官的观念。此外，高校留学生教育成为时代潮流。中国留学生在校园中进行思想启蒙，传播各种文化思潮和知识，马克思主义之所以能够得到传播，很大程度上可以说正是得益于留学生群体的集体“盗火”。近代中国高校的条件变换，客观上为马克思主义在高校的传播奠定了校园环境和人才储备。第二，力量变革：学生群体的崛起。首先，从共有特点看，近代中国高校学生分布集中，社会联系广泛。其次，从自我身份认同看，近代中国高校学生具备了国家主人翁的自我认知。以校园为纽带的青年学生群体取得了参与政治和社会运动的共同资本，他们拥有了社会公认性的权利和地位，并以相似的教育背景、集中的受教之地，甚至地缘、学缘等关系，共同塑造了学生群体，这就为马克思主义在中国高校的早期传播打下了良好的受众基础。第三，思想变迁：五四前后社会思潮的演变。五四时期，以陈独秀、胡适等为代表的先进知识分子意识到中国的落后在于思想文化的落后，遂大力倡导向西方学习，大力宣传西方文化，使得大量西方社会思潮纷纷涌入中国，而这也深深影响了近代中国高校。当时涌入中国高校的西方社会思潮主要有四种：一是进化论；二是“改造社会”学说；三是社会主义；四是俄国形态的马克思主义。伴随着西方社会思潮的大量涌入，近代中国高校学生的思想也发生了重要转变，从而拉开了马克思主义在中国高校传播的大幕。

二、马克思主义在中国高校早期传播的历史脉络。马克思主义在中国高校的早期传播经历了三个主要阶段，这既是马克思主义在近代中国高校由传入到广泛传播、再到具体深入传播的历史进程，更是近代中国高校青年学生从对马克思主义形成初步认知到自觉运用和创新的过程。第一阶段，五四前后马克思主义在中国高校的传播。此阶段主要是李大钊、陈启修等人利用课堂授课、讲座、发表文章等方式进行马克思主义传播，与此同时一批进步社团也开始研究和传播马克思主义。此阶段，马克思主义在中国高校的传播内容主要集中在三个方面：一是剖析各派社会主义，阐述科学社会主义基本原理；二是开展学生运动，建立学生组织，推动马克思主义传播；三是开展五一纪念活动，传播马克思主义关于劳工的知识。第二阶段，大革命时期马克思主义在中国高校的传播。此阶段，马克思主义在中国高校进入广泛传播阶段。青年学生对马克思主义基本原理的介绍更加全面，对列宁主义的介绍也更加系统；同时，青年学生开始走出校园，深入到工农之中。此外，中国共产党也逐步在高校建立起自己的基层组织。这一阶段，马克思主义在中国高校传播的内容主要集中在四个方面：一是反对国家主义派，宣传阶级和阶级斗争理论；二是传播被压迫民族解放的理论；三是传播革命统一战线理论；四是向农民传播马克思主义。第三阶段，土地革命时期马克思主义在中国高校的传播。这一阶段，国统区和革命根据地高校的马克思主义传播呈现出极大的不同。在国统区，国民党的文化"围剿"配合军事"围剿"，减弱了马克思主义在国统区内高校的传播势头，再加上土地革命前中期，党内存在严重的"左"倾错误，在"城市中心论"指导下，国统区的中共地下组织过分强调工人运动，某种程度上轻视了学生运动，也影响了马克思主义在国统区高校的传播。与国统区截然不同，中央苏区高校的马克思主义传播则开展得如火如荼。这一阶段，马克思主义在中国高校传播的内容主要集中在三个方面：一是传播马克思主义的民主与集中思想；二是传播苏维埃建设理论并进行实践探索；三是传播马克思主义关于革命斗争形式的理论。

三、马克思主义在中国高校早期传播的特点。马克思主义来到近代中国，再转而进入中国高校，在"转场"的过程中，基于传播环境和传播意图的不同，呈现出独有的传播特点。第一，传播主体的嬗变性。近代中国高校的马克思主义传播，经历了从个体自发传播向有组织的系统传播的转变。第二，传播内容的选择性。马克思主义在进入近代中国高校时，在传播主体、传播受众、传播形势等因素影响下，也必然呈现出选择性的特征。首先，传播主体的不同目的所造成的选择性传播。其次，面向不同受众的选择性传播。最后，针对不同形势的选择性传播。第三，传播媒介的多样性。马克思主义正是借助多样化的媒介，才顺利完成了在近代中国高校内外的传播：一是口头宣传；二是文字刊载；三是图像记录；四是话剧演绎；五是利用各种纪念活动进行传播。第四，传播环境的重塑性。一方面，不同区域、政党、派系控制下的高校在马克思主义传播中呈现不同的形式。另一方面，不同类型的高校亦有所不同。为此，我们党充分把握传播环境的可塑性，对不同传播环境进行重塑。一是加强思想文化的融合。重视将马克思主义学说以中国化的方式加以呈现。二是利用不同的策略和形式。针对国共统治区的不同环境，我们党利用显性传播和隐性传播相结合的策略，充分利用各种直接和间接的形式，如漫画、杂文、打油诗等进行公开、半公开的传播。三是营造观念改变的环境。“宣传家只能顺势利用受众已经接受的语言和观念”，中国共产党则努力营造“革命”的观念来进行马克思主义传播。

摘自《理论学刊》2022 年第 4 期，王刚、徐晓光

北京大学马克思学说研究会史实新探

——以“亢慕义斋”的藏书与编译为中心

1920 年 3 月，在时任北京大学图书馆(以下简称北大图书馆)主任李大钊的指导下，北京大学的一些学生秘密组织成立了马克思学说研究会，主要的成员有邓中夏、高君宇、罗章龙等，这是中国最早开始系统研究和传播马克思主义的团体。1921 年 7 月，中国共产党成立，马克思学说研究会为了方便工作，在征得校长蔡元培的同意后，于当年 11 月 17 日在《北京大学日刊》上刊登启事，正式公开。蔡元培还在校内拨了两间屋子供研究会使用，其中一间就作为研究会的图书室，名叫“亢慕义斋”，德文作 Das Kammunistsches Zimmer(意为“共产主义小室”)。因其作为研究会的重要活动场所且藏书丰富，“亢慕义斋”遂成为马克思学说研究会的代名词。

一、“亢慕义斋”藏书。第一，“亢慕义斋”藏书来源。“亢慕义斋”的藏书主要有以下四个来源：私人图书、会员筹集经费采买的图书、北大图书馆转来的图书、第三国际及其出版机构提供的图书。第二，“亢慕义斋”藏书情况。从《北京大学日刊》登载的启事和通告中可以看出，“亢慕义斋”当年的马克思主义文献收藏颇具规模，不仅藏书数量较大，且文种丰富，备有多种外文原典。第三，“亢慕义斋”旧藏八种。根据钤在书上的“亢慕义斋图书”印记，可以确认北大图书馆尚存“亢慕义斋”旧藏八种。这八本书籍皆为德文版，很有可能就是共产国际代表维金斯基来华时赠送的。且这八本书的出版年代较早，亦颇具版本与史料价值。

二、“亢慕义斋”编译梳理。第一，“亢慕义斋”与人民出版社。1921 年 8—9 月间，中国共产党创办了党的第一个出版机构——人民出版社。罗章龙和李达的回忆描述了人民出版社的大致出版情况，但细节颇有可商讨之处。在讨论“亢慕义

斋”具体参与了几种书籍的翻译之前，必须先详尽考察人民出版社的出版情况。人民出版社总书目。关于人民出版社的具体书目，《新青年》第九卷第五号上最先刊登了《人民出版社通告》，拟定了“马克思全书”15 种，14 种，“康民尼斯特丛书”11 种，“其他”9 种，总计 49 种。《人民出版社通告》不仅在《新青年》刊登，也附在一些人民出版社已经出版的书后。通过查阅各种资料统计得出，人民出版社书目的总数达到 62 种，分别是“马克思全书”15 种，“列宁全书”14 种，“康民尼斯特丛书”13 种，“其他”18 种，未知 2 种，并推测上述书目中已出版的共有 26 种。人民出版社拟定的书目较多，实际出版的书籍也有十数种，目前可以完全确认的“亢慕义斋”翻译作品有李梅羹（墨羹、梅羹）的《劳农政府之成功与困难》和《国际劳动运动中之重要时事问题》2 种。“亢慕义斋”不仅参与翻译人民出版社的这些书目，也集中收藏过人民出版社的出版实物（见《马克思学说研究会通告（四）》）。这也可以说明，在早期学习与传播马克思主义的过程中，“亢慕义斋”切实达成了集收藏、研究、传播于一身的目标。而这种集多项功能于一身的难得条件，又大大促进了马克思主义在北大乃至在全国的传播。第二，“亢慕义斋”参与其他著作编译。除参加人民出版社的编译书目外，“亢慕义斋”还参与编译了其他一些著作，如《京汉工人流血记》《非宗教论》《康德传》《哲学概论》。

三、“亢慕义斋”翻译《共产党宣言》察考。第一，《京汉工人流血记》中的《共产党宣言》。《共产党宣言》是极为重要的马克思主义著作，在中国早期马克思主义传播史中占有重要的地位，而“亢慕义斋”翻译《共产党宣言》的有关史实，长期以来因文献资料的阙失而无法进一步阐明。所幸《京汉工人流血记》一书中留存了一段摘录的《共产党宣言》译文，通过与其他史料的相互印证，可以大大加深对此翻译工作的认识，也有助于切实了解马克思学说研究会当年学习与传播马克思主义的艰辛。第二，《共产党宣言》翻译史实考辨。从现有史料推测，《京汉工人流血记》摘录的这段译文很有可能是“亢慕义斋”成员们在学习英文版《共产党宣言》时参考了陈望道译本后的成果。由于罗章龙、高君宇负责编写《京汉工人流血记》，这段极有可能出自“亢慕义斋”成员们之手的翻译语句就这样被编辑到书中去了。理由如下：第一，译书地点的建立；第二，研究计划的开展；第三，翻译时间线的考察；第四，翻译者的学养情况；第五，党组织的领导。这一段保存至今的《共产党宣言》译文，为理解马克思学说研究会在中国早期马克思主义传播中的努力提供了更多的史料支撑。

摘自《大学图书馆学报》2022 年第 5 期，吴冕

马克思主义经典著作在中国的印制出版(1920—1966)

19世纪末20世纪初,马克思主义开始传入中国。马克思主义经典著作是其传播的重要载体。事实上,从1920年中国印制出第一本中文版《共产党宣言》开始,马克思主义经典著作在中国的印制出版事业经历了从无到有、由小到大的发展过程,至1966年,马克思、恩格斯、列宁、斯大林等马克思主义经典作家的著作在全国印制出版已经达到了数千万册,而作为实现了马克思主义中国化第一次历史性飞跃的毛泽东思想的重要载体《毛泽东选集》一至四卷的累计印数也已经达到了1000万部。本文将从印刷纸张、印刷技术、装帧排印和印本数量四个方面,考察1920年到1966年马克思主义经典著作在中国的印制出版概况。

一、印刷纸张。新民主主义革命时期,在上海等城市印制出版的马克思主义经典著作,主要是使用进口机制纸印刷,最常用的则是进口的白报纸和道林纸。而在农村印制出版的马克思主义经典著作则主要使用土造纸和马兰纸印刷。新中国成立后,马克思主义经典著作逐渐改为使用国产纸印刷。1952年,在加强自主研发与苏联专家的帮助下,国产机制纸试制成功。伴随着国产机制纸的研制成功,我国造纸厂的生产能力开始显著增强。到1954年,包括马克思主义经典著作在内的全国图书印刷,都已"贯彻了尽先采用国产纸的原则",印制出版马克思主义经典著作纸张不足、技术落后的问题基本得以解决。

二、印刷技术。新民主主义革命时期,印制出版马克思主义经典著作的机构往往条件简陋。一是场地狭小。二是人员和设备不足。其中,最为稀缺的是铅印资源(包括铅印机和铅等)。因而只能在使用简陋铅印的同时,也使用简陋的油印和石印。在新中国成立后,各地新华印刷厂逐渐添置了包括铅印机、米勒机、对开机、铸字机、烘版机和胶版机等在内的大批印刷设备,并不断对铅印技术进行革新,如创造了铅版镀铜新工艺、铅版镀铬新工艺和凸印平台机交叉装版法等,并将这些技术广泛应用到马克思主义经典著作的印制出版工作上。而石印和油印技术则被逐步淘汰。

三、装帧排印。装帧是指对书籍所进行的艺术和工艺设计,其内容包括版本设计、封面设计和字体设计等。排印则指排版和印刷。首先,在版本设计上。近代以后,中国的图书装帧普遍放弃了传统的线装,而改为平装和精装。新民主主义革命时期和新中国成立后,大部头的马克思主义经典著作往往采用平装版和精装版两种形式装帧。其次,在封面设计上。新民主主义革命时期和新中国成立后印制出版的马克思主义经典著作，在封面设计上一般都有鲜明特色。一般说来，这些著作的封面较多地使用了工农群众、共产主义运动领袖、红色五角星等较有代表性的标志。再次，在字体设计上。新民主主义革命时期印制出版的马克思主义经典著作，横排竖排均有，繁体简体亦均有。到新中国成立后的1954年，在国家推广文字改革的背景之下，中央人民政府出版总署提出包括马克思主义经典著作在内的所有书籍统一使用简体横排印刷。但是，由于部分大部头的马克思主义经典著作在当时已用繁体字竖排印刷了部分卷册，因此有关部门从实际出发，规定这些大部头著作的印制仍暂缓使用简体横排。最后，在排版印刷上。新民主主义革命时期出版的马克思主义经典著作，在排版印刷上总体质量较好，但也偶有排版印刷错误。新中国成立后，对于印制出版的马克思主义经典著作，国家加强排版印刷检查。通过出版社检查小组到印刷厂驻厂检查、群众对书籍装订质量进行监督以及印刷厂对印刷书籍大量抽查等办法，马克思主义经典著作印制出版工作的质量不断得到提升，排印错误明显减少。

四、印本数量。新民主主义革命时期，在城市印制出版的马克思主义经典著作数量一般是比较小的。印刷量较小的一个重要原因是经费不足。与城市相比，虽然苏区和抗日根据地、解放区的印刷机构也往往是经费有限，但毕竟农村印刷费用较低，所以可以较大规模地印刷马克思主义经典著作。新民主主义革命时期，在苏区出版的马克思主义经典著作，其印制出版的数量已经比较大。到延安时期，在造纸和印刷力量得到显著壮大的背景下，我们党的印刷机构大规模地印刷马克思主义经典著作。与苏区时期相比，延安时期印制出版的马克思主义经典著作在数量上有了较大增加。当然，马克思主义经典著作印制出版的数量，是跟这些著作的普及性密切相关的。新中国成立后，党和政府对马克思主义经典著作的印制出版工作投入大量支持，这些书籍的印刷数量也实现了前所未有的快速增长。

综上所述，从印刷纸张、印刷技术、装帧排印和印本数量四个方面来看，1920—1966年马克思主义经典著作在中国的印制出版事业走过了不平凡的发展历程。这期间虽然困难重重，但是我们党还是坚持不懈地推进这一事业并取得了丰富成果，有力地促进了马克思主义理论在中国的传播，同时也为我们党更好地以马克思主义武装头脑、指导实践，推动党和国家的事业不断向前，提供了重要保障。

摘自《党的文献》2022年第5期，杨林、郭路

俄藏毛泽东参加青年团二大相关史料考

俄罗斯国家社会政治历史档案馆藏《中国社会主义青年团第二次全国代表大会记录》中，记录了毛泽东参加青年团二大的一些情况。

一、青年团二大与党的三大。1923年8月21日至25日，青年团二大在南京东南大学四牌楼校区梅庵召开。这次大会对于统一全团的思想，贯彻党的三大的方针，确立党团之间的正确关系，具有重要意义，其实践成果在团史、青运史上留下了浓墨重彩的篇章。厘清青年团二大的召开背景，还得从党的三大说起。1923年6月12日至20日，党的三大在广州举行。大会的主要议题是讨论共产党员加入国民党问题。大会对全体共产党员特别是产业工人加入国民党发生了激烈争论。大会通过了《关于青年运动决议案》，明确提出“青年运动为本党重要工作之一，所以对于社会主义青年团应极力加以组织上和指导上之援助”，号召社会主义青年团积极参加国民运动。1923年7月下旬，毛泽东随中央局机关从广州搬到上海，住在闸北香山路三曾里3号。他以中央局秘书身份协助委员长陈独秀处理中央日常工作，其中一项重要工作就是负责对团的工作和党的地方工作的指导。

二、青年团二大召开的时间和地点以及具体议程。1923年8月21日至25日，青年团二大在南京正式召开，历时5天，从唱《国际歌》开幕，到唱《国际歌》闭幕，共举行了10次会议。根据俄罗斯国家社会政治历史档案馆藏记录，大会主要有以下议程：8月21日，邓中夏、瞿秋白、毛泽东分别致辞。8月22日上午，施存统作团中央工作报告，林育英、黄日葵、贺昌、邓中夏等人相继发言；下午，瞿秋白和刘仁静分别作大会报告。8月23日上午，首先由毛泽东作大会报告，然后会议讨论推荐刘仁静、毛泽东起草向中共中央报告的决议；下午，由青年工人运动委员会、农民运动委员会分别作大会报告。8月24日上午，由学生运动委员会、妇女运动委员会作大会报告；下午，由教育及宣传委员会作大会报告，讨论青年团与中国共产党的关系，并决议出版《团刊》《中国青年》《青年工人》三种刊物。8月25日上午，由军人运动委员会作大会报告，并讨论修改团的章程等议题。下午，继续讨论修改团的章程，在制定中央委员会组织法基础上选举新的团中央执委会。晚上，通过宣言和各种决议案，举行闭会式，毛泽东等人发表演说。

三、毛泽东参与青年团二大的三项活动。根据史料记载，1923 年 8 月召开的青年团二大是毛泽东唯一一次全程参与的团的全国代表大会。他参与的主要活动有三项：一是 8 月 21 日在第一次会议上致祝辞。在祝辞中，毛泽东从三个方面对青年团过去一年的工作作了评价并对今后青年团工作提出了希望和要求。可以看出，早在 1923 年，毛泽东就对加强团结、紧密联系群众、坚持从实际出发等思想方法和工作方法有了深刻认识。二是 8 月 23 日上午在第四次会议上作报告。据第四次会议记录，毛泽东所作报告主要围绕两个问题展开：一是解释政策；二是说明“C. P.”与“S. Y.”的关系。通过分析可见，在报告中，毛泽东主要阐述了两方面的内容：一是从当时中国所处的社会环境以及国民革命的效果分析了国民革命的重要性和必要性，并对党的三大作出的关于加入国民党的决定进行了解释；二是对共产党和青年团的关系作了说明，即在政策上青年团必须“完全服从”党的指导，与党的主张一致。这次大会认为，毛泽东报告的关于共产党与青年团的关系在原则上完全与少共国际第二次大会的决议相符合，所以获得一致通过。三是 8 月 25 日晚上在闭会式上发表演说。根据会议记录，闭会式第一位演说的是毛泽东，第二位是刘仁静，第三位是卜世畸。毛泽东发表演说的具体内容未记载。

青年团二大结束后，1923 年 9 月 6 日，毛泽东为中共中央起草复青年团中央执行委员会的信，告知党中央决定，出席青年团中央执委会会议的代表为中共中央局委员长或秘书，并告《向导》《前锋》《新青年》等刊物每期赠送一二份给团中央执委会。

摘自《党的文献》2022 年第 5 期，中共南京市委党史办、东南大学团委联合课题组

从“学说”到“思潮”的知识演进：马克思主义在中国的早期传播(1917—1921)

马克思主义为何能在五四时期多元思想的竞争中脱颖而出？当前的研究多归因于十月革命的影响、国内工人阶级的壮大以及知识分子思想变化等等原因，概言之，即马克思主义初期传播的阶段式跨越是种种“外力”作用的结果。这种解释的路径将马克思主义固化为观察国家命运的“工具”、触发革命行为的“开关”，而忽略了马克思主义本身作为一套成熟的知识体系，与社会环境相互作用的多元面相。本文从知识成长的视角重新审视马克思主义在中国的早期

传播史。五四前后马克思主义传播从“学说”到“思潮”的飞跃，背后蕴含着一种新的知识类型建立与更新的知识演进史脉络。

一是知识群体的成长：扩大的理论“承载者”。19世纪末至20世纪初，外国传教士、资产阶级改良派、革命派等陆续介绍过马克思主义，他们基于各自的立场和价值取向而征用了马克思主义思想体系中的部分内容，但尚未围绕这种知识类型形成群体认同和系统的知识传播。五四时期，报刊上宣传马克思主义的文章遽然增多。一批具有初步共产主义思想的知识分子聚拢形成“认识论共同体”。在各类“主义”喷涌、思想争鸣的场域下，早期马克思主义知识群体的成长必然伴随着思想和队伍的纯化。他们在获取知识之后，通过吸收与转化形成了一套相应的表达与认知结构。首先，早期马克思主义知识群体透过日本译介和欧美布尔什维克文献，把握住马克思主义综合知识体系的特点，并建立起清晰的思考与阐释模式。此外，早期马克思主义知识群体也在知识传播格局中探索自身的角色定位，展现出明确的向内维度的“规制”与向外维度的“联合”意识。一方面，通过汲取无产阶级建党学说等理论，早期马克思主义知识群体极其重视组织内部的思想与行动的统一性。另一方面，早期马克思主义者不满足于“只向知识阶级作‘学理’的宣传”，他们对建立更大范围的“联合”报以期待。可以看出，早期马克思主义知识群体在吸收与转化中表现出如下特点：一是注重马克思主义综合知识体系的脉络，开展较为完整的而非零敲碎打式的学习；二是将知识目标与现实目标统一，通过强化组织规制、联合外界社会阶层，知识群体扮演着勾连理论传播与群众实践的“有机知识分子”的角色。早期马克思主义知识群体由此不局限于以文字为中心的学习与阐释活动，更是成为无产阶级革命事业的实践主体，向着“一种能够作战的新势力”迈进。

二是知识的构造：与“实境”相呼应。早期马克思主义者以现实社会需要为标准去判断知识的价值，追求与“实境”相呼应的知识资源。相比其他知识群体，早期马克思主义者对俄国问题的关注在频次、深度、议题多元性等方面更为突出，尤为重要的是，逐渐将十月革命作为一种被成功验证的“实践知识”纳入马克思主义知识体系中，力图展示马克思主义知识在理论与实践相结合层面上的丰富图景。解释这种新的“实践知识”的构造生成逻辑，可以从两个方面来看：首先，知识流动格局的转向，为马克思主义者学习并理解俄国革命经验开启了源头。随着较为通畅的知识流动体系的搭建，早期马克思主义者也加深了对俄国革命所蕴含的理论依据的理解，从此前“观察”的姿态演进为“学习”“借鉴”。其次,知识受社会存在影响,苏俄革命作为一种“实践知识”的生成与发展必然地与社会背景相关联。早期马克思主义者不仅认识到俄国十月革命把社会主义“从书本上的学说变成了活生生的现实”,同时在传播中将之构造为“取之即用”的、能够整体全面地解释现实的“实践知识”。一方面,从国情相近的角度宣传俄国经验的参照价值。另一方面,扩展“实践知识”的内容范畴,以应对“从根本上谋全体”的中国社会改造。上述可知,受知识流动格局、社会现实需求的作用,俄国革命等新的知识资源被不断融入马克思主义的知识体系中。

三是知识的落地:构建“制度性媒介”。马克思主义能够在“学说”林立的五四时期突围而出,也缘于其知识传播活动最终抵达了“物质的存在”,即借由书报、教科书、学会、学校等多元、交错的“制度性媒介”,在制度层面形成一套从知识走到现实的机制,实现了“知识的落地”。首先是书报、教科书等文本所架构的制度体系。其次是各种学会、研究会等社群组织的制度维系。最后是学校等场所延伸的制度空间。马克思主义进入中国并与本土实践相结合,构建出从观念到现实的制度世界,实现这一过程必须依赖于“制度性媒介”发挥“解释和证明”的功能,建立起不断传承的制度秩序,从而推动马克思主义传播从思想观念落实到日常生活的实践,并逐渐进化为全民族的革命运动。

从“知识”的视角重新回望并审视马克思主义在中国的早期传播史,可以发现,马克思主义传播的完整图景不仅包括先进知识分子学习、阐释知识的过程,还包括这种知识转化为现实的过程。从知识群体、知识资源、知识媒介三个维度出发,基于对知识的获取、构造到最终落地的进程的分析,本文有如下认识:首先,早期马克思主义知识群体兼具学习者、传播者、生产者、组织者等多元身份,对于其历史形象的勾勒不应局限于“经过反复的比较、推求而选择了马克思主义”。其次,围绕马克思主义所形成的知识资源的集合,具有不断回应中国本土“实境”的特点。此外,知识的落地必须依托于“物质的存在”。

由此观之,马克思主义从一种曲折而至的“学说”演进为与中国社会变革同频共振的“思潮”,并建立起政党意识形态体系,一种知识类型崛起的背后,涌动着知识与社会交织作用的三重表征:一是知识群体的成长与理论“承载者”的进一步扩大;二是不断回应现实的知识资源的集合所带来的知识体系的革新;三是知识媒介连接起人与人、人与组织的新型社会网络。三者融汇,推动了这种知识类型在“百家争鸣”中胜出并取得有效的社会行动,也导致了传统知识世界的解构与重建。因此,马克思主义早期传播在五四前后的阶段式跨越绝不能仅仅归因于客观环境、传播者思想变化等“外力”的作用,而是一种“知识”与中国“合适的土壤”相遇且互构的结果。

进而言之,建立知识视野下的马克思主义传播史叙述,将可以打开以往较为静态的、阶段性的传播分析模式,在知识与社会环境交互的背景中看待传播各要素与过程,即不是回答“谁在传播”,而是关注理论“承载者”的聚拢和扩大的过程;不是回答“传播什么”,而是关注知识资源如何在本土环境下适应与调适;不是回答“通过什么传播”,而是关注知识媒介的社会连接与动员。知识一直处于不断累积、不断更新的轨迹中,依循着知识成长的脉络开展马克思主义传播分析,就是建立以贯通历史的知识变迁为主线,以知识与政治、经济、文化等各种社会变量相互作用所形成的时代关联域为场景的历史叙述。

摘自《安徽大学学报(哲学社会科学版)》2022年第5期,蒋含平、汪娜娜

“开篇之作”与“首要问题”

——剖析毛泽东对《中国社会各阶级的分析》文本修改的深刻内涵

研究毛泽东著作,首先就要研究毛泽东本人编定的《毛泽东选集》的“开篇之作”《中国社会各阶级的分析》(以下简称《分析》)。在这篇文章的最后定稿中,毛泽东开门见山地提出:“谁是我们的敌人?谁是我们的朋友?这个问题是革命的首要问题。”研究“开篇之作”与“首要问题”,既是毛泽东思想研究和中国共产党理论研究的重要内容,也是毛泽东著作版本研究的一项重要课题。

一、写作《分析》要解决“首要问题”。为什么要写《分析》这样一篇文章?当然是为了“分清敌友”!但如何分清敌友,这个问题却没那么简单,因为党内和我们自己的队伍里仍存在不同倾向,存在骑墙派、摇摆者,还有许多糊涂思想。毛泽东本人曾经清楚地说明了自己写作的缘由:“此文是为反对当时党内存在着的两种倾向而写的。”两种倾向为:第一,以当时的中国共产党领导人陈独秀为代表的右倾机会主义者;第二,以张国焘为代表的“左”倾机会主义者。在这样的历史时刻,为纠正中国共产党内在理论、策略上的混乱和容易产生的偏向,进一步明确中国革命的对象、任务、领导、动力、前途,分清敌、我、友,毛泽东撰写了《分析》一文。在这篇文章中,毛泽东对我国当时社会各阶级进行了全面深入的科学分析,初步解决了民主革命中的领导权、同盟军、动力、革命对象等问题。

二、“开篇之作”主要经历的四次修改和传播影响。《分析》可以看作毛泽东

新民主主义思想萌芽的重要标志，也是毛泽东思想发展成熟过程中具有里程碑意义的经典文献之一。从 1925 年面世到收入 1951 年人民出版社《毛泽东选集》，从目前掌握的资料看，毛泽东对《分析》进行过四次主要修改，根据社会状况和中国革命进程的变化情况，此文在内容上也发生了一些重要变化。这既是客观形势发展使然，也是毛泽东本人思想发展的必然。《分析》最早刊发于 1925 年 12 月 1 日国民革命军第二军司令部主办的《革命》半月刊第 4 期。（一）首发后的第一次修改。1926 年 2 月 1 日国民党农民部主办的《中国农民》第 2 期再发《分析》。此次只做了少量改动，如将“劳动量”修改为“劳动时间”、将“帝国资本”修改为“国际资本”等。这次修改再版，在农民以及关心中国农民问题的人中得到广泛传播，进一步巩固了毛泽东在农民运动中的地位，扩大了影响力。（二）第二次修改。一个月后，即 1926 年 3 月 13 日，毛泽东收到中国共产主义青年团中央委员会主办的机关刊物《中国青年》的来信，说当月的《中国青年》决定转载《分析》，请毛泽东根据提出的修改意见进行修改。这期间，由于认识有了发展，也有一定时间，毛泽东对已经发现的文中一些不妥之处进行了校正，并结合《中国青年》提出的修改意见进行修改，改后的这一稿刊发于《中国青年》1926 年 3 月第 116、117 期。这次修改和《中国青年》的转载，让《分析》声名远播，特别是在当时的青年运动参与者中产生了很大影响。这次修改后，《分析》广为流传，在党所领导的新民主主义革命各个时期和重大历史阶段都发生了重要影响。（三）第三次修改。1950 年，中共中央决定出版《毛泽东选集》，负责主持编辑工作的毛泽东以《中国青年》版为底本，对《分析》进行修改。毛泽东对原稿中个别表述不够准确、科学的用语进一步做了修改。此外，毛泽东还删去了原文对知识分子、流氓无产者的论述，修改后的《分析》作为党的历史文献，补编入 1951 年 2 月编订的《六大以前》文献集，于 1951 年 5 月由中央办公厅出版。（四）第四次系统性修改。《六大以前》重印本编订后，《毛泽东选集》的编辑工作仍在继续。毛泽东反复斟酌，除对《分析》做了较大修改和补充外，还亲自加写题注，录入《毛泽东选集》第一卷，并作为开篇之作出版发行。《毛泽东选集》版的《分析》文本，应该是新中国成立以后的成熟经典版本。此后凡是收录此文的各种版次的毛泽东著作集和单行本，均按照《毛泽东选集》版出版发行。

三、从《分析》内容修改看毛泽东的思考变化。第一，反映在“策略问题”还是“首要问题”等的思考上有重要变化：对 1926 年《中国农民》版（以下简称“《农民》版”）与 1926 年《中国青年》版（以下简称“《青年》版”）的校勘。一是从“策略问题”到“首要问题”的转变。二是对社会各阶级和革命特性的认识更清晰、表述更准确。从两个版本对比可以看出，毛泽东对“首要问题”的认识在很短时间内就有了质的提高，而对中国社会各阶级的认识、分析则是不断深化的。第二，反映在“革命的首要问题”定位上有战略性提升：对 1951 年人民出版社出版的《毛泽东选集》(以下简称“《选集》版”)与“《青年》版”的校勘。“《选集》版”文本中毛泽东进行了精雕细琢的修改，具体修改如下：一是在分析“首要问题”和各阶级状况上更加准确和精炼。首先，删除一些绝对化的论述。其次，根据时代变化作出相应文字处理。二是在理论分析上更具有科学性和说服力。首先，进一步分清各阶级的轻重。其次，突出工业无产阶级的领导权。三是对中国社会各阶级的划分做了更准确的归类。首先，原来属于同一个阶级的，修改后分列为不同阶级。其次，对“知识阶级”的认识有了新变化。最后，对“真正的朋友有多少”等判断有了变化。

当然，也应该看到，《分析》从 1925 年 12 月面世，到 1951 年收入《毛泽东选集》，尽管进行了四次修改，但文章精髓一以贯之，只是在一些提法和具体问题的论述上更加准确、清晰。而“《选集》版”的修改则更加体现出作者思想的变化。四个版本相比，“《选集》版”更为全面系统，内容更具理论性，论述更具“经典性”。这与客观实际的发展相吻合。从 1925 年到 1951 年，中国共产党历经了 20 多年革命运动的考验，在长期革命斗争中毛泽东吸取了大量的经验教训，对中国社会各个阶级的认识不断深化，所以对《分析》从思想内容、文字、表述进行了精雕细琢的修改，对部分文本内容进行了重新建构。从《分析》的变化也可以看出，毛泽东自大革命时期起就代表了我们党一切从实际出发的正确路线，毛泽东思想是不断发展并逐步走向成熟的。

摘自《毛泽东邓小平理论研究》2022 年第 5 期，邹卫绍

上海大学团组织与青年运动(1923—1927)

上海是中国第一个青年团组织的诞生地，1920 年 8 月，由俞秀松、施存统等发起创建，时称上海社会主义青年团，其后在北京、武汉、长沙、广州等地也先后建立了团组织。1920 年 11 月，以上海的团组织为基础，成立了中国社会主义青年团，次年 4 月，设青年团临时中央局。在团组织早期发展过程中，“上海青年团力量最强，发展最快”，是全国最主要的地方团组织。在早期上海团组织之

中，上海大学团组织又是表现最突出的基层组织，是青年团上海地方执行委员会（以下简称“上海执委”）直接领导的核心力量。

一、组织规模与受重视程度。上海的团组织根据党的指示精神积极开展组织建设和青年运动，努力助推大革命时代的步伐。第一次全国团代会召开后不久，上海团组织便成立了上海执委来统一领导，上海执委曾酝酿成立上海大学团支部，可是直到1923年9月23日由张秋人、张其雄等组成的新执委主事，上海大学团支部才告成立。由于现有史料的局限，只能从团员人数的变化来看早期上海大学团组织规模的发展。据记载，1924年全上海共有9个团支部，160名团员，其中上海大学团员49名，占团员总数的30.6％，可见当时上海大学团支部是一个团员较多、规模较大的支部。1925年9月，上海大学学生团员69人，比1924年增长了41％，占1925年全市学生团员总数的33％。10月，全市团员增加到767人，其中学生团员208人，而208人中上海大学占103人。11月，上海大学团员数再上升为124人。根据以上数据，此时上海地区学生团员数上海大学占据其一半，上海地区团员总数中上海大学占据其16％，可见当时上海大学团支部是全市11个学校支部中人数最多、规模最大的一个支部，上海大学团组织是上海地区相当有实力的基层组织。1925年11月，上海执委重新调适组织建制，决定按区域划分，设9个团部委，所有支部一级组织均归属部委，唯校居闸北的上海大学团支部改称“特别支部”（以下简称“上大特支”），不归属闸北“地方指挥”，仍由上海执委直接领导，上海大学团组织的特殊性由此可见一斑。

二、青年运动先锋和在运动中成长。上海大学团组织不仅自身发展较快较好，而且始终根据党的精神，服从上级指示，积极投入青年运动，助推“大革命”发展，在青年运动中表现突出。无论在校内还是在社会上，上海大学团员都充当青年运动的先锋，直到1927年学校被国民党当局查封，他们才转移阵地，分散到全国各地。在此过程中，上海大学许多青年人才脱颖而出，最后成为党团组织的骨干分子，并成为时代的英雄人物，如上海大学青年团“特别支部”书记阳翰笙和上海大学学生、共青团上海执委组织部主任何秉彝等。除了中国共产党和青年团的重要人物推动上海大学团组织开展的青年运动，更多的还是上海大学团组织和青年团员，他们中涌现出了很多优秀的团员。在不断开展青年运动的过程中，上海大学团组织起到了教育者和行动者的作用，教育和行动相辅相成，互相影响，促进了一批批党团干部的锻炼和成长。

三、在新学联中的领导作用。上海大学团组织及其团员在学总和学联中也表现突出，担任着重要角色，发挥了重要作用。在五卅运动前，青年团逐步建立起联动机制，在“学总—学联—学生团体”上下联动的运行机制中，上海大学团组织走在前列。一是上海大学团支部和团员在上海学联中积极活动，改变学联的组织形式，使得上海学生联合会向有利于青年团和青年运动的方向转变。二是学联改组后，上海大学团组织积极动员团员参与，推动了上海学联对青年运动的进一步开展，直至出现五卅运动的高潮。

四、团组织如何做好“群众化”。中共四大提出建设群众党的任务和要求，上海大学团组织积极贯彻中共四大路线方针，认识到中共与群众连接的关键就在于“党团”，中共和青年团要使各青年团体、青年学生团结在自己周围，以更顺畅地与工人、学生、商人接触，了解群众的呼声，实现中共群众性政党的转变。上海大学团组织所指挥的青年社会团体数量多，范围大，类型广，上大特支在这一阶段通过创立和领导各类青年社会团体展开活动，密切了与群众的关系，也发挥这些青年社会团体的作用，如四川青年社创办《四川青年》，湘社发表《欢迎国民革命军入湘》，上海大学艺术社的联谊活动等等。上海大学的党团员还到沪西工人集中区办工人补习班，与工人建立感情，后又扩大为工人补习学校，1924年夏，在此基础上成立了沪西工友俱乐部。一定程度上说，五卅运动的爆发是中共、青年团领导下的上海青年运动蓬勃开展的结果，同时它又将青年运动推向了那个时候的高峰，其中上海大学团组织不懈耕耘，功不可没。

上海大学团组织在青年运动中扮演了重要角色，发挥了重要作用。上海大学本身就有着浓厚的革命氛围，上海大学教师传播马克思主义社会进步思想，上海大学团员在思想教育和青年运动实践中有其独特性。自上海大学团支部成立后，上海大学团组织接受党的领导，服从和配合团上海执委工作，不仅在校内举办各种活动，吸引和动员青年学生，推动青年运动的开展，而且积极走上街头，冲在反帝爱国的第一线，不惜流血牺牲。其次，上海大学团组织为中共、青年团和社会各界输送许多优秀的青年人才，上海大学的团员曾占全校学生的三分之一，其中不少在国共合作时期以个人名义加入了国民党，为国共合作的实践贡献了力量，但他们的信仰始终不改。最后，上海大学团组织通过办刊物和举办讲演等方式，持续不断地宣传革命进步和反帝爱国主张，对唤醒当时社会和动员联系群众产生了积极影响。总之，1923年至1927年上海大学团组织支部为“大革命”发展，为当时青年运动的推动和开展，作出了不可磨灭的历史贡献。

摘自《上海大学学报(社会科学版)》2022年第5期，廖大伟、陈骞

20世纪20年代马克思主义理论在地化、日常化和大众化传播谫论

——以上海大学为例

创立于20世纪20年代的上海大学，是一所由国民党人和共产党人合作创办的大学。本着“养成建国人才”的使命，上海大学成为当时上海地区马克思主义理论研究、宣传和实践的重要阵地之一。邓中夏等早期共产党人不仅在上海大学建立了传播马克思主义理论的基层组织，更将对马克思主义理论的教育融入了课程体系尤其是社会学系的课程建设之中。借助上海刊物发行和学术研究相对宽松的环境，利用一切条件凝聚革命力量，壮大组织规模，为“到工人中去”储备了大批学生骨干。中共在上海大学传播马克思主义理论的实践既为马克思主义政党联合群众力量发动无产阶级革命提供重要保障，也是马克思主义理论从“精英”推崇的学说走向在地化、日常化和大众化的过程。

组织与力量：上海大学马克思主义理论传播的在地化呈现。1923年初“京汉铁路工人大罢工”失败后，全国工人运动陷入低潮，党中央更是意识到了培植革命力量的紧迫性和必要性。在中国共产党第三次全国代表大会的报告中，陈独秀直言上海的宣传工作要“更加注意”，“上海的工业最发达和最先进。可是那里的工人组织却很落后，开展运动很费力”。中共三大结束后，上海地委兼区委随即进行了委员会委员的改选，并召开了上海地委兼区委第一次会议。从1923年上海地委兼区委会议的主要内容来看，对理论教育的看重不仅体现在组内的学习上，上海地委兼区委更是要求同志积极深入工人群众之中展开理论教育，如设立劳动夜班、开展大会演说、联合社会主义青年团开办夜校等等。党的组织布局一方面力图全力配合“党的三大”的要求和国民运动需要，扎根劳工、妇女、学生、商人和农民群体；另一方面借由国民运动的组织布局，党也将其革命思想和革命理论传递到了不同群体之中。其中，上海大学成为共产党向青年群体传播理论、培养党的青年骨干、发展组织力量的重要阵地。1922年10月，东南高等专科师范学校正式改组为上海大学，由国民党成员于右任担任校长。这一时期，正是中国共产党酝酿和国民党建立以孙中山为首的统一战线时期。在中共上海地方组织的讨论下，决定“把上海大学作为党的干部学校”，因而李大钊便推荐了擅长工人运动的邓中夏赴上海大学担任总务长一职。邓中夏来到上海大学后，聘请了众多革命骨干和进步学者来校任教，上海地委兼区委更

设立了“上大组”方便居住在上海大学周边的党员同志定期联络，精进理论素养。在邓中夏等共产党人的全力推进下，此时的中国共产党已经组建了在上海大学传播马克思主义理论的队伍力量。与此同时，除了向上海大学输送组织人才外，上海地委兼区委在上海大学还建立了一个固定的理论教育宣传组织——社会问题研究会。因而，在中共早期领导人的影响下，越来越多的青年学子选择加入社会主义青年团，团的工作也如火如荼地展开。在社会主义青年团的带领下，这一批青年骨干成为当时马克思主义理论传播的中坚力量，被组织秘密分配到了全国学生总会、上海市学联、妇女团体、学生社团等各个组织，担负着传播马克思主义、发展革命力量的重任。

引介与对话：上海大学马克思主义理论传播的日常化展开。在1923年至1926年上海地委兼区委的相关文件里，对马克思主义理论的日常性教育不仅成为组内党员的常规活动，更作为一项基本的宣传工作和宣传策略被确定下来，主要包括四个方面的内容：一是组内同志的理论学习；二是工人同志训练班、平民夜校和子弟学校的工作；三是重要事件及其政治宣传活动，主要采取讲演、墙报、分发小册子、传单等方式；四是进步刊物的日常印行等。在这些日常化的理论宣传中，对青年群体的理论教育主要以课程和讲座的形式展开。邓中夏和瞿秋白来到上海大学后，便积极筹划学系的拓展和课程的设计，尤其是社会学系的创办及其课程的安排可谓独树一帜。从当时社会学系的课程安排和教材编写、使用来看，上课采用的很多教材都是教授亲自编写的，这些课程和教材的编写与当时中央颁布的《教育宣传委员会组织法》中“函授部”暂设的“经济学及社会进化史”“社会学及唯物史观”“社会思想及运动史，社会问题”“国际政治及帝国主义”的四门课程是有直接联系的。尽管党的早期领导人、革命家和先进知识分子组成了上海大学马克思主义理论教育的主体，但若要进一步让学生将课程上学到的书本知识转化为革命的目标，还需通过如常规演讲、特别演讲和不定期举办的夏令讲习会等非正式的社会课程。这些公开性的演讲，在演讲的主题和主讲人的身份选择上具有一定指向性，这也为共产党更快筛选、召集志同道合者提供了渠道。与此同时，上海大学还充分利用假期时间举办夏令讲学会。从彼时讲座的构成来看，常规讲座、特别讲座、夏令讲学会规模日趋增大，影响力也逐步从上海大学的校内延展到整个上海直至周边区域。正是在这些“不那么正式”的空间里，马克思主义理论得到了极大的传播。

动员与实践：上海大学马克思主义理论传播的大众化延伸。马克思主义理论教育想要深入群众，就必须用群众能听懂的语言和方式。当时，无论是课程还是讲座，受众面均是有限的，不可能涵盖国民运动的全部群体。尤其对于工人和农民而言，这样的宣传教育所起的作用是微乎其微的。在 1922 年 5 月《先驱》第八号刊登的《中国社会主义青年团与中国各团体的关系之议决案》中，“工人教育”和社会主义青年团的使命联系了起来。在中国共产党的领导下，上海大学不仅孕育了理论传播的组织基础和骨干队伍，更培养了一批践行理论的青年力量。上海大学学生在推进马克思主义理论传播从学校走向社会、走向大众中发挥了重要的作用。1923 年，在无锡工人夜校的组织上，中共早期领导人就已尝试在实践中发挥社会主义青年团(S. Y.)的作用。特别指出的是，通过中国共产党和社会主义青年团的组织领导，上海大学的学生们也在革命理想和实践斗争中不断精进了对马克思主义理论的认识，并在与工人群体的接触中坚定了献身共产主义的信仰，形成了理论学习、理论传播和革命骨干力量发展培育融促互进的良性循环，大大推动了马克思主义理论的在地化、日常化和大众化传播，更为之后的五卅运动积攒了革命力量。马克思主义理论也得以在声声呼告中进入工人、妇女、农民等社会群体的日常生活。

从 1922 年到 1927 年，上海大学虽然仅存在了六个年头，却为马克思主义理论的传播提供了重要支持。这所诞生于国共统一战线酝酿时期的大学不仅承继了上海经济、文化发达的条件，更以其高校资源为马克思主义理论传播培养了大批理论骨干。中共早期领导人基于所在地区、机构的现有基础，把理论传播和发展组织力量、开展革命实践相结合，将校园的传播空间延伸至街头，将接受理论教育的进步学生发展成为理论传播的骨干力量，形成了“以理服人——以理塑人——以人传理”的良性循环，打通了马克思主义理论在共产党领导下经由社会主义青年团、进步学生向工人群体传播的渠道，极大推动了马克思主义理论的在地化、日常化和大众化传播。

摘自《上海大学学报(社会科学版)》2022 年第 5 期，张青紫矜、高立伟

文化视域中马克思主义的出场语境与思想内嵌(1919—1923)

建党时期，中国共产党运用马克思主义应对中国面临的文化危机，赋予中华优秀传统文化新的生机与活力，为新时代更好地推进中华优秀传统文化创造性转化与创新性发展提供经验借鉴。

一、出场语境：儒家主流思想文化的崩坏。旧有的、笼罩一切社会生活领域的思想体系之解构或崩坏是任何一个代表着全新价值观念体系的新“主义”入场的重要契机，马克思主义进入中国亦是如此。第一，政府政治威权的消解。一是知识分子从以往对政治威权的依从转向痛斥。二是知识分子从以往对政治想象的崇拜转向离散。知识分子在批判社会弊端的同时，早期社会变革的思想悄然而至。第二，儒家经书典籍的祛魅。近代以来知识分子从卷帙浩繁的经史子集中难以找到挽救民族危亡的答案，传统儒家经典的权威性受到质疑。西方著作受到知识分子追捧，中国传统文化思想衍生的文本根基悄然变革。一是知识分子阅读中心由经史子集向西方经典著作转移。二是宣传和解读西方社会思潮的新型报刊备受先进知识分子追捧。三是先进知识分子撰写文章的引文注释中管窥阅读重心的位移。第三，对儒家伦理道德的批判。自五四运动开始，反传统的浪潮此起彼伏，儒家的伦理纲常、价值标准、道德规约等均成为知识分子批判的主要对象，家庭伦理革命基础上的社会革命暗潮涌动。一是家庭伦理的批判。二是尝试构建新的价值标准。

二、马克思主义在文化空场中的“彰显”。儒家道统日渐式微，传统价值观念的没落更是形成了巨大的文化空场，传统文化亟待在与其他思想文化碰撞中激发新的活力。马克思主义基本原理在与各种救亡图存思潮的碰撞冲击中，与中华优秀传统文化相结合，最终为先进知识分子所信赖选择。第一，思想迷茫与困顿中“主义”的介入。建党时期，传统价值规范的影响力与控制力锐减，知识分子的文化认同弱化，终极关怀无所依托，造成其精神上的空虚失落与情绪上的彷徨无助。知识分子思想信念方面呈现一种无序、空场的新样态。探寻新“主义”引导下的价值、信仰与理念成为建党前后中国先进知识分子共同面临的问题。这也成为“主义”进入中国的重要历史语境，更是个体接受与容纳新“主义”的重要契机。第二，社会替代国家成为知识分子关注的中心议题。重建国家政体、建立现代政治党派一度是当时知识分子的重要诉求。然五四运动后，以往知识分子企图通过重建国家政体实现救国、寻求身份象征与政治认同的想法在政府更迭、国家势弱的局势难以扭转的现实中逐渐发生变化。首先，留学知识分子在西方国家中看到了资本主义国家的现实，使得知识分子质疑资本主义制度的先进性。其次，政治革命的现实让知识分子开始质疑政治革命的有效性。最后，社会力量聚合与重构促进“社会”观念的兴起。第三，从“社会”到社会主义的转向。早期知识分子对改造社会的重视促进了马克思主义的传播，为知识分子接受马克思主义奠定了基础。中国传统的历史文化语境为社会主义、马克思主义在中国的传播与被接受奠定了基础。受进化论的影响,社会主义代表着比资本主义更高级别的历史发展方向,逐渐成为一种新的潮流。特别是十月革命以后,“自从共产党在俄国得势以后,西方空气的振动渐次波及了中国,于是‘社会主义’就变成最时髦的东西了”。毛泽东、周恩来、陈独秀等先进知识分子,在对各种社会思潮的比较、践行中接受马克思列宁主义理论,转向了马克思主义阵营。

三、马克思主义在文化场域中的思想重塑。马克思主义与中国优秀传统文化之间本来存在契合因子,其相遇或碰撞过程中自动、自觉颇为重要,但马克思主义要真正被中国共产党所容纳、接受甚至践行,其所开展的自为性的思想塑造亦不容忽视。第一,媒介组织中的思想内嵌。近代以来,报刊从以往的官方体系溢出,成为新兴观念塑造与传播的重要场域。一方面,近代报刊从以往官方价值的输出通道演变成为与官方博弈、监督政府的物化载体,并发挥着思想孵化、同构、聚合的社会功能;另一方面,报人群体为聚合接受新思想的人群营造物理空间,在围绕“马克思主义”“社会主义”展开论证与言说的同时自身容受这些思想。中国共产党在建党初期借助于新型报刊,实现马克思主义话语的内嵌,同时撰写文章与各种错误社会思潮进行辩驳,以言行事,改造着自身的认知。第二,社会学科中的思想内嵌。社会主义进入中国,一开始并不是一个独立性的存在,而是夹杂在各种“主义”之中,并逐渐与社会学建立联系进行思想传播。早期的中国共产党人将社会主义、马克思主义理论内嵌到社会学理论中进行思想传播,塑造青年群体的革命意识。学科的内嵌离不开高校。早期关注马克思主义理论的多是高校的知识精英,使得高校在早期马克思主义大众化中处于“摇篮”和“策源地”的位置。第三,人际网络中的思想内嵌。建党初期的中国共产党人充分利用自身教育背景、人际网络传播马克思主义,塑造青年群体价值体系。一是建党时期中国整个社会结构新旧更替,旧有的人际关系网络尚未解体,传统的血缘、地缘、业缘在思想文化传播中的作用依然强劲。二是以同学、朋友、师长为核心的关系网络开始在思想文化传播过程中彰显自身的力量。三是学会、研究会、书社、团体等新型知识分子网络成为马克思主义进入中国文化场域的重要中介。

摘自《社会主义研究》2022年第5期,陈红娟、林飞

梁启超与革命党人关于社会主义论战的再认识

1905—1907 年间，梁启超与革命党人分别以《新民丛报》与《民报》为阵地，围绕着“中国民族前途的问题”展开了一场激烈的思想大论战。这次论战，诚如美国学者伯纳尔所说，以民族政策、政治方针为起点，而落脚到社会政策的争论上。也就是说，论战最终归结到与社会主义相关的论题上。

1903 年 10 月，游历新大陆返抵日本后的梁启超，突然发出了“梦俄罗斯”而“别共和”的主张，继之又公开宣告与鼓吹“专以兵力向于中央政府”的“狭义革命”者分道扬镳。以此为标志，梁启超完全放弃了庚子勤王时期所深信的“革命排满”以及“两党合作”的主张。《民报》创刊号在公开提出“三民主义”的同时，所刊载的《论中国宜改创民主政体》《中国革命史论》等文，或从学理或从事迹上攻击梁启超在《新民丛报》上所刊发的政论及其主张。鉴于此，梁启超于《新民丛报》第 73 号开始发表《开明专制论》长文进行回应。

论战焦点之一：社会革命产生的原因。从梁启超文章论述可知：第一，梁启超在情感上并不排斥社会主义，其主观目的是要采社会主义精神以消解“将来社会革命之祸”在中国的发生，这换成《〈民报〉发刊词》中的话说，就是防止中国“第二次之革命”的爆发。这一点，《民报》与《新民丛报》有着异曲同工之妙。第二，梁启超的核心观点就是批判《民报》的“举政治革命、社会革命毕其功于一役”的设想，而批判的矛头直指革命党人所主张的土地国有政策；而这又是以他对社会革命及其条件的理解为前提的。在革命党人看来，“社会经济组织之不完全”亦是社会革命爆发的原因，且认为“今日一般社会革命原因中最普遍而可以之代表一切者，则放任竞争，绝对承认私有财产权之制度也”，因为“富者益富，贫者益贫”只是“放任竞争，绝对承认私有财产权之制度”所造成的结果而不是原因。然而，“富者益富，贫者益贫”的两极分化现象，归根结底是由资本主义的基本矛盾所决定的，换句话说，探究生产社会化与生产资料的资本主义私人占有之间的矛盾，才是双方解答“社会经济组织之不完全”的根本所在。梁启超似曾触摸到生产社会化的脉搏，在此基础上，再加上革命党人的“绝对承认私有财产权”，得出资本主义的基本矛盾似乎只有一步之遥，但论战双方却是简单的将贫富两极分化产生的原因归结到政府与市场的关系上。

论战焦点之二：什么是社会主义。论战双方对“什么是社会主义”以及“社会主义是否适合中国”的争论，是在两个不同层面上展开的，但又交织在一起。前者针对的是资本主义发展一般，侧重理论探讨；后者则是针对中国现实及其急迫改变的生存环境。梁启超对社会主义的认知：尽管梁启超没有专门译介社会主义的文献，但从经济、政治、文化三个视域去接受和诠释社会主义，表明在对社会主义的认知上，他确是时人中的佼佼者。此后在其诸多著述中，梁启超不仅多次提及马克思，而且进一步阐释了他对社会主义的认知。综观这些文献可知，尽管对马克思学派的社会主义观没有直接的表述，但字里行间却又透露出了一些表征。革命党人对社会主义的译介和认知：《民报》刊载文章内容涉及俄国民粹主义、无政府主义和社会主义等，其动机则是为了驳斥“保皇党藉[借]以诋革命党所主张为无政府主义而欲以惑人”，从而阐释其革命主张的正当性和合法性。不过，在所刊文献提及马克思主义经典创始人的段落中，仍旧可以发现，革命党人对“什么是社会主义”的认知，与梁启超的概括极其类似，且意识到了实现社会主义的物质力量——工人阶级及其手段——阶级斗争。

论战焦点之三：社会主义是否适合中国。论战发生前，双方对“什么是社会主义”的认知，非常接近马克思学派社会主义学说关于未来新社会要实行生产资料归社会所有的主张。但这一正确的认识，却被梁启超称为“极端之社会主义”或“圆满之社会革命”，革命党人亦称为“极端之民生主义”或“纯粹共产主义”。论战双方均认为这种社会主义，不仅在当时的中国不能实现，而且即便在欧美所谓的文明国家也难以实现。由是，国家社会主义或国家民生主义成为双方关注的焦点，但双方对国家社会主义的理解却不在一个平台上。革命党人所主张的国家社会主义是建立在土地国有这一前提基础之上的，但同时也暴露了革命党人对科学社会主义学说的一知半解。梁氏在情感上并不排斥社会主义，也没有走上彻底否定社会主义的立场。毋宁说，正是基于现实经验的观察和思考，他才盛赞国家社会主义。不过，梁启超笔下的“国家社会主义”与革命党人所诠释的“国家民生主义”，在内容上并不完全等同。

论战焦点之四：社会革命论的精神。针对资本主义生产方式所造成的贫富两极分化这一事实，论战双方均以“分配趋均”为社会革命论的目的，但由于没有深入探究劳动价值论及相关问题，论战双方在价值创造和价值分配问题上均陷入了庸俗经济学“三位一体”公式的泥潭中。

这场社会主义论战，透过“富者益富，贫者益贫”这一社会现象，双方均认可和接受了社会主义学说的合理性，但没有对资本主义生产的无政府状态进行考察和分析。由是,论战双方均将贫富两极分化现象产生的原因归结到市场上的放任竞争,且希冀通过国家社会主义来实现"分配趋均"的价值追求。这是论战得以发生的前提。但是,国家社会主义,正如恩格斯所指出的,是"无产阶级社会主义的一种幼稚病",在理论上是反动的。对之,梁启超将之定位为"社会改良主义派",是准确的;而革命党人却将之作为奋斗目标。这就引申出双方对社会主义学理探究的深层次问题。尽管从"分配趋均"的主观愿望出发,论战双方均认可了生产资料公诸社会才是理想的状况,但又都草率地赋予其以"极端""圆满""纯粹"等修饰词而加以舍弃!究其深层次原因,并非仅仅是认识到中国不具备实行社会主义的前提条件那样简单,透过论战双方的文本,可以发现,在不了解马克思主义国家学说的情况下,双方均将社会主义与共产主义做了简单的难易划分,也就无法区分马克思主义的"社会所有"与"国家所有"或"政府所有"的内在逻辑关系及其边界,并将"社会所有"这一桂冠戴到了无政府主义的头上。这一误读,为共产主义与无政府主义相结合创造了条件,稍后《天义》《新世纪》的先后创刊及其宣传无政府主义并引发相应的论战,就清楚表明了这一点。

摘自《社会主义研究》2022 年第 5 期,鲁法群

马克思主义伦理思想的中国化生成

——以毛泽东早期伦理思想的转变与探索为中心的考察

马克思主义伦理思想是马克思主义创立者、信仰者、研究者对伦理道德问题的理解和反思,是通过马克思主义的基本立场、观点和方法对人类社会展开的规范性批判和考察。在中国,毛泽东的伦理思想堪称马克思主义伦理思想中国化的典范。通过对其早期思想和实践的考察,可以发现,他的伦理观念经历了从传统伦理观、改良主义伦理观、民主主义伦理观向马克思主义伦理观的转变过程,其伦理思想经历了从救国伦理思想的萌发、新民伦理思想的提出、伦理改造思想的转向到社会变革思想形成的探索过程。

一、传统伦理观教育与救国伦理思想的萌发。受家庭熏陶与私塾教育的影响,毛泽东最初接受的是中国传统伦理观教育,尤其是儒家伦理教育。对修身蒙学、"四书五经"以及其他中国典籍的系统学习,为毛泽东伦理思想的中华文化基因奠定了基础,也使得毛泽东对于中国传统价值观甚为熟悉。然而,真正开阔毛泽东视野的,却是"新学"的学习与"新书"的阅读。1910 年,他到当地秀

才毛麓钟家所读的私塾,就属于一所中西合璧式的新式私塾。在那里,他既学习《纲鉴类纂》《史记》《汉书》等古籍,也读一些时论和新书。其中,讨论西学新法、主张"主以中学,辅以西学"的《盛世危言》以及介绍列强侵占瓜分我国的《列强瓜分之危险》等小册子对毛泽东产生了巨大的影响,使其萌发出爱国救国的伦理情怀。与此同时,1910 年 4 月的"长沙饥民暴动"也深刻影响和触动了毛泽东。农民出身的毛泽东,怀着朴素的阶级情感,对走投无路而被迫造反的饥民遭遇清朝统治者和帝国主义的残酷屠杀痛感不平。由此,为贫苦农民翻身求解放的思想日益在毛泽东心中酝酿,并成为其日后投身革命的重要动力之一。

二、改良主义伦理观与新民伦理思想的提出。中国近代的改良主义伦理观兴起于 19 世纪 70 年代,至戊戌变法达到顶峰。它反映了以康有为、梁启超为代表的维新派的伦理学说与价值观念,其主要特征在于:一是强调伦理道德对变法图强的重要作用。二是倡导维新改良与作新民。三是宣扬资产阶级伦理价值观与西方现代伦理思想。四是抨击封建伦理道德。维新派翻译书籍、创办报刊,抨击封建思想,主张开放言论、学习西方科学、开办新式学堂、废除八股文、推动维新变法、倡导与中国传统伦理不同的价值标准与伦理观念。他们掀起的改良主义思潮,对中国近代社会以及包括毛泽东等在内的知识群体产生了重大影响。在维新变法思潮的影响下,经由从乡村私塾到县城新学堂的教育转变以及从经书咏读到"新学"学习的视野开拓,毛泽东的伦理观逐渐从传统伦理转向了改良主义。新民伦理思想的提出,是毛泽东伦理观转向改良主义的集中表现。概括起来,主要包括如下三方面的内容:一是新民是救国强国之根本。二是新民的造就需要有伦理革命者和教育者的出现。三是未来的新民社会是一个君主立宪与"大同世界"的社会。

三、民主主义伦理观与伦理改造思想的转向。1911 年爆发的辛亥革命拉开了中国近代民族民主革命的序幕,极大地促进了中华民族的思想解放,撼动了封建反动统治的秩序根基,深刻推动了中国社会变革。在伦理观念方面,形成了民主主义伦理观。在本质上,这种观念反映的是 19 世纪末 20 世纪初期以孙中山和黄兴等为代表的资产阶级民主派的伦理学说与价值观点,其特征在于:一是强调伦理道德精神对民主革命的重要作用;二是主张民族、民权、民生的三民主义。通过辛亥革命的洗礼、接受现代思想文化的教育与个人的积极实践探索,毛泽东的一些基本的道德观念和政治思想在这个时期开始形成。就其伦理思想而言,则明显地体现在他对伦理知识及其社会价值的自觉反思上。在那个时期撰写的《〈伦理学原理〉批注》等文献中，毛泽东从多个方面阐释了他对伦理学及其社会改造功能的看法，从而部分地反映出他此时的伦理观念对于民主主义的承认与发展。概括起来，主要包括以下三方面的内容：一是承认伦理学是一门道德经验科学并具有极强的实践性与现实性。二是承认要从改造伦理道德等角度，彻底“变换全国之思想”。三是承认社会伦理改造的重点在于以“个人主义”与“现实主义”伦理破除封建主义的“三纲五常”。

四、马克思主义伦理观与社会变革思想的形成。十月革命一声炮响，给中国送来了马克思列宁主义。以李大钊和陈独秀等为代表的中国先进知识分子通过发表介绍马克思主义的文章、翻译马克思主义著作、组织马克思主义的宣传与研究团体，并使马克思主义与中国工人运动相结合，极大地促进了马克思主义在中国的传播。这也使得包括毛泽东在内的知识分子以及广大革命者逐渐抛弃实验主义、无政府主义、新村主义、基尔特社会主义、国家社会主义等众多流行学说，最终选择和接受了马克思主义。在这样的背景下，马克思主义的伦理学说也相应地得到了中国先进知识分子的关注和研究，逐渐成为其思想武器，其主要特征如下：一是强调伦理道德对救国救民的至关重要性。二是宣传展示马克思主义伦理思想的解释力。三是反对旧道德与提倡新道德。新文化运动和五四运动的一波波浪潮，对毛泽东的思想世界产生了重要的影响，使他成为一名坚定的马克思主义者，其伦理观念也最终转向马克思主义的立场。其中，经由民众的联合革命而实现社会制度的彻底变革，这一思想的提出标志着毛泽东的伦理思想向马克思主义的全面转变。总体来说，主要包括如下三方面内容：一是中国社会制度的变革与中国社会问题的解决，唯一的选择就是接受马克思主义唯物史观，走共产主义道路。二是实现社会制度的变革与社会革命的成功，关键在于民众的大联合。三是社会制度的变革必须包括对旧式家庭与婚姻制度的破除。

毛泽东早期伦理观念的转变与伦理思想的探索，从一个典型的个案中，反映出马克思主义特别是马克思主义伦理思想在中国是如何被接受从而生成出特定的本土形态的。这种接受和生成的历史过程，不仅体现出马克思主义所蕴含的伦理要求和伦理取向，还通过一种现代社会理论形态，激活了中国先进分子的家国情怀和人民立场，并为之提供了科学的解释和论证。其中，毛泽东早期伦理观的转变与伦理思想的探索为马克思主义伦理思想的中国化生成奠定了坚实的基础。秉承这种在早期伦理观转变与伦理思想探索过程中形成的独特伦理精神，毛泽东在随后的新民主主义革命与社会主义革命和建设中，结合中国实际，创造性地发展了马克思主义伦理思想，形成了毛泽东伦理思想。具体来讲，通过考察毛泽东早期伦理观念的转变与伦理思想的探索，所发现的蕴含和体现在毛泽东一生之中的伦理精神的雏形，主要表现在以下几个方面：一是救国救民与民富国强的爱国精神。二是追寻真理与坚守信仰的探索精神。三是理论与实践相结合的求是精神。

摘自《思想教育研究》2022 年第 5 期，李义天、孔希宇

中国共产党早期发展策略转换与群众性政党的成长

1921—1927 年，中国共产党迅速崛起，党员由中共一大时的 50 余人发展至中共五大时的 5.79 万人，团员由最初的 2000 余人发展至 3.76 万人，成为决定中国政治走向的关键力量。中国共产党建党初始因执行质量优先策略而发展缓慢，到 1925 年 1 月仅有 994 名党员，之后改为数量优先策略而实现快速发展。针对大发展后党员质量下降问题，中国共产党秉持布尔什维克化的“造党”理念改造组织，成为其真正变强的关键。

一、质量优先发展策略及其困境。建党初期，组织发展缓慢与建立强大群众性政党目标的错位是中国共产党面临的最大组织问题。中国共产党在创立之初即努力发展党员以扩大组织，但其发展却存在悖论。中国共产党立志建立集中统一组织，要求党员服从铁的纪律执行质量优先策略，吸收成员数量以“内部教育能力为限”；多数地方的负责人认为如只求数量会“使党的组织更加松懈”。中国共产党要求加入者须认同共产主义和党纲，制定了严格的入党登记制度。当然，中国共产党在吸收各类成员时不乏弹性，如中国共产党对申请入党的知识分子审核并不严格等。即便如此，中国共产党的发展并不如人意。在中国共产党早期，青年团党化的现象明显。加入青年团的人数相对较多，但增速同样缓慢，地方团员规模非常不稳定，团员质量同样堪忧。1921 年，共产国际大力推动中国共产党参与国共合作。后者亦将主要精力用于国共合作，一些党员担任国民党的重要职务。在获得影响力的同时，中国共产党亦出现忽视自身工作的问题，部分党员在兼任国民党员的身份中迷失。建党初期，入党程序、党和团的内部竞争、发展路径都影响党组织扩大。建党以来，中国共产党形成以师生、同学、同乡等熟人关系发展组织的传统，具有较大封闭性。中国共产党希

望建立以工人为主体的群众性政党，不过工人入党人数较少。由于新加入者仍以知识分子为主，组织规模增速缓慢。质量优先策略隐含中国共产党先锻造合格的党再完成革命之设计，但快速发展的革命形势使其感到时不我待。五卅运动之时，中国共产党人手十分缺乏，党员在工作上往往顾此失彼。建立群众性政党，已成为中国共产党的紧要任务。

二、推行数量优先策略以实现快速发展。在中国共产党内，很早就有积极扩大组织规模的呼声。1924 年 5 月，中国共产党扩大执行委员首次明确数量的重要性。1925 年 1 月，中共四大提出“组织问题为吾党和发展之一个最重要的问题”，应努力吸收无产阶级先进分子、革命的小手工业者和知识分子、有觉悟的农民入党。不过，仍有人想通过质量优先策略实现量的发展，中共中央则坚定推行数量优先策略，于 1925 年 10 月指出，质量优先“这一错误观念乃是党的群众化之唯一障碍”。中国共产党通过以下方法发展组织：首先，放宽入党标准，采用各种方法主动吸收党员。借助纪念日、政治运动和党团员宣教是中国共产党发展党员的常用方法。其次，疏通团员转党员渠道，实现以党为主、分道发展。中国共产党多次降低团员最高年龄。再次，开拓新地区，已有组织地区扩大党员增量。最后，量化分配指标，推动发展党员竞争。中共中央努力推动区域之间的发展竞争。在积极落实中央指标的过程中，地方往往还超额发展。各地党组织发展成员的效果显著。经过努力，全党规模快速发展，1925 年 10 月，党员达 3000 余名，是年初四大时的 3 倍。次年 7 月，党员人数达到 1.85 万人。到 1927 年 4 月中共五大召开时，党员人数已达 5.79 万人。推行数量优先策略后，党员构成发生重大改变，工人占 53.8%，农民占 18.7%，两者合占 72.5%；知识分子占比减少至 19.1%。中国共产党已变为以工农为主体的政党，知识分子党员总数也达 1.1 万人。至此，中国共产党已成为全国性大党。

三、大发展之后的新问题及策略调整。数量优先策略是在特殊条件下的产物，许多党员因熟人介绍而仓促入党，缺乏对共产主义和党组织的基本了解，党组织整体质量有所退化。组织发展越快的地区，往往呈现问题越多，沪区如此，湖南、广东、湖北等地亦如此。由于违规吸收党员，党员数量不准确、总量不稳定、质量下降等问题突出。正如坚持质量优先者所担心的，新增同志的素质普遍堪忧：按时交党费者不多，对党缺乏认同和忠诚的问题更为严重，依靠熟人、亲情关系发展成员的情况也未见好转。党员素质不高直接影响支部生活。支部开会情况不佳，会议形式僵化是原因之一。党组织迅速发展后，干部数量和质量未随之增长，工作中形式主义和命令主义盛行，官僚主义也较多出现。干部问题使相当数量的基层组织涣散，故上级往往用简单命令的方法领导下级，基层缺乏主动性，支部问题更为严重。建党初期，中国共产党处在地下状态，革命潮起潮落，党员容易情绪化，缺乏必胜信念。大发展后，这种现象出现普遍化倾向。此外，党员还面临着腐化变质的考验。在具体革命活动中，中国共产党往往会筹措一些经费。部分中下级干部参加活动常常讨要金钱，出现“雇佣劳动化”倾向；还有人贪污活动经费，被称为“揩油”“贪官污吏化”。同时，一些投机分子见有利可图，企图混入党内得到权位。作为具有远大理想的政党，中国共产党不图纸面的强大，更不允许组织涣散、党员质量不高的情况大面积地持续出现。随后，中国共产党探索数量和质量的平衡发展之路。不过，中国共产党在整体上并未改变数量优先的党员发展策略。

第四，组织改造与效能评估。中国共产党意识到，问题的根本原因在于制度落后于发展，用管理几百人的方法管理几万人已不合时宜。布尔什维克化强调按照严格纪律建立集中统一的组织，故中国共产党在发展组织的同时积极进行组织改造。其一，摸索出一套内外结合的组织模式：梳理组织架构，推行党内民主，在改造支部的同时强化对基层组织的管理。其二，通过淘汰不合格党员、严格纪律等方式提高组织质量。其三，通过训练提升党员干部质量。其四，注意从思想上建党。通过整顿，中国共产党表现出强大的组织力和发展力，领导的外围组织大量增加。当时各国共产党很少像中国共产党这样重视组织工作。大革命失败后，中共党员人数虽减至 1 万余人，仍是中共四大坚持质量优先时的十几倍。联系到白色恐怖严重的客观因素，大革命期间中国共产党转变发展策略的作用不可低估。

1925—1927 年，中国共产党实现快速发展，主要原因在于党改变质量优先发展策略为数量优先，利用各种方法主动吸收成员。中国共产党在建党之初力量弱小，处于被打压的秘密状态，且无多少物质资源，选择数量优先发展策略有其合理性。经过四大以前推行质量优先策略的积淀，中国共产党形成重视党员质量和组织发展的传统。确立数量优先策略后，中国共产党努力清除变质分子，秉持“造党”理念，推动制度和组织文化建设，从而成为最具革命性的力量。中共五大宣称，已建成群众性政党。进入 20 世纪 20 年代，在北洋政府统治逐渐衰微、新政治力量格局重塑过程中，中国共产党的崛起，无论对自身还是国家均有十分重要的历史意义。

摘自《近代史研究》2022 年第 6 期，孙会修

马克思主义在中国早期传播的历史背景、演进历程和著作回顾

马克思主义在中国的早期传播(以下简称“早期传播”)是引领中华民族伟大复兴的思想启蒙,是中国共产党的初心和使命之源,是中国共产主义运动、马克思主义中国化的源头活水和根脉所系。

一、“早期传播”是近代中国在思想领域寻求救亡图存武器的客观需要。鸦片战争以降,独立、腐朽的中国封建帝国在西方列强的炮声中,沦为半殖民地半封建社会。中国自此掀开了民族解放与振兴中华的大幕。先进的中国人开始寻求救亡图存的思想武器以图复兴。正当此时,世界与中国发生的3件大事彻底改变了中国向西方寻求救国道路的走向:一是第一次世界大战。这场帝国主义战争,给人类带来空前的灾难,使中国最先憧憬资本主义的先进人士开始对资本主义感到失望。二是十月革命。十月革命的爆发与苏俄革命的初步胜利,特别是苏俄政府主动向中国人民宣布,放弃沙俄对华的一切不平等条约,极大地唤醒了中国人民。苏俄的榜样清楚地展示了一条使中华民族振兴的新路。三是五四运动。第一次世界大战,中国是战胜国,德国是战败国。德国所攫取的中国山东半岛的权益理应归还中国,但西方列强在巴黎和会上竟将其转给日本,这促使中国人民对资本主义极度愤怒,继而转向对社会主义的无比憧憬。五四运动成为以上两种觉悟汇合的契机,从此中国救亡运动打开了新局。在这个伟大历史转折后,“西学东渐”发生了质的飞跃,马克思主义从各种西学中脱颖而出,使我国近代政治思想发生了前所未有的革命。

二、“早期传播”的三个传播维度。任何事物都存在维度。马克思主义“早期传播”的一个显著的特点,就是传播阶段性维度十分清晰。第一,从1918年11月至1920年5月为自发、自觉的传播维度。此维度参与传播的队伍多元,主要由三部分人士组成:一部分以具有初步共产主义思想的知识分子为主体;一部分国民党人士也是“早期传播”的重要力量;还有一部分非党派进步人士是宣传马克思主义的生力军。此维度中,日本是“早期传播”的主渠道,传播的中译著述的底本几乎均来自日文版,其中河上肇、山川均等社会主义者影响最大。第二,从1920年6月至1922年6月为中国共产党有组织的传播维度。其中最根本的因素是中国共产党早期组织的成立。1920年6月,陈独秀、李汉俊、施存统、俞秀松、陈公培等5人在上海法租界老渔阳里二号(今南昌路一百弄二号)

《新青年》编辑部成立中国共产党的第一个组织，即后人所称的“中共上海发起组(中共上海早期组织)”。党作出的第一个决定，成立社会主义研究社、新青年社，传播马克思主义。此阶段维度的主要标志从杂志角度而言，就是《新青年》的转型。此阶段维度的主要标志从著作角度而言，是中译全本《共产党宣言》的面世。此维度下苏俄、苏联成了“早期传播”的主渠道，传播译著的底本逐渐由日文转向英文、俄文，俄文逐渐成为传播的主要外文语种。第三，从 1922 年 7 月至 1927 年 7 月为早期马克思主义中国化的维度。何时为“中国化”的肇始，学界仁智相见，笔者持“中国共产党二大说”。中国共产党诞生，是中国革命开天辟地的大事件，但中共一大制定的“无产阶级革命”总战略却脱离中国实际。1922 年 7 月举行的中共二大，在列宁东方革命理论指导下，第一次明确了中国半殖民地半封建社会的特殊性质，据此制定了中国革命分两步走的战略，标志着党开始走上了真正意义的结合道路。

三、“早期传播”的著作概况。“早期传播”中形成的著作，是“早期传播”最重要的文化载体；原创的马克思主义中文文本，是“中国化”最初的重要成果。这些著作浓缩了“早期传播”与早期“中国化”的图景，也就是说，通过对著作的考察，可以基本上把握“早期传播”与早期“中国化”的发展阶段、内容、特点等。笔者开展了“早期传播”著作的搜集、整理工作。经过 40 多年的努力，涉足海内外，穷搜到了 250 多种社会主义、马克思主义的“早期传播”著作文本。这些文本分为四大类：第一类是马克思、恩格斯、列宁经典著作的中译本，有 15 种。第二类是国外政治家、理论家、学者对马克思列宁主义诠释本的中译本，有 100 种以上。第三类是国内政治家、理论家、学者对马克思列宁主义诠释本，共找到 60 多种。其中有不少珍本，可惜多半被历史尘埃埋没了，以致当代读者知之甚少。第四类是中国共产党与进步人士运用马克思主义与国情相结合的著作。从中共创建至大革命时期，共产党人全力以赴运用马克思主义探索救国出路，出版了一大批政治读物。这批著作体现了马克思主义传播的目的与归宿，彰显了马克思主义的生命力，是“中国化”第一批理论成果，满载中国共产党人最初的集体智慧。笔者团队共找到了 40 余种。

摘自《决策与信息》2022 年第 5 期，田子渝、徐方平、马建强

自然辩证法思想早期在华传播路径

——以《自然辩证法》两部导读译本为考察对象

自然辩证法在中国早期的传播，是以恩格斯《自然辩证法》翻译与自主学习为核心而开展的。本文之所以指出恩格斯思考自然辩证法的立足点在自然科学而不是哲学，在于说明目前关于早期《自然辩证法》译本研究中一个被忽略的领域，即以自然科学与辩证法命名的译本，其中部分译本由日文转译而来。与杜畏之由德文、陆一远从俄文翻译《自然辩证法》不同，经过日本马克思主义者和科学家加工转译的传播路径可以视为自然辩证法早期在华传播的第三条道路，此为本文所要探讨的主题。

一、《唯物辩证法与自然科学》：德波林的解读和日中译本。1873—1876 年间，恩格斯在思考"自然科学的辩证法"问题时写下了大量的思考札记，其中有 94 份札记上标题"自然辩证法（Naturdialektik）"。1925 年，《自然辩证法》第一版以德俄双语出版。《自然辩证法》出版不久，苏联内部展开关于恩格斯思想的论战，其中以 A. 德波林（AbramDeborin，1881—1963）和他的学生们为代表的"辩证论派"与机械派的论战最为知名，最后德波林一派胜出。1926 年德波林在其主持的《在马克思主义旗帜下》杂志上发表《恩格斯和辩证法史》长文，该论文体现了德波林一派对马克思主义体系的全面认识，可视为苏联学者对《自然辩证法》和恩格斯思想的解读之作。1926 年 3 月德文版《在马克思主义旗帜下》杂志第 3 册转载了德波林的文章。同年 8 月，日本共产党左倾学者福本和夫（1894—1983）将此文由德文译成日文，发表在其所主持的《在马克思主义旗帜下》期刊上，译名为《唯物论的辩证法与自然科学》。福本和夫将恩格斯的著作译为《自然辩证法》，这应当是最早出现的"《自然辩证法》"的汉语译名，也是第一部介绍恩格斯自然辩证法思想的日文著作。1927 年 7 月，大山彦一翻译的单行本《唯物论的辩证法与自然科学》由希望阁出版，国内学者以为这是德波林的第一部日译本。事实上，大山彦一在 1926 年 6 月只译完德波林文章的第一部分，全稿在 1927 年 7 月才完成并出版，时间比福本和夫的译本要晚。1929 年 2 月，中共党员、左翼作家林伯修（1889—1961）翻译出版了《唯物辩证法与自然科学》，德波林的著作开始进入中国。通过林伯修的译本，中国读者首次知道了恩格斯的著作——《自然辩证法》和他对辩证法的研究路径。1931 年，广州左翼作家创办的《万人杂志》刊载了德波林著《唯物论的辩证法和自然科学——恩格斯之〈自然之辩证法〉》的长文，作者在中文标题下引用了德文原名，译者中山大学教授何思敬（1896—1968）早年留学日本，所以这还是一篇由日文转译的介绍。

二、《辩证法的自然科学概论》：潘谷神之译本与研究。1930 年，谷神翻译了英国哲学家罗素的《科学中之哲学方法》，他说这是一部了解自然科学研究之方法论的入门级小书："如果读者以登高远瞩为乐事，就可细读恩格斯之《自然之辩证法》及德波林之《辩证法与自然科学》。"1931 年 6 月 20 日，谷神在翻译《自然科学概论》时，再次建议读者读这两部名著。谷神，原名潘善庆（1888—1946），字竹孙，13 岁考取崇安县秀才桂冠，后东渡日本留学，在国岩仓铁道学院土木系深造，同时加入同盟会。民国时期曾当选临时参议会议员和福建省议员。在京参政期间，他结识了李大钊，参加共产党组织的一系列活动，之后加入共产党，但他的党员身份始终不为人知。离开政坛后，他办报笔伐国民党，译书宣传马克思主义思想和自然科学新进展，又以辩证法方法研究《易经》。在中国译介恩格斯"自然辩证法"学说的群体中，潘谷神偏重从学术和方法论的角度阐释恩格斯的"辩证法"思想，而不是政治立场。1935 年出版的《辩证法的自然科学概论》译作，就充分体现了他对恩格斯学术思想的评价。《辩证法的自然科学概论》署名（苏）哥伦斯坦著，潘谷神译，收入"万有文库"，上下册，计 336 页。该书的章节与《自然辩证法》的结构几乎一致。潘谷神称《辩证法的自然科学概论》是"在研究自然辩证法上实为唯一无二的指导书。"这是继德波林《辩证法与自然科学》后，第二部《自然辩证法》的解读之作。1931 年苏联女哲学家果林斯坦（Gornshtein，T. 即哥伦舒坦）以列宁辩证法思想为指导，按《自然辩证法》的结构编写了《恩格斯之自然辩证法》，重新阐释了苏联马克思主义的唯物辩证思想，它是《自然辩证法》的"通俗、体系化的概说"。1933 年相马春雄和大野勤将该书译为日文，命名为《辩证法的自然科学概论》。1933 年 12 月，廖稚鸣等人由日文转译，更名为《自然科学新论——辩证法的自然科学概论》，原著署名（苏）果林斯坦。该译本一度成为上海青年人学习《自然辩证法》的入门书。当时，商务印书馆"知介绍此书为当务之急"，要求潘谷神翻译。潘谷神遂以相马春雄和大野勤的日译版为底本翻译，书名与日文相同，但潘谷神知道哥伦舒坦原书名为《恩格斯之自然辩证法（通俗、体系的概说）》。与廖版不同的是，除了将果林斯坦译为哥伦舒坦，潘谷神还撰写了"译者序"和"译后语"两篇长文来评述，阐释他对恩格斯自然辩证法思想的认识和对哥伦舒坦之作的评判。

三、科学知识传播和对《易经》研究的启示。有别于大多数研究者的认知，潘谷神视恩格斯为著名的“科学的哲学者”，而不是通常宣传的革命家或马克思主义的思想家。潘谷神表示恩格斯的研究结论不容怀疑，他的自然辩证法是“一般自然科学研究者所不可不遵从的指示”。潘谷神在翻译西方科学作品和传播恩格斯自然辩证法思想的同时，尝试以辩证法的方式研究中国哲学和易学。潘谷神的研究方法明显受到恩格斯自然辩证法的启发，而恩格斯和日本科学家对自然科学的哲学思考同样影响着潘谷神的研究路径。毫无疑问，潘谷神是马克思主义者，是自然辩证法思想早期在华的重要传播者和实践者。他在译介恩格斯自然辩证法并将其思想应用于现代科学的研究和指导革命实践中的贡献，几不为人所知，留载史册的潘谷公只是一位“《易经》学家”。

四、被忽视的两个面相。潘谷神是不是一位将马克思主义中国化概念和术语装备应用得熟练、准确和出色的学者，可以从学术史角度作进一步探讨。然而，他是早期的马克思主义理论家，那是毋庸置疑的。潘谷神的出色研究成果并不是表现在政治和哲学层面，而是沉浸在科学思想传播和科学哲学的拓展性研究中，这是我们在自然辩证法早期中国化研究中所忽略的第一个面相。潘谷神接受、传播自然辩证法，并将自然辩证法思想逻辑应用于中国传统哲学的研究，是敬佩于恩格斯对自然科学新发现所作出的前瞻性研究，以及方法论上的突破。深受这位著名的“科学的哲学家”的研究启发，潘谷神以现代科学的技术和数理逻辑方法研究《易经》。他是由自然科学发现所产生新思维和对自然的认识论来解释传统哲学的机理，而不是试图从《易经》论证中国有辩证法的传统，这是自然辩证法早期中国化的重要尝试。苏联德波林的《唯物辩证法与自然科学》和哥伦舒坦(果林斯坦)的《辩证法的自然科学概念》是中国青年人学习和理解《自然辩证法》的主要指导性著作，与“辩证法”和“自然辩证法”译名一样，都是由日本转译而来的，而不是从苏联直接传入的。日本是自然辩证法传入中国的另一个重要路径。林伯修的译本、潘谷神对日译本的批判性分析和接纳，意味着中国人接受恩格斯自然辩证法思想至少经过三层的思想过滤、多种语言的转换，即德文的自然辩证法——俄文阐释——日文翻译——中文批判性解读，证明了这条传播路径并不是简单的知识翻译、挪移和复制，还有知识叠加和知识改造的过程。这是自然辩证法中国化研究中被忽视的第二个面相，可否称为第三条道路呢？

摘自《复旦学报(社会科学版)》2022 年第 5 期，高晞

“成立史”，还是“创建史”？

——石川祯浩《中国共产党成立史》榷谈

日本史学家石川祯浩著《中国共产党成立史》对某些史实的挖掘，能给中国学者的党史研究提供一定的参考，但同时个别观点武断、偏颇，必须予以批驳。他判定中国共产党成立于1920年11月，还以此间存在的“模仿”与“天时、地利、人和”的国际契机认定中国共产党的成立只能以“成立史”而不足以“创建史”论之。石川祯浩的判定可谓武断，态度可谓轻慢。笔者认为，中国共产党的创建阶段应从1920年2月李大钊护送陈独秀去天津，途中二人相约建党之时算起。这个创建过程又可分为：第一，准备期（1920.2—1921.7）；第二，组建期（1921.7—1922.7），以中国共产党第一次全国代表大会为标志；第三，文献完备期（1922.7—1923.7）。在短短两年多的时间里，从“不盲从”到“独立自主”，再到“创造性”的“三级跳”，生动而雄辩地证明：中国共产党有一部堂堂正正的创建史。

一、早期中国共产党人在“相约建党”中凸显的“不盲从”性与自主性。一是围绕“主义”的论争与创建什么样的共产党的认识表现出斗争性与思想的深刻性。二是面对“相约建党”，毛泽东与周恩来的态度彰显了实事求是、决“不盲从”的个性特征。三是中国共产党早期组织创建过程中面对复杂情况所彰显的自主性与创造性。中国共产党创建之前，形形色色的无政府主义组织已十分活跃。中国共产党早期组织创建过程中所面临的复杂情况，还表现在进步青年接受马克思主义的程度参差不齐。同时，来华指导的俄共（布）使者与陈独秀、李大钊等中国共产党早期先进分子关于建党的意见也并不完全一致。在这种背景下，上海共产党即上海“中国共产党发起组”，在成立不到一年的时间里，就成功召开了中国共产党第一次全国代表大会，宣告了中国共产党的成立。上海共产党如此迅速地脱颖而出，无疑彰显了中国共产党通过“自己的努力”自主创建的特征。

二、创建中的中国共产党在与无政府主义的斗争昭示了“自主努力”的创造性。中国共产党一大召开前，维金斯基及其所派人员在北京、上海、广州、汉口等地成立了社会主义青年联盟、社会主义青年团、改造联合等组织，其中无政府主义与马克思主义相混杂的情况很严重。出现这种情况与维金斯基等人在指导思想上不反对无政府主义不无关系。无论在广州，还是在北京，抑或上海，早期的中国共产党人"通过自己的努力",迫使无政府主义者退出,或者说无政府主义者"通过自己的努力",转变为共产主义者。陈独秀、李大钊、毛泽东、周恩来都有这样的经历,为上海组建社会主义青年团发挥重要作用的俞秀松、施存统也不例外。中国共产党在创建过程中批判和反对无政府主义的斗争,是一个重大事件,它证明了中国共产党"是通过自己的努力而完成这一伟业的"。

三、二大的胜利召开奠定了中国共产党作为伟大的创造性政党的根基。如果说反无政府主义的斗争为中国共产党一大的召开奠定了坚实的思想基础,那么二大的召开则从组织上为中国共产党的创建史画上了圆满的句号。一大是在共产国际的催促之下召开的,许多准备工作尚未做好。马林未能参加南湖会议,会期也被压缩为一天。会议议程的缩减与讨论的不充分直接导致了一大的不完备性。党的二大对一大思想理念的深化,主要体现在两个方面:一是关于中国特殊国情的认识;二是对中国革命的关键性因素——中国共产党关键性地位的认识。中国共产党二大对一大的发展和深化是"自己努力"的结果。首先,这种发展与深化是在斗争实践中获得的。其次,中国共产党在二大上也有自己的创造;除了学习、听取列宁和共产国际的意见外,中国共产党还结合中国国情的极端复杂性,对要不要与国民党合作和怎么合作的问题展开了热烈的讨论。更为重要的是,中国共产党二大在上述学习、斗争中,形成了"最高纲领"和"最低纲领"这一伟大创造。所有这一切不仅体现了中国共产党的自主性,而且凸显了难能可贵的创造性。

综上所述,中国共产党自创建起,就是一个善于学习、自立自强、富有创造性的光荣伟大的政党,其后百年里建立了翻天覆地、惊世骇俗的盖世伟业。中国共产党的创立,的确有"天时、地利、人和"的国际契机,但这不能成为亵渎性"输入说"的理由——中国共产党不是"通过自己的努力",而是靠"输入"。

摘自《淮阴师范学院学报(哲学社会科学版)》2022 年第 5 期,孙艳华、汪浩

19 世纪晚期晚清报刊中的社会主义思潮

——《马藏》第三部第一卷编纂研究

通过研究社会主义思潮传入中国的客观过程可见,报刊文献在时间上早于学术论文和专著,是社会主义思潮传入中国的最早的渠道。19 世纪晚期是西方工人运动和社会主义思潮与中国文化的初遇,也是社会主义思潮在中国传播的

起始。自19世纪70年代起，清政府兴办洋务，在引进西方自然科技的同时，也开启了中国人最早接触社会主义思潮的窗口，这些信息传入的途径主要有两种：一是由出使、驻外人员以日记、“述奇”等方式进行的记载；二是来华欧美人士，特别是传教士等人通过报刊进行的介绍。晚清报刊的受众最初以官僚阶层和知识分子为主，通过晚清报刊，这些知识分子开始了对社会主义思潮的最初探讨，形成了社会主义传入中国的最初面貌。

一、晚清报刊：社会主义思潮传播的首个载体。19世纪晚期涉及社会主义思潮传播的报刊主要有在上海刊发的《上海新报》、《中国教会新报》（1872年8月第201期起更名《教会新报》；1874年9月第301期起更名《万国公报》）、《申报》、《字林沪报》、《时务报》、《昌言报》、《集成报》、《实学报》、《译书公会报》，刊发于杭州的《经世报》，刊发于澳门的《知新报》，刊发于香港的《中国旬报》以及刊发于北京的《官书局汇报》。19世纪晚期是社会主义思潮传入中国的最初阶段，从大众传播的角度来看，这些报刊虽然早期对社会主义认识不全，立场存在一定问题，但却在客观上起到了传播社会主义思潮的作用，并呈现出以下三个特征：其一，从地域上看，19世纪晚期社会主义思潮的传播呈现出显著的地域集中性。其二，从刊物政治派别及其思想背景来看，客观上最早起到社会主义思潮传播作用的刊物皆为西方传教士所创办，但维新派报人对于推动社会主义思潮的传播起到了关键性的作用。其三，电报的应用和推广促进了晚清报刊叙事结构的转变，影响了社会主义思潮传入中国的最初面貌。

二、19世纪晚期社会主义思潮报刊传播的主旨。概览1871年至1900年间晚清报刊中涉及社会主义思潮的内容，从其主旨上看主要涵盖以下四个方面内容：一是报道巴黎公社革命。就可考的资料来看，社会主义思潮的大众传播可以追溯到1871年最早一批介绍巴黎公社革命的报刊。可以说巴黎公社革命开启了社会主义思潮大众传播的篇章，正是这一事件开始让国人了解社会主义运动。二是报道欧美工人运动。在这一时期，报刊中关于欧美工人运动的文章也得以涌现。三是报道社会主义政党及组织。社会主义政党、组织及国际工人大会的情况，在19世纪晚期也经由这些报刊传入了中国。四是报道无政府主义者刺杀活动。

三、19世纪晚期社会主义思潮报刊传播的特点。社会主义思潮在中国的最初传播过程中，晚清报人起到了最早的社会主义传播的“把关人”作用。这些最早的“把关人”主要以西方的传教士为主，维新派以及资产阶级革命派等人所创办的报刊相对较晚，在社会主义思潮传入中国的第一个历史时期，这些西方的传教士起到了主要作用，他们所筛选的信息内容，形成了中国人对社会主义思潮的第一印象。首先，由于这些传教士的思想底色往往带有宗教上的“救世”色彩，因此，他们的报道多从宗教意义上的同理心、同情等角度出发去看待和批判巴黎公社革命或者俄国民意党人的刺杀活动等运动，对社会主义思潮缺乏理性认知。其次，由于这些外国传教士对社会主义思潮的认识不够清晰，从而造成晚清报刊的文献中与社会主义思潮相关的政党名称等专有名词和核心术语存在较大的混淆，术语的翻译也因此经历了从无到有、从直译到实译的过程。此外，从行文叙事的风格来看，这一时期晚清报刊对社会主义思潮的相关报道经历了从轻蔑诋毁向客观叙事的转变，而这一转变的关键在于晚清知识分子对社会主义思潮的认知。

摘自《思想教育研究》2022 年第 5 期，王蔚

五四时期《新青年》传播社会主义的文化心理路径

五四时期，新文化分子发动的文学革命帮助时人解放思想，破除封建文化对人们思想心理的束缚，为社会主义在华传播创造了前提条件。《新青年》作为“新文化元典”刊物，又是高举社会主义大旗的革命刊物，是变革社会旧的文化心理，助推社会主义传播的典型刊物。

一、“脱离夫奴隶之羁绊”，取“自由之路”。1915 年，袁世凯预谋立孔教为“国教”，鼓吹复辟帝制，企图以封建纲常礼教继续禁锢国民思想，让人民重回奴隶的时代。在这一背景下，陈独秀创办了《青年杂志》(第 2 卷 1 号起改名《新青年》)，倡导“自主的而非奴隶的”人生观，呼吁青年“脱离夫奴隶之羁绊，以完其自主自由之人格之谓也”。陈氏及众多新文化分子，以《新青年》为舆论阵地，从社会进化的角度，猛烈抨击封建等级文化，以其不适于今世，“然犹支配今日人之人心，以为文明改进之大阻力耳”，挑战封建礼教的权威。与清末先觉者的民族主义和国家主义思想不同，《新青年》在消除民众奴性心理方面，更具彻底性和革命性。但面对中国这样后发外生型的国家，《新青年》并不是脱离社会急需改造的实际去空谈人性解放，而是希望以个人的解放推动社会的改造。巴黎和会后，皈依马克思主义的《新青年》撰稿人纷纷把俄式革命的“直接动力”——阶级斗争思想，作为动员群众开展民众斗争运动的理论依据，指引他们摆脱牛马

奴隶般的生活。顺应时人渴望得到自由、解放，摆脱等级束缚的向往，《新青年》将旧时伦理和现实政治压迫的形成归结于经济基础的不良。为激起国内阶级斗争运动，实现下层阶级的自由解放，《新青年》将劳工阶级作为阶级斗争的主要动力，并从强者欺凌弱者的角度，从私有制下压迫与被压迫、掠夺与被掠夺等尊卑贵贱的社会等级层面，唤起劳工阶级反抗阶级压迫，摆脱奴隶境遇的心绪，帮助劳工阶级建立阶级对立观念。

二、国家观的重塑："自觉其居于主人的主动的地位"。革新国民国家观念是《新青年》的一大旨趣，创刊初期便言明"朕即国家之思想，不可施于政治，尤不可施于学术"，并将"多数国民能否对于政治"自觉居于主人地位，视为实现民主政治的"唯一根本之条件"。刊物强调要将封建王朝与现代国家进行观念区分，并以西方民主政治思想，厘清国家主权所属的问题，帮助国民破除"朕即国家"的传统国家观念，树立"主权在民"的概念。五四运动前，《新青年》对未来国家的设想是不确定的，常常在国民大会与代议会制间左右摇摆，并未给出具体的制度设想，刊物更倾向于反专制、反强权，追求民主等原则性追求。巴黎和会的失败，不仅扯下了西方民主政治最后的遮羞布，也暴露了以西方民主思想为内容的政体与中国社会现实之间的不相容。而苏维埃俄国，这一排斥狭隘的资产阶级民主，并实现了以劳动阶级为主的多数人民民主的社会主义国家，却逐渐成了国内舆论界的议论对象。

三、传输社会进化观念，实现社会的"根本改造"。随着近代民族危机的加深，实现社会现代化转型、解决近世危机已逐渐成为时代主题，而以往的历史经验已不能承担起这一时代的任务。消除国民崇古保守心理，培植社会进化观念，也是《新青年》同人的共同目标。为培养群众图强求变的社会改造品质，刊物将主张"以生存竞争为天演公理"的进化论作为"保种保群自强进化之公理"，欲通过倡导进化观念，打破几千年来迷古守成的心理观念。然而西方进化论在开启近代中国变革思维的同时，也成了帝国主义侵略和种族压迫合理化的说辞。对此，《新青年》开始积极宣传马克思唯物史观，想以一种更高级的、协和式的进化史观帮助群众重新塑造科学的社会进化观念。《新青年》在宣介唯物史观的初期，便着重凸显其内涵的进化观念，将唯物史观作为"一种社会进化的研究"，介绍其为"社会学上的一种法则"。与以往的社会改良主张不同，接受了马克思主义唯物史观的《新青年》同人，主张要以经济基础的变革实现对社会的"根本改造"。

五四时期，社会主义理论作为异质的外来文化，能够在中国广泛传播，与这一时期文化重构导致的社会文化心理的嬗变有关。适应中国社会变革和国民性改造的时代主题,《新青年》编辑群体将重塑国民心性作为推动社会变革的前提和路径,通过倡导新文化运动,扫除国内封建文化基调,冲击中国原有的不合时宜的文化心理结构,帮助国民建构符合中国现代化进程需要的文化观念。随着民族危机的加深,《新青年》把社会主义作为实现国人现代文化心理追求的指导理论,在传输马克思主义基本原理过程中,指引人们实现自由、民主、解放,完成对社会的根本改造。可见,《新青年》传播社会主义的过程,也是社会主义理论与中国近代社会文化心理相契合的一次生动展现,是《新青年》通过变革国内落后文化心理助推社会主义在华传播的有效实践。

摘自《湘潭大学学报(哲学社会科学版)》2022 年第 5 期,章育良、张淑芬

从“女性”到“小资产阶级”

——五四之后现代性方案中的性别与阶级

五四之后,根植于达尔文进化论的进步论女性主义,以现代性学的形式,与泛社会主义、无政府主义思潮一起,构成经济—性双轴并驱的现代性方案,为中国现代知识分子所接纳,建构出一种因自由性择而获得主体性与公民身份的女性性别主体;随着马克思主义现代性方案对于双轴方案的替代,以生产关系定义的阶级概念逐步重塑了有性的主体;而从复调马克思主义向列宁主义的发展过程中,知识分子的小资产阶级自我改造论,为囿于性别主体困境的女性提供救赎的同时,亦开启了女性知识分子思想改造书写的源头。

一、作为社会改造思潮公约数的“女性”。美国历史学家汤尼·白露聚焦于 20 世纪 20 年代的书刊,指出“女性”这一术语的流行与世界性的“进步论女性主义”思潮在中国知识分子群体中的传播与接纳密不可分。白露的论证主要依据一套 1923—1934 年间多次再版的《中国妇女问题讨论集》丛书。这套丛书,收录了 159 篇文章,其中绝大多数来自《妇女杂志》《妇女评论》《觉悟》《新青年》这几本刊物。汇集成册使得资料集中、问题凸显的同时,也隐去了其间的历史脉络与人事互动,实际上,不论是历史跨度还是所涉群体,进步论女性主义的影响力与复杂性都远高于《中国妇女问题讨论集》的呈现。以《妇女杂志》为中心,这一理论的追随者们除了以编辑身份对杂志本身“改弦更张”,在对爱伦凯、蔼理斯等人理论的引介中,大倡新的性道德,并以此为基础讨论恋爱、离婚、妇女运

动等问题外，还曾经非常主动地建构出了一个连接了数个团体、期刊和出版机构的舆论空间，如妇女问题研究会、妇女评论社等。本文认为，“女性”的现身，与其背后的现代性方案在 20 年代初中国知识界的“雀屏中选”高度相关，进步论女性主义是作为种种社会改造思潮的公约数而获得广泛认同的。

二、“阶级”概念对于“女性”的重塑。“进步论女性主义”的语境中，女性更倾向于被作为一个整体来考察，而对于这一整体应否进入第一条轴线，推动社会改造，获得经济独立，支持者们往往从男女差异、母性保护的角度切入，持保留态度。1923—1924 年间，《妇女杂志》曾先后发行了“妇女运动号”与“职业问题号”两个专号，广泛地介绍了世界范围内各国的妇女运动与妇女就业状况，并对不同派别的观点均有所呈现。虽然彼时的阶级概念仍不成熟，《妇女杂志》依旧以不同的阐释框架与组织方法，将时代、经济等因素注入了“女性”，促使论者意识到，“女性”不再是一种永恒的、同质的、单纯基于生理构造与性的分野而定义的一个整体，其内部充满了差异，进而使得任何基于“女性”的乌托邦想象都无法再顺畅展开，这在相当程度上动摇了进步论女性主义的理论根基。动摇最终促使进步论女性主义知识分子群体走向了分化，这一点在周作人与沈雁冰身上表现得最为明显，亦最有代表性。分化与落幕并不代表进步论女性主义的彻底退场，恰恰相反，长期的舆论渲染与此后政权的更替，使其实际上部分的化为一种“常识”融入了日常生活。

三、“小资产阶级”与作为“救赎”的自我改造。从性别到阶级，展现的是中国现代性方案的持续变革，不论是作为性别主体的“女性”还是“第四阶级女子”“无产阶级妇女”等，都可视为不同的现代性蓝图所提供的不同的主体位置，分别从不同的维度赋予女性主体性与公民身份。虽然历史的惯性使得这些主体位置主要由男性知识分子所建构，但不同选项的出现，使得知识女性获得了能动性，也更主动、更深入地卷入了加速进展的现代化进程中——小资产阶级与自我改造论以一种特殊的主体位置承接了受困于性别主体的女性，亦开启了知识女性自我改造的源头——其间那些艰难的抉择与痛苦的磨合，在历史中，特别是文学作品里，留下了深刻的印记。

从“女性”到“小资产阶级”的曲折变化，显现出近现代中国性别体系与政治体系的深度嵌套，“女性”这一被视为表征一个“自然范畴”的术语，其发生、发展都与现实的政治诉求密切相关。

摘自《广州大学学报(社会科学版)》2022 年第 5 期，周文晓

中国共产党对马克思主义中国化的早期探索

早期中国共产党人选择了马克思主义，对马克思主义的科学体系有了初步认识，并用马克思主义理论指导中国革命的具体实践，从而开启了马克思主义中国化的进程。中国共产党对马克思主义中国化的早期探索，为后来马克思主义中国化的不断推进和中国化马克思主义理论的形成奠定了基础、准备了条件。

一、会聚到马克思主义旗帜之下。当中国先进分子会聚到马克思主义旗帜之下，接受马克思主义并用它来思考中国命运的时候，马克思主义中国化的进程也就开始了。马克思的思想和学说在清末就有人介绍过，但严格意义上的马克思主义在中国的传播，是在第一次世界大战和俄国十月革命之后。李大钊是中国转向马克思主义、宣传马克思主义的先驱。在李大钊、陈独秀影响下，在时代潮流推动下，毛泽东、蔡和森、周恩来等一批爱国进步青年，在经过反复的“推求比较”之后，也会聚到马克思主义旗帜之下。中国早期马克思主义者大多是通过阅读译本接受马克思主义的，接受的过程也是理解的过程。他们对马克思主义的认识有两个鲜明特点。其一，强调唯物史观和阶级斗争学说是马克思主义的理论基础和思想精髓。其二，强调马克思主义与列宁主义的一致性和统一性。马克思主义揭示了人类社会发展的一般规律，指出了一条实现全人类解放的道路，是科学真理，但绝不是一成不变的教条。注重马克思主义基本原理与中国具体实际相结合，是很多早期马克思主义者的共同特点。这表明，当中国共产党人追求真理，会聚到马克思主义旗帜下时，马克思主义基本原理必须同中国具体实际相结合的观念就已初步确立，马克思主义中国化的早期探索也随之开始。

二、马克思主义与中国国情。当马克思主义在中国传播开来时，中国的社会民主主义者、基尔特社会主义者、国家主义者、国民党右派以“国情”为借口，认为马克思主义不适用于中国。早期中国共产党人针对所谓“中国产业落后不能搞社会主义”“中国不存在阶级和阶级斗争”“中国无产阶级不具备实行社会主义的资格”等论调，阐述了中国共产党的立场，论证了马克思主义与中国国情的适应性，从而为马克思主义中国化开辟了道路。值得注意的是，早期中国共产党人并不否认中国社会的特殊性。他们所反对的，是以“中国的特殊性”来否定人类社会发展的一般规律性、否定中国走社会主义道路的必要性和可能性的错误主张。他们揭示了马克思主义的科学性，论证了马克思主义适用于中国，同时注意到中国社会的特殊性。正因为马克思主义具有普遍的指导意义，而中国社会又有特殊性，所以才需要把马克思主义基本原理同中国具体实际相结合、同中华优秀传统文化相结合，这就为马克思主义中国化的推进奠定了理论基础，扫清了思想障碍。

三、马克思主义的初步中国化。中国早期马克思主义者选择马克思主义、接受马克思主义，目的就是要用马克思主义来改造中国。早期马克思主义者在宣传马克思主义时，已经触及马克思主义中国化的基本原则，即从理论到实践，又从实践到理论。早期中国共产党人运用马克思主义的立场、观点和方法，具体地、客观地研究中国的社会历史和文化，研究中国革命的普遍性和特殊性，以此为依据决定中国共产党在中国革命中的具体任务及战略策略，在探索中形成了初步的马克思主义中国化理论成果。首先，初步明确中国的社会性质和革命性质。其次，初步形成与资产阶级民主派建立统一战线的思想。最后，初步形成工农联盟的思想。

中国共产党对马克思主义中国化的早期探索意义重大，它确立了用马克思主义的态度对待马克思主义的基本原则，开启了把马克思主义基本原理同中国具体实际相结合、同中华优秀传统文化相结合的历史进程，形成了一系列关于中国革命的重要理论观点，这些都是在探索中留下的宝贵思想财富。

摘自《历史研究》2022 年第 6 期，欧阳军喜

中国先进知识分子与马克思列宁主义同中国工人运动的结合
——中国共产党创建史研究的一个重要视角

在马克思列宁主义同中国工人运动的紧密结合中，中国共产党应运而生。中国先进知识分子在其中发挥了重要作用。

一、中国先进知识分子在马克思列宁主义同中国工人运动的结合中发挥了重要作用。中国无产阶级并不是一开始就能够认识到自己的历史使命并发挥自身的革命作用的。无产阶级要充分体现和发挥自身的革命性，担当起中国革命的领导责任，“还必须在先进思想的指导下，认清自己的阶级利益和历史使命，建立与农民、旧式手工业工人和江湖游民的组织截然不同的新的阶级组织形式——无产阶级革命政党和现代工会，从而由自在的阶级转变成自为的阶

级”。虽然中国工人阶级中不乏较早接触马克思主义，具有一定阶级觉悟的先进分子，但这毕竟是少数。由学得马克思主义的中国先进知识分子深入工人群众，向工人群众宣传马克思主义，则是绝大部分中国工人阶级受到马克思列宁主义的教育而提高阶级觉悟的主要渠道。从这个意义上讲，要实现马克思列宁主义同中国工人运动的结合，离不开中国先进知识分子。

二、中国先进知识分子经过反复比较和深入思考，走上了马克思主义的道路。第一，中国先进知识分子逐渐认识到其他思想、主义和救国方案的“不行”：一是向西方国家寻求的所谓“真理”在中国现实中轮番破产；二是第一次世界大战充分暴露了资本主义制度的弊端，巴黎和会进一步暴露帝国主义本质，打破了中国先进知识分子的幻想。第二，中国先进知识分子深刻认识到马克思列宁主义的“行”。十月革命以后，特别是在五四运动前后，在新思潮大量涌现、诸多学说流派争鸣的形势下，马克思主义以其高度的科学性和革命性逐渐吸引着越来越多的进步青年。中国先进知识分子选择马克思主义，认为马克思主义是科学真理，只有马克思主义才能救中国，这是经过怀疑、比较、选择的结果，是经过理性思考而得出的结论。

三、中国先进知识分子深刻认识到工人阶级的历史作用和强大力量，深入工人群众宣传马克思主义。第一，中国先进知识分子从五四运动中深刻认识到工人阶级的历史作用和强大力量。五四运动中，中国工人阶级开始以独立的姿态登上政治舞台。这对于推动中国先进知识分子认识工人阶级的历史作用和强大力量，并在五四运动后到工人群众中去宣传马克思主义、促进马克思主义与中国工人运动的结合，进而创建中国工人阶级的先锋队——中国共产党，产生了极为重要的影响。第二，中国先进知识分子深入工人群众宣传马克思主义。五四运动后，中国先进知识分子深入到工厂、农村进行社会调查，了解民众的疾苦，并用通俗易懂的语言向工人宣传马克思主义，推动了马克思主义与中国工人运动的结合。通过这样的宣传，中国先进知识分子和工人群众在思想认识上都发生了根本性变化。与此同时，由于中国先进知识分子的传播和宣传，工人阶级提高了阶级觉悟，增强了阶级意识，认识到马克思主义是为人类求解放的，是解放工人阶级和全人类的，开始逐步接受马克思主义，从中也涌现出一批具有共产主义觉悟的先进分子。而无产阶级要维护自己的阶级利益，必须成立一个代表无产阶级和人民大众利益的政治团体。于是，中国共产党也就呼之欲出了。

摘自《党的文献》2022年第6期，黄光秋

红色出版文献的历史考察及整理、出版路径探析

中国共产党从创建到建立全国性政权的29年时间里，出版了大量围绕理论宣传、统一战线、武装斗争、党的建设需要的红色出版文献。这些革命文献记录了党领导中国革命、艰辛探索的奋斗历史，记录了党在不同历史条件下完成伟大艰巨任务积累的宝贵经验，是老一辈中国共产党人的智慧结晶，是治党治国治军的精神财富。

一、红色出版文献的历史考察。本文把红色出版文献定义为："中国共产党成立前后到1949年以前出版的，在中国共产党直接领导下，或受到党的进步思想影响的出版机构出版的，内容上服务于宣传马克思主义、党的纲领、政治思想斗争、抗日统一战线，发展党的政治、经济、文化建设而出版的印刷品。"红色出版伴随中国共产党从酝酿、成立、发展壮大到取得政权的历程。红色出版大致可以分为两条出版战线：国统区出版和党的执政区出版。一般把红色出版的源头确定在中国共产党成立前后人民出版社的成立。红色出版是由两种不同性质的出版力量承担的，中国共产党各地各级党组织直接领导下的出版机构无疑是红色出版的主力军；承担着红色出版的另一些民营书店，如商务印书馆、创造社出版部、光华书局等多达几十家，这些民营出版机构出版宣传马克思主义等进步书刊也反映了当时马克思主义具有一定的读者需求基础。从现存的红色出版文献目录中不难看出，图书、报纸和刊物是最主要的出版物形态，是红色出版文献的主体。

二、红色出版文献的整理、出版现状。目前，红色出版文献的整理、出版尚处在起步阶段，民国文献总数在24万种左右，其中的红色出版文献据各种目录的统计当不低于2万种，目前影印出版的数量不到1/3，而且主要是报纸和刊物；红色图书文献总数应该不低于1.5万种，目前最大的红色图书文献影印出版项目是大象出版社即将出版的《中国红色出版史料丛刊(1921—1949)》，将近5000种，60万页，也不到总数的1/3。可见，红色出版文献整理任重而道远。整理、出版的形式主要包括编制目录、图录，影印出版，建立文献数据库。目前这几种方式都取得了一定的进展。

三、红色出版文献整理、出版存在的问题。第一，急需抢救性保护。红色出版文献基本已经到了保存期限的极限了，加之早期保存条件不好，损坏严重，现

状堪忧,急需抢救性保护。第二,整理、出版存在的问题:一是缺乏组织和协同;二是红色出版文献的普查和清点尚未全面开展,文献的品种和数量尚未摸清;三是目录的编制仓促、简陋;四是影印和数据库建设处于起步阶段;五是缺乏统一规范和标准;六是审读难度大,整理、出版难以实现。

四、红色出版文献整理、出版路径探析。笔者作为大象出版社《中国红色出版史料丛刊(1921—1949)》影印项目的责任编辑,从自己工作的亲身体会出发,以出版人的视角,尝试提出以下解决路径:第一,权威部门牵头组织,畅通文献的清点和征集。第二,编制目录学意义上的目录,辨章学术、考镜源流。第三,建设红色出版文献的数字化工程,共享红色出版文献资源。

数字经济时代,图书直播俨然成为出版行业创新营销模式的重要策略之一。但图书直播作为一种新的尝试,各出版机构还需结合自身情况选择适合自己的图书直播营销策略,并在实施过程中不断优化具体的营销方案,真正做到有效获取用户感知,不断创新直播内容,高效维护用户关系,整合发展优质资源,持续提升受众体验,以实现传统营销向数字化营销的转变。

摘自《出版发行研究》2022 年第 6 期,李光杰

“五四”进步社团与中共早期组织的创建

中国共产党组织的创建和发展,是源自近代中国社会发展的迫切需要及其所提供的各项条件。在这之中,马克思主义在中国的广泛传播,信仰马克思主义的社会群体的形成,中国工人阶级力量的发展,马克思主义与中国工人运动的结合等,是各种条件中最为核心且不可缺少的条件。就五四时期中国社会状况及思想语境来看,尽管“五四”进步社团不是政党类型的政治组织,但“五四”进步社团的兴起及其运行态势,与中共早期组织的创建和发展却有着特别的关系,至少进步社团在骨干成员输送、组织意识培植、“主义”的选择、政党理念诉求等方面发挥着积极的作用。

一、从社团成员到中共党员的转型。考察“五四”社团与中共创建的关系,可以发现这样一个事实,即不少进步青年正是因为参加了五四时期的进步社团,经过了社团组织活动的洗礼和对“社会改造”道路的探索,进而成为中共早期组织中的重要成员。五四时期的许多进步社团在中共的创建过程中,发挥过组织上和人员上的积极作用,各地共产主义小组的最初成员及中共的早期党

员，不少都有参加五四时期进步社团的经历。“五四”进步社团尽管在性质上不是政党组织，而是属于非政治性的“社会组织”，但对于中共这一政治组织的成立和发展来说，却有着极为重要的影响。“五四”进步社团发挥着连接“个人”与“政党”之间的中介作用，其中最典型的表现，就是向中共早期组织输送了一批骨干力量。

二、社团运行中组织意识的强化。团体组织意识在“五四”以后有了比较普遍的增长，不仅先进知识分子有着创建思想性、学术性团体的强烈愿望，而且知识分子也将这种创建团体的意识比较自觉地向普通工人进行传输，希望工人能够提升组织团体（主要的工会）的思想认知。五四时期先进知识分子有意识地在社会群体中激发组织意识，大致是在五四运动发生期间，并随着五四运动的进展而更加兴盛起来。总体看来，“五四”进步社团尽管还不是政党形态的组织，但这些社团在运行中却提升了成员的组织意识。“五四”进步社团中具有马克思主义意识的先进分子，正是在社团生活中受到了组织活动的锻炼和洗礼，故而能够在中共创建和发展中起着骨干的作用。

三、社团中“主义”的争持及其影响。政党与普通社团组织的重要区别之一，就在于政党有其“主义”，并因“主义”的不同而组成各个党派。在五四时期社团的运行中，“主义”的问题不断被提示出来，并因此发生激烈的争论，这预示着社团正在向着政党的方向转型。主义的争持是五四时期社团演进中的重要现象，因“主义”的不同而走向分化，乃是必然的。社团中的一些初步接受马克思主义的先进分子，在思想认识上要求以马克思主义作为社团的指导思想，其目的就在于使社团成为政治性质的组织，这预示着主张“主义”的成员有着进而组织政党的迫切需要。

四、社团组织意识的升华及其政党理念的发达。五四时期的“社会改造”思潮，逐渐衍生出以“革命”为目标的政治话语，认为要以“革命”为社会改造的根本方法，其中有一种政治话语特别强调无产阶级政党在“革命”中的重要性。新民学会主要成员蔡和森在 1920 年致毛泽东的信中，一方面强调了社会革命的客观条件，但另一方面也特别强调政党对于革命领导的重要性。有些进步社团及其领导人在“五四”以后“社会改造”的实践中，鲜明地提出创建无产阶级政党的问题，如新民学会关于建立共产党问题的讨论、少年中国学会会员恽代英提出的建党主张、李大钊的建党号召等。

“五四”进步社团的兴起就是中国社会变动的产物，而一些进步社团很大程度上为中共组织输送了骨干成员，又在思想上成为中共早期组织创建中的重要

"环节"。就社会组织体系来看,"五四"进步社团的这种"环节"地位,实际上是五四时期的"个人"与"政党"之间的"中介",其作用就是充当了政治社会变革的媒介,本质上根源于近代中国社会转型的结果。

摘自《党史研究与教学》2022 年第 6 期,王娟娟

关于中共一大闭幕日期若干史料的补充及分析

中共一大的闭幕日期由于没有原始档案记录,相关当事人的回忆录和口述历史等也有相互矛盾之处,所以导致研究者从自己的角度进行解读,从 7 月 31 日到 8 月 5 日都有各自支持的论据。基于此点,本文在其他研究者考证工作的基础上,通过对报刊史料的再挖掘,最终找到有关天气、铁路、航运等新史料信息,并对这些间接事件进行分析,得到:(1)如果南湖会议在 8 月 1 日召开,由于当天下午返沪列车晚点,所以无论会议何时结束,与会者都会遇到强对流天气;(2)虽然 8 月 1 日的强对流天气给嘉兴带来了很大损失,但并不影响 8 月 1 日之后代表在嘉兴开会,也就是说南湖会议在 8 月 2 日或者 3 日召开也是有可能的;(3)陈公博离沪返粤所乘坐的新宁号邮轮是 8 月 4 日上午 11 时启航离开上海,9 日抵达香港。

一、8 月 1 日晚点的列车。8 月 1 日下午 5 时许嘉兴突发的狂风,是考证中共一大闭幕日期的关键。之前的研究均没有发现 8 月 1 日沪杭路上有列车延误的记录,但笔者在 8 月 3 日出版的《时报》上找到了其他研究者尚未关注的一则新闻《前日杭快车迟到之原因》,从这段新闻可以发现,8 月 1 日晚上确有一班从杭州开往上海的 109 号特别快车晚点,但晚点原因不是天气,而是因为铁路管理局领导和其他头等票乘客没有在杭州站赶上该班列车,铁路管理局将列车扣在长安站等待这些人到达才导致最终延误两个半小时,夜间 9 时许才到达上海南站/北站(正常应该是下午 7 时前到达)。如果会议下午 4 时前结束,与会者及时赶到嘉兴火车站,也会发现应该于下午 4 时 20 分到达的 109 号特别快车晚点,起码要等到下午 6 时多才到站,那显然他们还是躲不过下午 5 时许的狂风,只不过不是在南湖的游船上,而是在嘉兴火车站候车时(下一班列车是 115 号夜快车要晚上 8 时 5 分才到嘉兴)。与会者的回忆既没有提到这场狂风,又没有提到火车晚点两个半小时,这使得 8 月 1 日开会的可能性显著降低。

二、8 月 1 日之后的嘉兴具备开会条件。虽然 8 月 1 日的强对流天气给嘉兴

带来了很大损失，但并不影响8月1日之后代表在嘉兴开会。笔者主要从两个方面进行了考察：一是火车的运营是否正常，也就是代表能否顺利到达嘉兴并返回上海；二是嘉兴本地是否因为受灾而无法开会，比如南湖暂停游船服务、旅馆饭店歇业等。首先，关于火车运营问题，8月1日的强对流天气破坏了嘉兴及周边火车站的部分附属设施，那么这种情况是否会导致8月1日以后的火车停运或晚点？笔者再次对当时的报刊进行检索，发现两则沪杭铁路事故和一则沪杭铁路车票停售的新闻。除此之外，没有发现其他关于沪杭铁路停运或者时刻表更改的新闻报道。因此，如果会议在8月1日之后召开，代表应该能搭乘列车顺利往返嘉兴和上海。其次，新闻报道中没有提及旅馆（尤其是代表临时落脚的鸳湖旅馆）受损歇业以及游船暂停服务的消息。但笔者找到了四则其他团体组织8月2日在嘉兴开会的相关新闻。综合4则新闻可知，7月29日嘉兴县汪知事收到浙江省督军卢永祥的电报，要求嘉兴县商会、农会、教育会等法团在8月2日派代表到县署开会商议省议会选举和省宪法会议问题，各法团收到消息后在8月1日和2日各自开会讨论，并将讨论结果于2日以书面或者派代表参会的形式报告县署。因此，上述事实表明1日的灾害没有影响2日的会议。

三、《十日旅行中的春申浦》之事件辨析。陈公博在中共一大期间的所见所闻对考证工作有很大帮助，他在1921年《新青年》第九卷第三号上发表了《十日旅行中的春申浦》，此文写于中共一大结束后不久，记录了一些中共一大开会期间的史实，比如大东旅社谋杀案，也隐讳交代了法租界巡捕夜闯中共一大会场的情形，因此具有一定的史料价值。但陈公博也混淆了一些事实，导致有些说法可能与实际情况不一致，甚至存在自相矛盾的地方：一是陈公博夫妇去杭州旅行应该与大东旅社谋杀案无关；二是陈公博夫妇在杭州西湖的行程疑问。

四、陈公博离沪返粤的具体时间。《十日旅行中的春申浦》提到陈公博夫妇乘坐新宁轮回广东。笔者通过查询8月4日《字林西报》和《大陆报》及香港本地报纸《孖剌报》中的《船运新闻》，得到新宁轮抵达香港的日期是8月9日，并在10日开往广州，报纸上没有找到该轮抵达广州的日期，但8月12日的报纸显示新宁轮11日又抵达香港，并于12日下午3时启航开往上海。因此，该轮抵达广州的时间应该是8月10日，《十日旅行中的春申浦》也没有提到他们抵达广州的时间，但8月13日《广东群报》上陈公博提到他10日回到广州，这也和本文的考证一致。因此，陈公博离沪返粤所乘坐的新宁号邮轮是8月4日上午11时启航离开上海，9日抵达香港。

摘自《党史研究与教学》2022年第6期，宋妍婧

真理的力量:《共产党宣言》与中国共产党的创建

1920年8月,陈望道翻译的《共产党宣言》印行,这是首部在国内正式出版的中文全译本,在马克思主义传播历程中具有里程碑意义。

一、传播主体:马克思主义哺育的思想先行者。《共产党宣言》作为马克思主义的经典著作,中译本的文本形态及出版发行凝结了集聚于渔阳里的策划者、校阅者、发行者的集体智慧。这一传播主体是20世纪初年形成的具有强烈文化创新意识的时代先行者的代表,其兴起缘于社会现实的刺激、近代媒体的发展,以及对俄国革命的认同和对马克思主义的接纳。陈望道独力承担翻译工作,再由陈独秀、李汉俊校阅,俞秀松传递,维经斯基出资创办印刷所。当时中国共产党早期组织成员以“铁肩担道义”的历史责任感和使命感,寻找先进理论和思想武器,通力协作,共同完成了《共产党宣言》的译校出版工作。

二、传播路径:“真理是在无声地前进”。《共产党宣言》中译本出版后,作为组织创建、党员学习、干部培养以及宣传品的资料来源,通过这些方式,真理“不胫而走”,传播各地。一是组织创建的“精神食粮”。五四时期,对“主义”的认识与阐释,成为《共产党宣言》的文化底蕴和传播基础。在中共创建历程中,即将《共产党宣言》作为理论学习教育的主要教材,思想启蒙、人才培养得益于此,也为组织建构、实践活动提供了指导。《共产党宣言》的传播路径,最主要是通过邮寄或携带的方式,传送至各地共产党早期组织。二是以真理“养成”人才。《共产党宣言》的面世,教育和培养了整整一代中国的先进知识分子。许多追求真理的先进青年,在《共产党宣言》的影响下,逐步树立起对马克思主义的坚定信念,成长为共产主义的信仰者。三是以真理唤醒民众。陈独秀等人以《共产党宣言》中译本的出版为契机,较为系统地介绍阐释马克思主义的唯物史观、剩余价值学说、阶级斗争等基本原理,并注重用马克思主义原理启迪民众、激励民众,努力使理论话语更易为民众理解和掌握,成为改变现实的力量。

三、传播特点:真理何以“不胫而走”。报刊快捷、持续、广泛的效力,使真理的火种撒播全国,也使思想的光芒更加绚烂,为中国共产党的创立和发展奠定了理论基础。一是立基于发达的传媒网络基础之上。《共产党宣言》中文全译本借助近代上海发达的传媒网络系统广为流传。二是与建党进程同步并进。《共产党宣言》是无产阶级政党第一个“完备的理论和实践的党纲”,作为无产阶级政党的政治宣言,鲜明地体现了共产党人的基本理论和政治意图。中国共产党在创建时期，即十分明确地以《共产党宣言》所宣示的原则建党。

《共产党宣言》所蕴含的价值理念、哲思学理通过书籍、报刊、演讲等各种形式的传播，成为一个时代所凭借的“思想资源”和“概念工具”，伴随着国家建构、政党建设与社会治理，不断赋予其现代品格，衍生出许多新的政治修辞、叙事模式和解释逻辑，流行于思潮演进与社会运动的历史语境中。从政治话语与政治行动、政治结构互构的角度来看，《共产党宣言》成为话语体系建构、价值理念形塑的渊薮。无论是其出版、传播，还是其对原典的衍生和解读，都构成了中国共产党的政治表达和制度基础。

摘自《复旦学报(社会科学版)》2022 年第 6 期，李瑊

传播、创新与马克思主义中国化的起源

——以李大钊《我的马克思主义观》文本解读为中心

李大钊所著《我的马克思主义观》是马克思主义在中国传播中的奠基性著作，彰显出马克思主义在中国传播中所带有的创新特色，不仅开马克思主义中国化早期探索之先河，而且为中国共产党的创建作了重要的理论准备。

一、唯物史观视域中的“阶级竞争”说。李大钊在解说“唯物史观”与“阶级竞争”说关系的基础上，较为系统地阐述了马克思主义的阶级斗争学说，显示出李大钊卓越的思想诠释能力及深厚的理论素养。第一，探究“阶级竞争”说的“唯物史观”理论前提。李大钊《我的马克思主义观》的突出之处，是在唯物史观视域中，将“唯物史观”作为“阶级竞争”说的理论前提，一方面强调“阶级竞争”说本源于唯物史观，另一方面又阐明“阶级竞争”说在马克思主义理论体系中的特殊地位。第二，阐明“阶级竞争”说的“社会主义”方向。李大钊《我的马克思主义观》关于“唯物史观”与“阶级竞争”说内在关系的阐释，具体而现实地指向“社会主义”的理想和方向。一是基于“社会主义理论”视角评析“阶级竞争”说的地位；二是阐明最后的“阶级竞争”是实现“社会主义”理想的最终途径；三是在“阶级竞争”话语中提出社会主义“特性”主张。第三，凸显“阶级竞争”说中“人民”的主体地位。李大钊《我的马克思主义观》坚持唯物史观的民众本位理念，强调人民群众推动历史发展进程的作用，凸显了“阶级竞争”说中“人民”的主体地位。第四，阐发作为实践活动的“阶级竞争”的价值意蕴。李大钊《我的马克思主义观》对“唯物史观”与“阶级竞争”说关系的诠释，在很大程度上道出

了马克思主义与中国具体实际相结合的真谛，指明了通过“阶级竞争”的实践活动来变革中国社会的前进方向。

二、唯物史观话语中的“法律”论断。《我的马克思主义观》依据马克思主义唯物史观，深刻阐发了马克思关于“法律”与“经济基础”的辩证关系原理，并将马克思主义法学理论运用于指导民众争取民主权利和法律地位的社会运动中，提出了诸多卓有见地的思想论断。第一，阐释了“法律”的上层建筑属性及自律性原理。第二，明示了马克思主义法律观付诸实践的行进方向。第三，积极探索新民主主义法律体系建设问题：一是自觉坚守马克思主义法律观的“民众”立场；二是努力明示新民主主义法制的“社会主义”发展方向；三是高度重视“争取政权”方式对于法律问题根本解决的意义。

三、“物心两面”的社会改造模式。在笔者看来，李大钊所提出的“物心两面”的社会改造模式，是唯物史观引领下的社会改造思想，集中地呈现出“精神改造”与“物质改造”两个向度，既承继早期新文化运动“个人解放”的使命，同时也是对“社会改造”时代课题所作出的积极回应，因而是马克思主义与中国社会实际相结合的最初探索。对此，可以作这样的说明：其一，“物心两面改造”的提出有着“社会改造”的时代背景。其二，李大钊所提出的“物心两面改造”主张，明示了“社会改造”所应有的“物质改造”和“精神改造”的两种形式，并坚信“人类不是争斗着、掠夺着生活的，总应该是互助着、友爱着生活的”，而这最后的阶级竞争，是改造社会组织的手段。其三，“物心两面改造”模式展示了社会改造的现实化图景。就马克思主义中国化历程来看，李大钊所提出的“物心两面改造”主张，是在把握马克思主义理论核心要义的基础上对中国社会改造问题的系统表达，初步彰显了马克思主义中国化的基本理念。其一，“物心两面改造”话语体现了对马克思主义核心要义的思想认知。其二，“物心两面改造”话语因应了五四时期“思想改造”的现实社会变革需要。其三，“物心两面改造”话语乃是对马克思主义中国化的最早探索。

《我的马克思主义观》在中国历史上首次对马克思主义唯物史观采取了真正严肃而又科学的态度，并在唯物史观语境之中阐发“阶级竞争”说及“社会主义”理想，在传播马克思主义的同时又有着创新马克思主义的理念，不仅为中国共产党的诞生提供了理论准备，而且率先开启了马克思主义与中国实际相结合的理论探索，为中国化马克思主义的创新发展开辟了道路。

摘自《河北学刊》2022年第6期，王娟娟、吴汉全

大革命时期农民运动讲习所在马克思主义传播史上的重要贡献

农民运动讲习所(以下简称农讲所)是大革命时期中国共产党培养农民运动骨干的学校,也是早期面向农运干部并通过他们广泛传播马克思主义的重要阵地;农讲所不仅把马克思主义理论教育贯穿教学的全过程,而且通过教学与研究结合、理论与实践结合,形成不少马克思主义中国化的早期成果,从而成为马克思主义中国化进程中的重要一环。

一、农讲所马克思主义传播的主体。首先,农讲所有一支高素质的马克思主义理论教育师资队伍。农讲所的负责人和教员多由我们党早期组织中的先进分子担任。农讲所教员云集了当时中国的一大批优秀理论家、政治家、社会活动家,且以中共党员为主,还有部分苏共党员。其次,农讲所有一批忠诚于革命、渴望学习马克思主义理论的学员。农讲所的学员是马克思主义传播的直接受众。他们大多是农运干部或积极分子,有很高的革命热情,希望学习革命知识和理论,毕业后回去更好地开展革命活动,而且他们都是通过选拔而入学的。

二、农讲所马克思主义传播的主要内容。农讲所马克思主义传播的主要内容有以下几个方面:一是扎实开展马克思主义基本原理的教学与研究,努力向学员传授马克思、恩格斯的思想;二是紧扣时代脉搏,大力传播和研究列宁主义与苏俄社会革命和建设理论;三是努力以马克思主义基本原理为指导开展关于中国农民问题的教学和研究并取得显著效果。

三、农讲所马克思主义传播的主要形式。农讲所采取的教学方式丰富多彩,主要包括:一是理论教学与课外调查研究相结合。理论教学是农讲所传播马克思主义的主要方式。除了课堂教学外,农讲所还多次组织理论讨论会或农民问题研究会等课外学术活动。二是理论教学与军事训练相结合。三是理论教学与运动实习相结合。此外,学员还经常参与社会活动。通过参与这些社会活动,学员们感悟到马克思主义的魅力,掌握了理论宣传的方法,也扩大了马克思主义的影响。通过这些形式,较好地实现了理论与实践的统一,提高了马克思主义传播的实效。

四、农讲所马克思主义传播的特点和贡献。大革命时期农讲所的马克思主义传播与我们党成立时期的马克思主义传播相比,显然具有突出的历史特点,对深化马克思主义传播作出了重要贡献:一是推动了马克思主义由精英向大众、由城市向乡村传播的历史进程；二是为实现马克思主义中国化的第一次飞跃提供了思想资源与实践经验；三是培养了大批优秀干部，壮大了中国共产党的力量；四是促进了大革命运动的蓬勃兴起。

摘自《中国高校社会科学》2022 年第 6 期，杨金海、刘永俊

“五四运动”名称的发端问题考释

长期以来，“五四运动”名称的发端问题引起不少学者的关注，出现了不少有价值的成果。然而由于文献材料占有的限制，对这一问题的探讨仍存在分歧。

“五四运动”名称出现的最早文本是 1919 年 5 月 14 日北京中等以上学校学生联合会发出的《北京学生之通电·致各省寒电》，16 日由同情学生运动的北京《京报》率先刊载，通电中两次出现“五四运动”一词。同一天，《京报》与《晨报》又共同刊载了来自北京中等以上学校学生联合会 5 月 15 日发出的另外一则函件，其中亦使用了“五四运动”一词，构成了报刊对“五四运动”名称的最早传播。

从历史事实上来看，“五四运动”名称的发明是学生群体基于实际情形的一种客观表达。学生群体主动使用“五四运动”的表述，一方面既可以争取同情者，扩大运动过程中的联合战线，与这一时期的国民外交运动形成呼应；另一方面也可以回应外来的攻击和指责，形成强大的“民意”基础。其次，“五四运动”名称的使用也是“正名”和争夺话语权的需要。作为北京学生群体的自发组织，北京中等以上学校学生联合会在通电中主动使用“五四运动”的表述，不仅可以借此对学生之行为进行“正名”，弱化社会舆论对学生群体的聚焦和抨击，而且也有利于学生群体争取舆论的话语权，引导具有负面化认知的“学生事件”向群众运动发展，由此来说，“五四运动”名词的发明显然不是为了突出学生群体的主体地位。其后在报刊、书局的推动之下，尽管“五四运动”这一名词因各种因素不断再被“发明”，但这一名称却很快流行于社会，不仅壮大了运动的阵线，而且为“五四运动”名词的广泛传播及其形成主流叙述模式奠定了基础。

摘自《历史教学问题》2022 年第 6 期，陈晔

近代中国社会性质及现实出路的话语探析

——基于《向导》周报的文本考察

《向导》周报是中国共产党成立以来的第一个宣传党的理论的机关报。

一、经济基础决定上层建筑。近代中国的经济状况决定了中国的政治形势。自1840年鸦片战争以来，帝国主义在经济上控制了中国的经济命脉，并同中国的封建统治阶级及封建军阀势力相互勾结，严重地阻碍了中国经济的发展和社会的进步，成为中国长期以来贫困与落后的根源。《向导》认为近代中国的经济因久停滞于宗法社会及半宗法社会的状态，所以“虽然号称‘中国’，其实是一个一个大大小小的‘半自然经济’的区域，生生的黏合起来罢了”。

二、近代中国的社会性质:半殖民地半封建社会。在早期中国共产党人中，蔡和森最早使用“半殖民地”“半封建”之概念。在《向导》第1期上，蔡和森发表了《统一借债与国民党》一文，他指出，“中国在国际地位上早已处于半殖民地地位”。在其看来，由于近代中国同时存在两个胜负未分的阶级力量——封建势力和资产阶级，再加上逐步发展起来的无产阶级力量，中国的政治“必为半新半旧非驴非马的东西”，因此中国现在必是一种“半封建半民主的局面”。《向导》周报对近代中国社会性质的分析，一方面可以使我们更深刻地了解党在大革命前后期对国情的认识，以及对待革命的态度和策略;另一方面，20世纪20年代末30年代初的中国社会性质问题论战，是一场旨在用马克思主义理论分析中国国情的思想大论战，因此，客观地、实事求是地考察和研究这一时期的社会性质，才能更好地揭示当时历史发展的进程，准确地把握早期中国共产党人对当时国际、国内政治形势的认识。

三、革命成为近代中国政治的时代主题。其一，国内外政治形势决定着“中国往何处去”。早期中国共产党人以《向导》为宣传媒介，运用马克思列宁主义的观点和方法，立足于国际政治形势以调整革命政策、策略和道路。《向导》指出，帝国主义者对军阀的命运的操纵，制造中国的内乱，都表示帝国主义者在华权利不平衡之冲突，不解除帝国主义者在华的一切特权，那么，中国将永久不能脱离半殖民地的地位。其二，武装斗争是解决近代中国政治问题的唯一途径。帝国主义对中国的侵略和剥削加强了近代中国的半殖民地地位，因此造成了近代中国的国情是一个内受封建专制压迫、人民没有民主，外受帝国主义压迫、民族没有独立的国家。早期中国共产党人认为,中国社会与西方资本主义社会的情况有根本的不同,议会斗争更是一条“万万行不通的歧路”,唯有国民革命才是解决中国问题的唯一途径。其三,联合统一战线之策略以回应“中国问题的世界解决”。《向导》认为,中国的国际情形决定中国国民革命的特性是一面打倒国际资本帝国主义,一面打倒为其工具的中国军阀,是世界革命运动的一部分。

摘自《中北大学学报(社会科学版)》2022年第6期,刘向辉

严译《天演论》对社会主义思想在中国早期传播的四大贡献及其影响

严复所译《天演论》,至少从确立“物竞”观念、阐明“民惟安生乐业乃有以自奋于学问思索之中”的“唯物”思想、创译“乌托邦”和创译“事各视其所胜,养各给其所欲”等四个方面,为社会主义思想在中国的早期传播作了观念上的铺垫,在当时的中国思想界产生了广泛影响,也为近代中国先进分子接受社会主义和马克思主义作了思想理论上的准备。

一、确立“物竞”观念。严译《天演论》对社会主义思想在中国早期传播所作出的第一个贡献,就是确立了“物竞”即“斗争”观念。严译《天演论》“物竞”中的“物”,不仅指一般的人、人类,也指拟人化的“人”,即一切有生之物。因此,《天演论》中的“物竞”,实际上就至少包含了三层意义:一是有生之物(动物、植物、人类等)与外部环境的斗争。适应外部环境并在斗争中获胜者,才会成为“天”所选择者。二是我群我族与他群他族的斗争,强者胜弱者亡,优者胜劣者败。三是族群内部成员之间的斗争。严译《天演论》在探讨“物竞”时,虽然还没有形成明确的阶级观念,但是“强者”“弱者”等划分方法,实际上已经根据生存状况把人分成了不同的群体,非常接近后来出现的阶级观念。换言之,“物竞”观念为后来出现的阶级斗争学说作了观念上的铺垫。

二、阐明“民惟安生乐业乃有以自奋于学问思索之中”的“唯物”思想。把“物竞”视为人类社会发展的动力,这已经是非常接近唯物史观的观点,而更令人惊叹的是,赫胥黎原著中并未明确阐述经济或物质生活与政治、艺术等上层建筑之间的关系,严复通过其按语和“达旨”式的翻译,使译文带有了明显的唯物史观的色彩。

三、创译“乌托邦”一词。严译《天演论》导言八的标题为“乌托邦”,而查赫胥黎《进化与伦理》原书中并无“乌托邦”这一标题。严复将原书中 earthlyparadise(地上乐园)、Eden(乐园)、perfectsociety(完美社会)、idealpolity(理想社会)等西方文化中的神话或理想中存在的社会,译成了“乌托邦”。此处的“乌托邦”,含义十分广泛,与空想社会主义思想史上莫尔的“乌托邦”并不存在严格的对应关系。

四、创译“事各视其所胜,养各给其所欲”。严译《天演论》最早把世界社会主义思想史上著名的“各尽所能,各取所需”金句翻译介绍给了中国读者。“各尽所能,各取所需”是社会主义思想史上的一个重要信条。严复是最早将这一口号译介到中国的学者。他在《天演论》导言十一《蜂群》中,用“事各视其所胜,养各给其所欲”这 12 个字,把这一信条介绍给了中国的读者。

严译《天演论》对清末民初中国社会产生了广泛影响,也为中国先进分子接受社会主义和马克思主义奠定了思想基础。

摘自《理论学刊》2022 年第 6 期,王宪明、陈娟

对中国共青团创建时期基本经验的历史考察

中国共青团在百年奋斗的历史进程中积累了宝贵的经验。

一、中国先进青年全国性的群团组织的建立。鸦片战争后,中国的先进青年就开始为民族独立和人民解放而努力奋斗。但在很长时期内,中国先进青年并没有形成自己的群团组织。中国先进青年群团组织的建立活动,可以说是从 1917 年秋开始的。从这时起到中国共产党早期组织建立前,中国先进青年建立了一大批群团组织,体现了他们改造当时的中国社会、建立新社会的愿望,以及把这种愿望转化为现实的活动。但是,这些群团组织并没有一个统一的指导思想,也没有一个统一的改造中国社会的方案。但这些群团组织毕竟具有不同程度的先进性,并且在群众中产生了一定的影响,其中有些人后来接受了马克思主义,成为具有初步共产主义思想的知识分子,这就为建立全国性的先进青年的群团组织奠定了初步的基础。五四运动后,先进青年的群团组织不断增加,参加这些群团组织的人数不断扩大,共产主义知识分子的人数也不断增加。与此同时,由于李大钊、陈独秀等的指导,各地青年组织之间的联系也在日益加强。所有这些,都为建立全国性的先进青年的群团组织做了准备。1920 年 8 月,陈独秀等在上海建立了中国共产党第一个早期组织。同月,陈独秀委托该组织的成员俞秀松筹建上海社会主义青年团。经过党在上海的早期组织和党

在其他各地的早期组织的努力，中国社会主义青年团（中国共产主义青年团在当时称为中国社会主义青年团）于1922年5月在广州正式建立。

二、建立中国先进青年群团组织必须坚持党的领导。中国共产党不但提出了建立中国先进青年的群团组织这一任务，而且领导了这一群团组织的创建。首先，党在上海的早期组织不但领导了上海青年团的建立，也领导了其他各地青年团的建立。上海党组织不但同其他各地共产主义者进行联系，在各地建立党组织，或要求其成员在所去的地方建立党的组织，而且还要求各地党组织建立社会主义青年团。上海的党、团组织还将所拟定的社会主义青年团章程发送给各地，指导各地党组织建立青年团的工作。其次，党成立后加强了对青年团工作的领导。中国共产党第一次全国代表大会关注了青年团问题，要求发展社会主义青年团，同时积极吸收优秀青年团员加入中国共产党。在党的中央局和各地党组织的领导下，按照不同情况对青年团的组织进行恢复、改组、重建以及团员登记等工作，使各地青年团的工作健康发展。第三，党领导了中国社会主义青年团的正式建立。中国社会主义青年团第一次全国代表大会的准备、召开和各项议程，都是在党的中央局以及有关负责人的领导和参与下进行的。这次大会的召开，宣告了中国社会主义青年团的诞生。

三、青年团作用的发挥要围绕党的中心工作开展。青年团作用的发挥，是围绕着党的中心工作来开展的，党在当时的中心工作根据中共一大的规定就是组织工作，即组织工人进行反帝反封建斗争。中国社会主义青年团的创建过程，同时也是青年团在党的领导下围绕党的中心工作发挥作用的过程。首先，青年团的早期组织围绕开展工人运动发挥作用，主要进行了以下几个方面的工作：中国共产党领导各地青年团积极组织团员和进步青年学习和宣传马克思主义、中国共产党领导各地青年团积极组织团员和进步青年开展工人运动、中国共产党领导各地青年团积极为党和团组织培养干部。其次，中国共产党与青年团实际运动计划的制定。中国社会主义青年团的实际运动计划，体现在中国社会主义青年团第一次全国代表大会所通过的一系列文件中，主要有《中国社会主义青年团纲领》《中国社会主义青年团章程》《青年工人农人生活状况改良的议决案》《关于政治宣传运动的决议案》《关于教育运动的议决案》等，这些文件是在中国共产党中央局的领导下，由共产党人起草的，为青年团作用的进一步发挥指明了目标方向，提供了行为规范。第三，中国共产党与青年团成立后各方面作用的发挥。青年团的一大对团的工作进行了全面部署，提出了具体要求，促进了青年团工作的全面展开。青年团各方面工作的展开，如进一步加强青年团的自身建设，进一步开展工人运动、农民运动和学生运动，进一步扩大青年团在全国的影响力，都是在党的各级组织的领导下进行的。

摘自《中国青年社会科学》2022 年第 6 期，阎治才、张炜琪

马克思主义中国化“前史”研究的一部力作

——评《清末民初社会主义在中国的传播》

近年来，对马克思主义中国化“前史”研究的成果继续不断涌现，其中，王先俊教授所著的《清末民初社会主义在中国的传播》一书就是这方面研究的一部力作。仔细研读，笔者认为该部著作有三个方面的鲜明特色。

一、注重概念含义的界定。学术概念的清晰界定，是衡量一部专著学术水平的重要指标之一。就《清末民初社会主义在中国的传播》一书来说，最基本的学理概念无疑是“社会主义”。王先俊教授详细考察了社会主义概念的演变及其意义。正如王先俊教授所指出的，“社会主义”在该部著作中的含义更多是指广义的社会主义，而非专指马克思主义的科学社会主义。

二、遵循学术史研究的要求。从学术史研究的角度出发去审视问题，不仅是顺利开展学术研究的基本路径，也是严格遵循学术规范的基本要求。就王先俊教授的这部专著而言，可以从两个方面做出解读。其一，从改革开放以来中国社会主义研究（传播）史的角度出发进行审视；其二，要从王先俊教授本人的学术研究历程及其成果角度出发进行审视。

三、寻求跨学科方法的运用。研究中国社会主义传播史属于历史学范畴，自然要运用历史学的研究方法。此外，由于社会主义被视为一种思想和“主义”，因此对社会主义传播史的研究也应属于专门史研究中的思想史范畴，因而还需要运用跨学科的方法对其进行深入研究：其一，要注意运用比较研究的方法；其二，要把思想史研究与社会史研究进行结合。

王先俊教授的这部新著是马克思主义中国化“前史”研究领域的最新成果，它阐释的是清末民初社会主义的“中国化”，尽管其只是初步性的“化”，更多的仅仅是一种外化，但正是这种外化为后来马克思主义的中国化作了前期铺垫。

摘自《学习月刊》2022 年第 6 期，汪兵

从“劳心者治人”到“劳力者治人”：五四前后李大钊、陈独秀对“劳心劳力”的认知转变

在崇尚“劳工神圣”的五四新文化运动时期，“劳心劳力”问题对中国先进知识分子而言，是一个关乎政治、思想和伦理的社会问题。传统儒家认为，“劳心”还是“劳力”体现了人的智力、能力与道德的差别，由此形成了君子劳心而治人、小人劳力而治于人的社会分层。而作为要“创造政治上道德上经济上的新观念”的知识分子，则主张彻底消除劳心与劳力、知识与劳动之间的鸿沟与对立，坚决抨击儒家传统价值规范，打破传统的治与被治的等级关系。由李大钊、陈独秀、毛泽东、瞿秋白等人聚合而成的中国早期共产主义者群体有一个显著特征，即在从激进民主主义者向马克思主义者转变的过程中，呈现出重视劳动与劳动者的价值、颠覆传统劳心与劳力关系认知的趋势。

一、“四民皆工”：五四时代的新诉求。中国传统社会被称为以士农工商为主体的“四民社会”，四民社会又依“劳心”与“劳力”的不同被划分为治与被治的社会阶层。作为读书人的士始终为四民之首，承担着社会中枢的“治者”角色。直至五四新文化运动时期，同情劳工群体、认识到劳动者（劳力者）是社会的中坚和推动社会变革的依靠力量，逐渐成为一股社会思潮。“劳工神圣”理念开始“深印在觉悟者底脑筋中”，“‘劳工’成为人们追求的理想，而不是知识分子。这时人们想望的不是‘四民皆士’，而是‘四民皆工’。”这一时期，不论是马克思主义者、无政府主义者、工读主义者，还是孙中山、蔡元培这样的民主主义知识分子，或是像胡适这样的自由主义者，都会在不同程度和不同层面上关注劳动群体。

二、歧路相逢：少数人为先导的政治理念。李大钊、陈独秀作为中国早期马克思主义者的代表人物，并不是从一开始就认识到无产的劳动阶级的社会作用和对中国革命的重要性，而是经历了一个由同情至关注、认识，再至思考颂扬，直至最终认可的过程。这一认知过程始终伴随着“救国”与“启蒙”的思想主题，他们从国民与国家的互动关系中意识到劳动的必要性，并对劳心与劳力、知识与劳动、知识分子与劳动者等关系范畴进行了重新认知。民国伊始，中国的知识分子们对资产阶级民主政治充满了期望，各种报刊所讨论的问题也多是围绕

民主、宪政、法律等主题展开，李大钊、陈独秀对此亦抱有极大兴趣与期望。在1917年前的李大钊和陈独秀都从资产阶级民主共和思想中意识到民众的重要性，并开始偶尔涉及“劳心劳力”问题。

三、十月革命的炮声：李大钊的率先觉醒。俄国的二月革命和十月革命对李大钊和陈独秀的影响并不同步，李大钊对“劳心劳力”问题的认知发生根本转变要早于陈独秀，俄国革命的爆发促使他把关注的目光由上流阶级转到了中流阶级身上，并由此对底层平民产生了同情，最终关注到劳工阶级身上。在观察二月革命之后，李大钊对代表治者阶层的劳心者们越发失望，在由上流阶级把持的政权下，民意不能被理智地采纳，“再造中华”的希望只能寄托到和上级（上流）社会与下级（下流）社会相对的有恒产者的中级社会身上。反观此时的陈独秀，虽然和李大钊一样接触到了社会主义思想，但他认为资产阶级的民主共和思想更适合中国国情，他甚至把改造社会的责任仍托付于中等社会，而对平民的期盼，依旧停留在伦理觉悟的层面。

四、“五四”的力量：陈独秀的急剧转变。俄国革命虽然未能对陈独秀的资产阶级民主政治思想造成冲击，但随后而来的“一战”结束以及巴黎和会上中国外交的失败，使陈独秀对资产阶级民主政治立生疑虑，甚至对其最为推崇的法兰西文明也有所动摇。再者，通过对国内政治情势的观察，陈独秀意识到民主是带有阶级性的。出于对现实的反思和对资产阶级民主信仰的动摇，加之“劳工神圣”思潮的兴起和五四运动的爆发，陈独秀开始越来越关注劳动和劳动者。这时的李大钊，在经历五四运动的洗礼后，更加深了对马克思主义理论和实践的认知与理解。

五、殊途同归：知识阶级成为“先驱”与“连锁”。1919年底至1921年，随着对马克思主义理论认知的深化，李大钊和陈独秀对知识与劳动、知识分子与劳动者关系的认知与理解越来越具有马克思主义的理论色彩。1919年底至1920年初，李大钊先后发表了《物质变动与道德变动》《由经济上解释中国近代思想变动的原因》和《由纵的组织向横的组织》三篇文章，用马克思主义唯物史观和阶级分析观点重新诠释劳心与劳力这对范畴，突出劳力者的重要性。陈独秀在《谈政治》一文中同样运用马克思主义阶级分析理论论证民主的阶级性。正是由此认知，李大钊和陈独秀明确意识到知识与劳动、知识分子与劳动者关系的阶级属性问题。殊途同归的是，李大钊和陈独秀都为知识分子在社会革命中安排了合适的角色。在中国共产党成立之前，李大钊和陈独秀依据阶级分析的理论，打破了传统的劳心与劳力关系认知，从雇主与被雇者的角度，以劳动为标准把部分劳心者（脑力劳动者）纳入劳力者的范畴，这在一定程度上解释了早期中共知识分子为何能够有意识地将自己纳入无产的劳动阶级政党。

李大钊和陈独秀思考劳心与劳力、知识分子与劳动者关系问题是与当时的社会氛围相关的。晚清以后，随着西方政治思想的传入，传统儒家的统治陷入危机，特别是“国家”与“国民”概念的提出，打破了中国社会原有的士农工商“四民社会”结构，劳心者从身处社会中坚和枢纽的“治人”地位，一再降至平民，甚至沦落到“治于人”的境地。五四运动爆发后，随着崇尚“劳工神圣”的浪潮席卷而来，知识界开始反思和重新定位知识分子与劳动者的关系。李大钊和陈独秀对“劳心劳力”问题的关注焦点基本上遵循着由身处上等和中等阶级的劳心者转移至平民阶级，最终落至无产的劳力者身上的轨迹。正是遵循这种由上而下的认知路径和对知识与劳动、知识分子与劳动者关系的重塑逻辑，李大钊和陈独秀解决了由知识分子创建无产的劳动阶级政党的理论和实践难题，在建党的道路上实现了殊途同归。

摘自《山东社会科学》2022 年第 7 期，白冰

马克思主义在日本传播的进程及其对中国的影响

——以不同时期传播的侧重点变化为视角

19 世纪 60 年代明治维新以后，日本开始向西方资本主义国家学习，而西方社会的各种思潮也逐渐传入日本，也就是在此时，包括马克思主义在内的各种社会主义思想被首次传播到了日本。

一、明治维新后马克思本人与马克思主义在日本的初步介绍。最早在日本国内提到社会主义的是一些对社会主义充满着敌视态度的日本统治阶级。明治维新是一个不彻底的改革运动，日本仍然是一个高度中央集权式的政治体制，因此其统治集团必然要维护天皇专制，预防一切有可能威胁其统治的东西。马克思主义指导的无产阶级运动对欧洲产生了巨大影响，一些日本的统治者抱着“防患于未然”的目的在国内介绍社会主义，批评丑化社会主义运动，以防共产主义的“幽灵”游荡到日本。除这些日本统治阶级之外，在日本这一时期介绍到马克思主义的就是在“自由民权运动”中对天皇专制制度不满的日本中小资产阶级、知识分子。在这场运动期间很多中小地主、中小资产阶级以及知识分

子便以宣传民主自由为目的翻译出版了大量西方的思想著作，其中他们把社会主义也当成了西方民主主义的一部分，对马克思主义在内的各种社会主义作品进行了一定程度的宣传。纵观 1868 年明治维新到 1884 年甲午战争期间日本国内的马克思主义，可以看出传播的内容是以马克思本人的介绍以及马克思主义理论的大致介绍为主，没有深入去探究马克思主义的具体内容，并且存在或多或少的偏见与误解。

二、甲午战争后科学社会主义与政治经济学的传播。甲午战争的胜利对日本国内产生了巨大的影响。由于甲午战争之后日本社会中工人数量快速增加，而工人的生活条件更加困难，指导工人运动的马克思主义在这时迅速传播起来，以无产阶级革命理论的身份在日本工人阶级中形成一次传播高峰。日本国内涌现了一批社会主义者，如河上肇、幸德秋水、片山潜等，这些日本社会主义者翻译了大量马克思主义的经典著作，并发表了大量关于社会主义的文章。这些使得当时研究社会主义成为日本社会的一股潮流，极大促进了马克思主义在当时日本的传播。从当时传播的内容来看，马克思主义理论中的科学社会主义部分是研究与传播的重点，而马克思主义政治经济学的研究与传播起步较晚，马克思主义哲学部分涉及极少。甲午战争后到 1910 年“大逆事件”这段时间里，马克思主义中科学社会主义部分得到了进一步研究与传播，影响较为广泛。而马克思主义政治经济学的研究与传播仍然处于起步阶段。至于马克思主义哲学部分，在这一时期的各种关于马克思主义的作品中都极少涉及。1910 年日本发生“大逆事件”，日本政府对日本的社会主义者进行残酷镇压，进一步加强对社会主义者与工人们的监督与管控，使得当时的日本社会出现谈“社会”二字色变的情况，很多日本的社会主义者不得不流亡国外或者被迫隐居起来，日本的社会主义进入了“严冬时代”。

三、马克思主义在日本的复苏及政治经济学、唯物史观的传播。1912 年日本统治阶层政党派发动了“大正政变”，组建了真正的政党内阁，实现了政党政治，对社会的管理逐渐放松，进入一个被称为“大正民主”的时代。在“大正民主”时代里，日本政府对民众的控制减弱，社会中各类思想涌起，日本出现了近代以来前所未有的盛世局面，各种文化、艺术空前繁荣，自由民主气息浓厚，这些为马克思主义等社会主义思想在日本的复苏提供了条件。1915 年 9 月，日本的社会主义者界利彦与高畠素之出版了宣传社会主义内容的机关刊物《新社会》，这被认为是大逆事件后日本社会主义复苏的标志，随后河上肇、高畠素之等人翻译出版了大量社会主义著作，日本国内社会主义思潮再次涌起。1917 年俄国十月革命的胜利，让日本的社会主义者与广大工人在俄国的身上看到了日本未来的出路与方向，于是这时期大量的马克思主义原著和宣传马克思主义的著作被翻译出版。在马克思主义的指导之下，这一时期的日本发生了很多工人阶级运动，除了一系列的罢工之外，1918 年日本更是发生了震惊世界的米骚动事件，这些事件都说明了马克思主义已经开始与日本工人运动相结合。到了 1922 年 7 月，在第三国际的帮助下日本共产党终于成立，这标志着马克思主义在日本早期传播的基本完成。观察这一时段日本马克思主义者的研究内容与马克思主义在日本的传播内容，可以发现主要是对马克思主义政治经济学进行的研究与传播，另外此前一直很少提及的马克思主义哲学部分（主要是唯物史观）开始受到研究与传播，而关于科学社会主义部分的作品却有明显的减少。

四、马克思主义在日本早期传播的进程对中国的影响。甲午战争的失败让整个中华民族都感到一种奇耻大辱，同时下定决心向日本学习，由此促使 20 世纪初一股赴日留学潮的产生。马克思主义在日本早期传播进程对中国的积极影响主要包括两个方面：第一，促进了中国无产阶级思想的解放，为中国无产阶级运动兴起奠定了基础；第二，对中国共产党的成立作出贡献。20 世纪前二十年从日本路径传入中国的马克思主义思想对中国马克思主义的传播也带来了一些消极影响，这些消极影响很多是由于马克思主义在日本传播进程中存在着问题：第一，对马克思主义哲学重视度不够；第二，缺乏无产阶级运动的实践。

摘自《南方论刊》2022 年第 7 期，孟成全、罗雯

《向导》通信栏与中共早期党报党性、人民性特征的建构

《向导》周报是中国共产党的第一份中央机关报，是党早期新闻活动的“重要舆论阵地”。作为党早期新闻实践中最为重要的报刊，《向导》通过设置和运作通信栏，建立了党报与党员、群众之间的密切联系，从细微之处践行了党报的党性、人民性。据统计，《向导》“各地通信”和“读者之声”两大通信栏目共刊文 288 篇，占据了该周报全部发文量的 1/5。党的早期创始人和领导者如李大钊、瞿秋白、赵世炎、毛泽东、周恩来等均曾借助其讨论革命问题。

一、“各地通信”与“读者之声”：《向导》通信栏的创办。1922 年 8 月，中共中央在“西湖会议”上接受了共产国际的建议，决定创办《向导》周报。1922 年 9 月

13 日,《向导》在上海创刊,1927 年 7 月 18 日在武汉终刊,共出刊 201 期。《向导》周报是中国共产党的第一份中央机关报,是党早期新闻活动的“重要舆论阵地”。《向导》在第 3 期反映各地党支部动态的“各地通信”即已出现,第 7 期开始设立与读者沟通的“读者之声”。第 25 期起,《向导》增辟“寸铁”“外患日志”“什么话”“余录”等栏目,栏目设置日臻完善。“各地通信”与“读者之声”甫一设立,旋即成为地方党委领导人汇报党组织活动,反映各地政治、经济、工农运动动态的重要窗口。“读者之声”亦成为读者批评、讨论“本报的主张”(向导,1922—09—27)的园地。从创刊初期至终刊之日,上述两个栏目一直为党中央和《向导》编辑部所重视。

二、党与党报:《向导》通信栏中的党性实践。自 20 世纪 20 年代起,中国共产党在长期的革命斗争和新闻实践中吸收列宁的党报党性思想并将其本土化,逐步发展了成熟的党报党性原则,其内涵主要有党报应坚持党的领导,宣传党的理论、路线、方针、政策等。党性原则是马克思主义新闻观的核心,是任何一份党报都应贯穿于办报始终的宗旨。从第一份中央机关报《向导》起,党性便被贯彻于党报的编辑出版之中,并在《向导》通信栏中显露端倪。第一,全党办报。《向导》继承了“党报是要整个党的组织来办的”的党报思想,是“马克思派陈独秀们所办的”,拥有“一个‘笔阵庄严’整齐的无产阶级报刊政论家阵容”。“各地通信”的撰稿人大都受到了中共中央的委托及《向导》编辑部的邀约。第二,坚持党的领导。《向导》创刊和之后的编辑出版均被置于党的集中统一领导下。一方面,“党中央和党的重要会议经常检查、指导《向导》宣传,不断做出改进党报宣传的指示”。另一方面,党和《向导》编辑还对刊载的通信稿件做了严格把关,具体表现在:一是中共中央和《向导》编辑的约稿对象是地方党委领导人;二是中共中央和《向导》编辑虽允许读者对《向导》及其刊载的文章提出不同意见,但赞赏或批评都应为《向导》着想,应是出于爱护革命的至诚为打倒封建军阀、帝国主义实现民族解放而做的努力,不能违背党的原则;三是党报的性质要求党报“必须由已经证明是忠于无产阶级革命事业的可靠的共产党人来主持编辑工作”。中国共产党早期工作的实际和党报的教育宣传任务要求党报编辑必须由党的领导人担任,而且还要一身多任。第三,宣传党的纲领。《向导》“各地通信”集中报道了 1922 年 9 月至 1927 年 6 月间纷繁复杂的政治局势,记录了全国各地的重大事件和群众运动,记载了党的几次重大会议,揭露了帝国主义、封建军阀、国民党右派的伎俩,宣传了党的民主革命纲领。

三、党报与群众:《向导》通信栏的人民性。党报人民性内涵就在于党的报刊应是人民的报刊，应当“服务于人民群众”，“依赖于广大人民群众的最积极的支持”，“我们的报刊在反映人民的根本利益和社会发展的迫切任务的条件下，在不断地得到成长和发展”。《向导》通信栏的人民性体现在：第一，关注工农运动。社会底层的工农群众既是人民的主体，也是民主革命的基础，中国共产党是无产阶级的政党，反映全国各地的工农情况，动员、指导、记录、总结工农运动是党交给《向导》的任务，也是《向导》通信栏的重心。第二，听取群众意见。《向导》通信栏刊载了读者群众就《向导》的出版、发行、定价等问题提出的建议和批评，对于这些意见，《向导》编辑尽量采纳实行，或全部照办，或部分同意，找到了切实可行的改进办法。第三，教育引导群众。《向导》编辑在“读者之声”中就马列主义理论、党的革命路线纲领、当前革命运动等议题与读者展开讨论，他们借助“记者”回信表明了《向导》的立场和意图，反驳、纠正了读者群众的错误认知。读者来信、编辑回信促成了编辑、读者（也是作者）之间的多重对话，《向导》编辑给这个“众声喧哗”的对话一个明确的导向，引导读者在对话中主动接受党的思想主张，有效弥补了报纸定向传播的单一性，实现了良好的传播效果。

摘自《新闻大学》2022 年第 8 期，齐辉、陈康

《新青年》的革命话语与中国共产党革命意识的生成

《新青年》创刊于 1915 年 9 月 15 日，初期高举民主与科学、文学革命的大旗。十月革命后，刊物逐渐转向宣传社会主义、马克思主义，肩负起承上启下的历史使命。1920 年 9 月，从第 8 卷第 1 号开始，《新青年》成为中共上海早期组织的机关刊物。1923 年 6 月改为季刊，为中共中央理论机关刊物，共出 4 期；1925 年后为不定期，共出 5 号，1926 年 7 月终刊。在这一历史进程中，《新青年》杂志的“革命话语”亦经历了从“文学革命”到“社会革命”的转变与发展，催动着中国共产党革命意识的生成与演进。

一、现代意义的“革命”：《新青年》“革命话语”的前置语境。近代中西文明交锋与融合的历史逐步塑造着中国人的思想认知。在这个历史进程中，“革命”之意也从“改换天命”的传统意义过渡到特指欧洲或日本革命事件和革命派人士，再到文明、进步、彻底变革等现代意义。从鸦片战争到戊戌维新，“革命”的多种意义同时存在，但传统意义的用法日益衰减，现代意义的使用日益增加。随着戊戌维新的兴起与失败，“民主共和革命”思潮亦风起云涌，“改换天命”的

“革命”之义已不多见于中国知识分子的论述之中。到1915年9月《新青年》创刊之时，“革命”已是常用词，且不再具备传统含义。不过，戊戌维新以来中西文化的交融，尤其是“民主共和革命”思潮的兴起、传播与实践，足以赋予“革命”以许多新的内容，用来表达中国社会政治、思想、文化等方面的复杂变化，并形塑了《新青年》“革命”话语之历史语境，深刻地影响了中国共产党“革命意识”的形成与叙述。《新青年》的“革命”话语就是在这样的前置语境中出场并演变的，其遵循着这一语境的基本规定：“革命”的传统意义已被弃用，而其现代内涵——“对改变、改革的概括之抽象描述”和“对民主自由的追求之具体指向”——用来描述正义、彻底、积极、向上的变革，具有褒义、正面的意义。此外，“革命”一词在扬弃传统“革其王命”“王者易姓”之义的同时，并未舍弃其内在的“暴力”“暴动”性质。与此同时，伴随着“革命”现代含义的产生、运用，其又不仅仅具备“暴力革命”的一面，反而增加了“剧烈的非暴力、非对抗性的变革”之义。因而，《新青年》“革命”话语的演进，虽无须考察其词义之具体变化，但其内容却伴随着辛亥革命之后的社会发展变化而不断丰富。最终《新青年》“革命话语”从“剧烈的

非暴力的彻底的变革”转向“无产阶级的暴力的根本的变革”，其从中国革命实践中来，并持续呈现出新的革命内容。在这一过程中，中国共产党的革命意识亦随之建构起来，并影响着中国革命的发展方向。

二、文以载道：《新青年》文学革命与思想启蒙的互融互进。自“文学革命”倡导于世，《新青年》关于“文学革命”的理论探索与实践日渐兴盛。一方面，“文学革命”具有“文学”意义。为了适应文学革命的需求，文字要革命，文体要革命，标点符号要革命。在内容上，小说要革命，诗歌要革命，戏剧要革命。另一方面，文学革命具有思想意义。“文学革命”之“文学”从来都不是纯粹的文学，而是服务于时代变迁中的思想演进之需求。“文学革命”之于《新青年》首先体现为胡适提出的“文学革命八事”的主张。胡适提出的“文学革命八事”强调两个方面：一是文学精神之革命：言之有物、不摹仿古人、不作无病之呻吟。一是文学形式的革命：不用典、不用滥调套语、不讲对仗（文当废骈，诗当废律）、不避俗字俗语（不嫌以白话作诗词）、须讲求文法之结构。《新青年》同人讨论“文学革命”的内容几乎不出于“八事”之外，且不仅仅关注文学革命的内容，即思想、精神与情感，还特别重视形式，即文字表达、标点横行等。注重文学之思想、精神与情感，则衍生出“小说革命”“诗界革命”“戏剧改良”等讨论；注重文学之形式，则衍生出“中国现代白话文运动”“汉字改良”等讨论。在逻辑上，两者相互

促进;在时间序列上,两者同时并举;在结果上,文学革命——内容与形式进一步融合,新文学的产生与发展日渐向荣。如今,深究“文学革命”中白话小说、白话诗、戏剧改良的具体内容,不难发现《新青年》的文学革命承载着思想启蒙的历史使命。文学革命中的文学与思想乃互融互进,为日后的中国社会思想演进转型埋下了线索。

三、“社会革命”的凸显:《新青年》的革命话语与中国共产党革命意识的建构。《新青年》“文学革命”向着两个方向而进:一是反对中国封建道德观念、宗法礼教;一是倡导

自由人权,其思想意义全部体现在所刊载的各类文学作品之中。然而,文学从来不是《新青年》唯一的目的和追求。对于《新青年》而言,文学根本就不是目的而是手段,它不过是《新青年》特定时期的一个主题而已,“思想启蒙”才是根本,并带着与生俱来的“革命”意义:它要突破、彻底颠覆中国传统礼教、风俗、心理、习惯等,推崇资本主义工业文明中衍生而来的民主、自由与人权观念,这原本就是一个革故鼎新的过程。随着思想启蒙的逐渐深入、第一次世界大战的发展演进、俄国十月革命的成功与社会主义制度的建立,《新青年》关于“革命”的认识更加丰富与理性,少了些许文学的浪漫色彩,却多了几分社会革命的实践气息。“社会革命”在《新青年》的“文学革命”之后凸显出来,而文学革命则逐渐转场。社会革命意味着《新青年》关于中国社会改革的认识不再仅仅局限于文学与思想等观念层面,而试图付诸实践与社会生活。这意味着“流血”的阶级革命手段逐渐被以《新青年》为代表的先进中国人所接受。“阶级革命”之于《新青年》既是“社会革命”之手段,又是“社会革命”之目的,其内涵亦随语境变化而产生变化。《新青年》杂志上的“社会革命”大概有两层含义:一是指社会方方面面的彻底变革,包含着风俗习惯、文化艺术、法律宗教、政治制度等。一是指由下而上、以中下层民众为主体而进行的反对资本主义制度和资本压迫的革命,要求建立劳工政府,与劳工阶级、无产阶级相联系。不过,“社会革命”并非一开始就成为《新青年》革命话语的内核。尤其是季刊、不定期刊时期,“社会革命”与“阶级革命”“无产阶级革命”“十月革命”等词并存,共同构成论述中国革命思想的重要概念群。

1923年6月22日《新青年》复刊,直至1926年7月终刊。于此期间,“国民革命”成为中国共产党为实现“社会革命”之特定时期的选择。至此,《新青年》革命话语经由聚焦于“文学”,伴随着思想启蒙,过渡至“社会革命”,再转向“阶

级革命”和“无产阶级革命”，最终落脚于实践中的“国民革命”。此后，中国共产党以世界革命为背景、以思想革命为前兆、以社会革命为理想、以十月革命为蓝本、以阶级革命为手段、以国民革命为实践的革命意识逐渐建构成型。尽管中国共产党在不同的阶段对“革命”做不同的阐释与实践，但中国共产党革命之根本目标仍是“社会之彻底革命”——进行无产阶级革命，建立无产阶级专政和社会主义制度。

摘自《学习与实践》2022 年第 8 期，徐信华、徐尚思

从《先驱》到《中国青年》(1922—1927)：中国社会主义青年团早期机关报刊与青年引领

《先驱》和《中国青年》是中国社会主义青年团成立早期有影响的刊物，并先后作为青年团的机关刊物，它们以青年读者为对象，广受读者欢迎。青年团通过刊发各类文章配合组织传播的渠道，开展对青年的宣传和动员，同时，这两份刊物也是青年表达自己的心声和诉求的载体。

一、机关报(刊)作为政治宣传重要武器的历史溯源。报刊自诞生之日起，就与政治产生了错综复杂的互动关系，媒介通过介入、参与或者消解，对政治产生重要影响。自甲午战争后，中国主张变法维新的资产阶级改良派正式登上了中国的政治舞台，维新变法迅速发展成一股汹涌的社会思潮。报刊成为爱国的、有政见的知识分子的宣传和舆论阵地，维新派政治活动家成为办报的主角。维新派创办的《万国公报》(后改为《中外纪闻》)《强学报》是第一批中国政治团体机关报刊，主要宣传维新变法的政治主张，实现政治理想，成为开展维新变法活动的重要工具。戊戌政变后，改良派又创办《知新报》《清议报》等机关报，他们尤其重视报刊在政治生活中的作用。1900 年以后，以孙中山为代表的革命派也将报刊作为宣传思想、争取民众以实现革命理想的重要舆论工具。资产阶级革命派明确提出为革命办报的主张，公开承认自己的报纸是“党报”和“机关报”，强调报刊的工具性，把报刊视为革命斗争的有力武器，创办了兴中会机关报《中国日报》。此后革命派还创办了《重庆日报》《国风日报》等机关报，这种将办报与武装斗争结合起来，既是舆论宣传机关，又是组织联络机关的形式，是以后许多革命报刊的共同特点。同时，从报刊的运作模式等方面来看，革命党人的报刊仍沿袭了维新报刊的做法，突出了报刊的政治工具作用和舆论宣传功

能，使近代报刊成为政治斗争的工具。辛亥革命时期，资产阶级革命派创立《民报》《民立报》为其机关报，动员人民群众参加反帝反封建斗争，推翻清王朝和北洋军阀的统治，得到群众的拥护。到了北洋军阀专制统治时期，政党报刊又得以发展，除了北洋军阀各派系控制的御用报刊外，国民党创办和主持了《政治周报》《中国农民》《农民运动》《民国日报》《中国军人》等报刊，共产主义的追随者也开始创办报刊，如《向导》《先驱》《中国青年》《劳动周刊》《工人周刊》，并逐渐走上政治舞台。中国共产党的活动和报刊宣传紧密联系在一起，非常重视报刊宣传工作，中国共产党的党报作为党的事业的一部分，是与党的创立、发展一样，在斗争中曲折前进并发展壮大的。

二、社会主义青年团的机关刊物——从《先驱》到《中国青年》的创办。中国社会主义青年团的报刊与中国共产党的报刊差不多同时出现，其发展状况也与中国社会主义青年团建设情况息息相关。1920 年 8 月，上海共产主义小组成立后，各地共产主义者在早期筹建中国共产党的过程中，先后建立了社会主义青年团。1922 年 5 月，中国社会主义青年团正式成立，一方面配合共产党开展工人运动和农民运动，另一方面也加强对青年学生的领导。中国共青团作为中国共产党的助手和后备军，承担着共产党的政治先锋动员的使命，组织传播是其重要的职责，因此，需要通过报刊的集聚与组织。中国社会主义青年团中央第一个机关刊物——《先驱》于 1922 年 1 月 15 日创刊，创刊号至第 3 号由北京青年团组织主办，邓中夏、刘仁静担任主编。第 4 期开始迁至上海，由上海团组织主办，施存统主编，蔡和森、高尚德参加编辑，到 1923 年 8 月 15 日在上海终刊，共出 25 期。《先驱》主要通过各地团组织秘密发行，内容方面多宣传马克思列宁主义理论，报道和介绍苏联及国际共产主义运动的情况，并大量译载少年共产国际和各国青年运动的材料，团中央关于时局的主张、重大事件的宣言、重要通告，大都由该刊发表。《先驱》停刊后，新的团中央机关刊物《中国青年》于 1923 年 10 月 20 日在上海创办，后迁广州、汉口等地出版，1927 年 10 月后停刊，共出版 168 期，是中国共产主义青年团在第一次国内革命战争前后出版的机关刊物。《中国青年》积极传播马克思列宁主义，用生动活泼的形式宣传党的民主革命纲领，引导青年投入到反帝反封建的斗争中。《中国青年》以青年学生、青年工人、青年农民为读者群体，它的出现，使广大青年群体在广泛获取政治信息的同时，也将青年与政治产生紧密联系，青年聚集起来的力量开始对政治发展产生直接影响。因此，《中国青年》不仅是宣传机关，还被视为"青年运动的机关”。

三、《先驱》《中国青年》对青年的引领。《先驱》《中国青年》先后作为青年团中央的机关刊物，兼具组织传播与大众传播的功能。《先驱》面对青年干部和青年运动积极分子，通过他们影响更多的人，主要发挥组织传播功能。《中国青年》创刊后，包容性更强，它是一个面向大众青年的刊物，不排斥普通的青年群体，发行更为广泛，主要发挥大众传播的功能。第一，肃清不正思潮，提高青年的政治觉悟。作为青年团的机关报，《先驱》和《中国青年》充分发挥机关报的公信力与引导力，从一开始就确立了社会主义的立场，对于无政府主义等错误思想进行引导与纠正，用正确的理论、态度、方法，从正面和侧面集中对此进行了揭露和批判。此外，对国家主义派的斗争，也是共青团的刊物当时最重要的使命之一。第二，认清中国社会性质，做好革命指导。中国近代社会沦为半殖民地半封建社会，陷入落后挨打的境地，中国近代青年面临救亡图存的民族大任，其成长历程更为复杂而艰难，中国社会主义青年团建成后创立的机关报注重对中国社会实际情况的分析和研究，对青年运动进行引导，逐渐形成有中国特色的进步青年运动和具有青年特点的社会革命运动。第三，关注青年的切身问题，帮助青年树立正确的人生观。《先驱》较多地发表理论、政论以及青年运动的方向等文章，对当时青年的切身问题关注较少，因而在一定程度上削弱了它在青年中的影响。但在随后接替《先驱》出版发行的《中国青年》，使这一问题得到解决。《中国青年》的办刊宗旨就是要成为青年“忠实的友谊的刊物”，设置了极具现代传播特色的栏目——“读者来信”“青年问题”“民间调查”，青年读者可以通过报刊反映他们成长中的困惑和切身的问题，报刊对其进行解惑，以此帮助青年成长，树立正确的人生观。第四，加强社会实践，提高青年运动的水平。在青年运动的问题上，《先驱》主张从“单纯的学生运动到普遍的群众运动”。而《中国青年》倡导青年学生不要只是高谈阔论，而应该“到民间去”，才能获得群众的信任与听从，发动和组织农民参加群众运动，从而提升学生运动的水平。

四、《先驱》《中国青年》对青年引领的当代启示。其一，重视编辑队伍中优秀青年的“意见领袖”作用。青年是最容易受到群体间的相互影响，编辑队伍中的优秀青年更是青年群体中的“意见领袖”，他们将自己的革命经历和社会认识撰文并发表在报刊上，用生动的语言和满腔的热情，对广大青年讲道理、作指导，使先进知识分子、青年革命家与全体青年群体产生共鸣，形成命运共同体，从而扩大了《先驱》《中国青年》在青年读者中的引导力、影响力和传播力。其二，发挥机关报刊的宣传和组织作用。报刊在中国出现之时就是政治传播的工具，作为“组织的喉舌”的机关报不仅要大力宣传“党义”，还要毫不留情地进行路线斗争，报纸不仅反映舆论，还可以影响舆论，机关报就应“造就健全一致之舆论”，同化不同的思想舆论。机关报还要充分发挥其组织功能，《先驱》《中国青年》作为中国社会主义青年团的机关报，它是团组织的一个组成部分，必须服从党、团的领导，宣传党、团的纲领，尤其注意在关键时刻形成舆论合力，就起到了集体宣传与集体组织者的作用。其三，提高机关报刊“去塞求通”的传播效果。中国知识分子对于报刊功能的认识也在不断深化，报纸除了具有宣传主张的“喉舌”功能，还具有“去塞求通”“通上下之情”“通中外之故”的“耳目”（传播新知）的传播效果，“阅报愈多者，其人愈智”。共青团的机关报刊也要重视其多重属性，《先驱》《中国青年》十分重视青年的教育与成长，大量宣传马列主义，翻译国外青年领袖、重要人物的传记，译介国际共产主义领袖重要观点和各国青年运动的材料，使中国青年时刻感受着世界革命的气息，开阔视野，增长见识。

摘自《贵州师范学院学报》2022 年第 9 期，涂雨秋

《共产主义与知识阶级》与中国共产党的成立

《共产主义与知识阶级》是 1921 年 6 月在汉口印刷出版的单行本小册子，32 开大小，封面印着“著作者田诚”以及英文书名和英文“一切权力归劳动者”的口号。这本小册子全文 5000 余字，共 10 页，实际上就是一篇文章，目前珍藏于中共一大纪念馆。因为关于党的一大，国内迄今为止还没有发现一份中文原始资料，《中国共产党第一个纲领》《中国共产党第一个决议》等均是英文或俄文翻译过来的，所以出版在建党前夕的这一文本就显得弥足珍贵。

建党时期的一篇重要文献：《共产主义与知识阶级》的出现。《共产主义与知识阶级》一文的主旨就是通过对国际革命形势、中国各阶级现状的分析，教育有共产主义信仰的革命知识分子和工人农民结合，投身到无产阶级的革命事业中，同时以共产主义社会的根本观念为指导，澄清错误认识，分别就革命步骤及目标作了设想和展望，旗帜鲜明地提出在中国建立共产党的主张。从发表时间上看，该文出版于中共一大召开前的一个月，是与党的诞生有着密切关联、为建立共产党作理论指导的重要准备步骤，可以理解为早期马克思主义者为筹建中国共产党而写的政治宣言。从理论价值上看，该文对当时中国社会无产阶级革

命运动的诸多根本性理论和实践问题，如指导思想、革命道路、革命主体、革命步骤、革命策略等，都作了重要阐述。从写作背景来看，俄国十月革命的胜利推动早期知识分子在学理上开始研究马克思主义，各类介绍新思想的报刊、研究型社团、马列经典著作译本在这一时期如雨后春笋般涌现。

《共产主义与知识阶级》对中国共产党成立的历史价值主要在于：第一，立足中国的现实国情回答"为什么建党"的问题；第二，围绕共产主义的信仰回答"怎样建党"的问题。第三，结合知识分子的使命回答"建党以后做什么"的问题。

《共产主义与知识阶级》是《共产主义原理》与《共产党宣言》"二合一"的中国版。在《共产主义与知识阶级》一文中，虽然没有明确地提到《共产主义原理》和《共产党宣言》，但无论是从思想观点、行文结构，还是功能地位，甚至是语言风格来看，都可以清晰地感受到两篇纲领性文献对此文的深刻影响。从文本性质上来说，《共产主义与知识阶级》既是《共产主义原理》的创新版，也是写给中国知识分子的《共产党宣言》，是《共产主义原理》与《共产党宣言》"二合一"的中国版。

《共产主义与知识阶级》诠释了中国共产党成立的必然性与合理性。作为建党时期的一篇重要文献，《共产主义与知识阶级》虽然篇幅不长，但却生动展现出了早期共产党人将先进理论与中国革命实际相结合的探索与尝试，彰显了马克思主义知识分子的历史创造精神。中国共产党成立绝不是单一的偶发的"事件史"，而是近代中国社会运动和世界革命运动综合作用的结果，是经过精心组织和充分孕育而结出的时代之花。可以说，《共产主义与知识阶级》彰显了建党的合理性，诠释了建党的必然性，极大地增强了建党史的"丰满度"，对我们理解中国共产党是什么、要干什么这个根本问题有着重要的现实启示意义。

摘自《思想教育研究》2022 年第 9 期，李冉、葛世林

《星期评论》对社会主义的认知与宣传

五四时期，各种西方思潮涌入中国，极大地影响了中国的社会发展进程。受第一次世界大战和俄国十月革命的影响，社会主义成为五四时期"强有力的社会思潮"。《星期评论》对各种社会主义思想一视同仁，均持研究与批评的态度，其设想的社会主义道路本质上是孙中山的民生主义，但在当时，它对中国知

识分子选择马克思主义和社会主义道路仍有不可估量的作用。

一、"主义"满天飞：什么主义都有人谈。从甲午战败到五四运动是中国社会急剧变动的时代，同时也是中国社会急剧融入世界、与世界接轨的时代。在新文化运动的猛烈推进下，五四时期，中国是"主义"满天飞，用时人的话来说："甚么主义都有人谈"。《星期评论》是在新文化运动影响下创办的以宣传新文化、新思潮，倡导社会主义为主旨的刊物，五四时期的"主义热"在该刊上有淋漓尽致的反映。根据笔者的统计，《星期评论》上共出现"主义"一词 1416 次。该刊共出版 54 号(正刊 53 号，外加"双十纪念号")76 张，平均每张上出现"主义"一词达 18.6 次。

二、不谈社会主义，则不足以称新文化运动的出版物。社会主义是五四时期期刊的热门话题，这在《星期评论》上得到了很好的印证。社会主义一词在《星期评论》中出现频次最多，达 257 次。《星期评论》上共有 60 篇文章提及过"社会主义"这一词；《星期评论》上共有 34 号 45 张出现过"社会主义"一词。五四时期，中国人对社会主义的热烈欢迎不仅表现在报刊上。1923 年，在北大 25 周年纪念日举行的有各界民众参加的民意测验中，信奉社会主义者以 291 票名列榜首。

三、社会主义，其概说既广，学派亦甚复杂。五四社会主义思潮的复杂性，在《星期评论》上有着充分的反映。除了社会主义这一名词以外，其余与社会主义思潮有关的概念还有共产主义、无政府主义、马克思主义、珊地加利主义、过激主义、布尔塞维主义等 46 个，加上几尔德社会主义、科学的社会主义、国家社会主义等 10 个含"社会主义"的名词，共有各种社会主义概念 56 个。五四时期传入中国的各种社会主义思潮不仅名目繁多，而且人们对这些思潮和概念的认识也和今天有一定的差别。

四、社会主义：反抗资本主义经济组织的时代精神与社会运动。虽然《星期评论》上介绍的社会主义思潮和流派很复杂，但作为五四时期舆论界的明星和当时宣传社会主义的先锋，《星期评论》对什么是社会主义，作出了不少的探索。在《星期评论》上，戴季陶提出的社会主义为"世界的时代精神"说。李大钊一方面强调社会主义理论的纷繁复杂，另一方面点明了各种社会主义学说与思潮的共同特点在于反对资本主义。反抗资本主义是社会主义最醒目的特征。在《星期评论》上，戴季陶等人考察了资本主义与社会主义之间的关系，强调社会主义是资本主义发展的结果。综合李大钊和戴季陶对社会主义的认识，我们把《星期评论》对社会主义的基本认知概括为"反抗资本主义经济组织的时代精神与社会运动”。与恽代英和冯自由对社会主义的认识相比较，可以很明显看出，《星期评论》对社会主义的认识，不仅完整地体现了社会主义的正当性和正义性，而且凸显了社会主义一词的“时代性”——社会主义不是一般的追求公平正义的运动，而是在资本主义时代反抗资产阶级不合理政治和经济组织，维护劳动者的合理权益，谋求实现社会和谐的运动。显然，就五四时期而言，《星期评论》对社会主义的认识确实达到了一定的高度，是当时的佼佼者。

五、物质文明不高，不足阻社会主义之进行。社会主义是时代精神，是现代文明的产物，但这并不意味着古代文化中没有社会主义的思想因子。在《星期评论》上，戴季陶等人发掘了不少中国传统文化中社会主义的思想因子。戴季陶认为，中国有着丰富的社会主义思想资源，社会主义思想在中国源远流长，中国古代的社会主义思想丰富多彩。戴季陶等人在《星期评论》上还多次对未来的理想社会进行了构想。综观《星期评论》上关于未来社会的构想，不难发现，戴季陶等人在尊重社会主义的一些基本原则，如人人平等、各尽所能、各取所需、共同劳动、自由发展等的同时，还非常肯定自由、民主、人权等资本主义时代所取得的人类文明的积极成果。在《星期评论》上，戴季陶等人还提出了类似“物质文明不高，不足阻社会主义之进行”的思想，主张尽早在中国推行社会主义政策。戴季陶、朱执信等人在《星期评论》上的这些言说，与五四时期中国众多社会主义者对社会主义的认识有着共通性，反映了当时中国知识分子对社会主义的憧憬、向往和信赖，也是后来众多先进分子选择用社会主义救中国的缘由。

《星期评论》是五四时期“舆论界的明星”，该刊在积极传播新文化、新思潮的同时，把介绍和研究社会主义作为自己的办刊特色，成为五四时期重要的“社会主义论坛”之一。《星期评论》把社会主义看作时代精神，介绍的社会主义思潮种类繁多，有马克思主义、布尔塞维主义、无政府主义、珊地加利主义、基尔特社会主义、I. W. W. 主义、互助主义等，希望通过比较、综合，探索一条适合中国社会发展要求的社会主义道路。在孙中山民生主义思想的影响下，戴季陶等人热烈欢迎社会主义，主张中国顺应世界大势，积极采用社会主义的原则和精神，跨越资本主义发展阶段。尽管《星期评论》只是把马克思主义作为西方社会主义思潮的一种，并没有给予特别的关注，其设想的未来中国的社会主义道路仍然是孙中山的民生主义，但在当时，它对中国知识分子选择马克思主义和社会主义道路产生了不可估量的推动作用。

摘自《学术界》2022 年第 10 期，杨宏雨

异音同位:思想史视野下的《学衡》与《新青年》

1922年1月,《学衡》杂志在南京创刊,其以“论究学术,阐求真理,昌明国粹,融化新知”为宗旨。围绕该杂志,聚集于东南大学的一批海归学人以白璧德的新人文主义为文化立场,开始了对以《新青年》杂志为代表的新文化运动的发难。作为彼此相对而出的文化岸头,犹如两座伟岸的“青山”虎视着对方。由此,《学衡》与《新青年》一百年来的异音交织也就成为思想史上难以绕开的学术命题。如同我们看到的那样,有学者指出《学衡》与《新青年》的大相径庭之处,亦有学者指出《学衡》与《新青年》的相同部分。环顾当前,学术界对于《学衡》与《新青年》的异同更是莫衷一是。在笔者看来,究其实质,这是因为异音同位、大同小异的声音交错在两派的论争之中。进一步说,即是以自由和理性为导向的“学衡派”与“新青年派”,有着共执的区间与区位。

话语冲突背后的精神契合。白话文运动的胜利可以说是《新青年》最大的成功,“新青年派”很自然地将此视为其所发动的思想革命、文学革命完胜的标志,“学衡派”以白话文作为“攻击”点,正是找到了“新青年派”的制高点。胡适自认为的《学衡》“几乎专是攻击我的”,其实只是“学衡派”以胡适为切入口向白话文的“开刀”,从根本上说,《学衡》“攻击”的、针对的是陈独秀、鲁迅、钱玄同等人不破不立、去一取一的思维模式以及非此即彼的逻辑。《学衡》同仁指出不能轻率地判定“何者为新?何者为旧?”所谓“新”,一定是从旧传统的源流中喷涌而来的。因此,“学衡派”知识群体在本质意义上并不是要保护“旧”,也不是要否定“新”,他们之所以反对“新青年派”,一方面在于对“新”与“旧”关系的不同认知,另一方面在于他们认为“新青年派”引介到中国的是“一偏”的文化理念。而《新青年》同仁中的“改良派”也有宽容、民主、渐进的成分包含其中,以胡适与周作人为代表,这也正与《学衡》同仁所主张的“中庸”“节制”有着“同位素”气质。不言而喻,《新青年》与《学衡》有着高度的契合。

异位同音下的文化承诺。虽然五四时期科学主义、人道主义占据上风,但是细分之后,胡适、周作人还有陶孟和、傅斯年等人的人文主义情意还有较为浓厚的一面。如果将《新青年》同仁分为左、中、右三个派别,以胡适、周作人为代表的中派和右派还是占据多数的,这就将《学衡》与《新青年》勾连起来。因为同样是在寻绎现代性的开放观念下,无论是“学衡派”还是“新青年派”,自由、理性、宽容等都是二者共执的理念。二者外在的精神气质和内在的精神气息具有同一性。这些对于《新青年》内部的讨论来说，是同途殊归；对《学衡》与《新青年》的论争来说，则是殊途同归。可以说，《新青年》与《学衡》"你推我搡"的激烈论争"绝不是"你死我活的敌对。透过杀气腾腾的文字官司，我们看到更多的是其"大同小异""异音同位"的统一性和归属性。在他们对峙、争论、冲突的背后，其实乃是更深层次的同气相求。双方在"民主""科学""爱国""进步"的砝码上完全是并行不悖的，双方以"舟车两轮""鸟之双翼"格局在各自选择的现代性道路上演绎着自己的承诺与担当，在"继往"与"开来"中孜孜以求。

摘自《史学月刊》2022 年第 10 期，张宝明

探寻中国马克思主义的思想史源头

马克思主义在中国早期传播文献是中国马克思主义的文本源头，是马克思主义中国化思想启程阶段的历史见证。

一、从文献中重新发现历史。马克思主义在中国早期传播文献，目前仍存在"看不到""看不全"和"看不真"的问题。已整理出版的文献数量只是思想史过程中实际存在的文献数量的冰山一角，且多是仅节选了底本中与早期传播相关的部分章节和内容，而对底本的全貌并无呈现。研究者管中窥豹，无法了解作者的整体思路和中心思想，往往导致理解上的偏差，偏离作者的思想意旨。马克思主义在中国的传播，是在一个长时段内发生的，需要从长时段的视野去把握。如果我们把视野往前延伸，早期传播的起点至少可以回溯到 1871 年。从这时起至 20 世纪 20 年代初的半个世纪，有相当数量的与社会主义和马克思主义相关的文献从欧洲、日本、美国等地传入中国，对中国知识界产生了重要影响。文献整理是对文献收集的扩展和历史认识的深化。马克思主义在中国早期传播文献是一座富矿，对其挖掘的广度和深度，决定了早期传播的历史研究能否走向思想史的深处。一是中国外交官、知识分子在日记、新闻、报道或游记等中对马克思、恩格斯、列宁等的生平事迹、思想和革命行动的报道，以及对欧美社会主义运动和苏联社会主义革命和建设情形的记录。二是经典著作的译本。在 1921 年之前，传入中国的马克思主义经典著作主要以节译本形式出现。三是介绍、阐释和研究类著作。这包括两方面，其一，国外学者和政治家的相关著作的中译本；其二，国内学者和政治家的相关著作和文章。四是各种中文报

刊所刊载的与马克思主义相关的文献。五是相关在华外文文献。一方面，来华西方人在华创办的英文报刊；另一方面，19 世纪末 20 世纪初，国内文献机构从国外引进的外文（主要是英文）原版文献。

二、从范式中重构历史。马克思主义在中国的早期传播发生于近代中西文化交流的时代环境中，是一个涉及多层次、多维度、多面向的立体的传播过程，单线条和粗放式的研究范式远不能充分展示这一波澜壮阔的历史过程。研究者需要在文献史料的基础上，运用不同范式呈现早期传播史的不同侧面，重构马克思主义早期传播的历史图景，还原早期马克思主义在中国文化网络中的历史坐标，揭示早期传播的历史意义的多样性和丰富性。马克思主义是近代“西学东渐”大潮中的重要一支。一方面，大凡新事物、新观念的传入都以新名词的出现和新概念的使用为依托和开端。新名词和新概念的创制、传播、调适和定型的过程，反映了马克思主义在中文语境中被认识、接受和消化的过程。另一方面，马克思主义在中国的早期传播，是在中国由传统向现代转型、从文化保守向积极学习西方文化的“古今中外”的大背景下展开的，马克思主义从传入伊始的涓涓细流，逐渐发展成为磅礴大潮中的主流。从这两方面来看，马克思主义早期传播史研究既需要考察马克思主义是如何由名词而概念，由概念而观念，最终为中国人所逐渐接受的，又需要从宏观视角考察它是如何在近代中外文化交流的大潮中逐渐由域外文化转变为中国文化的。

第一，概念史视角中的传播史。马克思主义传入中国的过程也是马克思主义观念谱系中的关键术语和核心概念逐步确立的过程，译者对域外文献翻译的过程也是其在浩如烟海的中国语汇中寻找对等词的过程。这些经过重构、形塑、调适和诠释的新术语和新概念成为表达马克思主义的语义载体，为新思想在中国的引介奠定了思想基础，拓展和形构了马克思主义的知识图景。新的词语只有与本土社会和政治经验结合起来，具有明确的意义和指向功能，在传播中得到认可，才能成为被普遍接受的有效概念。19 世纪末 20 世纪初，大量属于马克思主义观念谱系的术语被译介为汉语。新传入和产生的术语，经过赋义、竞争、调适、修正等过程后，与中国社会和文化相勾连，语义逐渐演变和丰富，逐渐成为马克思主义概念谱系中的基本概念。

第二，传播学视野中的传播史。从传播学的视角来分析马克思主义进入中国的“传播”特性，必然涉及传播语境、传播主体、传播受众、传播内容、传播路径、传播特征和传播机理等问题的认识。这里以传播语境、传播主体、传播路径为例略作分析。从传播语境来看，首先，马克思主义传入中国，最终为中国人所接受，除了马克思主义学说本身的科学性和真理性，还在于马克思主义回应了中国的时代问题，为彻底解决中国近代以来积贫积弱的社会问题以及革命行动提供了理论指导。其次，马克思主义最初是作为西方新思潮的一部分传入中国的，是在与各种新思潮的碰撞、交流和交锋中逐渐被中国人所认识、鉴别、选择和接受的。就传播主体来说，早期传播的热潮并非仅是由少数几位主要人物所掀起和推动的，而是整个传播群体所合力铸就的。早期传播的群体是一个数量庞大、成分复杂、倾向多元、前后接续的队伍。从传播动机上看，20 世纪一二十年代传播马克思主义的群体总体上可以分为两类：一类是“无心插花”者，即只是将马克思主义作为一种新学说介绍于国人，思想上并非信仰马克思主义，如部分维新志士和部分国民党人；一类是“有心栽柳”者，即在研究马克思主义的过程中，接受了马克思主义，开始以马克思主义为指导解决中国问题，如早期共产主义者。就传播路径来说，马克思主义从日本、欧洲、美国和苏联向中国传播的路径存在差异，马克思主义传入中国的源流关系和传播路径（西欧—日本—中国；美国—日本—中国；西欧—中国；西欧—美国—中国；西欧—苏联—中国；苏联—中国）对中国人所阅读、理解、接受和运用马克思主义产生了不同的影响。这就需要采取多种语言文本对照的方式进行研究，比较不同地域的翻译者、阐释者对马克思主义所作解释和理解的共性和差异性，理解不同渠道的文本之间的源流关系和“互文性”，理解文本在翻译和转呈过程中的旨趣变异和涵义嬗变。

三、中国马克思主义话语和学科的萌蘖。清末民初的知识分子在译介马克思主义学说时，具有频繁使用中国传统文化中的话语概念来表述马克思思想学说的特点。这种融通中国传统文化与西方思想学说的思考方式和语言体系，对马克思主义的大众化传播和后来的中国化进程均产生了深远影响。马克思主义是与西方哲学社会科学同时传入中国的，一开始就渗透和融合在历史学、经济学、社会学、政治学、法学等哲学社会科学各学科中。马克思主义在中国的早期传播促进了中国马克思主义学科的发轫，中国近代“新兴社会科学”即以马克思主义为指导的中国哲学社会科学由此逐步生发。中国马克思主义学科的发轫也表现于马克思主义成为中国高校课程的组成部分，这为系统研究和传播马克思主义提供了学科依托。从 1920 年 10 月开始，北京大学就在史学系、政治学系、经济学系等系开设和正式讲授马克思主义理论课程。马克思主义在中国的传播经过大学的普及，受众逐步扩展于更多青年学生群体，范围不断扩大，理论化、系统化程度不断提高，中国教育的马克思主义课程由此发端并逐步展开。

摘自《中国社会科学》2022 年第 11 期，孙代尧、路宽

该文被人大复印资料《社会科学文摘》2023 年第 2 期转载

“五卅”前后中共革命思想在日本的传播

——以东京《国民评论》为中心

东京《国民评论》是由“中国国民党东京支部”于 1925 年 6、7 月间在日本创办发行的革命报刊。该刊由“国民评论社”在日本东京编辑出版、以半月为发行周期，用中文采编，“总代派处”为“中国国民党东京支部”，通讯处设在“日本东京西巢鸭宫仲二四四五番地”，主要面向在日本的华人、华侨及留学生群体宣传国民革命理论和反帝反封建主张，由黄克谦、梁希一、李兆龙、王树声等旅日中共党员担任主要撰稿人，现存 3 期。这份长期以来并未受到学界关注的海外革命报刊为我们研究国民革命时期旅日中共组织在日本的革命活动提供了难得的“新材料”和“革命思想传播”的新视角。

一、旅日中共组织与东京《国民评论》。1921 年上半年，“经与上海、湖北、北京各地的同志协商”，陈独秀正式委任施存统与同在日本留学的周佛海二人为中共“驻日代表”。至此，中国共产党在日本的组织正式建立。1923 年 1 月，在施存统正式担任团中央书记半年后，林孔昭、马念一、李人一三人开始在东京的中国留学生中组织“中国社会主义青年团留日组”，通过广泛“联络留学生”和“加入侨日救济会”等方式在日本留学生和华人华侨中开展革命的宣传动员。作为建立于海外的地方组织，中国社会主义青年团留日组开展革命活动的对象主要是在日本的中国留学生和华人华侨。按照中共早期党、团组织间关于青年工作和学生运动的明确分工，加之施存统个人在中共党内任职的调整，中国社会主义青年团留日组事实上成为了中共在日本开展革命活动的主体力量。从具体的运作情况看，旅日中共组织的主要活动地是日本东京，以秘密方式开展工作，骨干成员之间大多有着“同乡”或“同学”关系。总的来看，中共中央对于国共合作的具体安排部署、旅日中共党员加入国民党东京支部以及国民党东京支部此后所作出的一系列人事安排、费哲民等国民党员的政治倾向等因素，都

为东京《国民评论》的创刊特别是旅日中共党员得以主导这份刊物的采编工作，进而运用其传播革命思想创造了便利条件。

二、国民革命"正当性"的话语建构。东京《国民评论》的创刊动机在于宣传国民革命思想。按照创刊号所刊登的发刊辞《我们的态度和主张》一文的说法，东京《国民评论》就是要改变"留东学界关于出版方面、竟寂寞得到了销声匿迹的田地"的局面，促使在日本的华人华侨和留学生"都来加入国民革命战线的工作"。黄克谦、梁希一等旅日中共党员通过在东京《国民评论》上发表政治宣传文章，以中共中央的政策与决议为依据，援用马克思列宁主义的阶级革命和民族革命理论，围绕国民革命这一核心概念并聚焦在正当性问题，展开了一系列的话语建构行动。旅日中共党员们之所以努力围绕国民革命的正当性展开话语建构，主要出于两个方面的考量。其一，是为"国民革命"这一并非由中国共产党人发明的概念注入新内涵；其二，与彼时海内外舆论界较为普遍地存在反对革命、提倡改良、改造的声音有关。黄克谦在东京《国民评论》上发表的《革命一元论与现代革命形势》一文，试图从革命本身的进步性质、世界发展的潮流趋势和中国社会的现实需要三个方面建构国民革命的正当性。黄克谦指出只要不革命，一切都是"空谈的救国方法"，而只有"内而国民同心协力向军阀进攻，外而全世界被压迫阶级、弱小民族联合起来向帝国主义进攻"的"国民革命"才是"救国的真方法"。国民革命也因为与救国绑定在一起，而被赋予了某种正当性。重释历史是旅日中共党员们建构国民革命正当性的重要手段。为了论证国民革命的正当性，他们以"反帝"为视角重新审视中国近代历史，建立起了一个"八十余年来的中国，无日不在帝国主义侵略残害之中"的完整的历史叙事。

三、"在地化"的革命舆论动员。旅日中共党员们要将国民革命从话语、理论转化为实践，舆论动员是一个不可或缺的中间环节。1925 年在上海爆发、进而波及全国的五卅运动则为这种舆论动员工作的开展创造了条件。五卅惨案发生后，包括旅日中共组织在内的中共各地党、团组织在中共中央的指挥下迅速反应，组织动员当地民众作"反对帝国主义"的"中国民族自由运动"。7 月，《国民评论》"五卅运动"专号在东京出版。值得注意的是，旅日中共党员们围绕五卅运动而开展的舆论动员有着明确的目标对象——旅居日本的华人华侨和留学生，这也使得这种舆论动员行动呈现出明显的"在地化"特征，成为中共早期革命舆论动员的一个典型的地方实践。动员舆论需要晓之以理，更要动之以情，激发华人华侨和留学生的民族情感是实现将五卅运动纳入以反帝为主题的国民革命叙事的关键。旅日中共党员们激发民族情感的一个基本方法，是以激烈的语言呈现了列强欺侮中国人的事实，并用这些事实作为民族悲惨命运的例证。如果说激发民族情感是旅日中共党员们动员舆论的主要手段，那么灌输阶级意识和阶级革命观念才是这场舆论动员行动的真正意图。为了更好地灌输阶级意识和阶级革命观念，动员革命舆论，旅日党员们还将中日关系的走向以及日本当地的时事政治动向融入对五卅运动的革命叙事中，以一种更为在日本的华人华侨和留学生所熟悉的、易于感知的言说方式，促成其对国民革命和民族情感的双重认同。一方面，他们专门对五卅前后日本舆论界流行的所谓“中日亲善”说予以抨击，提出了“阶级基础”是中日亲善的前提的新解释；另一方面，他们通过搜集和罗列日本媒体关于本国工人和学生声援五卅运动的新闻报道以证明五卅运动得到世界无产阶级援助的有利形势。

“用国民党的名义”做共产党的宣传，这是五卅前后旅日中共党员以东京《国民评论》为媒介展开话语建构与舆论动员的一个重要特征，也是这份由旅日中共党员主导的革命刊物作为中共早期政治传播个案的独特价值所在。就其效果而言，以东京《国民评论》的革命思想传播实践为例，我们一方面看到这种传播模式确实在一定程度上使得中共在日本的革命宣传“声势与功效比较扩大，而且集中”。另一方面，我们也不能对这种传播模式所产生的实际效果有过高的估计。事实上，这种传播模式在实践的过程中还为传播效果的产生制造了不少阻碍，这种阻碍尤其体现在对于传播效果的政治意义的削弱。在旅日中共党员依托东京《国民评论》的革命思想传播实践中我们看到，在国民党的名义之下，旅日中共党员们不得不在大段引用马克思列宁主义基本原理的同时极力撇清中国革命与共产国际和苏俄的关系，极力澄清国民革命与所谓“赤化”“过激”的不同性质。与此同时，在面对国民党内部的反对势力时，在保持组织独立性和维护合作局面出现冲突时，用国民党名义开展革命宣传的中共党员们往往面临进退两难的尴尬处境。这种特殊的传播模式使得这份刊物的读者事实上很难意识到这份刊物的共产党属性。直至今日，这份刊物也并未被纳入中共红色革命报刊的历史谱系之中。

摘自《学术月刊》2022 年第 11 期，唐荣堂

五卅运动前后的中国青年

——从美国媒体的视角来观察

1925年五卅运动爆发。在西方媒体看来,1920年代是中国学生处于历史舞台中心的时代,他们在中国民族主义兴起过程中扮演了一个主要角色,这是中国所独有的,涉世未深的青年学生群体主导了历史发展方向。西方的报道还透露了学生运动的一些弱点,包括缺乏知识、经验和准备等。也正是因为这些弱点,虽然他们是中国启蒙运动的主力军,但却不可能成为中国革命的主要动力和领导力量,日后逐步把历史的中心舞台让给了农民运动和工人运动。

一、中国青年学生思想的觉醒。1920年代,中国青年学生不断对政治问题发出声音,显示出他们是中国变革的最中坚力量,是推动社会进步的主要动力。1920年8月,《密勒氏评论报》发表了一篇北京学生的宣言,宣言中可以看到当时的学生已经在考虑从立法、司法、行政、政治、教育入手,对中国进行全面改革。他们不再仅仅是热血沸腾地加入一场又一场的政治表达和示威,不再满足于登高一呼的爱国激情,而是开始对中国的未来有一个通盘计划,体现出非常理性的考虑,是为了中国的长治久安,而非短期目的。从这个宣言中还可以发现美国的影子和影响力,因为其中所表达的三权分立、政治统一和发展教育等都是美国媒体所一直向中国建议的。1921年11月,《卫理公会评论》发表哈钦森(Paul Hutchinson)的文章《中国学生思想的觉醒》,指出五四运动标志着一场“最终真正改变中国命运的学生运动”的开始。1920年代的中国学生运动波澜壮阔,一直受到美国舆论的关注。1921年5月28日,乔治·达顿(George Danton)发表《中国的学生运动》一文,指出在学生运动中,男女学生都表现出了同样的爱国热情。也许正因为学生们表现出来的这种热情,“吸引了中国工人也加入了这场反抗”,与学生一起抵制日货。虽然五四运动以后学生运动有所平息,爱国主义热情在某种程度上也有所消减,但学生们作为一个群体,使“愤世嫉俗的情绪”开始转向了“推翻政府”的道路。

二、学生与五卅运动。从1925年的五卅运动中,美国媒体看到了中国学生的新动向。1926年的《当代史》杂志有一篇托马斯(Rudlay Thomas)关于中国学生运动的长篇评论,题目为《中国学生是革命先锋》。这篇文章对五卅运动的前因后果,有着详细的描述和分析。美国教育家保罗·孟禄(Paul Monroe)在

1926年的《论坛》杂志上发表了《中国的学生政治》一文。根据他的观察，那些十分激进的学生恰好是“很少受到教育的人，部分是初中和高中的青年人”。对于许多西方的观察者来说，中国学生居然在政治舞台上扮演着如此重要的角色，似乎是不可思议的。西方观察者注意到，学生的分布和居住模式也会影响到他们的政治倾向和集体行为。美国媒体也看到了学生群体的变化。托马斯便认为学生运动明显地代表了“对已有权威的反抗”，他看到“自由弥漫在空气中，学生要求最大限度的自由”。受过新式教育的学生不再迷信权威，进步和改变的想法取代了传统的保守观念，他们要求拥有思考和决定的自由。但在托马斯看来，现在学生的思想在相当程度上还是洋务运动时期的中体西用那一套，向西方学习的无非是技术，而非吸取西方文化中的精髓。

三、教会学校与中国启蒙思想。教会学校可以说是中国近代教育的先驱，然而到了1920年代，由于反西方和反基督教情绪的高涨，教会学校也受到了质疑和批判。哈钦森在《卫理公会评论》发表的《中国学生思想的觉醒》一文中，便讨论了基督教是否适合中国的问题，这也是当时中国学生普遍关心的问题。从基督教对中国近代教育的影响来看，其无疑是有积极的一面。相关研究证明，中国近代以来的西方传教事业，是以传教士到中国为主体，但同时他们也在推动传教的本土化。教会学校培育了大量社会所需人才，其学生还成为学生运动的主力军，有的成为著名的基督教学生运动领袖，或身兼牧师与企业家，以双重身份为中国的发展竭心尽力，或致力于基督教的农村社会工作，为社会与同胞效力。然而，五四以后的学生运动有一个明显的转折，就是非基督教运动，这是对19世纪末以来基督教特别是教会学校在中国迅速发展的一个反应。美国媒体注意到了中国出现的反宗教倾向。托马斯在文章《中国学生是革命先锋》中，分析了学生“对基督教越来越怀有敌意”的三个原因。第一，由于当下“唯物主义思考的习惯”；第二，学生经常怀疑基督教传播者的“动机和诚意”；第三，中国的教会学校都是由外国人或直接或间接控制的。1920年代的教会学校受到来自知识界和学生的严峻挑战。他们也在考虑怎样适应中国政治和社会的剧烈变化。

四、爱国主义与民族主义。西方观察者认识到，学生们“高涨的爱国热情是不容否认的”，而且他们对时事充满着关注。按照托马斯的分析，1925年五卅运动爆发，学生马上自我定位，成为“新爱国主义的倡导者以及对抗外国帝国主义威胁的拯救者”。正如托马斯所注意到的，学生之所以能够表现出较强的思想和行动力量，可能是因为他们是“这个国家唯一的全国性的有自我意识的群体”。媒体日常报道中频繁地提及中国学生在政治上的影响力。西方媒体意识到，不了解学生和学生运动，就无法了解“中国过去和当前的状况”。不过，在许多外国教育者看来，中国学生太热衷于政治活动，而忽略了学习，在学校受到的“现代科学的训练少得可怜”，而这本应该是学业的要求，也是祖国十分需要的。因此，“只有爱国主义是不够的”，民族主义也不是全能的。

总体来说，美国媒体观察到，在1920年代中国的社会和政治剧变中，青年学生扮演了一个重要角色。学生运动体现了中国社会的一个明显进步，那就是中国人民的觉醒。这种觉醒体现在，学生群体怀着对国家和民族的责任感，抵制西方帝国主义和殖民主义，争取民族权利。1925年的五卅运动成为一个重要的转折点，标志着在爱国主义推动下的民族主义的兴起。这时中国青年学生和知识分子的主流，对西方不再是崇拜和赞赏，而更多的是谴责和批判。在西方观察者看来，1920年代是中国学生处于历史舞台中心的时代，他们在中国民族主义兴起过程中扮演了一个主要角色，这是中国所独有的，是其他国家从来没有出现过的现象，即涉世未深的青年学生群体主导了历史发展方向。这些报道还透露了学生运动的一些弱点，包括缺乏知识、经验和准备等。也正是因为这些弱点，虽然他们是中国启蒙运动的主力军，但却不可能成为中国革命的主要动力和领导力量，日后逐步把历史的中心舞台让给了农民运动和工人运动。

摘自《探索与争鸣》2022年第12期，王笛

《向导》的言论传播活动及其启示

——兼论中国共产党早期党报党刊言论的功能

中共中央第一份机关报——《向导》于1922年9月13日在上海创办，后因政局发生变化，于1927年7月18日停刊。在近五年的时间里，这份理论色彩浓厚的周报共出刊201期。蔡和森、彭述之、瞿秋白先后担任《向导》主编，其言论作者队伍从最初编辑部的七八人，发展到后期的近百人。在中国共产党成立初期，《向导》探索政论、理论文章、时事述评、读者来论等言论形式，实现了传播党的主张、形塑认同团体、指导现实斗争、促成精神交往等重要功能。

第一，革命政论：言说政治主张。《向导》高度重视政论这一重量级的言论文体对社会思想的引领作用，发表了一系列有关中国革命主张的政论文章。具

体来说,《向导》的政论既有对革命的性质、力量等革命形势的整体判断,也有对武装斗争、农民运动、妇女解放等革命工作的具体思考。一是重新提出“国民革命”。二是探索分析“革命力量”。《向导》认识到结成最广泛的统一战线的必要性和重要性,既明确认可国民党的作用,更充分肯定工人阶级坚定的革命性和坚强的战斗力。三是大力倡导“武装斗争”。《向导》主张要以工农武装同封建军阀开展斗争。四是正确认识“农民运动”。《向导》的革命政论深刻分析了充分发动农民参加革命、扩大革命力量的重要性,纠正了对农民运动地位、作用的错误认识。五是积极推进“妇女解放”。《向导》表达的妇女解放思想根植于中国革命的历史语境,还介绍了列宁对妇女解放的论述,特别强调妇女应获得生产工作的权利。

第二,理论文章:形塑认同团体。《向导》不仅鲜明地表达党的革命主张,更利用理论文章大力传播马克思主义,形塑意识形态认同团体,使得“我们党的机关报《向导》竟得立在舆论的指导地位”。一方面,《向导》组织刊发阐释马克思主义的理论文章,扩大马克思主义的社会影响。《向导》传播马克思主义的另一个直接结果,就是改变了一批国民党青年的思想倾向。另一方面,《向导》自觉推出宣介无产阶级意识形态的理论文章,推进意识形态的党内认同。《向导》大量宣介意识形态的理论文章,不仅推动了党内成员的思想统一,发挥了组织功能,还团结了各方力量,让更多的人了解了中国共产党,扩大了中国共产党的影响。

第三,时事述评:指导现实斗争。《向导》非常重视言论与时局时事的紧密结合,刊发了大量具有鲜明新闻性的时事述评,密切关注当时的民族矛盾、阶级矛盾,传递反帝反封建的思想,有力地推动了国民革命、土地革命。《向导》的时事述评具有强烈的斗争性,着重批判了当时的帝国主义、封建军阀和国民党右派三种势力。一是针对帝国主义势力的侵略行径发言,不仅将帝国主义的侵略罪行揭橥于世,还以慷慨激昂之词激发公众的民族精神。二是针对封建军阀势力的专制独裁发言。《向导》不惜笔墨,对封建军阀的专制独裁展开猛烈批判。三是针对国民党右派势力的反动行为发言。《向导》的时事述评不仅有力地揭露了各种反革命势力的真实面目,还具体地指导了反帝反封建、反国民党右派势力的现实斗争。《向导》的时事述评具有深刻的洞察力、坚强的战斗力,为此后党报党刊面对历史挑战与风险考验,提供了发扬斗争精神、指导斗争实践的示范。

第四，读者来论：促成精神交往。在定位上，《向导》既是“中国民众的喉舌”，也是“有组织的活动的表征”。《向导》鼓励读者给编辑部写信，表达个人观点，从第 4 期开始刊载读者来论，从第 7 期起设立不定期专栏《读者之声》。这些读者来论有力地促成了政党与公众的“精神交往”。一是构建党报与读者的双向互动。《向导》较早地有了党性与人民性一体统一的意识。二是纠正读者的错误认识。《向导》重视读者，但并不一味地讨好顺从读者，而是始终闪耀着理性光辉，坚定地捍卫真理，对读者中存在的错误认识予以公开批驳。

摘自《出版发行研究》2022 年第 12 期，李舒、张寅

中国共产党早期媒介动员实践考察

——以《劳动界》出版活动为中心

为满足工人群体的阅读需求，消解资产阶级工商报刊的舆论影响，1920 年陈独秀到上海后，积极筹备将无产阶级属性的工人报刊纳入革命行动实践。1920 年 8 月 15 日，上海共产党早期组织以新青年社的名义正式出版通俗刊物《劳动界》。该刊每册 16 页，32 开本，作为通俗小册子，略带小报的形式。其以七日为发行周期，每逢周日出版。常设栏目包括演说、国内时事、国外劳动界、读者来稿等。至 1921 年 1 月终刊，总计出版 24 册。在刊物经营过程中，《劳动界》基于马克思主义的理论张力，以“改良劳动阶级的境遇”为办刊宗旨，通过明白易懂的语言，专门面向中国工人群众进行系统宣传，刊登工人们关心的问题，替工人说话，代工人表达，反映工人疾苦与诉求，开启了中共早期媒介动员的实践。

在《劳动界》编辑出版活动中，上海共产党早期组织高度重视建设运营团队、优化印刷发行、呈现工人个体，以此保障工人群众的阅读需求，进而将马克思主义由先进知识分子的书斋引入工人群体的精神世界，实现社会主义革命和唯物史观等思维框架在两个群体间的过渡和强化。第一，运营团队保障。《劳动界》由陈独秀与李汉俊发起创办，二人拥有较为丰富的报刊从业经历。为保证刊物的内容质量，上海共产党早期组织多位成员承担起为《劳动界》撰写稿件的任务。第二，印刷发行保障。上海辣斐德路成裕里创办了又新印刷所，刊印《劳动界》《共产党》《新青年》《共产党宣言》等一系列进步书刊，开辟了社会主义革命宣传阵地。考虑到印制经费的持续运转，印刷所在承担如上宣传任务外，

亦面向市场开放业务，在《新青年》刊登“取价公道；印刷精美；出货快捷”的文字广告招揽生意，在一定程度上保障了《劳动界》的铅字印刷出版计划。《劳动界》将每册售价设定为“铜子二枚”，尽量减轻工人读者的消费压力，通过廉价期刊的售卖模式，从价格方面保障了工人群体的阅读需求。为了节约成本，《劳动界》的装订、发行、传递等任务主要由社会主义青年团承担，经团员之手向上海工人群体出售或赠送。在外埠发行中，《劳动界》与长沙文化书社、武汉利群书社等文化团体建立了代售合作关系。这些文化团体积极采用多种售卖手段，广泛拓展《劳动界》的传播面。第三，个体呈现保障。本文采用数字人文的方法，结合文本分析，考察《劳动界》与传播对象精神交往活动中后者的个体化、异质化呈现。基于对《劳动界》第1—24册总计327条标题语义词频的分析，统计其群体分类、地域分类、挑战与应战等内容偏向。在群体分类方面，《劳动界》以劳动者为传播对象，选题偏向工农群众，注重差异化的分众传播。在地域分类方面，《劳动界》主要以上海本埠、长江中下游区域为选题空间，具有鲜明的区域性特征。在挑战与应战方面，《劳动界》密切关注国内外政治局势，大量报道国内外工人运动发展动态，尤其关怀国内工人的悲惨遭遇。

《劳动界》对于马克思主义大众化以及工人报刊媒介发行体系的建设产生了深远的影响。《劳动界》努力推动劳动群体由自在阶级向自为阶级的思想觉悟转变，初步实践了保障阅读需求与激发阶级觉悟两条革命路径的竞合，不但在工人群体中影响甚大，更形成示范效应，对其他地区的工人运动产生了激励效果。《劳动界》等工人刊物的宣传和组织功能作用于工人运动的发展，成效是较为显著的。它们不但传播了马克思主义，团结和教育了一批进步的工人，亦为此后中国共产党发起的工人运动、农民运动、妇女运动、青年运动中各类报刊传播活动积累了较为丰富的出版发行经验。

摘自《中国出版》2022年第24期，程丽红、于军

中国工人阶级自觉意识的觉醒与马克思主义在中国的早期传播(1919—1925)

中国工人阶级自觉意识的觉醒就代表着马克思主义与中国实际的初步结合与尝试开始了，这种觉醒是一个漫长的过程，要经历初步觉醒到普遍觉醒再到更高级别的觉醒程度，最终也就是达到符合伟大的共产主义的意识层次。工

人阶级自觉意识的觉醒之主要表现应是在思想上认清资本主义剥削制度的本质，进行自觉、有组织的经济与政治斗争，将工人阶级作为独立主体登上政治舞台，并不断探寻其未来发展规律与斗争目标。

马克思主义在中国早期传播实践——报刊宣传向度分析。十月革命的信息和马克思主义，首先就是通过大众传媒才使先进的中国人对它们有所了解，进而学习和宣传。阶级斗争学说、马克思主义唯物史观、剩余价值论等马克思主义基础学说思想首先传播开来；《星期评论》周刊是五四时期宣传马克思主义最有力的刊物之一。其次是对于马克思主义科学社会主义方向及共产主义最高理想等思想的传播；极具影响力的《新青年》在五四运动后也逐渐转型发展，成为宣传马克思主义、宣传革命与理想的主要阵地。此外还有对马克思主义科学世界观与方法论的传播，促使先进的知识分子寻找中国问题的本质根源；《觉悟》中已出现初步运用马克思主义探索中国社会的基本问题的文章，运用唯物史观，对广大读者关心的社会改造问题，发表观点鲜明短小精悍的评论。

中国工人阶级对马克思主义在中国早期传播的反应。工人阶级运动及其需求是马克思主义产生的实践基础，马克思主义的内在张力与顽强生命力只有通过创新工人运动实践，发展其时代内涵才能彰显出来，否则很容易成为"本本"般僵化的教条理论。1920 年 8 月，中国第一个共产主义小组在上海建立，成为创建全国统一的无产阶级政党的活动中心。1921 年中国共产党的成立标志了中国工人阶级由自在阶级转变为自为阶级，为了完成社会主义和共产主义的历史使命而斗争。1922 年 1 月在中国共产党的领导下，掀起了第一次中国工人罢工运动高潮，工人阶级的自为意识使其不再依附于其他阶级，而是自己成为领导者，代表着中国工人阶级自觉意识的普遍觉醒。1922 年到 1923 年，在中国发生的工人罢工事件有 100 多次，罢工人数超过 30 万，中国共产党成立后不仅有了意识自为，且有了理论自为，在香港海员罢工中，罢工已经从要求增加工资的经济斗争发展成了反抗帝国主义资产阶级剥削与压迫的政治斗争。

摘自《活力》2022 年第 24 期，马铭泽

博士论文

博士论文目录

1. 瞿秋白政治思想研究．屈宏．大连理工大学 2022.3

2. 马克思主义在华传播的日本渊源与中国共产党早期组织．勾宇成．北京师范大学 2022.5

3.“他者”镜像：美国在华记者对中国共产党的认知演变研究（1921—1949）．高志伟．山东大学 2022.5

4. 中国共产党领导的早期妇女运动研究（1921—1927）．曹晓辉．中共中央党校（国家行政学院）2022.6

5. 列宁著作汉译过程中的概念意义再生产研究．周强．广西师范大学 2022.6

6. 马克思主义在中国的早期传播与党的思想政治工作创始研究．宫兰一．东北师范大学 2022.7

7. 李大钊对唯物史观中国化的早期贡献研究．郭苹苹．华东政法大学 2022.3

博士论文文摘

瞿秋白政治思想研究

瞿秋白是中国共产党历史上卓越的理论家和出色的革命家，研究瞿秋白的政治思想是贯彻落实党史和党史人物研究的必然要求。瞿秋白政治思想是将马克思主义理论运用于中国具体实际的思想理论成果，闪烁着马克思主义的光辉，推动马克思主义中国化的初步发展，推动中国共产党领导的革命运动的发展，为夺取新民主主义革命伟大胜利作出了卓越贡献。

瞿秋白政治思想内容丰富，包括对马克思主义理论的阐释和对中国革命问题的阐释两个层次。在第一个层次，他阐释了马克思主义的哲学基础，深入阐释了列宁主义，阐释了列宁主义与马克思主义的关系，进一步促进了马克思主义在中国的传播。在第二个层次，他阐释了中国革命的动力、革命的性质、发展前途、武装斗争、党的建设、国家政权建设等政治问题，是在马克思列宁主义指导下，对中国具体问题的分析。

在瞿秋白政治思想的阐述中，他既有马克思主义的宏大叙事风格，又有中国传统知识分子难以逾越的“士”的情怀，政治思想的阐述体现出“双重语境”的特点。早期中国共产党领导人中，瞿秋白是典型的理论家和实践者的统一体，他反复强调理论和实践的关系，他的政治思想是当时理论联系实践结合的典型代表。同时，作为共产国际指导中国革命的最重要的中间人，瞿秋白的政治思想发展必然烙上了共产国际指导革命的思想印记。

瞿秋白政治思想是将马克思主义理论运用于中国具体实际的思想理论成果，闪烁着马克思主义的光辉，推动马克思主义中国化的初步发展，推动中国共产党领导的革命运动的发展，为夺取新民主主义革命伟大胜利作出了卓越贡献。第一，瞿秋白政治思想是马克思主义理论与中国实际相结合的理论结晶，对马克思主义中国化的早期发展做出了奠基性贡献。第二，瞿秋白政治思想源自于中国革命运动同时又指导中国革命运动，推动了中国工农革命发展，对中国革命做出了重要的历史贡献。第三，瞿秋白政治思想作为先行探索，为毛泽东思想的形成做出了重要贡献。第四，瞿秋白政治思想的方法论贡献就是自觉坚持马克思主义理论与中国具体实践相结合原则。

瞿秋白政治思想闪烁着马克思主义真理的光辉，是马克思主义理论与中国具体实际相结合的理论结晶，是中国共产党宝贵的理论财富。瞿秋白政治思想形成和发展中的很多经验，已经成为中国共产党百年历史经验的重要组成部分，对新时代中国特色社会主义建设仍然具有重要意义。正是沿着先行者的探索，我们才取得中国革命和社会主义现代化建设的伟大胜利，并向着实现中华民族伟大复兴的目标迈进。

摘自大连理工大学 2022 年博士学位论文，屈宏

马克思主义在华传播的日本渊源与中国共产党早期组织

马克思主义在中国的早期传播史是中共党史研究的重要部分。学术界认为马克思主义在中国的早期传播受日本影响。从亚洲范围看，日本社会主义思潮发展较早，影响较大，涌现了一大批具有国际影响力的社会主义运动家和马克思主义学者。他们翻译了大量关于社会主义和马克思主义的著作，并对马克思主义进行研究。中国的近代留日热潮与日本早期社会主义思潮的发展阶段几乎相重合。因此中国留日学人不可避免地感受到了风起云涌的日本早期社会主义思潮，接触到了包括马克思主义在内的多种社会主义学说。

中国在近代民族危机的刺激和明治维新的启迪下开始取道日本，学习西方。赴日留学成为了近代中国人向日本学习的重要表现和关键途径。十九世纪末二十世纪初，留学日本的人数迅速增长，掀起了赴日留学的热潮。这一时期，日本成为了中国知识分子的知识中转站和活动平台，日本早期的社会主义思想和社会运动深刻影响了留日学人。马克思主义也通过留日学人的翻译和介绍传入中国。即使是从十月革命到中国共产党建立前，很多介绍和研究俄国革命的书籍也从日本转译而来。

十月革命前，留日学人中的维新派、革命派、无政府主义者均或多或少地从各自的立场出发对马克思及其学说进行了一定的介绍。这一时期的介绍并不系统，理解也较为肤浅。十月革命后，中国早期马克思主义者肩负起了研究马克思主义并向广大群众宣传马克思主义的重任。他们开始掌握马克思主义基本原理，对马克思主义哲学、政治经济学、科学社会主义的认识逐渐细化。留日学人了解和认识马克思主义的过程也是传播马克思主义的过程。他们通过多

种方式介绍和宣传马克思主义，促进了马克思主义在中国的早期传播。其中，利用报刊（包括创办新报刊或新栏目）介绍马克思主义思想、成立宣传和研究马克思主义的进步团体、翻译日本马克思主义文献这三种方式，在所有的传播方式中持续的时间最长，影响范围最广，传播的效果也最显著。除此之外，随着中国革命发展的需要，举行社会主义理论演讲宣讲、将马克思主义理论融入高校课程、创办工人学校进行马克思主义教育等传播方式也逐渐被中国马克思主义者发掘和利用。这些新方式使马克思主义传播的形式更加丰富，也更贴近中国实际，是三大主要传播方式的补充和发展。

马克思主义在华早期传播的过程和中国共产党早期组织建立和发展的过程均体现了日本渊源，并集中体现为日本早期社会主义思潮对中国的学理性影响。留日学人对日本社会主义和马克思主义文献的译介为当时的中国知识分子提供了了解和学习马克思主义的抓手，使他们对马克思主义基本原理完成了一定的思想蓄积。但是日本语境下的马克思主义并非真正的马克思主义，存在理解上的偏误且具有较强的妥协性。这些局限性对一部分留日学人及其对马克思主义的认识产生了负面影响。从中国共产党早期组织成员来看，留日群体无论从人数还是从贡献都不可忽视。中国共产党早期组织从理论和实践上都有对日本语境马克思主义的选择性介绍和借鉴。在此基础上，中国共产党早期组织成员初步掌握了马克思主义基本原理，开始用马克思主义分析中国问题，并尝试用马克思主义思考改造中国的方案，同时还对日本马克思主义的局限性进行了一定思考。这为中国共产党的成立奠定了思想基础。

摘自北京师范大学 2022 年博士学位论文，勾宇成

“他者”镜像：美国在华记者对中国共产党的认知演变研究（1921—1949）

美国在华记者是一个复杂、多元的群体，其发端可以追溯到 19 世纪中叶前后美国传教士的来华办报。20 世纪 30 至 40 年代，伴随美在华势力的扩张，无论人员、机构及规模等均达到鼎盛。这样一个特殊的群体，在观察和报道中国政治、经济、文化等各领域变化之时，自然把关注的目光投向这一时期的中国共产党。回首中共早期 28 年（1921—1949 年）的历史发展，不难发现，他们的态度、他们的声音、他们的行动在各历史节点上都或多或少地留下了痕迹。无疑，美在华记者的报道为我们换一个角度研究中共早期历史提供了一个独特而有

益的视角。

美在华记者群体主要由美国内媒体派遣来华的职业记者、独立性较强的自由记者、美在华媒体记者和发挥记者作用的美传教士、外交官、军人等构成。通过梳理、归纳，这一时期接触并报道中共的美在华记者约有 50 人，且相互之间存在动态变化。该群体在华流变态势，以 1945 年 8 月为分界点，前期呈增加趋势，之后逐渐减少，新中国成立之时没有一名美国记者现场报道。

五卅运动之前，中共并未引起美在华记者的关注，媒体之上的报道大多含糊其词，五卅运动中才隐约发现一个“激进政党”的影子，但仍以国民党“激进派”代指中共。四一二政变后，美在华记者方才知晓中共这一政党的存在。

土地革命时期，中共转入地下或偏远农村地区，其间鲜有美国记者与之接触，相关报道多借用国民党宣传文件，将中共冠以“赤匪”的称谓。随着国民党“剿匪”屡屡失利，哈雷特·阿班等美在华记者开始对“赤匪论”感到怀疑。

1936 年，埃德加·斯诺揭开“红色中国”内幕，毛泽东照片首次出现于美国媒体之上。此后，尼姆·韦尔斯、艾格妮丝·史沫特莱、霍尔多·汉森等美在华记者陆续向外界报道中共消息。“新的中国”“五无的地域”等称谓出现于媒体之上，这一群体对中共认知发生了明显转变。

抗战胜利后，国共内战随之展开。美在华记者因美国政府对华政策调整而发生分化，对中共出现两种截然不同的认知——苏联的“盟友”和植根于人民的党。一部分记者无视中国革命事实，一味地抹黑、歪曲中共，为蒋介石政府摇旗呐喊，甚至充当起“情报员”和“联络员”角色；而另一部分记者以亲历者的视角，向外界报道了中国内战真相以及解放区翻天覆地的变化，从一个侧面诠释了中共最终赢得胜利的必然。

中共前 28 年发展历程，涌现出大批杰出的领袖人物。1921—1949 年间，在美国记者笔下，中共领袖人物经历了从“赤匪”到“出类拔萃之人”的变化过程。无疑，斯诺的陕北之行成为这一群体认知的转折。众多美在华记者不同视角的描述，呈现了中共一代领袖人物客观、立体的形象。

梳理 1921—1949 年美在华记者有关中共的报道和著述，不难发现，中国共产党在这一“他者”镜像中，经历了无知、猜疑（1921—1925 年）到模糊不清（1925—1927 年）再到“赤匪”（1927—1936 年）又到不一样的共产党（1936—1945 年）而后分化为苏联“盟友”和植根于人民的政党的演变。认知演变过程中夹杂着这一“他者”恐慌、厌恶、猜疑、惊奇、赞赏、无视和抹杀等复杂的心路历程。探究美在华记者对中共认知演变的成因，主要有以下几个方面：反共主义意识形态的影响；美国对华政策的影响；中共自身发展的影响；中共对外宣传的影响等。

明镜所以照形，古事所以知今。本文开展的美在华记者对中国共产党新民主主义革命这一历史时期的认知演变研究，对于全面、客观地了解和认识中共历史进程不失为一个独特的视角。无论这一"他者"持何种政治倾向，无论其报道是否完全符合历史事实，都为我们反观和审视"自我"提供了一面有益的"镜像"。另外，对于丰富和深化中共党史研究，拓展研究空间和思路，也有着一定的现实意义。

摘自山东大学2022年博士学位论文，高志伟

中国共产党领导的早期妇女运动研究(1921—1927)

近代以来，世界民族解放思潮开始影响中国社会，妇女界的解放成为一个重要领域。自新文化运动以来，妇女问题受到知识分子更多关注。中国思想界在冲击传统封建妇女观的情况下，资产阶级女权主义及小资产阶级的社会主义妇女观出现。尤其是五四运动后，李大钊、陈独秀等早期马克思主义者主张通过社会革命、阶级斗争的方式实现妇女彻底解放。随着马克思主义妇女解放理论的传播及对妇女运动的理论指导，知识界妇女主动参与社会革命，妇女解放运动与民族解放运动初步结合，开始成为无产阶级革命的组成部分，妇女解放的目标更加明确。

中国共产党成立后，尝试以阶级观点认识妇女及妇女运动，提出"劳动妇女运动"与"一般妇女运动"两个基本概念，并对资产阶级女权运动进行指导与批判，初步确立了以劳动妇女为主体、以工农妇女为骨干、争取资产阶级妇女的妇女运动路线。同时，中国共产党积极引导妇女解放与民族解放相结合，并通过创办妇女报刊宣传党的妇女解放思想。

中国共产党在领导妇女运动的过程中，愈加认识到妇女组织的重要性，相继建立的妇女组织成为联系党与妇女的桥梁。党先后组建妇女部或妇女运动委员会，在青年团、工会系统中建立青年妇女部、女工部，并指导妇女团体等群众妇女组织的发展。党还特别重视培养妇女人才，加强妇女组织的队伍建设。

各阶级阶层的妇女在这条道路的指引下，汇成了大革命时期蓬勃发展的妇

女运动洪流，也使得这条妇女解放道路具备了新的特点。首先，在妇女解放的奋斗目标上，妇女解放运动由局部运动向社会革命的整体运动转变。妇女解放只有突破局部利益，融入整体社会革命运动中，才有彻底解放的希望。其次，在妇女解放的阶级力量上，由资产阶级妇女向劳动妇女转变。劳动妇女作为妇女运动的主体，在妇女解放运动中发挥了积极的作用。再次，在妇女解放的组织形式上，由各地分散的妇女团体发展成为全国统一的妇女革命组织。1925 年 4 月 29 日，全国各界妇女联合会在北京成立，标志着全国统一的妇女组织的建立，从而将各派妇女运动者团结在一起，为妇女运动的顺利开展创造了条件。

中国共产党成立后，虽然引导妇女运动走向了一条正确道路，并使之具备了新的特点，但这条道路又同样具备一定的时代局限性。首先，从纵向方面看，妇女解放运动从属于反帝反封建的革命运动，随着革命的高低潮而上下起伏。其次，从横向方面看，各地妇女运动的发展又极不平衡，主要表现为南方妇女运动较北方更加活跃。

妇女解放运动在这一时期所表现出的局限性，既有主观的原因，又有客观的背景。从妇女自身来讲，除少数已觉悟的妇女外，绝大多数妇女仍旧受着不同程度封建思想的禁锢。单凭少数觉悟的妇女为妇女解放奔走呼号，力量十分有限。从客观背景来看，中国共产党虽然为妇女解放运动指明了正确的道路，确立了以劳动妇女运动为主体的妇女运动路线，但由于党成立的时间尚短，对妇女运动的经验还不足，对妇女机构的设置也并不完善，加之缺乏妇女人才等原因，难以避免有时代的局限。

尽管这一时期中国共产党领导的妇女运动不可避免地存在时代局限性，仍旧对当代妇女工作的发展提供了历史启示。首先，新时代妇女工作必须始终坚持中国共产党的领导。其次，新时代妇女工作必须保障妇女的主体性地位。最后，新时代妇女工作必须充分调动妇女的积极性，使其广泛参与到妇女工作中。

摘自中共中央党校（国家行政学院）2022 年博士学位论文，曹晓辉

列宁著作汉译过程中的概念意义再生产研究

马克思列宁主义在中国的百年传播与发展史也是一部不断推进马克思列宁主义中国化的历史。十月革命之后，随着列宁主义在中国的传播和列宁著作汉译，一些具有列宁主义色彩的概念术语开始涌入汉语词汇中。然而，列宁著

作汉译也并不是简单的"搬运"过程，而是内在地包含着理论被学习、理解以及接受再运用的过程。主要表现为：一方面是向汉语中输入了民主集中制、先锋队、党性等新概念，另一方面又使汉语中既有的无产阶级专政、市场、商品经济等汉语马克思主义概念术语发生转义或丰义，自然就使得许多概念的术语形式或意义正是在这样的过程中潜移默化地发生了变化。

一、马克思列宁主义概念丰义转义的必然性

第一，马克思列宁主义理论的特殊性决定了其术语概念中国化的必然性。

第二，社会存在决定社会意识，概念是人在认识活动中对客观事物的共同特点进行抽象概括，反映客观世界的概念与客观世界本身同样是运动、变化、发展的，也必然会随着客观世界的发展必然会发生意义再生产，甚至是旧概念的消失和新概念的生成。

第三，马克思列宁主义的基本概念在跨语际传播中经过不同语言间的转换必然会发生转义或丰义的变化。

二、马克思列宁主义概念中国化的实现机制

列宁经典原著术语概念转变为中国化马克思主义概念的过程中大致存在原有外来术语概念转用（借用日语术语概念）、中国传统文化中的术语概念新用（旧词添新意）、利用汉语原有单字组字为词（利用汉语字词创造新概念）以及音译或意译去对译列宁原著术语概念等四种实现机制。

三、列宁著作汉译对马克思主义术语概念中国化的重要影响

第一，奠定了中国化马克思主义的基本术语概念基础。十月革命后，列宁主义开始从美国、欧洲、俄国等渠道传入中国；特别是五四运动后，列宁著述中译文开始出现，许多带有列宁主义色彩的术语概念或者是马克思主义的术语概念随即传入汉语马克思主义术语概念圈中，与马克思和恩格斯著述中译文中出现的术语概念一并为中国化马克思主义的产生和发展奠定了基本的术语概念基础。

第二，更新了中国化马克思主义话语及表达形式。列宁著作汉译与传播经过新文化运动倡导的"文学革命"下兴起的白话文运动推动，不仅影响了五四运动前借道日本传入中国的马克思主义话语表达形式，还对五四运动之后特别是新民主主义革命时期以及此后的中国化马克思主义话语表达形式产生了重要影响。

第三,促进了马克思列宁主义及其术语概念的受容与传播。马克思列宁主义能够在中国顺利传播并实现中国化,离不开重要范畴、关键术语和概念的中国化。列宁著作汉译过程中的术语演替和概念意义再生产是马克思列宁主义中国化的缩影,蕴含着马克思列宁主义中国化的基本规律。受列宁著作汉译影响的概念意义再生产是马克思列宁主义理论的基本原理与中国的具体实际、中国传统文化相结合,使得马克思列宁主义理论更加符合中国语境更容易为国人所接受。

通过对列宁著作汉译过程中概念术语的中国化研究,我们认为在马克思列宁主义中国化的过程中,基本术语的流变、概念的转义丰义,甚至是我们党的理论的发展创新,其主要原因是实践的需求和推动;既有概念的转义丰义和新概念的生成则体现了马克思列宁主义在中国的薪火相传与创新发展;因此,我们不能用术语概念和理论上的继承关系否定创新关系。另外,在既有术语概念基础上推动术语概念革命是马克思主义全部理论创新的重要方法。况且正确认识中国化马克思主义发展中的概念术语变化,对于我们坚持和发展马克思主义至关重要,同时在掌握马克思主义术语概念意义再生产规律的基础上,推动基本概念术语创新也是推动 21 世纪中国化马克思主义不断创新发展的不竭动力。

摘自广西师范大学 2022 年博士学位论文,周强

马克思主义在中国的早期传播与党的思想政治工作创始研究

1921 年至 1927 年,随着中国共产党的成长壮大,马克思主义得到进一步传播,党的思想政治工作为适应中国革命斗争的需要而创始和发展起来。

一、马克思主义早期传播拉开党的思想政治工作历史序幕

马克思主义在中国早期传播的内容决定了中国共产党是代表广大无产阶级和广大人民群众根本利益的革命政党。马克思主义在中国早期传播,促进了中国共产党的诞生,让中国革命的面貌在马克思主义科学理论的指导下从此焕然一新,更为中国共产党展开思想政治工作拉开了历史序幕,促使党从成立之始就高度重视开展思想政治工作,对党员有序展开思想政治教育,为党后来的发展壮大,广大党员在思想上的科学性、先进性和纯洁性提供了重要理论和历史依据。

二、党的思政工作创始使马克思主义早期传播获得实践途径

马克思主义早期传播和党的思想政治工作创始是辩证统一的关系。马克思主义在中国早期传播决定了党的思想政治工作创始的必然，党的思想政治工作创始也为马克思主义在中国早期传播提供了广阔的实践途径和社会空间。

党的思想政治工作创始为马克思主义在中国早期传播提供了宣传平台。党全面系统的思想政治教育，不仅坚定了早期党员的马克思主义信仰，增进了早期党员对马克思主义的理解，更为党的队伍吸收了一大批深受帝国主义和封建势力压迫的革命工人和农民，壮大了革命力量，推动了中国工人运动的高涨。党的思想政治工作创始让马克思主义在中国早期传播获得了广阔的实践途径，这是党的发展史的重要结论。

三、马克思主义早期传播与思政工作创始并行加速革命发展

马克思主义早期传播为党的思想政治工作创始提供理论支撑，成为党进行思想政治教育工作的主要内容。党的思想政治工作采取的多样化、通俗化形式，又为马克思主义在中国早期传播从知识分子走向普通大众开辟了更加广阔的传播路径。马克思主义在中国早期传播与党的思想政治工作创始相伴而行，加速了中国无产阶级革命事业的发展，也推动了马克思主义中国化的历史进程，这是中国共产党早期思想宣传工作的重要结论。

四、马克思主义早期传播与思政工作为党的百年伟业奠定根基

一百年来，党领导人民浴血奋战、百折不挠，创造了新民主主义革命的伟大成就；自力更生、发愤图强，创造了社会主义革命和建设的伟大成就；解放思想、锐意进取，创造了改革开放和社会主义现代化建设的伟大成就；自信自强、守正创新，创造了新时代中国特色社会主义的伟大成就。这一切伟大成绩的取得都要从马克思主义在中国的早期传播和党的思想政治工作创始谈起。马克思主义在中国共产党的思想政治工作的滋润下茁壮成长，为党带领全国人民实现伟大复兴的中国梦奠定根基，这是党创建初期发展阶段的重要历史成就。

五、马克思主义早期传播与思政工作结合改变中国文化性质结构

马克思主义早期传播与党的思想政治工作的有机结合，使中国文化发展开始在无产阶级革命理论引领下，体现人类历史进步的本质要求，反映中国人民的进步愿望，在对中国传统文化的扬弃中马克思列宁主义成为主导性的思想理论，同时积极吸收国外先进科学理论，这样的文化性质结构，为中国后来的革

命、建设和改革新局面开辟道路，为社会主义革命和建设文化、社会主义改革开放文化以及新时代中国特色社会主义文化奠定重要历史根基。

六、马克思主义早期传播与思政工作凝聚党伟大的历史主动精神

马克思主义早期传播让先进的中国人开始以无产阶级的世界观和方法论，去认识资本主义的侵略和扩张的本质，认识中国人民遭受侵略和剥削的原因，认识无产阶级和广大人民群众的历史地位和历史贡献，认识争取民族独立和人民解放的历史必然性和历史进步性，只要中国的一切爱国力量在无产阶级领导下团结起来，全世界无产阶级和革命人民团结起来，我们就能获得无穷的力量，去战胜一切帝国主义和反动势力的压迫。中国共产党人将这些马克思主义的科学理论，通过思想政治工作，广泛推进到工人、农民和军队中去，让广大人民群众获得了认识世界和改造世界、认识自己和改造自己的正确途径。马克思主义在中国早期传播与党的思政工作创始，让中国社会有了争取历史主动的先进政党，有了赢得历史主动的人民群众，中国共产党在领导人民革命的实践中积累和凝结起来的伟大历史主动精神，成为中华民族实现伟大复兴的强大动力。

摘自东北师范大学 2022 年博士学位论文，宫兰一

硕士论文

硕士论文目录

1. 李大钊对唯物史观中国化的早期贡献研究．郭苹苹．华东政法大学2022.3

2. 中共黄冈籍领导人对早期马克思主义中国化的历史贡献研究——以董必武、陈潭秋、林育南为例．李宇飞．武汉纺织大学2022.3

3. 赵世炎的马克思主义观研究．严静．电子科技大学2022.3

4. 中国共产党创建时期马克思主义传播研究．徐淑文．南京财经大学2022.4

5. 中共旅欧支部研究．冯凯．南京邮电大学2022.4

6. 我国早期马克思主义传播进程中的“反转”现象研究．孙浩楠．西安工业大学2022.5

7. 20世纪初马克思主义在华传播的媒介路径研究(1898—1929)．宋莹．辽宁大学2022.5

8. 五四时期马克思主义在东北传播研究．李莹．沈阳工业大学2022.5

9. 马克思主义在四川地区的早期传播研究(1917—1927年)．王幸媛．西南科技大学2022.5

10. 五四前后进步知识分子在四川的马克思主义传播研究．陈洪燕．武汉大学2022.5

11. 马克思主义在河南的早期传播研究．黄晶慧．阜阳师范大学2022.5

12. 马克思主义在江西的早期传播——以《新江西》季刊与《红灯》周刊为对象的研究(1921—1927)．金玉霞．华东师范大学2022.5

13. 马克思主义在开滦煤矿工人中的早期传播研究(1918—1927)．董晓丽．中国矿业大学2022.5

14. 中共纪念列宁活动对列宁主义早期传播贡献研究(1924—1927)．郑之欣．湖北工业大学2022.5

15. 国民革命时期列宁《帝国主义论》的传播研究．陶磊．武汉大学2022.5

16. 中国共产党创建时期的“三大论战”研究．王策．华东政法大学2022.5

17. 中国共产党早期通俗理论读物研究．张俊涛．武汉大学 2022.5

18. 文本视角下中国共产党早期妇女思想政治工作研究．李莵．湖北大学 2022.5

19. 中国马克思主义者对革命道路的早期探索及当代意义研究．周玉莹．山东大学 2022.5

20. 中国早期马克思主义者青年教育研究(1915—1921)．宿爱．南开大学 2022.5

21. 中国共产党成立前后知识分子传播马克思主义研究．汪玲芳．广西民族大学 2022.5

22. 浙籍共产主义知识分子对“红船精神”的贡献研究(1915—1921)．沈伊．辽宁大学 2022.5

23. 中共第一批留苏学生对马克思主义在中国的传播研究．柏静．中央民族大学 2022.5

24. 留日学生群体与中国早期马克思主义传播．李格琳．天津商业大学 2022.5

25. 留学生与早期马克思主义的传播——基于留日、留法、留苏中国学生的考察．韩晴晴．北京化工大学 2022.5

26. 中共早期“女报人”话语建构研究(1921—1927)．高雅．河北师范大学 2022.5

27. 匹“妇”有责:中共早期女报人群体研究(1921—1927)．梁箫．安徽大学 2022.5

28. 五四时期进步社团与中国共产党的创建关系探究．王成昊．中国青年政治学院 2022.5

29. 五四时期进步社团传播马克思主义研究．宋丽婷．长春理工大学 2022.5

30. 报刊史视阈下中共创建时期的群众观．李靖．鲁东大学 2022.5

31. 唤醒民众:中国共产党早期通俗报刊与群众动员研究(1920—1927)．焦彦婷．安徽大学 2022.5

32.《学生杂志》推进马克思主义理论在学生群体中的传播(1921—1926)．姚新宇．华东师范大学 2022.5

33. 中共早期党报《向导》周报觉醒话语研究．解娇．鲁东大学 2022.5

34. 北京大学马克思学说研究会探究．谢亚晴．北京化工大学 2022.5

35. 北京社会主义青年团研究:1920—1927. 葛灿．北京大学 2022.5

36. 李大钊妇女解放思想研究．樊欣婷．北京大学 2022.5

37. 李大钊对马克思主义的传播研究．张杨．辽宁大学 2022.5

38. 马克思主义思想史视域下李大钊群众史观研究．李政仪．华东师范大学 2022.5

39. 李汉俊妇女解放思想研究．刘晓．武汉大学 2022.5

40. 恽代英马克思主义新闻思想的形成、内涵及评价．李紫荆．华中师范大学 2022.5

41. 恽代英推进马克思主义传播研究．孔子燕．华东师范大学 2022.5

42. 恽代英在马克思主义传播中的理论建树与实践活动研究．周祺颖．昆明理工大学 2022.5

43. 陈潭秋的马克思主义观研究．金垒．湖北省社会科学院 2022.5

44. 陈潭秋对于早期马克思主义中国化探索研究(1919—1933). 刘宝鲁．青岛科技大学 2022.5

45. 蔡和森对马克思主义的理论贡献及其历史意义研究．孔凡会．昆明理工大学 2022.5

46. 任弼时的马克思主义观研究．陈硕果．华中科技大学 2022.5

47. 方志敏推进马克思主义大众化研究．王欣语．华东师范大学 2022.5

48. 张仲实与马克思主义经典著作的翻译及传播．唐月美．山东理工大学 2022.5

49. 张仲实推进马克思主义传播研究(1924—1956). 叶必成．华东师范大学 2022.5

50. 华岗推进马克思主义中国化研究(1919—1949). 陈笛．华东师范大学 2022.5

51. 柯柏年推进马克思主义中国化研究(1919—1949). 庄鑫．华东师范大学 2022.5

52. 马克思主义在中国的传播研究(1921—1927). 雷真．西安石油大学 2022.6

53. 马克思主义在中国的传播研究——基于媒介技术的发展及其应用．张聪利．太原理工大学 2022.6

54. 马克思主义在中国早期传播的日本路径研究(1896—1927). 任凯旋. 山东大学 2022.6

55. 马克思主义在中国早期传播的历史考察及其效果研究. 李晓倩. 山东大学 2022.6

56. 马克思主义在山西的早期传播. 宋丹妮. 内蒙古大学 2022.6

57. 20 世纪上半叶马克思主义在内蒙古地区的传播研究. 代那仁图雅. 内蒙古工业大学 2022.6

58. 五四时期浙江进步期刊与马克思主义在浙江的传播研究. 梁慧. 浙江大学 2022.6

59. 贵州先进知识分子对马克思主义的传播(1917—1931). 陈渝丹. 贵州大学 2022.6

60. 早期马克思主义者对中国传统文化的革新研究. 张永基. 华中农业大学 2022.6

61. 五四时期马克思主义传播对先进知识分子革命化的影响研究. 吴喜梅. 延安大学 2022.6

62. 列宁的民族自决权理论及其中国化研究. 梁秋瑞. 中国矿业大学 2022.6

63. 上海共产党早期组织的创建研究. 张禹杭. 长春理工大学 2022.6

64. 利群书社在中国早期传播马克思主义研究. 曹丽娟. 广西大学 2022.6

65. 五四时期进步社团研究. 夏广林. 江西师范大学 2022.6

66. 党早期在铁路工人中推进马克思主义大众化研究. 靳乐佳. 石家庄铁道大学 2022.6

67.《共产党宣言》在中国的传播历程研究. 汪莎莎. 西安建筑科技大学 2022.6

68. 陈望道译《共产党宣言》全译本研究. 祁吉曼. 内蒙古师范大学 2022.6

69. 毛泽东思想对马克思主义中国化贡献研究. 靳文欣. 哈尔滨工业大学 2022.6

70. 毛泽东自然辩证法思想研究. 刘晓烨. 山东大学 2022.6

71. 陈独秀早期对社会主义道路的认识和探索. 吕善政. 江西师范大

学 2022.6

72. 李大钊建党思想研究．牛玮婷．河南大学 2022.6

73. 萧楚女在早期马克思主义传播中的实践活动和历史贡献研究．胡泽露．四川农业大学 2022.6

74. 熊得山社会史研究探析．刘立磊．山东大学 2022.6

75. 高君宇革命思想研究．高彩霞．山西大学 2022.6

76. 侯外庐与马克思主义在中国的早期传播研究．江建红．北京印刷学院 2022.6

77. 杨闇公对四川革命运动的贡献研究．王晴．武汉大学 2022.6

78. 李大钊青年教育思想研究．孟思贤．扬州大学 2022.9

硕士论文文摘

李大钊对唯物史观中国化的早期贡献研究

在唯物史观中国化的过程中，李大钊发挥过重要作用。二十世纪初，在中国积贫积弱、任人宰割的时代，各种救国运动如火如荼地进行，各种救国主张、措施尽管在某一时期、某一方面发挥过一定的推动作用，但是最终都相继失败。在国家危难之际，立志于再造中华的李大钊将目光聚焦到了马克思主义上，最先接触到马克思主义唯物史观。他在青年学生和工人群体中积极宣传这种新的历史观，呼吁大家以此为指导重新分析中国历史与社会，探究中国问题的根源，寻求契合国情的发展道路。

在这个过程中，李大钊开始关注唯物史观的经典内容，首先他认为在马克思主义唯物史观中，是以经济关系为中心的，但经济并非唯一因素。除经济因素外，其他的物质要件对社会发展也有一定的作用。其次，李大钊认为时代是劳动者创造的，劳工是神圣的。第三，经过对社会现状进行分析后，李大钊指出，人类的历史贯穿着阶级斗争，因此，社会问题的根本解决，只有阶级斗争来完成。与此同时，李大钊还结合中国实际运用唯物史观，阐释中国历史、分析中西文化差异、考察近代中国思想观念变迁以及探索解决中国问题的道路，扛起了唯物史观与中国实际相结合的大旗。

作为马克思主义中国化的第一人，李大钊首先解读和运用的是马克思主义唯物史观，将唯物史观“化中国”和“中国化”相结合，对唯物史观中国化具有开拓性贡献，有重要的历史和现实意义。首先，开创了马克思主义唯物史观中国化的先河；其次，为中国共产党的创建提供了理论支撑；第三，为中国共产党早期革命活动提供了指导；第四，为马克思主义中国化积累了经验。

摘自华东师范大学2022年硕士学位论文，郭苹苹

中国共产党创建时期马克思主义传播研究

中国共产党创建时期是马克思主义发展史和传播史中的一段缩影，具有开拓性的历史意义。这一时期，马克思主义在研究力度和传播广度上都有了质的飞跃，逐渐实现了组织化、规模化和系统化的传播。

中国共产党创建时期马克思主义传播有其深刻的历史背景。从国际上看，霸权主义横行，资本主义世界体系面临着多重矛盾。与此同时，俄国十月革命开辟了人类历史新纪元，充分彰显出马克思主义的优越性。从国内看，中华民族面临反帝反封建的双重任务，中国社会处于变迁与转型的十字路口，中国人民民族意识全面觉醒。正是在国内外诸多因素的共同合力下，马克思主义在中国播撒开来并生根、开花和结果，占据着真理的制高点，最终成为历史和人民的选择。

中国共产党创建时期马克思主义传播是一个不断起伏变化的动态过程，具有明显的转向性，主要体现为：传播主体实现了由自发个体向自觉群体的延伸，传播对象实现了由先进知识分子向广大人民群众的拓展，传播内容实现了由译介性学习向学理性研究的深化，传播方式实现了由单一载体向多种载体的扩充，传播渠道实现了由日本路径为主向苏俄路径为主的转变。概言之，这一时期马克思主义传播逐渐实现了由零星化、分散化的传播向组织化、系统化的传播阶段转变。因而在此基础上，也呈现出了鲜明的传播特色，具体表现为：传播主体先锋为主，后援为辅；传播对象有的放矢，针对性强；传播内容各有侧重，趋于系统；传播方式丰富多样，贴近实际；传播渠道求新求变，以俄为师。

中国共产党创建时期马克思主义传播散发了灿烂的光辉，培育了一大批早期马克思主义者，提升了马克思主义的影响力，促进了中国革命领导主体的生成，推动了中国共产党的创建，引领了工农学运动的蓬勃发展，拉开了新民主主义革命的大幕。鉴往知来，在梳理总结传播进程、特点和成效的基础上，从加强党的领导、提升理论自信、坚持与时俱进、秉持对象思维、强化人才支撑等方面凝练现实启示，不断推动当代马克思主义传播的新发展和推进马克思主义中国化时代化的新征程。

摘自南京财经大学 2022 年硕士学位论文，徐淑文

中共旅欧支部研究

中共旅欧支部是中国共产党成立初期的一支海外分部，其在培养党团干部、积累党团工作经验、团结华工以及红色宣传等方面发挥了重要作用。中共旅欧支部的概念有广义与狭义之分，狭义上的中共旅欧支部指1922年底成立的旅欧党组织，广义上的中共旅欧支部则包括了20世纪20年代成立的旅欧党组织与团组织。本文研究采用的是后者广义概念。

第一次世界大战期间，北洋政府为了达到参战目的，派遣十四万华工赴欧。华工赴欧后被剥削与压迫的遭遇激发了他们的政治意识与阶级意识；与华工有同样遭遇的还有勤工俭学生群体。1919年起，中国掀起了一场轰轰烈烈的留法勤工俭学运动，其参与者近两千名。但赴法后窘迫的经济状况和不公的待遇不仅使留法勤工俭学学生发动了“二二八运动”和“里昂运动”，而且促使旅欧地区华人群体完成了内部的整合和统一，逐步走向政治化和激进化的道路。随着国内共产主义小组的成立和欧洲共产主义风潮的盛行，再加上在旅欧地区影响极大的“工学世界社”的共产主义转变，旅欧地区华人的共产主义潮流已不可阻挡。

旅欧地区党组织经历了中共旅欧小组、中共旅德小组到1922年底成立统一旅欧党组织的发展；旅欧团组织则在1922年6月左右建成。1922年旅欧团组织发行机关刊物《少年》，成为进行党团员“内部训练”与“外部宣传”的主要阵地。该刊物于1923年6月旅欧地区国共党员合作达成后更名为《赤光》，更为注重对革命实际问题的研究。《少年》《赤光》在培养党员理论素养、发展马克思主义、战胜非马克思主义等方面发挥了重要作用。

中共旅欧支部虽非诞生在国内，但它为中国共产党成立初期的革命实践作出了重要贡献。在人才培养方面，其通过系统的共产主义教育培养了诸如周恩来、赵世炎、陈延年、陈乔年等中国共产党历史上重要的党团干部；在传播马克思主义方面，中共旅欧支部先后战胜了无政府主义、中国青年党等非马克思主义派，使马克思主义在旅欧群体中成为主流思想；在国共合作方面，积极响应中央号召，率先在欧洲完成了“党内合作”，并掌握了主要领导权，成为国共第一次合作的先声。

中共旅欧支部在中国共产党成立史上具有重大意义。就其自身发展历史而言，它是中共党史尤其是中共早期党史的重要组成部分，在中国共产党的历史上画下了浓墨重彩的一笔；就马克思主义发展史而言，其对马克思主义的传播、发展与中国化作出了独特贡献，是研究马克思主义中国化必不可少的内容。

摘自南京邮电大学 2022 年硕士学位论文，冯凯

我国早期马克思主义传播进程中的“反转”现象研究

马克思主义不仅为无产阶级的革命事业提供了思想武器，也为新时代中国特色社会主义的建设奠定了根本遵循。从素不相识到广为人知，从零光片羽到星火燎原，从疑忧参半到坚信不移，在跌宕起伏的发展进程中，早期马克思主义传播者的阵营经历了“分化”，早期马克思主义的传播图景也迎来了“反转”。

五四运动爆发前，早期知识分子、党派领袖试图通过马克思主义的革命性与科学性以拯救深受压迫的中国社会，出于文化选择与文化认同，他们可谓不遗余力地研究并传播着这一来自西方的思想主张。但随着中国社会的革命形势逐渐明朗，不同传播主体的阶级意识与地位意识趋于清晰，他们看待马克思主义的态度也产生了分化。最终，不同群体间思想底色的分歧被无限放大。一方面，李大钊、陈独秀等早期共产主义者坚持捍卫无产阶级的立场；另一方面，戴季陶、胡汉民等资产阶级思想家离开了马克思主义传播者的阵营。

究其“反转”的原因，本文以为：首先，身处民不聊生、前途暗淡的中国社会，部分早期马克思主义传播者不可能去深入领会并掌握马克思主义深邃的理论内涵与革命主张，因此，当马克思主义者开始将矛头调转向资本主义时，出于阶级利益的考虑，他们必然选择站到马克思主义的对立面；其次，崭露头角的工人阶级有着自身的政治纲领与政治立场，而资本思想与共产主义间不可调和的巨大矛盾，使得资产阶级在试图接触并领导这支庞大力量时四处碰壁；最后，五四运动期间的三次论战，使马克思主义的革命性与阶级性得以鲜明地展现，这不仅吸引了一大批知识分子接过传播马克思主义的历史火炬，同时也推动着部分早期马克思主义传播者转变了自己的政治立场。伴随传播主体的“反转”，早期马克思主义的“传播内容”“传播立场”“传播属性”等皆发生更迭。“反转”这一重要历史现象的意义在于，厘清了马克思主义中国化进程中的逻辑起点与孕育发展时间，推动了马克思主义中国化进程中从中国国情出发的伟大实践，揭示了马克思主义中国化进程中文化认同与政治认同的关联。

时至今日，西方思潮与东方思想的交流融合愈发频繁，文化认同与政治认同已成为各国寻求解决意识形态问题的出口。作为源头，文化认同是建构国家认同的根基；作为主导，政治认同是建构国家认同的本质。就我国而言，政治认同已然深入人心，文化认同的凝聚则更显重要，因此，立足新时代，结合我国早期马克思主义发展进程中的“反转”现象，探讨现代性语境中的文化认同与政治认同问题，对深入推进马克思主义中国化的具体实践与现实发展有着重要的理论价值与经验启示。

摘自西安工业大学2022年硕士学位论文，孙浩楠

20世纪初马克思主义在华传播的媒介路径研究（1898—1929）

回看整个中国马克思主义历史轨迹与传播路径，可以称得上是一部“媒介史”。媒介作用一直贯穿在马克思主义来华传播的始终。按时间来划分：第一阶段是书面时期，聚焦在清末到辛亥革命时期，马克思主义只言片语在报刊中传入，隐匿在众多主义之间。第二阶段从辛亥革命时期到十月革命时期，此时早期马克思主义者在困难中寻找光明，封建主义为社会主义思想设置无限藩篱，甚至在系统学习中出现了整年空白，只能通过留学海外将书刊传译国内进行马克思主义知识吸收。第三阶段由十月革命到建党前期。中国出现无政府主义、基尔特社会主义、科学社会主义的分化，通过论战和组织社团进行思想博弈。而随着十月革命一声炮响送来马克思列宁主义，其中经历了五四运动新文化运动的意识觉醒，共产国际介入传播历程，带来书籍与经费。第四阶段是中共二大到大革命时期，报刊分众化日益繁盛，成为人民群众的喉舌，发起社会运动，随着中共机关报《向导》停刊，也象征着早期马克思主义传播之路告一段落。

由此可见，传播马克思主义经历了由口语消化书面，组织人际并存的传播范式。从取经东洋的幽灵显现到日本的碎片化译介，从留法俭学的猛看猛译再到以俄为师的深刻考量，早期进步人士们艰苦卓绝，在寻找正确主义的道路上坚持不懈，并成功推动马克思列宁主义在我国实现从间接思想到与革命实际结合的重要实践，从而在众多思想主义中脱颖而出，终于寻得理论方向。

早期马克思主义传入中国之旅从接受、创新到发展的过程，既是国人对马克思主义的认识逐渐走向科学性，更是代表着报刊、书籍、论战、社团等传播载体在我国编译、介入、普及的媒介历程，使早期进步人士逐步从受传者走向传播

者，在时间与空间中实现了质的飞跃。但同时也引申出马克思主义早期来华传播的特点，即实践中的马克思主义与理论研习不足。早期知识分子们"边看边译""猛学猛译"并没有充足的时间和传播效果验证，而是一边运用一边实践。对此，进步人士也意识到此类问题，纷纷开展补充学习，用理论指导实践。回溯整个早期马克思主义在中国的传播历程，同样有助于坚定马克思主义在当代的引领作用。

摘自辽宁大学2022年硕士学位论文，宋莹

五四时期马克思主义在东北传播研究

五四时期马克思主义在东北的传播是近代中国马克思主义区域传播史的一个代表。近代东北具有中国半殖民地半封建社会的特征，随着日、俄列强的入侵和俄国十月革命的爆发，东北经历了从脱离封建主义到批驳资本主义再到皈依马克思主义的思想变迁。马克思主义在中国传播是这一过程的主线，但同时东北地区独特的政治隙地、雄厚的阶级基础和浓郁的文化氛围，使得马克思主义在东北的传播具有其特殊性。

俄国布尔什维克早期在东北的活动、旅俄归国华工的革命宣传开东北马克思主义传播之风气；五四运动后，东北早期知识分子、青年学生群体纷纷投入到传播马克思主义的行列，加速了东北革命运动的开展和推动东北各地区中共党团组织的成立，并创造性地形成了以中心城市为核心的东北马克思主义的传播中心。经过各方的共同努力，马克思主义在东北各地区广泛传播。

马克思主义在东北的传播不仅起步较早，而且在短短几年时间里发展迅速。这样的传播效果要归功于东北早期先进知识分子对来自于苏俄和中国关内的马克思主义理论的积极宣传与教育。同时，具有俄国化倾向的反帝爱国思想、无产阶级革命思想、剩余价值理论和社会主义思想等，与东北地区实际情况相适应的传播内容的选择，使得东北马克思主义的传播更具实践性。

马克思主义在东北的传播，不仅奠定了东北地区中共党组织建立的基础，为东北人民的革命斗争提供思想指导，而且推动了东北地区马克思主义大众化的进程。五四时期东北马克思主义的传播是马克思主义在中国传播的一个缩影，对研究东北社会发展进步有重要的意义。

摘自沈阳工业大学2022年硕士学位论文，李莹

马克思主义在四川地区的早期传播研究(1917—1927年)

俄国十月革命给中国带来了真理的曙光——马克思列宁主义,就此,马克思主义扎根于中国,开启了马克思主义中国化的历史进程。同全国各地一样,四川地区的有志之士也果断加入传播阵营。

四川地区特殊的地缘政治格局推动了马克思主义的早期传播。从时代背景来看,俄国十月革命使马克思主义传入四川地区,人们开始逐渐了解马克思主义的真理性和科学指导性。从思想氛围来看,新文化运动、五四运动唤醒了民智、解放了人性,为马克思主义在四川地区的传播做了思想文化上的启蒙。从社会条件来看,防区制时期下,近代四川地区的无产阶级不仅要受到外国帝国主义的压迫,还要受到四川军阀的剥削,无产阶级的反帝反封建热情在一次次的革命运动中被激发,人们渴望改变现状,争取独立。从传播对象来看,民众教育运动在一定程度上提升了四川民众的文化素质,加速了四川地区教育近代化发展,为马克思主义早期传播奠定了群众基础。从传播主体来看,留法勤工俭学运动为马克思主义在四川地区的早期传播储备了优秀人才,也为中国革命培养了一大批卓越的领导人和坚强的革命战士。正是基于以上种种条件,马克思主义才得以扎根于四川地区。

四川地区的马克思主义早期传播轨迹清晰、特点鲜明。从1917年12月18日四川地区本地报纸《国民公报》最先介绍马克思主义开始,到1927年重庆“三三一”惨案发生,将马克思主义在四川地区的早期传播轨迹划分为早期引入介绍、深入传播发展、有组织性传播和遭遇挫折四个阶段。1917—1919年,是四川地区马克思主义早期传播的引入介绍阶段,这一时期的主要是通过报纸、期刊介绍俄国十月革命和马克思主义。1919—1922年,五四运动的爆发极大地解放了人民群众的思想,各种社会思潮随之涌入四川地区,在马克思主义者与无政府主义流派、国家主义流派的激烈斗争中,马克思主义在四川地区进一步深入传播。1922—1926年,是四川地区早期马克思主义力量发展较快的阶段。马克思主义传播紧密围绕着王右木、吴玉章、恽代英、杨闇公和童庸生等早期马克思主义者呈网格状传播和实践,经历了从简单的宣传、介绍到指导革命实践的过程。随着早期马克思主义者王右木、杨闇公等人践行马克思主义的深化,党团组织于1922年后在四川各地纷纷成立。1924年1月,随着第一次国共合作的建立,四川大革命运动广泛开展,是马克思主义在四川地区的传播的第一个高潮。1926—1927年,是四川地区早期马克思主义陷入低谷的时期。1927年3月31日,重庆"三三一"惨案爆发,四川地区的党组织及主要领导人成为四川军阀的消灭对象,马克思主义在四川地区的传播和实践也遭遇挫折。

纵观1917年到1927年这段历史,可以非常清晰地看到早期马克思主义者充分结合四川地区地方实情,借助多种传播渠道,带动了马克思主义思想逐渐被四川人民接受,也推动着四川地区党团组织的建立与发展。从整个传播轨迹来看,马克思主义在四川地区的早期传播呈现出传播范围以点带面、传播队伍逐渐组织化、传播内容渐趋丰富完整、传播过程注重理论联系实际等鲜明特点。

摘自西南科技大学2022年硕士学位论文,王幸媛

五四前后进步知识分子在四川的马克思主义传播研究

伴随新文化运动在川内知识界的深入开展,川内关于新旧之争的矛盾日益尖锐,在进步知识分子的努力下,五四前后四川的马克思主义传播活动足以媲美北京和上海。进步知识分子自觉承担起拯救斯民于水火的历史使命,以王右木、吴玉章为代表的本土进步知识分子与恽代英、萧楚女为代表的外来入川进步知识分子,以学校为平台,在成都地区、重庆地区、川南地区和川北等地聚合传播马克思主义。

进步知识分子通过建立学习研究马克思主义的社团组织、引入和创办进步报刊、创建工农夜校等渠道在四川扩大马克思主义影响。进步知识分子选择性地在四川传播马克思及生平、社会主义、俄国革命、阶级斗争和劳工神圣等内容,通过由浅入深的传播方式扩大马克思主义在四川知识界的影响,推动四川地区无产阶级意识的觉醒。进步知识分子在学习传播马克思主义的过程中,以自身为桥梁促进四川工农运动蓬勃发展,进步知识分子自身也逐渐转变为初步具有共产主义理想的知识分子,影响和培养大批革命骨干,为四川党团组织的建立提供了组织和干部准备工作,促进四川党团组织建立。

摘自武汉大学2022年硕士学位论文,陈洪燕

马克思主义在河南的早期传播研究

马克思主义在河南早期传播是马克思主义中国化至关重要的组成部分。1918年—1927年,马克思主义在河南能够广泛传播,源于冯友兰在开封创办的《心声》杂志社,经李大钊(河南革命事业的开创者)推动,发展于河南工人阶级运动。在李大钊的影响下,河南较早建立党的组织,促进马克思主义在河南的传播。各类学生运动、工人运动、革命运动如火如荼地进行,促使马克思主义在河南发挥其指导意义。

马克思主义在河南的早期传播符合河南社会变革的需求以及河南思想界、工人阶级变化的新形势。传播的基础是:先进知识分子、工人阶级以及群众的觉醒。

马克思主义在河南早期传播的主体是:来到河南的先进人士、青年学生、工农阶级。马克思主义在河南的早期传播主要包括以杂志、报刊为载体的传播;以学校、夜校为主要基地的传播;以李大钊、王若飞、吴芝圃等人为核心代表的传播。概言之,马克思主义在河南得以传播是外源和内源的综合作用的结果。

受社会环境、自然因素等诸多外部因素的影响,马克思主义在河南早期传播极为艰难,河南省内传播也表现出了不平衡性。这些局限性没能阻止马克思主义的传播,它仍成为改造民众思想、更新文化观念,推动社会前进的动力。马克思主义在河南的早期传播产生的积极影响包括:推动河南党组织的发展壮大,催生一批坚定的马克思主义信仰者,为日后河南思想界的转型奠定了良好的基础等。

马克思主义在河南早期的传播相较于同时期的中国其他地区而言,更符合马克思主义在中国传播的普遍状况和整体特征。因此,马克思主义在河南的传播是值得反思和借鉴的,传播的影响深刻,意义深远,值得深究。

摘自阜阳师范大学2022年硕士学位论文,黄晶慧

马克思主义在江西的早期传播

——以《新江西》季刊与《红灯》周刊为对象的研究(1921—1927)

1921年创刊的《新江西》季刊与1927年复刊的《红灯》周刊是马克思主义在江西传播的典型刊物。两份杂志都是由江西籍中小知识分子创办,借以传播新

思想的地方性期刊。《新江西》季刊创刊于中共建党时期，而《红灯》周刊则存续于大革命时期，两本杂志分别反映了马克思主义在江西传播的不同特征。

《新江西》季刊前期极力鼓吹用“教育”“两性平等”“科学”等方式来改变黑暗的社会，其指导思想依旧是西方的民主、自由，其目的在于通过调查社会问题、保障弱势群体利益，宣扬人人平等，以此改造江西社会。随着编辑人员进入北京大学求学，近距离接受马克思主义的思想，《新江西》第三号已然转变成了马克思主义的刊物。《新江西》季刊停刊数月后，又重新创办了《新江西》半月刊，开始大量刊载苏俄社会主义的文章，因而具有鲜明的“苏俄”特色。

《红灯》周刊作为中共在江西地区的宣传刊物，除报道每周的新闻之外，更侧重于意识形态的传播，其刊登的内容包括中共中央的相关文件，以及对江西青年、工农、妇女群体的团结、联合与指导；更为鲜明的是与国民党右派的论争。

作为五四时期由青年学生创办的进步刊物，《新江西》季刊虽然只出版了三号，但是对中小知识分子却产生了深刻的影响，马克思主义的理论也经由《新江西》杂志，在地方传播开来，扩大了马克思主义在江西的早期传播和影响力，让更多的青年特别是学生了解、选择、接受和运用了马克思主义。《红灯》周刊自复刊以来，就成为了社会主义青年团在江西地区宣传路线、方针、政策，以及与反动言论进行斗争的主要平台；而其对列宁主义的宣传，更是为大革命中寻找出路的无产阶级提供了行动的指南。

摘自华东师范大学 2022 年硕士学位论文，金玉霞

马克思主义在开滦煤矿工人中的早期传播研究(1918—1927)

开滦煤矿是北方工人运动的重镇，也是马克思主义早期传播的重要地区之一，开滦煤矿工人运动在中国工人运动史上占有重要地位。

开滦煤矿工人具有革命性彻底、数量大且集中的特点，长期的压迫使开滦煤矿阶级矛盾尖锐，工人们迫切要求实现自身的解放。开滦煤矿得天独厚的工人阶级基础条件，为马克思主义早期传播创造了优势，促进了马克思主义与开滦煤矿工人运动的紧密结合。从 1918 年到 1927 年，马克思主义在开滦煤矿工人中的早期传播历程大致经历了四个阶段：五四运动前的萌芽期，五四运动后的发展期，建党之后的高潮期和五矿同盟罢工前后的扩大期。在这期间，早期马克思主义者通过报刊、工人组织和集会纪念活动等方式积极向开滦煤矿工人传播马克思主义思想。针对开滦煤矿工人的具体实际，早期马克思主义者用通俗易懂的语言向开滦

煤矿工人宣传马克思主义阶级斗争思想、工人联合思想以及以俄为师等内容，为马克思主义在开滦煤矿工人中的广泛而深入的传播立下汗马功劳。

纵观马克思主义在开滦煤矿工人中的早期传播历程及其内容、途径，我们可以发现早期马克思主义者为启发开滦煤矿工人觉悟、探索救国救民道路付出了艰辛努力，使马克思主义在开滦煤矿工人中得到了广泛传播，促进了开滦煤矿工人的觉醒，推动了开滦煤矿工人运动的发展，为中国第一次工人运动的高潮作出了巨大贡献。

摘自中国矿业大学2022年硕士学位论文，董晓丽

中共纪念列宁活动对列宁主义早期传播贡献研究(1924—1927)

中共纪念列宁活动(以下简称“纪念活动”)指的是1924年列宁逝世至1927年大革命失败这段时间中国共产党为纪念列宁而组织的一系列活动。

系统考察发现，“纪念活动”常用的四种纪念形式包括：召开追悼会、座谈会等进行会议纪念，出版列宁论著、发行纪念册、发表宣言通告等进行文本纪念，开展游行集会、群众演讲等进行行为纪念，组织“观影”“化装演说”“双簧”节目表演等进行文艺纪念。四种纪念形式特点不一、作用各异，但又互为补充：会议纪念对于塑造列宁正面形象起着重要作用，文本纪念对传播列宁主义贡献突出，行为纪念和艺术纪念是贴近群众的纪念方式，有效调动群众参与。

中国共产党充分运用会议纪念、文本纪念、行为纪念和艺术纪念等形式，叙述列宁生平、讴歌列宁精神，探讨列宁主义与马克思主义的关系，在塑造列宁正面形象、构建国人集体记忆、整合协调各方关系、动员各阶层民众基础上，掀起了列宁主义在中国早期传播形成第一次高潮，促进了列宁主义中国化进程，有效推动了革命历史进程。

摘自湖北工业大学2022年硕士学位论文，郑之欣

国民革命时期列宁《帝国主义论》的传播研究

国民革命时期的《帝国主义论》的翻译与传播顺应了时代的潮流，也是中国共产党主动进行马克思列宁主义话语权搭建的重要途径，对于把握资本主义国家转变为帝国主义的新阶段有着重要意义。

苏俄通过莫斯科东方大学传递了列宁帝国主义的内容，而国内不同的社会

主体对于《帝国主义论》作出了不同的反应。中共方面，李春蕃等人对列宁《帝国主义论》进行了译介工作，从初步译介到完整出版文献，并通过小册子、写标语、撰写相关文章等方式大力推广，而国民党、青年党以及一些无党派人士对此表达了反对意见。穿插着《帝国主义论》在传播过程中的各种言论问题展开了热烈的讨论。这些的翻译和传播，为当时人们认识“帝国主义”概念提出了新的视角，也为中国共产党的反帝思想尤其是“世界革命论”奠定了思想基础。

国民革命初期，列宁对《帝国主义论》的译介为我国革命斗争提出了正确方法，而论辩中也表达了对各方关于反帝问题的不同理解。与此同时，列宁《帝国主义论》的译介为中国革命指明了正确道路，其论争也呈现了各界对于反帝问题的不同认识。中国共产党的反帝实践与民众的自觉行动相结合，从特点上看体现出了实践主导性、政治选择性等方面，体现出年幼的中国共产党努力探索中国民主革命的规律、重视各类反帝实践运动、注重对于文化权威的确立，国民革命时期《帝国主义论》的传播不仅对时局产生了影响，也奠定了往后的历史时期对于帝国主义相关内容的理论认知基础。

摘自武汉大学2022年硕士学位论文，陶磊

中国共产党创建时期的“三大论战”研究

随着马克思主义的广泛传播，一部分先进知识分子完成了由民主主义知识分子向共产主义知识分子的转变，逐步成为马克思主义坚定拥护者并开始着手创建中国共产党。在这个过程中，他们和一些非马克思主义者、反马克思主义者围绕马克思主义是否适合中国等问题展开了三次激烈的论战，即问题与主义之争，社会主义论战，社会主义与无政府主义的论战。

这三次论战表面是理论之争、学理之争，实际上则是道路之争、主义之争、手段之争，实质上是各种势力、各方力量围绕中国向何处去、未来靠什么力量去实现以及通过何种方式进行有关中国前途、未来之争。在知识分子们的积极参与下，马克思主义从繁杂的社会思潮中脱颖而出，逐渐成为指导中国未来发展、进步的伟大力量。

“三大论战”有力地传播了马克思主义，提升了马克思主义在中国的影响力。论战为中国辨明了社会前进的方向，并确立了无产阶级的革命方式。其中对于唯物史观的解释与阐释，为马克思主义者推翻资本主义，实行社会主义，实现知识分子与人民群众的结合提供了理论准备。在与无政府主义者的论战中，

否定了无政府主义构想的松散的社会发展模式，明确了建立一个纪律严明的政党的重要性，推动了列宁式的无产阶级政党的创建。

摘自华东政法大学2022年硕士学位论文，王策

中国共产党早期通俗理论读物研究

通俗理论读物是以大众话语来传播政治理论的读本，是进行政治理论宣传教育的重要手段。中国共产党在成立前就开始有计划地出版发行通俗理论读物，通俗理论读物至此也就成为我们党在理论宣传中的一项工作内容。

辛亥革命和五四运动极大启蒙了社会民众的反帝、反封建思想，为通俗理论读物的传播奠定了良好的思想基础；十月革命的胜利展现了马克思主义的科学性和强大的革命性，为党的通俗理论读物提供了正确的理论支撑；马克思主义在一次次的理论斗争中扩大其影响力，一步步地走向人民大众；在工人群众的广泛呼声中，中国共产党的通俗理论读物应运而生，我们党用通俗理论读物开启了马克思主义大众化、通俗化的进程。

为了进一步扩大马克思主义的传播范围，用马克思主义来引导广大工人群众和进步青年投身革命浪潮，中国共产党在成立前就通过创办通俗刊物，出版通俗理论读物，用通俗理论读物来教育革命群众、指导革命实践。根据对通俗理论读物的定义标准，这一时段我们党出版的、具有代表性的两本通俗刊物和六本通俗理论读物，分别是《劳动界》《劳动音》《共产主义ABC》《马格斯资本论入门》《马克思主义浅说》《唯物史观浅释》《唯物史观解说》《青年平民读本》。通过详细梳理，发现可以从四个方面来划定党早期通俗理论读物的内容：一是改变思维，引导读者树立唯物史观；二是讲解理论，解开资本主义的秘密；三是指导斗争，传播革命理论；四是鼓舞斗志，描绘未来社会蓝图。

根据读物内容，可以看到这些通俗读物在语言风格上体现出通俗直接、明白如话的特点，在理论介绍上具有观点鲜明、说理透彻的特点，在内容表达上具有言简意赅、种类多样的特点。党早期发行的通俗理论读物，有力地促进了马克思主义在中国的传播，推动了国民革命进程、教育了一大批革命的新生力量，并且启蒙了一代人。然而，党早期出版的通俗理论读物也存在着历史局限，通俗理论读物的出版内容不够丰富、部分内容不够成熟，这些因素也都影响着这些通俗理论读物进一步发挥作用。

摘自武汉大学2022年硕士学位论文，张俊涛

中国马克思主义者对革命道路的早期探索及当代意义研究

近代以来，在求索“中华民族向何处去”的历史进程中，西方的各种主义、学说，诸如无政府主义、工团主义、新村主义、基尔特社会主义等都被大量介绍到中国来，呈现出“你方唱罢我登场”的多元谱系。国内各种救国方案轮番出台，但结果都行不通。十月革命一声炮响，给我们送来了马克思列宁主义。

正是在此背景下，中国早期马克思主义者在研究、传播与践行马克思主义的同时，展开了探索中国革命道路的新篇章。为了使马克思主义被大众所认可和接受，早期马克思主义者通过改变自我认知、拓宽宣传阵地以及扩大受众群体等方式，实现了科学社会主义从自发到自觉、从点到面的传播。具体来讲，自我认知转变的示范作用带动了马克思主义的传播；进步刊物、学社的创办增强了马克思主义的穿透力；到民间去的实践活动使马克思主义开始摆脱边缘化境地。这些早期马克思主义者接受与宣传马克思主义的方式，始终贯穿于长期革命，并有力推动着革命理论与实践探索的过程。

在理论层面，经过三次思想大论战，中国早期马克思主义者初步阐释了马克思主义的世界观和方法论，并以之为指导，对世情和国情做出了基本判断，阐明了我国产生社会主义革命的可能性和必要性，达成了“只有社会主义才能救中国”的目标。在理论与实践的有机统一下，通过酝酿与创建无产阶级政党、选择武装斗争的革命方式、讨论革命领导权问题以及制定革命斗争策略，中国早期马克思主义者对改造中国与世界展开了实践探索，为中国特色革命道路的开辟做出了重要贡献。

回溯历史，中国马克思主义者对革命道路的早期探索成果在于发现了马克思主义，并开始将其与近代中国国情相结合，进而初步找到了一条革命新道路。中国马克思主义者对革命道路早期探索所积累的宝贵经验，不仅在理论上启迪我们要继续丰富与发展马克思主义、助推马克思主义大众化以更好彰显马克思主义的理论魅力，在实践层面也在告诉我们要不断推进马克思主义中国化。同时，艰辛的革命道路探索历程本身就是当下坚定中国道路最充分的理由，其不仅为民族复兴奠定了信仰之基，也为道路发展提供了动力之本。只有知道我们从哪来，走了哪些路，才能明晰现处位置以及未来我们要到哪里去。艰难曲折的革命道路早期探索史是新时代中国道路的历史逻辑起点，也是我们坚定道路自信的底气之源。

摘自山东大学2022年硕士学位论文，周玉莹

中国早期马克思主义者青年教育研究(1915—1921)

20世纪初的中国,救亡图存仍然是历史主题。在探寻救国真理的过程中,早期马克思主义者由热情的爱国青年转变成马克思主义者,并进一步转变为马克思主义的传播者、教育者,面向青年开展马克思主义教育,为马克思主义在中国特别是在青年中的传播作出了不可磨灭的历史贡献。

本文研究的是,在20世纪初中国面临何去何从的背景下,早期马克思主义者基于何种思考决定在青年中开展马克思主义教育,又是如何开展这一工作以争得青年,最后分析产生的效果如何。20世纪初,早期马克思主义者身处救亡图存的时代语境下,在探寻救国真理的过程中发现马克思主义这一真理武器,率先确立马克思主义信仰。社会的改造需要正确理论的指引,早期马克思主义者把目光转向思想先进、乐于革新的青年。通过思想革命革新青年思想,开展理论工作武装青年,成立进步团体引领青年,在实践活动中改造青年等方式,在马克思主义青年教育思想和自身青年观的指导下,他们紧贴中国基本国情与青年实际状况围绕所面临的主要任务进行了卓有成效的思想政治教育,吸引和动员了大批青年走上马克思主义道路。

总的来说,这一时期的青年教育是成功的。不仅取得了良好的效果,而且在党的思想政治教育历史中具有首创意义,也为我们当下的青年教育提供了有益启示。但同时也应看到由于主客观条件的限制,早期马克思主义者在教育过程中不可避免地存在一些局限性。

摘自南开大学2022年硕士学位论文,宿爱

中国共产党成立前后知识分子传播马克思主义研究

中国共产党成立前后是马克思主义正式在中国传播的初期阶段,先进的知识分子从纷繁复杂的各类思潮中感知到马克思主义的科学性,研究并传播这一科学理论,由此推动了中国共产党的成立,成为马克思主义中国化历史进程中的重要途径和重要内容。

知识分子因教育经历、社会身份和家庭出身等因素而集结,成为这一时期传播马克思主义的主体。通过区分不同受众群体,知识分子注重从青年学生培

养骨干，建设工人群体作为主力，并对农民群体进行思想启蒙。通过马克思列宁主义经典文本、国外马克思主义者诠释文本和国内先进知识分子解读文本等载体，传播唯物史观、剩余价值理论和阶级斗争理论等内容。知识分子以报刊、社团和共产主义小组为主阵地，公开与非马克思主义思潮进行批判论战，并结合工人运动传播马克思主义，推动了以马克思主义为指导思想的中国共产党的诞生，促进了国民思想的变革和政治意识的觉醒，为中国革命事业培养了一批具有坚定意志的早期马克思主义者，同时开启了马克思主义中国化的早期历史进程。通过此研究，总结出要坚持马克思主义在意识形态领域的指导地位，加强中国共产党的核心领导作用，同时坚持理论与具体实际相结合的基本原则，重视青年学生的宣传教育等启示，为新时代的知识分子推进马克思主义中国化的具体实践提供思路。

摘自广西民族大学2022年硕士学位论文，汪玲芳

浙籍共产主义知识分子对“红船精神”的贡献研究(1915—1921)

“红船精神”作为中国革命精神谱系的重要组成部分，是伴随着党的成立而诞生的，也是革命前辈们在建党历程中伟大精神的凝聚，他们在建党实践过程中铸就了这种首创、奋斗、奉献精神。在这过程中，一批又一批的地域性共产主义知识分子群体登上了历史舞台，他们为“红船精神”的形成作出了巨大贡献，浙籍共产主义知识分子就是典型代表。

浙籍共产主义知识分子这一群体的形成，是近代中国社会变动和国际环境以及浙江地区发展等多种因素合力的产物。大部分浙籍共产主义知识分子出身于中等社会家庭，从小就接受了传统儒学教育并逐渐接触到现代新式教育，知识水平高、思想较为开放。五四时期，正处于社会变革之际，各种思潮充斥于中国社会，浙籍共产主义知识分子中的部分群体经历了重大的思想转变，这也是近代先进知识分子探求国家出路的一个缩影。浙籍共产主义知识分子的思想转变主要分为两类：一类是从坚持民主主义革命到追求马克思主义思想的转变；另一类是从信仰无政府主义到追求马克思主义思想的转变。浙籍共产主义知识分子思想转变的影响因素主要有：受社会主义思潮的影响、尝试西方资本主义道路的失败、具备宣传马克思主义的有利条件，所以群体中的大部分人实现了身份的转变。在民族危亡之际，浙籍共产主义知识分子继承了中国古代士

人的入世精神，积极投入到政治生活中，他们的实践活动铸就了“红船精神”的重要内涵，推动了中国共产党的成立和革命运动的发展。

浙籍共产主义知识分子对于“红船精神”贡献的历史意义是多方面的：第一，推动了大众接受马克思主义的进程，从而树立起对马克思主义的信仰；第二，转变知识分子对自身使命的认识，浙籍共产主义知识分子意识到要用马克思主义来指导革命实践；第三，开启了马克思主义中国化的进程；第四，为中国共产党的创立作了思想、组织准备；第五，丰富了党的精神谱系，是中国共产党宝贵的精神遗产。受历史局限性的影响，浙籍共产主义知识分子对“红船精神”的贡献也存在着不足之处。一方面，这一群体的思想最终未能形成统一，部分人的思想与马克思主义背道而驰。另一方面，这一群体也没有建立一个统一的组织，但无论每一位浙籍共产主义知识分子最终的归途如何，他们都曾为了国家和民族的命运走到一起，为挽救民族危机留下了宝贵的精神财富。

摘自辽宁大学 2022 年硕士学位论文，沈伊

中共第一批留苏学生对马克思主义在中国的传播研究

中共第一批留苏学生对马克思主义的传播在中国马克思主义早期传播史上占有重要地位，探讨中共第一批留苏学生在推动马克思主义传播中的贡献，对于更好认识马克思主义早期传播情况具有重要理论意义和现实意义。但是截至目前，学界在对于中共第一批留苏学生这一群体在传播马克思主义方面的研究却付之阙如。鉴于此种情况，本文在充分参考借鉴学界已有相关研究成果的基础上，选取中共第一批留苏学生作为研究对象，以马克思主义在中国的初期传播为视角，考察中共第一批留苏学生传播马克思主义的肇因、历程、特征，总结其历史作用，分析其历史局限，力图真实反映马克思主义在中国传播的部分早期状态，为推动中国新时代马克思主义中国化、大众化提供历史借鉴和启示。

20 世纪 20 年代初，在俄国十月革命的吸引力与中苏关系新发展的转机下，追寻救国道路的知识分子在上海外国语学社的支持下赴苏留学，在莫斯科东方大学的学习生涯不仅使他们掌握了扎实的理论基础，而且艰苦的学习环境及莫斯科社会主义建设的氛围也锻造了他们的革命意志和革命决心。留苏学生归国后在各行各业传播马克思主义，有的走进工农大众中间，有的致力于文学改革，有的专注翻译革命文学。虽然在对马克思主义的传播中存在碎片式理解马

克思主义理论体系、过度尊崇苏联经验等局限，但是他们对马克思主义早期传播的重要贡献是远大于其局限性的。可以说，中共第一批留苏学生对马克思主义的传播促进了马克思主义与中国工人运动的结合，促进了马克思主义基本原理传播的系统化、全面化，促进了中共党员理论水平的提高，推进了马克思主义大众化。

回顾中共第一批留苏学生传播马克思主义的过程，他们勇敢赴苏追求真理，在传播中捍卫真理，在革命洪流中实践真理，为中国近代革命事业作出重要贡献。现如今我们面临百年未有之大变局，中国特色社会主义理论、道路、制度等面临着种种挑战和质疑，如何应对这些挑战和质疑，进一步发展21世纪的马克思主义，可以穿过历史长河从前人的经验中找到一些经验启迪。

摘自中央民族大学2022年硕士学位论文，柏静

留日学生群体与中国早期马克思主义传播

明末清初，中国的大门被西方列强所攻破，国家危亡的境况催生了一批心存救国救民的知识分子东渡扶桑求学，以求富国强军之法。留日学生群体处于特殊的历史阶段，在国内外多种条件的催生下，部分学生在留学日本期间完成了自身的思想转化，在政治信仰和其思想转变的历程具有其自身的历史独特性。归国后留日学生群体成为马克思主义通过日本途径向中国早期传播的重要力量，在中国的大地上播撒宣传马克思主义理论，启迪民智，向人们传播了大量的新思想新文化，绘制出了马克思主义在中国早期传播的历史图景。

留日学生群体在日本求学过程中，完成了由民主主义向马克思主义的思想蜕变，在归国后，便成为了马克思主义在中国早期传播的先行者。这批留日学生通过在中国的具体实践，办报刊、翻译文章、组建进步学会、建立中国共产党早期组织等途径，使马克思主义成为启迪中国青年的指引，也作为指导中国早期实践活动的行动指南。

受到十月革命胜利的鼓舞，留日学生成为了中国早期的马克思主义宣传者，但是对于马克思主义的解说在一定的历史条件下是走“以日解马”的道路。其特点如下：其一是带有“日本解读”的马克思主义。其二是马克思主义学说在最初经过中国留日学生翻译的偏差，致使对于马克思主义学习的误读，并未在中国的具革命实际上进行良好的运用。其三是对于理论的研究多于革命实践。

留日学生通过日本渠道向中国输入马克思主义，对于中国近代社会走向马克思主义道路，中国青年思想受到启迪，创造了一批又一批的马克思主义者以及对于中国共产主义事业的进行的初步探索作出了突出贡献。但是由于实际革命经验的不足，对于中国革命的实际情况缺乏足够的判断和了解，因而很多留日学生在建党初期便离开了这个矢志奋斗终生的事业，留日学生群体在当时马克思主义进入中国早期传播的过程中有不尽完善之处，留日学生群体作为传播主体也带有一定的历史局限性，但对于马克思主义在中国早期传播的历史价值，开创了马克思主义在中国的传播及其理论的贡献不能一概否定。

摘自天津商业大学 2022 年硕士学位论文，李格琳

留学生与早期马克思主义的传播

——基于留日、留法、留苏中国学生的考察

留日、留法、留苏学生都是早期马克思主义传播过程中的重要的传播力量，对马克思主义的传播做出了有目共睹的贡献。留日学生开启了留学生传播马克思主义的先河，传播马克思主义的时间最长，影响较为深远。在十月革命后，留日学生对马克思主义传播展示了强大爆发力，为留法和留苏学生传播马克思主义奠定了一定的基础。相比于留日学生，留法学生在马克思主义传播上显示了强大的行动力，他们积极深入工人阶级，帮助工人阶级意识觉醒和站起来斗争，进一步推动了马克思主义走向实践。留苏学生对马克思主义的传播是留日、留法学生的延续。留苏学生归国以后深入中国革命的实践，极大地推动了中国革命的发展。

从对留日、留法、留苏学生与早期马克思主义传播的研究来看，他们对于马克思主义的传播呈现以下特点：

一是对马克思主义的传播由理论传播逐渐走向理论与实践相结合。留日学生主要通过创办报刊、出版社等对马克思主义的理论进行翻译和介绍，传播更加侧重理论层面。留法学生不仅从理论层面对马克思主义进行学习和传播，还积极领导和开展工人运动，在实践中宣传马克思主义。同样地，接受系统马克思主义理论教育的留苏学生也是积极投身国内革命，在革命中用马克思主义理论指导自身的工作，带领广大人民进行革命。

二是对马克思主义的传播是继承和发展的。留日学生对马克思主义的传

播在一定程度上继承日本学者对马克思主义的研究。留日学生把马克思主义传入中国影响一大批知识分子,使得知识分子开始对马克思主义产生向往,这在一定上推动了一部分知识青年前往法国留学。留法学生积极对马克思主义进行学习和研究更加深刻地认识了马克思主义的全貌,也更加注重马克思主义的实践性,这也激发了一部分留法学生前往苏俄学习的热情。留日和留法学生对马克思主义的传播吸引了更多的知识分子走向马克思主义阵营,壮大了马克思主义传播的队伍。待到留苏条件成熟,先进知识青年更是积极前往苏俄留学,学习苏俄革命经验,从而更好地为中国革命服务。此外,在传播内容方面,留日、留法及留苏学生不断完善马克思主义的传播理论,推动马克思主义在中国的全貌展现。留日、留法及留苏学生共同努力并不断推动着马克思主义传播在继承中发展。

三是对马克思主义的传播大致呈现一种整体性的发展。随着马克思主义传播的深入,一些留日、留法、留苏学生积极推动中国共产党早期党组织的建立,这使得党组织充分团结了留学生中的先进青年,并把这些青年团结到马克思主义的阵营里。留日、留法、留苏学生逐渐走向中国共产党领导的马克思主义阵营,这共同成为推动马克思主义传播的重要力量,使得他们对马克思主义的传播大致呈现一种整体性的发展,推动着马克思主义指导中国革命的实践。

摘自北京化工大学 2022 年硕士学位论文,韩晴晴

中共早期"女报人"话语建构研究(1921—1927)

1921—1927 年间,以王会悟、王一知、刘清扬、邓颖超、向警予、葛季膺等为代表的中共早期妇女运动领袖着意投身于报刊活动,凝聚而成了一个话语特色鲜明的"女报人"群体。她们大多出生于 20 世纪初,成长于辛亥革命时期,在五四运动中接受新思想洗礼,在探索个人出路与妇女解放的路途上加入中国共产党,在当时的社会政治舞台上扮演了较为重要的角色,同男性一起投入到民族解放运动的洪流之中。

中共早期女报人大多出身于中流或上流社会,普遍接受过良好教育,在学校学习生活中开阔了视野,接触了新的思想文化。她们走出家庭,投身社会,依托学缘和地缘关系,并与其中声气相投、志向相近者聚而论道,义无反顾地融入于轰轰烈烈的无产阶级革命运动之中。她们或自办报刊,或参与报刊编辑,或

为报刊撰稿，通过自己的话语表述与革命实践，在政治参与、身份认同、文化教育等方面，建构起关乎女性自身解放的话语体系。她们围绕妇女参政、妇女婚姻恋爱、妇女教育等诸多焦点议题，努力建构女性自己的话语体系，并通过组建妇女团体、创办妇女报刊、妇女学校、参与工人运动、声援北伐战争等话语实践，动员各阶级妇女参与革命运动，大大促进了广大妇女的觉醒。

中共早期女报人的话语建构理论和尝试，一定程度上改变了传统性别歧视语境下中国妇女的“失语”状态，促使他们以女性主体身份追求自身解放，进而在历史发展进程中取得了一席之地。然而，她们在意气风发地投入于革命活动的同时，依然感受到了现实之中性别歧视现象的顽固存在。她们试图在党内男性话语主导与女性身份固化语境中寻求解脱，挣脱传统观念的羁绊，积极投身于民族民主革命运动，多方探索妇女解放的正确道路，为之后中共妇女运动工作的开展营造了较好的话语氛围，奠定了一定的理论和实践基础。

摘自河北师范大学2022年硕士学位论文，高雅

五四时期进步社团与中国共产党的创建关系探究

五四时期中国社会剧烈动荡，思想解放的热潮愈演愈烈。新型知识分子为了探寻改造中国的革命道路，成立社团组织。在大大小小数百个社团里，以新民学会、觉悟社、改造社、互助社、北京大学马克思学说研究会最有影响力。它们开展系列革命活动，为中国共产党的创建提供了积极有益的帮助。

进步社团通过创办书社、进步刊物，利用夜校、补习班、讲演等方式，深入工农群众，宣传马克思列宁主义，为中国共产党的成立创设了宣传阵地。他们积极同资产阶级改良主义者、无政府主义者展开激烈的争论，同社团内部的非马克思主义者进行辩论，在辩论的过程中加深了对马克思列宁主义的理解，从而为中国共产党的成立提供了思想基础。

进步社团细化组织结构，明确组织宗旨，完善规章制度，成员们在革命实践的过程中锻炼了组织领导能力，积累了建党经验，参与了各地共产党早期组织的创建，为中国共产党的成立建立了组织基础。五四时期的进步社团培养了一批坚定的马克思主义者和具有革命自觉的工农群众，其中许多人后来成了中国共产党的早期领导者，这些都为建党提供了干部和人才准备。

五四时期进步社团是中国共产党的“胚胎”和初始样态。由进步社团逐步

发展为共产党早期组织，最后过渡到无产阶级政党，这体现了中国共产党诞生的特点与规律，也揭示了建党的历史必然性。五四时期的进步社团还在指导思想、发展社员以及如何学习、研究和传播马克思主义等方面，为中国共产党的创立提供了诸多可资借鉴的经验。

摘自中国青年政治学院 2022 年硕士学位论文，王成昊

报刊史视阈下中共创建时期的群众观

群众观是马克思主义学说的重要部分，也是中共重要的价值理念，更是党的事业取得胜利的重要思想保证。中国共产党的群众观是中国共产党在中国革命实践中，对马克思主义群众观的理解、运用和发展。通过对中共创建时期，党的四份重要的机关报——《共产党》《新青年》《向导》《前锋》中有关群众、工人、农民、青年、妇女的文本的研究和分析，可以发现早在党的创建时期，在领导工人、农民、青年、妇女等各级群众进行斗争的实践中，就已经自觉践行马克思主义的群众观，并且在具体的革命实践中，结合中国具体的国情、民情，形成了中共自身关于群众初步但却极为重要的认识。

创建时期，中共对群众的主体性、对群众利益的问题都有了一定的认识。中共认识到在殖民地半殖民地的中国，要改变中国的面貌就要充分依靠群众的力量，要广泛地团结动员群众，将革命与群众密切结合起来。并且在这种认识的基础上，这一时期中共对于党群关系的构建也有了初步的认识，认识到党要代表群众的利益，为了群众的利益而奋斗，在革命实践中，要到群众中去，对群众进行宣传与组织。伴随着对群众认识的逐渐深化，从中共“二大”到中共“四大”，党也逐渐建构起“群众党”的建设目标，向群众性政党的道路积极迈进。在创建时期，中共对工人、农民、青年、妇女等各级各类群众的地位、作用以及各类群众运动中应注意的问题等方面也有一些具体的认识，这都大大丰富了这一时期中共群众观的具体内涵。当然，这一时期中共对群众的认识还存在一些不完善的地方，更多只是强调“到群众中去”这一层面，而对“从群众中来”的认识还很不成熟，还缺乏“以人民为师”“向群众学习”的自觉。

摘自鲁东大学 2022 年硕士学位论文，李靖

《学生杂志》推进马克思主义理论在学生群体中的传播(1921—1926)

诞生于商务印书馆商业布局中的《学生杂志》,在学生群体中持续推进马克思主义理论的传播,得益于学生对于杂志阅读的市场需求与商务印书馆渐趋成熟的杂志发行网络。在主要内容方面,《学生杂志》借由新名词与新书刊引介马克思主义理论,通过伟人纪念活动具象化马克思主义道德观念,立足唯物史观逻辑框架阐明人生观与革命道路问题。在马克思主义“社会”与“个人”视角下实现学生群体聚合,展现出学生群体由“知识青年”到“革命青年”的身份转变过程。

《学生杂志》在推进马克思主义理论传播的过程中充分展现出自身所具有的特点。在杂志版面上,《学生杂志》利用广告版面进行宣传与推广,策划专刊与专栏进行集中阐释。在文稿内容上,《学生杂志》面向中等学生,回应关切问题;聚焦社会实际,关注时事政治;注重互动反馈,形成相应之势。在话语表达上,《学生杂志》注重鼓动式话语与批评式话语相结合、自述式表达与他述式表达相结合。

《学生杂志》推进马克思主义理论在学生群体中的传播,弥补了转型时期报刊对学生切身问题关注的缺失,强化了马克思主义理论与现实生活的紧密结合,拓宽了马克思主义理论早期传播的外部边界。同时,在早期传播过程中,也存在撰稿人群体理论水平尚不成熟、读者群体容易受到党外精英知识分子牵引的问题。

摘自华东师范大学2022年硕士学位论文,姚新宇

北京大学马克思学说研究会探究

北京大学马克思学说研究会(以下简称“研究会”)是李大钊为筹备建党而组织的团体。它推动了多地马克思学说研究会和党团组织的建设,促进了中国共产党的创建。研究会以北大进步学生为依托,广泛吸纳了京内外向往马克思学说的会员。会员们积极传播、践行马克思主义,为中国革命运动做出了显著贡献。研究会后期逐渐发展成为党的外围组织,发挥了重要作用。

研究会的发展可分为秘密阶段、早期公开阶段以及晚期阶段。研究会秘密成

立后，会员们开始学习马克思学说，摸索着开展实践活动，积攒了一些经验。共产国际代表维经斯基访华后，中国共产党的成立提上了日程。研究会提供人力资源，协助发展组织，积蓄了力量。由于党团组织不断发展，研究会决定公开化，吸引更多信仰者，集中力量开展革命活动。研究会专门设置了图书室和翻译组，系统地研究马克思学说，奠定了较好的理论基础。随着实践和理论的结合，研究会发展日益成熟，提升了中国共产党的能量，吸引了国民党的目光。在国共合作的背景下，研究会加强了反帝反封建斗争，更深入地推进了中国革命运动。

研究会的会员们甘于奉献，勇于担当，培育了一群早期的马克思主义者，促进了中国共产党的成立及发展，推动了中国的革命进程。明灯不灭，浩气长存。他们的高尚境界，有益于新时代厚植爱国主义、传承建党精神以及弘扬红色文化。

摘自北京化工大学 2022 年硕士学位论文，谢亚晴

北京社会主义青年团研究：1920—1927

1920 年 11 月，在北京党小组的指导下，北京青年团于北大红楼成立。此后，北京青年团与中共北京党组织始终保持着密切联系。成立初期，由于马克思主义和无政府主义都有革命需求，且二者的主张存在一定相似之处，北京青年团曾一度与无政府主义者合作。不过，碍于双方思想上的本质性分歧，不久二者就分道扬镳。

截至 1924 年，按照团中央的要求，北京青年团的基本组织已趋于健全。不过此时，其支部完全建立在学校中，团员也以学生为主，“学生团”意味相当浓厚，支部会议常常难以召开。

对北京青年团的经费收支情况进行考察后可以发现，其经费主要来源于外部援助，而团费收缴不力则显示了其组织和纪律的涣散，又妨碍了团务进展，掣肘北京青年团开展组织动员工作。

1924 年 5 月，张国焘被捕案发生后，北京青年团进行了改组。在邓中夏、黄日葵和刘伯庄等人的主持下，北京青年团解散了原有组织，对团员进行严格审查，让合格者重新入团，并以新团员为基础成立新的地方执行委员会。同时，为了清除组织涣散、纪律松懈的积弊，改变“学生团”的现状，北京青年团从团员教育、纪律建设、加强集中制和广泛吸收青年群众四个方面着手对组织进行了整顿。

20 世纪 20 年代中后期，革命之势方兴未艾。为了吸收青年学生加入以壮

大革命力量，北京青年团与北京地区国家主义派及北京国民党执行部展开了对青年学生的“抢夺”。实际上，“抢夺学生”的过程，也是北京青年团动员学生的过程。然而，即便其探索出了一套多元策略，但就当时北京地区的青年学生总数而言，动员效果并不理想。

摘自北京大学2022年硕士学位论文，葛灿

李大钊妇女解放思想研究

李大钊作为我国杰出的无产阶级革命家，既是中国传播唯物史观的第一人，也是推动马克思主义妇女解放思想中国化的典型人物。本篇论文旨在通过对于李大钊妇女解放思想的研究分析，探寻思想背后承载的中国特点、中国风格，进而推动新时代妇女研究的深化，使其在今天的中国得到更好的发展和彰显。

李大钊首先从唯物史观的视角阐明妇女问题存在的根源，揭示妇女地位的演变依赖妇女经济实力的变化。其次，从妇女所应具备的基本权利包括就业权、政治法律权、受教育权、恋爱婚姻自由权等方面来阐述实现妇女解放的社会条件。再者，通过重新分析劳心者和劳力者的价值和社会地位，阐明将劳工妇女作为妇女解放的主要依靠力量，并通过“灵肉一致的改造”和阶级的联合来实现妇女解放的目标。

李大钊妇女解放思想的历史特点可归结为鲜明的阶级性、突出的实践性以及坚定的国际原则。其历史价值包括对于女性意识觉醒、中国共产党领导下的妇女解放运动以及中华优秀传统文化所发挥的积极影响。李大钊的妇女解放思想对于当代的启示表现在：在理论发展上，坚持“拯救中国的导星”不动摇，这为新时代妇女发展指明方向；在实践中要求根据“实境”从事妇女发展工作，解决现阶段妇女发展存在的问题；以及对于妇女发展目标的新时代启示。

摘自北京大学2022年硕士学位论文，樊欣婷

马克思主义思想史视域下李大钊群众史观研究

群众史观是对人民群众到底是谁、其历史作用究竟如何、怎样看待人民群众以及如何处理群众关系等重要问题的科学认识，是唯物史观的重要组成部

分。李大钊群众史观，在马克思主义思想史特别是马克思主义中国化思想史上占据重要地位，构成马克思主义唯物史观中国化的奠基性成果。

立足马克思主义思想史视域，以李大钊群众史观在马克思主义中国化思想史上的渊源流变为主线，通过回溯李大钊群众史观的历史背景，总结其构建的主客观条件，强调“民彝史观”是李大钊群众史观早期理论初显。李大钊群众史观的理论内容可分为三个板块：群众主体地位认知、社会构造的唯一基础、对唯心主义英雄史观的深刻批判。在此基础上，概括出李大钊群众史观的三个重要特征：现实性与实践性相结合、科学性与革命性相联结、继承性与发展性相统一。最后，立足李大钊群众史观的较高理论水平和超前科学性，总结其在理论价值和实践引领等方面的重要意义，探讨李大钊群众史观与中国共产党群众史观的承继关系，彰显其思想史地位。

摘自华东师范大学2022年硕士学位论文，李政仪

恽代英马克思主义新闻思想的形成、内涵及评价

恽代英是我国早期无产阶级革命家和优秀的报刊宣传家，新闻事业贯穿他的整个革命生涯。从第一次创办家庭自修小报《我家》到主编党的机关刊物《红旗》，恽代英逐渐从无政府主义、工读主义走向马克思主义，从民主主义者转变为马克思主义者，在新闻实践的基础上完善和发展了自身的马克思主义新闻思想。

恽代英马克思主义新闻思想形成的过程可分为三个阶段：在雏形与萌芽时期（1919年五四运动前），恽代英创办互助社，其阶级性思想初步显现，意识到报刊是“机关工具”；在探索与嬗变时期（1919年五四运动后），恽代英创办利群书社，翻译马克思著作，提出“阶级斗争”思想；在确立与成熟时期（1921年共产党成立后），恽代英主编《中国青年》等机关刊物，大力发展马克思主义，明确报刊具有阶级属性，坚持党性原则，发挥喉舌功能。

恽代英马克思主义新闻思想内容丰富。在报刊功能学说方面，恽代英提出报刊具有宣传功能、指导功能和组织功能。在报刊的性质方面，恽代英表示报刊是阶级斗争的工具，要求坚持报刊党性与群众性统一。在新闻编辑思想方面，恽代英从客观实际出发，实事求是，兼顾新闻的客观真实性和新闻的可读性。

恽代英马克思主义新闻思想的形成是一个复杂的过程，具有发展性、客观性、民族性和革命性的特点。恽代英重视报刊第二作用，依靠群众办报，推进马克思主义大众化的新闻思想依旧历久弥新，具有历史价值和现实启示。在当下新媒体语境，新闻从业者也应关注受众需求，宣传马克思主义理论，优化舆论环境。

摘自华中师范大学 2022 年硕士学位论文，李紫荆

恽代英推进马克思主义传播研究

恽代英是中国早期的无产阶级革命家、理论家、宣传家。恽代英作为较早接触马克思主义并将其广泛传播的中国共产党人，是中国传播马克思主义的先驱者之一，为推动马克思主义的传播做出了重要贡献。

恽代英推进马克思主义传播的内容主要包括：一是传播以辩证唯物主义理论和历史唯物主义理论为主要内容的马克思主义哲学；二是传播以马克思主义政治经济理论和马克思列宁主义经济理论为主要内容的马克思主义政治经济学；三是传播以早期空想社会主义的探索"未来之梦"、阐发科学社会主义内涵探索和实现路径为主要内容的科学社会主义。

恽代英推进马克思主义传播的路径非常丰富，主要有：通过同辈群体学术互动、前辈马克思主义者指引、依托师生关系等人际关系推进马克思主义传播；通过创办互助社、利群书社、共存社，加入少年中国学会、中国共产党，成立马克思学说协会、社会主义青年团等组织形式推进马克思主义传播；通过翻译著作介绍马克思主义、公开演讲倡导马克思主义、创刊办报传播马克思主义等大众媒介推进马克思主义传播。这些路径在推进马克思主义传播方面都产生了非常好的实际效果。

恽代英为推进马克思主义传播做出了非常重要的贡献。主要表现在：一是推动了马克思主义在知识分子中的早期传播；二是为中国共产党革命事业培养了大批人才骨干；三是为毛泽东思想的形成做出了重要贡献。同时，恽代英推进马克思主义传播也具有重要的现实启示：一是要通过路径多维化来建构中国共产党的宣传话语体系；二是要通过理论通俗化来增强中国共产党的宣传工作实效；三是要通过队伍专业化来培养一支信仰坚定的工作队伍。这些对于新时代继续深入推进马克思主义传播都具有非常重要的理论和实践意义。

摘自华东师范大学 2022 年硕士学位论文，孔子燕

陈潭秋的马克思主义观研究

陈潭秋同志是中国共产党的优秀党员，伟大的无产阶级革命家，是中国共产党的创始人之一。在马克思主义中国化的历程中，陈潭秋无疑是一个典型的代表人物，特别是他早期对于马克思主义的传播，有力地推动了马克思主义在中国的生根发芽以及不断壮大。研究陈潭秋的马克思主义观对我们认识、学习和坚持马克思主义有着重要的借鉴意义。

陈潭秋的马克思主义观是陈潭秋对于马克思主义观内涵的两个基本问题的回答，即“什么是马克思主义”和“怎样对待马克思主义”，具体包括他对于唯物史观、群众史观、马克思主义政党理论的认识。同样，他也将具体的认识带到工作实践中，他认为必须始终学习马克思主义、传播马克思主义，这样才能更好地应用马克思主义。

从历史的角度看，陈潭秋的马克思主义观启迪了一批先进知识分子，推动了科学马克思主义观在全党的确立，更重要的是促进了早期共产党人马克思主义观的形成；而从当代的视角看，陈潭秋的马克思主义观启示我们必须注重实践在发展马克思主义中的关键作用，更加重视人民群众的伟大力量，这便是陈潭秋马克思主义观的意义所在。

摘自湖北省社会科学院 2022 年硕士学位论文，金垒

蔡和森对马克思主义的理论贡献及其历史意义研究

蔡和森是中共早期卓越的领导人之一，杰出的无产阶级革命家和著名的马克思主义理论家、宣传家。作为中国共产党内著名的马克思主义革命家、理论家和宣传家，蔡和森在探索中国革命和中国共产党诸问题中提出丰富的独特的思想主张，形成一个思想体系，内容包括建党思想、社会主义思想、工人运动思想、农民运动思想、唯物史观思想等。这些宝贵思想确立了蔡和森在中国共产党内的重要地位。

在建党思想方面，蔡和森是中国共产党的重要创始人之一。蔡和森的建党思想与建党活动直接推动了旅欧党团组织的创立和建设，也推动了国内共产党组织的创建。蔡和森在法国期间不仅提出了中国共产党和中国少年共产党的

名称，而且通过研读马克思主义相关著作以及对国际国内情况的分析而较早提出了建党主张和建党原则，对中国共产党的创立作出了巨大的贡献。

在社会主义思想方面，蔡和森被认为是中国伟大的社会主义活动家。他的社会主义思想受到中国传统文化的影响。此外工读主义、新村主义等新思想也是他社会主义思想的来源。赴法勤工俭学以后，他的社会主义思想受到了马克思列宁主义学说和苏俄社会主义的影响。蔡和森在法国科学研究了马克思列宁主义学说，也做出了对科学社会主义的正确选择，成为坚定的社会主义者，并对如何实现社会主义进行了系统的探索，从而提出自己的一系列比较科学的社会主义理论。

蔡和森是中共早期领导人中，以马克思主义观点分析和研究欧洲工人运动并提出中国共产党领导工人运动的第一人，也是 20 世纪 20 年代中国工人运动的理论指导者之一。作为中共中央领导人，蔡和森在中共三大为中国共产党独立领导工人运动而抗争，坚持党的独立性，与党内陈独秀、马林的错误倾向作斗争。蔡和森亲自参与和领导工人运动，尤其是在五卅运动中提出正确的罢工策略以及实现策略的口号和组织形式，充分显示了他组织和指导工人运动的杰出才能，促进了五卅运动在全国范围内产生反帝爱国运动的高潮。

唯物史观方面，《社会进化史》一书的出版，较全面系统地阐释了马克思主义唯物史观，这部著作还被多次作为教材使用，促进了唯物史观的广泛传播。

这些思想在对党组织建设、对毛泽东社会主义思想的形成、对工人运动的推动、对农民运动的影响以及对马克思主义哲学在中国的传播和发展等方面都产生了重要影响。

摘自昆明理工大学 2022 年硕士学位论文，孔凡会

任弼时的马克思主义观研究

任弼时是中国共产党早期的重要领导人，在 30 多年的革命斗争生涯里，始终坚持实事求是的原则，勇于自我批评，逐渐形成并完善了极具个人风格的马克思主义观，为早期中国共产党人起到了重要的模范作用。

任弼时马克思主义观的形成有其理论渊源和历史条件，更与任弼时个人强烈的爱国热情、扎实的理论基础和丰富的斗争经验分不开。任弼时的马克思主义观思想内容丰富，主要包括“什么是马克思主义”和“怎样对待马克思主义”这

两个问题。在回答“什么是马克思主义”时，任弼时阐述了自己关于马克思主义本质和原则的认识，并对马克思主义哲学、马克思主义政治经济学和科学社会主义进行了阐述；在回答“怎样对待马克思主义”时，任弼时认为要学习、运用和发展马克思主义，并具体阐释了学习马克思主义的必要性与科学性，以及如何学习马克思主义，并在反右倾、反“左”倾的过程中具体运用了马克思主义，同时，他始终强调要发展马克思主义，实现马克思主义的中国化。

任弼时的一生充分体现了他对学习的热爱和对马克思主义理论的高度理解，在正确理论的指导下，他为推动马克思主义的广泛传播、推进马克思主义中国化，以及毛泽东思想的形成与发展都做出了卓越的贡献。在当代，学习与研究任弼时的马克思主义观，对于建设马克思主义学习型政党、树立科学的马克思主义观、推进马克思主义的发展等具有重大意义。

摘自华中科技大学 2022 年硕士学位论文，陈硕果

方志敏推进马克思主义大众化研究

方志敏同志是伟大的无产阶级革命家、军事家，杰出的农民运动领袖，他在探索中国革命道路中充分地把马克思主义和中国实际相结合，为马克思主义大众化作出了重要贡献，为当代马克思主义大众化提供了宝贵的经验。

方志敏推进马克思主义大众化具有社会制度、文化背景、地理条件等方面的客观条件，而且方志敏是党内最早一批认识到农民问题重要性并积极依托农民运动来推进马克思主义在人民群众中的普及与大众化工作的革命家之一。他从爱国主义者成长为共产主义者，深入人民群众领导农民运动革命，鲜明地展示了一个马克思主义唯物论者的信仰，披露帝国主义的本质，传播马克思主义科学的理论。

方志敏推进马克思主义大众化的主要内容集中在：从唯物辩证法、唯物史观和科学社会主义等方面推进马克思主义理论大众化，从革命的路线问题、武装斗争思想、实事求是和群众路线等方面推进中国化马克思主义理论大众化，从苏区三农问题、党的建设问题、革命根据地建设等方面推进党政方针大众化。

方志敏推进马克思主义大众化的实践较为丰富，形式多样，主要以开办报刊书社、创办革命学校和进步团体、创立地方党团组织来传播马克思主义。特别是在组建地方性团组织、建立江西地方党组织和创建“方志敏式”革命根据地

等实践活动中，提出了包括农民在中国革命当中的重要作用及其地位、根据地建设问题、农村包围城市和武装夺取政权等在内的一系列创造性理论和主张，极大地推动了马克思主义学说在当地的发展和影响，唤起了民众，体现了时代的要求，响应了时代青年的呐喊，提高了农民的文化水平和科学思想，为之后的农民运动培养了一批骨干力量。

方志敏推进马克思主义大众化的主要特点体现在：在理论宣传上，坚持群众路线，为了群众依靠群众；坚持实事求是，从赣东北实际出发；立场鲜明，坚持代表无产阶级。在理论研究上，深刻理解马克思主义理论；灵活运用群众路线和方法论；深入贯彻理论与实践相结合。

方志敏推进马克思主义大众化的努力，为毛泽东思想的形成和发展，为马克思主义在地方的系统传播，做出了重要的历史贡献。但是由于个人条件原因和时代限制，方志敏推进马克思主义大众化存在地域未能跳脱江西、内容传播深度不够、受众影响群体不广等方面的历史局限。

摘自华东师范大学2022年硕士学位论文，王欣语

华岗推进马克思主义中国化研究（1919—1949）

华岗是无产阶级革命家、马克思主义史学家。在新民主主义革命时期，华岗通过参加革命实践活动与阐释马克思主义理论，为推进马克思主义中国化做出了重要贡献。

华岗推进马克思主义中国化经历了从初步探索、全面推进到创新运用的发展阶段。在实践方式上，华岗主要通过参与反帝爱国运动、创办党报党刊、翻译马克思主义经典著作、创作马克思主义史学著作来推进马克思主义中国化。在推进马克思主义中国化的主要内容方面，华岗从马克思主义哲学、马克思主义政治经济学和科学社会主义三个方面对对立统一规律、群众史观、剩余价值理论、共产主义社会的基本特征等理论进行论述；从新民主主义政治思想、新民主主义经济思想、新民主主义文化思想和新民主主义军事思想四个方面对新民主主义的革命道路、土地改革问题、新民主主义的文化纲领、抗日民族统一战线等观点进行分析。

华岗推进马克思主义中国化的主要特点包括以史学为重点研究中国革命和社会现实问题，在革命工作中探索马克思主义理论和采用多种途径推进马克

思主义中国化三个方面。华岗通过推进马克思主义中国化，在推动马克思主义话语中国化发展、马克思主义经典著作研究、马克思主义史学理论创新方面做出了重要贡献，但是，由于客观条件的限制，也存在马克思主义史学理论的一些早期论述不够成熟、著述传播受到特定历史条件制约的局限之处。

摘自华东师范大学2022年硕士学位论文，陈笛

柯柏年推进马克思主义中国化研究(1919—1949)

柯柏年是我国著名马克思主义著作翻译家，为革命时期马克思主义经典著作编译事业作出了突出贡献，推进了我国早期马克思主义中国化的进程。

柯柏年推进马克思主义中国化的过程经历四个阶段：一是思想萌发阶段，试译美国马克思主义著述以及撰写文章介绍何谓社会主义；二是初步探索阶段，翻译了许多列宁著作以及苏联政策纲领，初步翻译马恩原著；三是曲折发展阶段，在国民党的文化围剿下，柯柏年开始翻译新兴哲学、政治学、社会学著作，将马克思主义方法论与中国社会问题紧密结合起来；四是全面推进阶段，柯柏年加入延安马列学院，在党的统一组织下，系统编译马克思恩格斯丛书和专题集。

从柯柏年推进马克思主义中国化的内容看，在哲学方面，柯柏年翻译了当时国人鲜为人知的德国工人哲学家狄慈根的著作，以新的视角译述了辩证唯物主义原理，后期又整理相关资料，追溯了辩证法唯物论发展史。关于马克思主义政治经济学，柯柏年对大量政治经济学术语进行了解释，进而对马克思劳动价值论和剩余价值学说进行了解读；关于科学社会主义理论，柯柏年通过翻译出版马恩列宁的科学社会主义论著，阐释了无产阶级革命理论、马克思主义社会发展等理论。

从柯柏年推进马克思主义中国化的特点看，在实践方面，翻译马克思主义著作是其主要实践活动。在翻译马克思主义著作过程中，柯柏年始终坚持翻译的学理性与平实性相统一、马克思主义与中国传统文化相融合的原则。在理论传播方面，柯柏年坚持传播方式多元化，一方面积极参与同非马克思主义的论战，捍卫马克思主义真理；一方面通过教育讲学、编辑革命报刊宣传马克思主义理论，同时积极组织和参与社会革命文化团体传播马克思主义。在研究方面，柯柏年重视社会科学的研究，通过翻译编写社会科学论著，推进新兴社会科学发展。

摘自华东师范大学2022年硕士学位论文，庄鑫

马克思主义在山西的早期传播

马克思主义在山西的早期传播是研究马克思主义在中国早期传播的不可或缺的一部分。政治经济上不断加深剥削压迫、山西文化教育的发展、工人阶级队伍的壮大、国人不畏艰难锐意进取的传统观念的影响，这些都为马克思主义在山西的传播创造了良好的条件。

马克思主义在山西的影响是逐步加深的，按传播影响范围分三个阶段：早期初步传播、五四后进一步传播、党成立后广泛传播。在传播过程中，传播者利用创办报刊、社团，进行学校教育等方式使马克思主义传入山西群众中，并以此为基础组织发动工农运动。不断的革命斗争唤醒了民众的革命意识与革命热情，为马克思主义在山西省内更广泛深入地传播提供良好的环境。

在马克思主义传播的过程中，马克思主义者贴近工农群众，将理论与实践结合起来开展运动，获得了群众的广泛认可与支持；并在山西马克思主义政党成立后担任重要领导人物。马克思主义传播过程中，有有利成果也有不足之处，通过总结马克思主义在山西传播的特点和评价分析，能够为当代马克思主义传播提供经验。

摘自内蒙古大学2022年硕士学位论文，宋丹妮

20世纪上半叶马克思主义在内蒙古地区的传播研究

20世纪上半叶马克思主义在内蒙古地区的传播深刻影响了该地区，也深刻影响了包括内蒙古革命在内的中国革命的历史进程。

在当时独特的国际、国内以及内蒙古本地区的社会环境背景下，马克思主义在特定的思想基础、组织基础、阶级基础和群众基础的条件下，结合内蒙古地方实际情况在内蒙古地区传播开来。从五四运动到土地革命战争时期再到抗日战争到解放战争时期，马克思主义者向内蒙古先进青年、农民、牧民以及蒙古族先进人士、各阶层人士传播了马克思主义革命理论、无产阶级建党思想、人民立场思想和马克思主义关于统一战线理论、民族理论、唯物史观等内容。在精英人物的领导下将马克思主义与内蒙古地区具体实情相结合，以《蒙古农民》刊物为传播媒介、北京蒙藏学校为传播中心、延安革命根据地为辐射中心的传播

方式和蒙汉各族青年响应五四运动、京绥铁路工人注入新的无产阶级内容、农牧民运动为中心的民族解放斗争为传播途径，将马克思主义理论融入内蒙古地区的社会发展中，深入农、牧民群众，用具体实践将马克思主义扩散到内蒙古社会各界，提高了内蒙古地区民众的思想觉悟，壮大了无产阶级队伍，建立了党组织和团组织，为内蒙古开展反帝反封建斗争和民族解放运动找到了科学的理论指导，推动了马克思主义在内蒙古地区的大众化进程，传播过程中也实现了由点到面、从自觉到有组织的转变等特点。

20 世纪上半叶马克思主义在内蒙古地区的传播使得内蒙古地区的马克思主义传播经历了理论与实践的磨炼，为中国革命积淀了力量，提供了储备人才，推动中国共产党成功解决民族问题的理论和制度的形成。

摘自内蒙古工业大学 2022 年硕士学位论文，代那仁图雅

五四时期浙江进步期刊与马克思主义在浙江的传播研究

五四时期的报刊活动是我国近代报刊史上的又一个高潮。此时，一批浙江青年学子也在五四爱国运动以及“一师风潮”的影响下，通过创办进步刊物宣传新文化和传播马克思主义的新思想，从分散走向了联合。五四时期，浙江各地涌现出一批进步期刊，譬如《浙江新潮》《钱江评论》《曲江工潮》《责任》《新学报》等。它们成为浙江先进分子颂扬俄国十月革命、传播马克思主义理论和宣扬工农革命运动的重要载体。

通过对进步期刊的文本分析，发现其对马克思主义理论与革命活动的宣传主要从三个维度展开，即俄国十月革命、马克思主义基本原理和中国的劳工问题。虽然，作为历史的产物，这些刊物不可避免地存在着时代局限，但是以《浙江新潮》等为代表的浙系进步刊物具有革命性、进步性、广泛性等特点，它们为马克思主义在浙江的早期传播提供了重要的渠道和平台，推动了浙江工农运动的蓬勃发展，在这一过程中也为培养最早一批信仰马克思主义的浙江籍先进知识分子作出了不可磨灭的历史贡献。

摘自浙江大学 2022 年硕士学位论文，梁慧

利群书社在中国早期传播马克思主义研究

民国初年,“假共和”的幌子与帝国主义的欺凌交迫而来之际,“知识革命”的浪潮也逐步扩散到寻求救亡纾困的青年群体中。恽代英、林育南等人也在“社会主义热”的思想浪潮中成立了以“利群助人,服务群众”为宗旨的利群书社。

书社通过经销马克思主义文本材料、从事教育事业、参加工厂劳作实践、译介马克思主义著作、出版社团舆论刊物等途径对俄国革命发展情况、阶级斗争学说、马克思主义经济学说及“社会主义”思想进行了文本性传播和解释性传播。呈现出以书为媒,以教育改造与实业创办为辅,以学缘、地缘、业缘为宣传纽带,主动“下沉”到乡村启迪工农群体等特点。书社在理论文本的销售与“伺候”社会的实践活动中充分发挥纽带作用,联络进步“同志”和团体,促进了进步思潮在湖北、湖南、安徽、河南部分地区的传播。书社事实上也成了长江中下游地区传播马克思主义的一个文库阵地,拓宽了马克思主义在长江中下游地区的传播渠道,深化了传播的深度和广度,为中共建党后的“学运”“工运”“农运”事业培育了一批坚定的奋斗者和思想引路者。同时,由于时代所限,书社也存在理论认识不充分、传播不系统等问题。在百年未有之大变局的今天,书社对马克思主义的早期传播实践仍值得我们不断探索和传承,以在新征程中书写好马克思主义的传播文章,掌好躬行践履之舵。

摘自广西大学2022年硕士学位论文,曹丽娟

党早期在铁路工人中推进马克思主义大众化研究

中国共产党是工人阶级的先锋队,从成立伊始就致力于在工人中传播马克思主义。由于铁路工人受压迫、受剥削的程度最为严重,工人之间由一条条铁路连接起来,他们的联系很密切,又具有很强的反抗性和革命意识。因此,党早期领导工人运动,将铁路工人作为重点对象之一,在铁路工人中传播马克思主义,为争取无产阶级和传播马克思主义大众化奠定了基础。

中国共产党早期通过创办专门面向工人的期刊、开办工人补习学校、创办消费合作社等各种途径,成功地将铁路工人发动起来,举行京汉铁路大罢工、石

太铁路大罢工等运动，和其他工人运动一起共同形成了第一次工人运动高潮。然而，由于党早期缺乏斗争经验，存在对原理认识不够深刻，对国情认识不够清晰以及资源匮乏等问题，导致了京汉铁路工人大罢工的失败。一度铁路工人运动转入低潮。其经验和教训都是中国共产党推进马克思主义大众化的重要环节，是我党的宝贵精神财富。

摘自石家庄铁道大学 2022 年硕士学位论文，靳乐佳

《共产党宣言》在中国的传播历程研究

《共产党宣言》是关于科学共产主义的第一个纲领性文献，是马克思主义产生的重要标志。《宣言》在中国不同阶段的学习与传播，均发挥着不一样的作用。

中国共产党成立以前，《宣言》初入中国，其蕴含的科学社会主义思想就吸引了一批先进的知识分子，他们通过学习思想理论，逐步成为真正的马克思主义者，促进了共产党的成立；共产党成立后，共产主义者将理论运用实践，找到了救国的道路，就是走社会主义道路；新中国成立后，中国共产党创造性运用马克思主义理论，完成新民主主义社会向社会主义社会的过渡，推进中国革命与建设道路；改革开放以来，以领导人为核心的共产党员继承与发展马克思主义，建设中国特色社会主义理论体系，为建设社会主义现代化强国奠定思想基础。

《宣言》在中国的广泛传播，培养了一大批优秀的马克思主义者，给中国无产阶级带来了思想武器，加速了马克思主义在中国的传播。中国共产党成立以后，《宣言》在中国的翻译与传播，为我们党的理论学习提供了理论依据，并从整体上提高了党关于马克思主义理论的实践能力。

摘自西安建筑科技大学 2022 年硕士学位论文，汪莎莎

陈望道译《共产党宣言》全译本研究

《共产党宣言》首个中文全译本是由陈望道翻译完成，于 1920 年 8 月由社会主义研究社出版发行。本文以译本全文为研究对象，从整体上对陈译本进行全面考察，除了将陈译本分别与日、英译本对照，来明确前言、后记、注释以及段落构成的特点，同时将译文置于时代背景下，并结合译者经历来考察。

通过对译词的分析，围绕陈译本中的译词选择、对类义词的选择、词的增译和减译，在当时的时代背景下结合译者经历及具体语境，在与日英译本对照的基础上探究陈望道为何选择某个译词和某个类义词、为何增译或减译某个词。陈望道不依据日英译本，如何自行增译或减译句子成分，如何调整句子结构，结合时代背景探讨句子结构调整问题和语体及修辞？为使句子简洁明了，陈望道减译了多余句子成分，同时，受其文化活动影响，也增译了一些句子成分。同处于五四时期的陈望道、鲁迅及瞿秋白作为马克思主义阵营的代表者，其翻译思想难免会相互影响。

陈望道或受瞿秋白“翻译为革命服务”“翻译促进白话文运动”的翻译思想影响，通过排比修辞表达了他的思想。此外，陈望道除了根据日译本划分段落，还自行改变了段落的划分，这可从“伦次通顺”的角度予以解释。

摘自内蒙古师范大学2022年硕士学位论文，祁吉曼

毛泽东思想对马克思主义中国化贡献研究

毛泽东思想为马克思主义中国化作出了突出贡献。马克思主义不仅是一种科学的理论体系，更是一种改造世界的革命学说。毛泽东思想在马克思主义中国化发展进程中起到了重要作用，具体而言，毛泽东思想指明了马克思主义中国化的方向、丰富了马克思主义中国化的内涵、奠定了马克思主义中国化“新的飞跃”的基础。思想是理论创新的基础，毛泽东思想对于理论创新的伟大贡献，不仅在于其独特的内容和完整的理论体系，而是在这一思想的领导下，中国走出了一条独具特色的民主主义革命道路、社会主义改造道路，使其后的领导人能够依据时代背景，大刀阔斧地进行整顿、改革，提出各项符合中国国情的创新举措，中国的社会面貌焕然一新。毛泽东思想的活的灵魂——实事求是，在今天仍然具有重要价值。

毛泽东思想是新时代坚持“两个相结合”的光辉典范。“两个相结合”是习近平总书记在庆祝中国共产党成立一百周年大会上向全党同志提出的要求，也是对马克思主义中国化理论成果的经验凝练。毛泽东思想是早期践行马克思主义中国化的集大成者，它是中国共产党人在处理中国革命、建设和改革问题的过程中形成的一整套具有中国意蕴的独特的话语体系和理论体系，如今已经成为党和人民群众认识、思考、解决问题的思想武器。在此之后，一代代中国

共产党人不断在实践中丰富马克思主义相关理论，使之成为后两次马克思主义中国化“新的飞跃”的理论遵循和逻辑基础。

摘自哈尔滨工业大学 2022 年硕士学位论文，靳文欣

毛泽东自然辩证法思想研究

毛泽东自然辩证法思想是毛泽东思想的重要组成部分，其形成与发展很好地体现了马克思主义普遍真理与中国革命具体实践的绝妙融合。

五四运动兴起之后，伴随着马克思主义在中国的传播，马克思主义自然辩证法理论作为马克思主义思想运动的组成部分传入中国，恩格斯的《自然辩证法》《反杜林论》是马克思主义早期传播的重要经典著作。毛泽东等先进知识分子在动荡的时局下，与自然辩证法结缘并进行了积极探索，为自然辩证法的中国化奠基和发展做出了卓越的理论创新。

毛泽东自然辩证法思想的形成有其必然性。在社会动荡的大背景下，毛泽东自然辩证法思想的形成有一定的时代背景和思想条件。毛泽东自然辩证法思想的演变过程具体可以分为萌芽阶段、形成阶段以及成熟与发展阶段，毛泽东由早期的懵懂思考逐渐转向朴素唯物主义，再到接触自然辩证法，经历了一段重要的转型时期，这是萌芽阶段；延安时期，始于对《辩证法唯物论教程》的批注，最终成于《实践论》《矛盾论》的问世，这是形成阶段；新中国成立后，“向科学进军”将毛泽东自然辩证法思想应用于新中国建设的实践之中，在毛泽东自然辩证法思想的指导下，开创了中国社会主义建设与科技事业发展的新局面，这是成熟与发展阶段。

毛泽东自然辩证法思想体系主要包括三大部分；毛泽东唯物辩证的自然观，毛泽东科学技术论思想以及毛泽东科学方法论思想。其中，自然观是理论基础，科学技术论是主要内容，科学方法论贯通全局，共同揭示了自然界和科学技术发展的一般规律，提供了人们认识自然与改造自然的一般方法。毛泽东自然辩证法思想体系的基本特征包括显著的实践性、鲜明的科学性、整体性与系统性相统一，是在实践中得到检验的科学思想体系。

毛泽东自然辩证法思想具有特定的历史地位及时代价值。从历史地位上来看，毛泽东自然辩证法思想是马克思主义中国化的重要理论遵循，完善了毛泽东思想体系，推进了马克思主义中国化。同时，毛泽东自然辩证法思想也是

自然辩证法中国化的重要理论成果，是指导新中国科技事业发展的重要依据。从时代价值上来看，在理论层面，毛泽东自然辩证法思想发展了马克思主义自然辩证法。

摘自山东大学2022年硕士学位论文，刘晓烨

李大钊建党思想研究

建党是李大钊穷极一生的事业，李大钊建党思想是李大钊在继承马克思、恩格斯、列宁无产阶级建党理论的基础上，不断与中国的革命实践相结合，形成的关于中国化的马克思主义政党创建的重要理论成果。

李大钊建党思想的发展历程可以划分为探索时期、形成时期、成熟与继续发展时期三个阶段。探索时期，李大钊从政党存在的重要性与必要性、政党运行秩序与轨道、政党与人民的关系、政党执政能力与社会功能四个方面进行初步的探索，为无产阶级政党思想的形成与发展蓄留了内在动因。随之李大钊通过认识欧洲工党、关注十月革命，逐渐以马克思主义为旗帜，形成了无产阶级政党思想，内化表现为对民主政治、暴力革命、阶级竞争、社会主义道路的肯定，实践表现为马克思主义政党组织的雏形的创建。而后在共产国际的指导下，李大钊以布尔什维克党范式，致力于在中国进行这一全国性的无产阶级政党的系统化建构，领导政党组织的基层建设与革命活动的政治实践，沿着中国化的方向丰富其建党思想。

李大钊依据马克思主义建党理论与中国共产党的革命实践，针对建设什么样的党、怎样建党的问题提出了一系列具体要求，形成了内涵且丰富的建党思想：他要求创建一个以马克思主义为行动指南的政党，也要求创建一个坚定无产阶级立场、坚持暴力革命手段的政党，还要求创建一个民主集中与强固精密的政党，更要求创建一个勇担时代重任与历史使命的政党。

摘自河南大学2022年硕士学位论文，牛玮婷

萧楚女在早期马克思主义传播中的实践活动和历史贡献研究

萧楚女是我国无产阶级理论家、杰出的宣传家、早期青年运动的领导人之一，为中国的革命事业作出了不可磨灭的贡献，为新时代马克思主义的传播提

供了宝贵经验和重要启示。

萧楚女成为马克思主义的信仰者且不留余力地传播马克思主义，是客观时代背景与自身主观因素共同作用的结果。十月革命后马克思主义的传播情况、中国革命的发展形势、复杂的成长环境等因素，都对萧楚女马克思主义信仰的逐步形成产生了一定程度的影响。他传播马克思主义的方式多样，以报纸杂志为宣传阵地，在《新蜀报》《中国青年》等多种刊物上，介绍马克思主义；以笔为武器，抨击黑暗的封建势力与帝国主义之间的勾结。他以高校为宣传阵地，长期从事教育事业，组织学会社团，为中国革命事业培养了大批优秀的人才。他开展社会论战捍卫马克思主义，帮助青年认清国家主义、戴季陶主义的局限性，进而引导民众正确学习、科学对待马克思主义。他用马克思主义解决中国实际问题，并积极参与革命实践，最终在革命事业中为马克思主义信仰而献身。萧楚女传播马克思主义以问题为导向，始终同中国革命实际结合，具有较强的理论性和时代性。

通过对萧楚女传播马克思主义的实践活动和传播马克思主义的理论内容进行概述和归纳，有助于更翔实、客观地呈现萧楚女的生平与思想，总结出萧楚女对马克思主义中国化的历史贡献，有助于肯定萧楚女在中国早期马克思主义传播史上的地位，推动早期马克思主义传播的相关研究深入发展，助力新时代的马克思主义传播。

摘自四川农业大学2022年硕士学位论文，胡泽露

熊得山社会史研究探析

中国马克思主义史学的先驱熊得山，在中国革命史和马克思主义传播史上都做出了重要贡献。俄国十月革命后，人们开始积极探索用马克思主义解决中国社会问题，社会科学在此时作为“救国之学”蓬勃发展，马克思主义也得到广泛传播。熊得山在此背景下，实现了从同盟会的元老向早期马克思主义史学家的转变。

熊得山早年在日本求学时，已主动接触了马克思主义的部分思想以及西方学者如摩尔根的社会学理论。当时熊得山对妇女问题和劳动问题的研究体现出他早已有了以马克思主义理论为内核的社会学的研究导向；熊得山也受到了其译作中唯物史观的指引，尤其是山川均的《唯物史观经济史》中对原始社会时

期土地制度的变迁的描述给了熊得山研究中国井田制很大的启发，熊得山对中国商业资本的认识也在很大程度上是接受了山川均对商业资本的解读。熊得山的学术思想，也受到其自身独特的革命经历的影响，熊得山从同盟会的先驱变为中共党员，加入社联后，积极宣传马克思主义，与非马克思主义思想作斗争。常和熊得山交流学术的朋友如李达的诸多观点也是熊得山的思想来源之一，李达对中国劳动问题、失业问题以及对帝国主义的入侵给中国经济带来的影响等认识在一定程度上给予了熊得山启示。

熊得山参与了在近代学术史中占据重要地位的社会史论战。在社会史论战中，熊得山先后发表了《中国农民问题之史的叙述》《中国商业资本的发生之研究》等文章，从他对当时学术界几个争论最激烈的问题诸如当前中国的社会性质、中国是否存在过奴隶制社会、关于对中国商业资本认识等问题的回答，可以看出熊得山的学术思想在主体上基本与中共“新思潮”派保持一致。

熊得山在社会史研究方面是中国起步最早的学者之一，但由于熊得山的遗著未能出版等客观原因导致熊得山在学术史叙事中还未得到足够的重视。全面考察熊得山的学术思想，对认识马克思主义融入民国学术界的进程有重要意义。

摘自山东大学2022年硕士学位论文，刘立磊

高君宇革命思想研究

作为我党早期创始人和领导人之一的高君宇，在选择马克思主义作为信仰后，将一切投入到革命事业当中，为中国早期民主革命作出了突出贡献。

高君宇作为中共早期的革命活动家和马克思主义理论家，其革命思想的形成离不开家庭教育的引导，离不开他对先进知识的无限渴求以及对远大抱负的坚定追求。高君宇的革命思想是在他不断探寻真理的实践中产生与发展的，从初入私塾、升学省立一中，到考入北大，高君宇孜孜以求的求学历程无疑是他追求进步的生动体现。进入北大后，高君宇积极投身于马克思主义理论的学习与革命实践中。可以说，高君宇革命思想的形成离不开他所成长的环境及其丰富的实践经历。

高君宇的革命思想继承了列宁关于无产阶级革命的真理，吸取了共产国际对中国革命的指示精神，是在充分结合中国革命实际的前提下探索形成的。他

投身革命斗争的洪流，致力于寻求解救中国的真理，对无产阶级革命、青年运动、工人运动、党的建设等思想形成了自己独特的理解。受限于生命的长度，高君宇的革命思想未形成系统的理论，但其思想对马克思主义在中国的传播与早期党团组织的创建和发展做出了独特的贡献，推动了中国革命事业的发展。同时，身为“青年楷模”的高君宇对当今社会仍具有重要价值。高君宇为党员践行初心使命树立了榜样，他短暂而光辉的革命生涯为当代弘扬红色文化提供了生动教材，其革命精神对激励青年树立正确三观、投入中国特色社会主义现代化建设具有重要意义。

摘自山西大学 2022 年硕士学位论文，高彩霞

侯外庐与马克思主义在中国的早期传播研究

作为中国马克思主义史学发展史上的重要一员，侯外庐从翻译《资本论》入手，将马克思主义原理方法创造性地运用于中国社会历史的研究中，提出了诸多至今仍深有启发意义的创新性论断，为中国马克思主义史学体系的建立与发展作出了开拓性贡献。在对马克思主义史学研究的基础上，侯外庐还致力于马克思主义的传播活动，他通过多种途径向广大青年学生与工人群众宣传与讲解马克思主义理论内容，为马克思主义在中国的早期传播做了大量有重要推进意义的工作，并形成了自己鲜明的学术品格与传播特点，为马克思主义的当代传播也提供了有益的指导作用与启示意义。

侯外庐接受与传播马克思主义是一个动态发展的过程。首先，马克思主义思想相较于当时流行的各种思潮，与儒家文化为代表的中国传统文化的核心观念有着某种程度上的相似性，这是马克思主义能在中国早期传播的重要思想基础；其次，救亡图存的时代背景及侯外庐个人成长与文化教育背景是侯外庐接受与传播马克思主义的客观条件与主观内因；最后，中国革命对科学理论的需求为侯外庐传播马克思主义提供了实践逻辑上的必要性与可能性。

侯外庐传播马克思主义的主要方式和途径有著书论说、创办刊物、亲身执教、参加进步组织、学术论辩与演讲等，在学术研究与宣传实践的结合中，不断促进了马克思主义在中国早期传播的广度与深度。

侯外庐传播马克思主义的主要内容及特点是严谨踏实的科学态度与独立自得的治学风格相结合，马克思主义理论指导下的社会史与思想史互动研究，

是侯外庐传播马克思主义的鲜明特点。他运用马克思主义哲学方法阐述中国传统哲学思想,用马克思主义政治经济学理论探寻中国古代社会发展的特殊规律,同时结合中国实际讲解与宣传马克思主义唯物史观,在此基础上推动了中国马克思主义史学体系的建构与发展。

摘自北京印刷学院 2022 年硕士学位论文,江建红

杨闇公对四川革命运动的贡献研究

杨闇公是四川早期共产主义运动的先驱,在重庆"三三一惨案"后不幸被反革命分子逮捕,牺牲时年仅二十九岁。在成都时,杨闇公和吴玉章作为发起人和创始人,于 1924 年 1 月 12 日成立了中国青年共产党。杨闇公回到重庆以后,不久后就加入了重庆社会主义青年团。他与萧楚女一道,勠力推动重庆社会主义青年团的改组,增强了重庆地方团组织的凝聚力,使重庆逐渐成为了四川革命运动的中心。

杨闇公在少年时期就表现出了对旧社会和教育制度的不满,他很早就参加了革命活动,具有强烈的社会责任感和革命精神。在这一时期,虽然他一方面确定了以马克思主义和社会主义学说作为解决中国问题的良方;但另一方面,从他的阅读情况和思想动态来看,他也深深受到了尼采、达尔文、威廉·詹姆斯等人的影响。因而,他的思想世界呈现出"多元混杂"的特点。

杨闇公自日本留学归国以后,结识了川内一批志向远大的知识分子,在他们的影响下,杨闇公也投入到了革命活动中来。梳理杨闇公在四川革命运动中的实践活动,可以看出他在四川地区早期共产主义组织的建立、马克思主义在四川的传播、反帝反封建群众运动的开展这三方面做出了杰出贡献。

为了传播马克思主义,杨闇公通过创办进步报刊,组织马克思主义研读会和教育团体等方式,宣传马克思主义基本原理,推动民众认识到中国革命为什么要以马克思主义为指导思想,有效地扩大了马克思主义在四川地区的影响。

在杨闇公的号召下,团组织和党组织的成员们纷纷深入工厂、农村、学校,宣传革命理论,发动群众开展工人运动、农民运动、反帝爱国斗争,推动了四川大革命高潮的到来。

摘自武汉大学 2022 年硕士学位论文,王晴

重要著作

著作目录

1. 中国共产党宣传工作简史．中共中央宣传部．人民出版社 2022 年 1 月版

2. 鲜红的党旗:写给青少年的建党故事．刘统．上海少年儿童出版社 2022 年 1 月版

3. 百年大党的关键抉择．徐斌．北京联合出版公司 2022 年 1 月版

4. 中国由此改变．中共中央党校(国家行政学院)中共党史教研部．北京联合出版公司 2022 年 1 月版

5. 中国共产党重庆 100 年大事记．中共重庆市委党史研究室．重庆出版社 2022 年 1 月版

6. 马克思主义在中国早期传播著作精粹(1920—1927)．徐信华．长江出版社 2022 年 1 月版

7. 伟大从此开始——中国共产党的创建．祝彦．中国青年出版社 2022 年 1 月版

8. 北大红楼日志．中国共产党早期北京革命活动纪念馆编写组．中共中央党校出版社 2022 年 1 月版

9. 少年中国学会研究——基于马克思主义中国化的历史审视．张曼．四川大学出版社 2022 年 3 月版

10. 东方欲晓:中国共产党是如何诞生的．邵维正．人民日报出版社 2022 年 3 月版

11. 马克思主义在中国的创新与发展．杨金海．辽宁人民出版社 2022 年 3 月版

12. 中国共产党百年法治大事记(1921 年 7 月——2021 年 7 月)．中央全面依法治国委员会办公室．人民出版社、法律出版社 2022 年 4 月版

13. 马克思主义东北传播史．田鹏颖、宋建欣．辽宁人民出版社 2022 年 4 月版

14. 中国共产党百年制度史．崔禄春．中国工人出版社 2022 年 5 月版

15. 中国共产党历史自信从哪里来．任仲文．人民日报出版社 2022 年 6 月版

16. 中国共产党的一百年．中共中央党史和文献研究院．中共党史出版社

2022年6月版

17. 新中国成立前马克思传记重要文本研究——以李季著《马克思传》研究为中心．刘霞．中国社会科学出版社2022年7月版

18. 百年征程——中国共产党坚守初心之路．樊伟、项久雨．人民出版社2022年7月版

19. 中国共产党早期报刊与马克思主义在上海的传播．徐立波．光明日报出版社2022年7月版

20. 中国共产党上海历史第一卷(1921—1949)．中共上海市委党史研究室．中共党史出版社2022年7月版

21. 伟大的起点：中国共产党是这样创立的．中共上海市委党史研究室．上海人民出版社2022年7月版

22. 寻找"主义"：五四时期恽代英的政治思想转型．徐霞翔．人民出版社2022年8月版

23. 信仰的力量：金华早期共产党人的初心和使命．中共金华市委宣传部、浙江师范大学马克思主义学院．东南大学出版社2022年8月版

24. 中国共产党重要文献汇编(1—12卷)．中共中央党史和文献研究院、中央档案馆．人民出版社2022年8月版

25. 复兴文库．金冲及．中华书局2022年9月版

26. 从五条脉络看百年党史．李捷．当代中国出版社2022年9月版

27. 新中国成立前马克思主义传播文献续编．王东红．上海科学技术文献出版社2022年9月版

28. 中国共产党第一次全国代表大会档案文献选编．中共中央党史研究室、中央档案馆．中共党史出版社2022年9月版

29. 近现代马列主义文献汉译出版．复旦大学历史学系、中国近现代新闻出版博物馆．中华书局2022年11月版

30.《帝国主义论》的汉译传播研究．郭巧云．华中师范大学出版社2022年12月版

著作文摘

中国共产党宣传工作简史

中共中央宣传部．人民出版社2022年版

2022年1月，中共中央宣传部所著的《中国共产党宣传工作简史》由人民出版社在北京出版发行。

该书分上下卷，共11章、83节，约49万字，史料丰富、凝练生动。该书忠实记录了一百年来党的宣传工作服务党和人民事业发展的伟大历程和重大成就，充分反映了党的十八大以来以习近平同志为核心的党中央领导宣传工作取得的历史性成就和发生的历史性变革，翔实记述了党的宣传史上重要思想、重要方针、重要事件、重要活动，系统总结了党的宣传工作优良传统和宝贵经验，集中彰显了伟大建党精神和我们党独特的思想政治优势。

该书对于推动全党全社会特别是宣传思想文化战线深入学习贯彻习近平新时代中国特色社会主义思想，深刻认识“两个确立”的决定性意义，进一步增强“四个意识”、坚定“四个自信”、做到“两个维护”；对于持之以恒推进党史总结、学习、教育、宣传，从党的百年奋斗史中汲取智慧和力量，深刻理解中国共产党为什么能、马克思主义为什么行、中国特色社会主义为什么好；对于深入把握党的宣传工作历史发展规律，增强历史主动，满怀信心向前进，为实现第二个百年奋斗目标、全面建设社会主义现代化强国提供坚强思想保证和强大精神力量，具有十分重要的意义。

鲜红的党旗:写给青少年的建党故事

刘统. 上海少年儿童出版社 2022 年版

2022 年 1 月,上海交通大学历史学教授刘统所著的《鲜红的党旗:写给青少年的建党故事》由上海少年儿童出版社在上海出版发行。

《鲜红的党旗:写给青少年的建党故事》围绕中国共产党的诞生,聚焦重大历史事件和重要历史人物,循着中国近代史的发展脉络,一路娓娓道来。全书以 9 个章节、38 个小节的篇幅,先后提到辛亥革命、五四运动、创立中国共产党、国共合作、党的武装斗争、创建井冈山革命根据地、古田会议等标志性大事件,展现我党点燃革命火种的惊心动魄,以及建党前后的波澜壮阔。《鲜红的党旗:写给青少年的建党故事》从 19 世纪下半叶写起,这时的中国处于战乱频仍、满目疮痍的旧时代,各方都在寻求民族复兴之路,可一次次救亡图存的斗争都遭遇了失败,直到无产阶级政党——中国共产党的出现,才使中国人民的命运迎来崭新的转折。伟大的中国共产党毅然听从时代的召唤,肩负起历史赋予的重任,自觉将马克思主义理论与中国革命的具体实践相结合,通过建立红色革命根据地,发动群众开展武装斗争,使中国革命从此走上了一条“从胜利走向新的胜利”的光明路途。

《鲜红的党旗:写给青少年的建党故事》从儿童本位出发,立意求高、内容求实,是一本可读、可信的少儿党史读物。精选了多张珍贵历史图片和名家经典油画,与全书内容配合无间,是青少年了解中国共产党成立前后历史的优秀读本。该书较好地把握住理论阐述与史料挖掘、党性教育与故事铺陈之间的关系,以生动的党史故事作为切入点,层层递进,步步深入。用大历史串联小细节,让读者宛如穿越到每一个不同的历史现场,去领略中国革命的波澜壮阔,切身感受革命先烈的大义凛然,从而进一步增强对党的情感认同。全书用大量鲜活的事例,雄辩地证明——只有中国共产党才能救中国。

百年大党的关键抉择

徐斌.北京联合出版公司2022年版

2022年1月，北京师范大学马克思主义学院教授徐斌所著的《百年大党的关键抉择》由北京联合出版公司在北京出版。

《百年大党的关键抉择》围绕中国共产党的建立、遵义会议的历史转折、全民族抗战、新中国成立、确立社会主义道路、召开党的十一届三中全会、开创中国特色社会主义、中国特色社会主义进入新时代、全面深化改革开放、道路选择、制度建设等方面，以历史演进的时间维度，附以生动的案例，深刻总结了中国共产党百年来的重大成就、历史经验。选择了马克思，建立了共产党；选择了井冈山，建立了根据地；选择了毛泽东，走上了正确道路；选择了社会主义，人民站起来；选择了改革开放，人民富起来；选择了自我革命，全面从严治党；选择了生态文明，环境美起来；选择了全面小康，决胜脱贫攻坚。从理论和实践层面阐述了中国共产党这个百年大党的关键抉择，回顾了中国共产党在百年党史中不断探索、曲折中奋勇前行的光辉历程，通过辩证阐释、通俗讲解，深刻解读了百年大党坚持党的领导，坚持马克思主义指导思想，不断推动马克思主义中国化，坚持以人民为中心，维护和发展人民根本利益，最终开辟出广阔的道路，永葆年轻的“青春密码”。

《百年大党的关键抉择》采用线性叙述的方式，以“关键抉择”为切口，在史料翔实、语言生动的基础上，选择了历史上的重要时间、关键事件，以点带面地展现了百年大党的寻路历程。聚焦中共党史焦点、热点问题，对重大历史事件进行梳理，引用史料、故事和党史新成果，立场鲜明、客观分析党的关键抉择。该书写的是党史，但同时也是一本新中国史、改革开放史、社会主义发展史。以历史事实为依据，在撰写过程中采用多种写作手法，生动还原历史事实，夹叙夹议，立场鲜明，内容丰富，视角独特。

中国由此改变

中共中央党校(国家行政学院)中共党史教研部．北京联合出版公司 2022 年版

2022 年 1 月，中共中央党校(国家行政学院)中共党史教研部所著的《中国由此改变》由北京联合出版公司在北京出版发行。

《中国由此改变》从中国共产党的创立、中国特色革命道路的开辟、抗日民族统一战线的形成、中华人民共和国的建立、中国社会主义制度的建立、中国第一颗原子弹的成功研制、中共十一届三中全会与伟大历史转折、社会主义初级阶段理论的提出、社会主义市场经济体制目标的确立、中国特色社会主义进入新时代十个方面，以“党的百年奋斗改变中国人民和中华民族的命运”为主题，以“中国共产党过去为什么能够成功、未来怎样才能继续成功”为主线，阐述中国共产党开辟伟大道路、创造伟大事业、取得伟大成就，以及党的光荣传统、宝贵历史经验，系统回答了中国共产党历史上的热点难点问题，全面分析中国共产党在新民主主义革命时期、社会主义革命和建设时期、改革开放和社会主义现代化建设新时期、中国特色社会主义进入新时代历经风雨、艰苦卓绝为中国人民谋幸福、为中华民族谋复兴作出的历史贡献，创造了中国奇迹，同时改变了世界发展的趋势和格局。

《中国由此改变》坚持正确党史观，准确把握党的历史发展的主题主线、主流本质，阐述中国共产党百年奋斗历程、重大成就、宝贵历史经验等。以重大历史事件为切入点介绍“中国由此改变”的关键节点，阐述中国共产党一百年来发扬伟大建党精神，在百年奋斗中开辟伟大道路、创造伟大事业、取得伟大成就。把学术研究成果同党史上的故事结合起来，以精练的语言，透彻简要的分析，展现中国共产党百年奋斗深刻改变了近代以来中华民族发展的方向和进程，深刻改变了中国人民和中华民族的前途和命运，同时深刻改变了世界发展的趋势和格局。《中国由此改变》纵览百年，以宏大视角展现中国共产党在进取中突破，于挫折中奋起。同时非常注重把握历史关键细节，采用口述历史的方式，让读者在当事人的回忆中，进入党史的历史场景。注重运用最新理论成果，守正出新，本书在阐述重大事件、解析重要会议、分析重大理论上充分吸收运用最新研究成果，有自己的独到的创见和鲜活的表述。

中国共产党重庆 100 年大事记

中共重庆市委党史研究室．重庆出版社 2022 年版

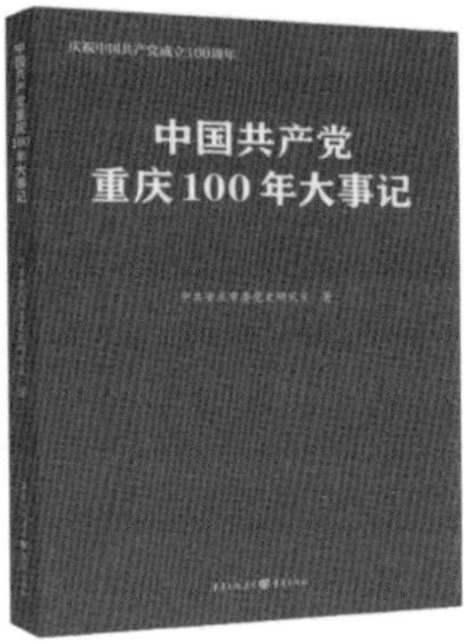

2022 年 1 月，由重庆市委党史研究室编写的《中国共产党重庆 100 年大事记》由重庆出版社在重庆出版。

《中国共产党重庆 100 年大事记》坚持以马列主义、毛泽东思想、邓小平理论、“三个代表”重要思想、科学发展观、习近平新时代中国特色社会主义思想为指导，坚持辩证唯物主义与历史唯物主义的立场、观点、方法，坚持实事求是的思想路线，以中共中央《关于若干历史问题的决议》《关于建国以来党的若干历史问题的决议》和《中共中央关于党的百年奋斗重大成就和历史经验的决议》为准绳，科学、准确、全面、概要地记述了在中共中央的领导下，重庆市委带领全市各族人民进行革命、建设和改革实践中的大事、要事，为研究中国共产党重庆 100 年历史提供了一本权威资料书。

作为重庆市庆祝中国共产党成立 100 周年作品，《中国共产党重庆 100 年大事记》的编写出版，对于深入贯彻落实党的十九大、十九届历次全会精神和习近平总书记关于重庆红色资源重要论述精神，充分发挥党史以史鉴今、资政育人作用，进一步激发全市广大党员干部群众知史爱党、知史爱国，为推动新时代重庆改革发展，为全面建设社会主义现代化国家、实现中华民族伟大复兴中国梦作出新的贡献具有重要意义。

马克思主义在中国早期传播著作精粹(1920—1927)

徐信华．长江出版社 2022 年版

2022 年 1 月，湖北大学马克思主义学院教授徐信华等所编的《马克思主义在中国早期传播著作精粹(1920—1927)》由长江出版社在武汉出版发行。

马克思主义在中国早期传播(简称“早期传播”)是中国共产党、马克思主义中国化的“初心”。2021 年 12 月，由湖北人民出版社出版的《马克思主义在中国早期传播著作丛编(1920—1927)》面世发行。2022 年 1 月，作为《丛编》的姊妹篇《马克思主义在中国早期传播著作精粹(1920—1927)》问世。该书旨在为已出版的《丛编》补遗，共收集、整理和出版了 7 卷 26 册的“早期传播”著作，其中《一九一九旅俄六周见闻记》《共产主义与共产党》《湖南农民革命(一)》《中国社会各阶级的分析》《陈独秀政治主义谈》《十月革命给了我们甚么》《中国共产党第三次全国代表大会决议案及宣言》《中国共产党第四次全国代表大会决议案及宣言》《平民读本(四)》《苏俄的东方政策》等文献是新中国成立后第一次以原创性著作影印出版，为开展“早期传播”研究提供了第一手资料。

《马克思主义在中国早期传播著作精粹(1920—1927)》辑录的著作浓缩了“早期传播”与早期“中国化”的图景，有着十分重要的史料价值和时代价值。它填补了“早期传播”著作缺乏的空白，更重要的是用大量原始性的红色文献诠释了中国共产主义的初心。

伟大从此开始

——中国共产党的创建

祝彦．中国青年出版社 2022 年版

2022 年 1 月，北京外国语大学教授祝彦所著的《伟大从此开始——中国共产党的创建》由中国青年出版社在北京出版发行。

《伟大从此开始——中国共产党的创建》通过大量翔实丰富的史料、鲜活生动的故事，从共产党为什么能够在中国创建、各地共产党早期组织的成立、中共一大召开的经过、一大代表的不同归宿、中国共产党创建的若干特点等多个维度，深刻总结中国共产党创建的时代背景、困难挑战、传奇经过和伟大意义，阐述伟大建党精神，并从建党领袖和代表人物的人生轨迹诠释信仰的力量和“不忘初心、牢记使命”的永恒课题。《伟大从此开始——中国共产党的创建》还探讨了中共一大为什么在上海和嘉兴召开、陈独秀和李大钊为什么缺席、“七一”的由来、“南陈北李，相约建党”的经历、共产国际与中共创建的关系等热点问题。

《伟大从此开始——中国共产党的创建》以习近平总书记关于党史的重要论述精神为指导，充分吸收了党史研究最新成果，就诸多热点问题正本清源，引人入胜，是开展党史学习教育的重要参考。

北大红楼日志

中国共产党早期北京革命活动纪念馆编写组．中共中央党校出版社 2022 年版

2022 年 1 月，中国共产党早期北京革命活动纪念馆编写组所编著的《北大红楼日志》由中共中央党校出版社在北京出版发行。

《北大红楼日志》以“光辉伟业 红色序章——北大红楼与中国共产党早期北京革命活动主题展”为基础，依据《李大钊年谱》《陈独秀年谱》《毛泽东年谱》《北京大学日刊》《北京大学史料》《新文化运动史料丛编》《五四运动史料汇编》《中国共产党史料》等文献，以“上图下文、插入二维码”的形式，采用 365 组图文展现出“北大红楼历史上的今天”，展现北大红楼有关的人物、历史事件。

该书形式新颖、史料充实，坚持政治性、思想性、艺术性相统一，采用融合出版方式，将图片、文字、音视频结合起来，通过丰富多彩的表现方式，让红色革命文物活起来，从博物馆里、书籍里走进人民群众的日常生活，将党史学习教育延伸至纪念馆外，让北大红楼独特的红色资源在开发利用中焕发新的生机和活力。

少年中国学会研究
——基于马克思主义中国化的历史审视
张曼．四川大学出版社 2022 年版

2022 年 3 月，四川大学马克思主义学院博士研究生张曼所著的《少年中国学会研究——基于马克思主义中国化的历史审视》由四川大学出版社在成都出版。

习近平总书记在纪念五四运动一百周年大会上的讲话中指出："五四运动，爆发于民族危难之际，是一场以优秀青年知识分子为先锋、广大人民群众参加的反帝反封建的伟大爱国革命运动。"五四时期，中国社会成立了各种社团。少年中国学会于 1919 年正式创立，1926 年解散，是五四时期人数最多、存续时间最长、影响深远的青年社团。本书力图回到当时的舆论现场，从少年中国学会会员的各种表述和活动中，梳理少年中国学会在马克思主义中国化进程中的作用。

《少年中国学会研究——基于马克思主义中国化的历史审视》主要基于五四时期留下的文字资料，重新认识少年中国学会，探索这一当时最大的社团在马克思主义中国化历史进程中所发挥的作用，试图为深化少年中国学会研究、马克思主义中国化研究提供借鉴，为厘清五四社团与马克思主义中国化之间的各种关系找到一个线头。

东方欲晓:中国共产党是如何诞生的

邵维正.人民日报出版社 2022 年版

2022 年 3 月,党史专家邵维正所著的《东方欲晓:中国共产党是如何诞生的》由人民日报出版社在北京出版发行。

《东方欲晓:中国共产党是如何诞生的》是一部有关中国共产党创建史的通俗党史读物。作者是在已有的中国共产党创建史研究成果基础上,进行了重新整理、调整,补充了近几十年来中国共产党创建史研究进展,尤其是遵照习近平总书记在庆祝中国共产党成立 100 周年大会上的重要讲话中首次提出的伟大建党精神,强调"不忘初心、牢记使命",使之更具有新时代的特征和意蕴。本书主要包括三部分内容,上篇"暗夜微光:建党之前的酝酿筹备",包括六章内容,介绍了建党前的历史背景及思想、理论、阶级等多方面的准备;下篇"开天辟地:建党期间的峥嵘岁月",包括十章内容,讲述了中共一大与二大,以及建党初期的工人运动、农民运动、中国近现代政党比较等;附录部分讲述了中共一大考证过程及近四十年党的创建史研究述评。

《东方欲晓:中国共产党是如何诞生的》运用翔实史料,揭秘中共一大,回顾了中国共产党的诞生。书中还收录了作者考证过程中的手稿,如包惠僧、王会悟采访记录等,具有一定的史料价值。

马克思主义在中国的创新与发展

杨金海．辽宁人民出版社 2022 年版

2022 年 3 月，清华大学教授杨金海所著的《马克思主义在中国的创新与发展》由辽宁人民出版社在沈阳出版发行。

《马克思主义在中国的创新与发展》共分十章，内容包括：五四时期马克思主义在中国的传播与中国共产党的成立、马克思主义中国化第一次飞跃在新民主主义革命时期的实现、马克思主义中国化第一次飞跃在社会主义革命和建设时期的发展、毛泽东思想对马克思主义的创造性发展、马克思主义中国化第二次飞跃的历史脉络等。《马克思主义在中国的创新与发展》以党的十九届六中全会精神为指引，以马克思主义在中国创新和发展的百年历史为主线，系统阐述了中国共产党理论创新和发展的历史脉络、主要内容、重大影响和历史意义，并对其中的理论成果、经典著作、人物故事、经验方法等予以学理分析，对广大读者特别是党员干部学习运用马克思主义中国化创新成果指导工作实践具有重要意义。

《马克思主义在中国的创新与发展》是研究阐述马克思主义中国化历史进程和理论成果的理论著作。主题新颖、主线突出，归纳精当、把握准确，聚焦现实、强化重点，导向鲜明、实践性强。具有鲜明的理论优势：理论与历史结合，把握马克思主义中国化历史进程和理论成果体系的整体认识和基本逻辑；理论与时代结合，紧扣《中共中央关于党的百年奋斗重大成就和历史经验的决议》精神；理论与实践结合，填补马克思主义中国化三次飞跃理论完整系统论述的空白。同时具有实用特点：用通俗易懂的语言实现了理论著作为人民大众服务的创作初衷；用清晰实用的叙述教会广大党员干部把中国化马克思主义理论转化为解决实际问题的方法。

中国共产党百年法治大事记(1921 年 7 月—2021 年 7 月)

中央全面依法治国委员会办公室．人民出版社、法律出版社 2022 年版

2022 年 4 月，中央全面依法治国委员会办公室组织编写的《中国共产党百年法治大事记(1921 年 7 月—2021 年 7 月)》由人民出版社、法律出版社在北京出版发行。

《中国共产党百年法治大事记(1921 年 7 月—2021 年 7 月)》共分为新民主主义革命时期、社会主义革命和建设时期、改革开放和社会主义现代化建设新时期、中国特色社会主义新时代 4 个历史阶段。记录和呈现了中国共产党在不同历史时期领导法治建设的主要做法、历史事件、重要文件、重要会议、领导人物及相应的代表性法律法规。党章、《中华苏维埃共和国宪法大纲》、土地法、婚姻法、“马锡五审判方式”、“五四宪法”、现行宪法、党的十八届四中全会、中央全面依法治国工作会议、习近平法治思想等一系列重要关键词，连贯而成了党领导人民不断深化法治建设理论和实践的历史轨迹，完整记录了我国法治建设的百年奋斗史与法律制度的百年变迁史，揭示了马克思主义法治理论中国化的演变历程与中国特色社会主义法治发展的客观规律和内在逻辑。为深刻理解中国共产党领导法治建设的历史情境、基本经验和一般规律提供了权威的历史线索。系统反映党领导人民探索开辟中国特色社会主义法治道路的光辉历程和重大成就。

《中国共产党百年法治大事记(1921 年 7 月—2021 年 7 月)》是一部总结全面、评述客观、内容丰富、形式合理的精选之作，是第一次对我们党百年来的法治大事进行系统梳理。从宏观层面看，正确把握了实践规律、理论问题和科学方法，对每个时期的重大法治成就作了总结概括，对一些重大历史事件的法治意义做出了符合马克思主义唯物史观、体现党性原则和科学精神的评价。从微观层面看，对不同历史时期的法治事件进行了详略得当的记叙。本书精选的法治事件具有极强的代表性和典型性，扎根中国文化、立足中国国情、讲好中国故事。该书采用科学严谨的编写体例，很好地展现一个时期内，在党的领导下不同机关是如何分工负责、齐头并进的，为读者理解具体问题提供了宽阔的时空视野。

马克思主义东北传播史

田鹏颖、宋建欣. 辽宁人民出版社 2022 年版

2022 年 4 月，东北大学马克思主义学院院长田鹏颖和东北大学马克思主义学院讲师宋建欣所著的《马克思主义东北传播史》由辽宁人民出版社在沈阳出版发行。

《马克思主义东北传播史》分为九章，内容包括：马克思主义在东北早期传播的时代境遇、马克思主义在东北的早期传播（1872—1919）、五四运动后马克思主义在东北的传播（1919—1931）、抗战时期马克思主义在东北的传播（1931—1945）等。该书对马克思主义在东北的传播进行了分时期且较为细致的介绍，对国家档案馆和东北各省、市级档案馆收藏的有关马克思主义在东北传播的档案，尤其是那些尚未数据化的纸质档案进行了较为系统的收集、整理和分类，全面检视了马克思主义在东北传播的历史进程，总结了新时代马克思主义在东北传播可资借鉴的思路和方向。

《马克思主义东北传播史》以丰富的文献资料为基础，通过梳理马克思主义在东北的传播历程，力争实现由“实事性”研究到“求是性”研究的飞跃，在相当意义上拓宽了党史、东北史研究的深度和广度。梳理马克思主义在中国东北传播的历史进程，不仅是对文明的传承和对历史的捡拾，更是总结经验和探究启示，拓宽新时代马克思主义在东北传播的路向。

中国共产党百年制度史

崔禄春．中国工人出版社 2022 年版

2022 年 5 月，中共中央党校教授崔禄春所著的《中国共产党百年制度史》由中国工人出版社在北京出版发行。

中国特色社会主义制度和国家治理体系的发展、完善是中国共产党百余年奋斗历程的重要组成部分，是人类制度文明的伟大创造，也是中共党史党建学界关注和研究的重要领域。《中国共产党百年制度史》系统阐述了中国共产党成立至今的制度探索历程，全景式再现了中国共产党推进制度逐渐走向成熟、定型的实践路径，全面总结了中国共产党带领人民建设国家制度和完善国家治理体系的辉煌成就和显著优势，彰显了中国共产党人的制度自信、制度优势和成功之道。

《中国共产党百年制度史》将制度建设融入党的百余年奋斗历程，以翔实案例描绘党的制度建设过程，深入剖析中国特色社会主义制度的显著优势，为中国共产党坚定制度自信提供坚实的理论依据，是一部全景式反映中国共产党百余年制度建设历程的精品力作，为深入理解党的制度建设提供了典范。

中国共产党历史自信从哪里来

任仲文．人民日报出版社2022年版

2022年6月，由任仲文（取人民日报重要文章之谐音，人民日报出版社编辑人民日报重要文章团队的集体署名）所著的《中国共产党历史自信从哪里来》由人民日报出版社在北京出版发行。

该书围绕中国共产党的历史自信从哪里来这一鲜明主题，分中国共产党“建党百年的历史伟业”“世界性的成就和贡献”“对奋斗精神的自信”三大方面进行阐述。每章包含“人民观点”“核心阐释”“延伸阅读”三个模块，以观点提炼和案例展示补充理论阐释，有助于广大党员干部坚定历史自信，进而掌握历史主动，勇毅担当历史使命，在新时代新征程上展现新气象、新作为。

《中国共产党历史自信从哪里来》在内容上按照历史自信三大方面架构，方便索引；读者可以在书里轻松找到观点，配合近期新理论；此外，历史故事是亮点，可以直接引用。呈现上，双色设计，有图，有数据，不枯燥。形式上，创新精致版心设计，可以阅读、批注。应用上，深入学习领会中央近期新精神，深刻学习习近平总书记重要讲话精神，写稿、致辞推荐。

中国共产党的一百年

中共中央党史和文献研究院．中共党史出版社 2022 年版

2022 年 6 月，中共中央党史和文献研究院所编写的《中国共产党的一百年》由中共党史出版社在北京出版发行。

编写《中国共产党的一百年》，是党中央交给中央党史和文献研究院的一项重要任务。编写工作于 2017 年 2 月启动，前后历时 5 年多，数易其稿。编写工作始终得到习近平总书记的亲切关怀和悉心指导。87 家中央和国家机关、军队有关部门和单位，对中央办公厅转发的《中国共产党的一百年》征求意见稿提出许多重要意见建议。《中国共产党的一百年》分为“新民主主义革命时期”“社会主义革命和建设时期”“改革开放和社会主义现代化建设新时期”“中国特色社会主义新时代”四卷，共 86 万字，图片 455 幅。

《中国共产党的一百年》坚持以习近平新时代中国特色社会主义思想为指导，深入贯彻落实习近平总书记关于中国共产党历史的重要论述以及关于党史和文献工作的重要讲话和重要指示批示精神，坚持唯物史观和正确党史观，坚持解放思想、实事求是，坚持党性原则和科学精神相统一，集政治性、思想性、权威性、学术性、可读性于一体，是全国迄今为止公开出版的读物中，全面系统反映中国共产党历史时间跨度最长、内容最系统最完整的一部党史正史著作。《中国共产党的一百年》的出版发行，为全党全社会学习党的历史提供了权威教材，为建立党史学习教育常态化长效化制度机制提供了重要基础，也为全党全国各族人民奋进新征程、建功新时代，以实际行动迎接党的二十大胜利召开，营造了良好氛围。

新中国成立前马克思传记重要文本研究

——以李季著《马克思传》研究为中心

刘霞．中国社会科学出版社2022年版

2022年7月，北华航天工业学院副教授刘霞所著的《新中国成立前马克思传记重要文本研究——以李季著〈马克思传〉研究为中心》由中国社会科学出版社在北京出版发行。

李季著的《马克思传》是新中国成立前篇幅最长、内容最丰富、论述最全面的一部白话文传记，客观上扩大了马克思及其学说在中国的影响，推动了马克思生平及其思想在中国的广泛传播，研究价值重大。《新中国成立前马克思传记重要文本研究——以李季著〈马克思传〉研究为中心》全面梳理了新中国成立前在中国出版的马克思生平传记，深入探析了新中国成立前马克思传记在中国传播的特点与启示，重点研究了李季著的《马克思传》。同时，本书结合李季生平，深入挖掘出中国首部《马克思传》的写作动机、出版过程及历史定位，提炼出李季著《马克思传》具有六大特点——编制清晰，注释比较规范；内容丰富，资料比较翔实；求真求实，力求公正客观；善用对比，见解比较独到；学养深厚，取材相当广泛；深入浅出，语言比较生动。然后，通过比较研究，以李季、梅林和梁赞诺夫著马克思传记重要文献为重点，挖掘著者及其作品的主旨思想，提出李季的《马克思传》纠正了梅林著《马克思传》对于拉萨尔的认识偏差，纠正了梅林著《马克思传》对于巴枯宁的错误认识，极大充实了对晚年马克思的研究，敏锐认识到马克思晚年思想的重要性等观点；最后，深入探析新中国成立前马克思传记在中国传播的特点与启示。

百年征程

——中国共产党坚守初心之路

樊伟、项久雨．人民出版社 2022 年版

2022 年 7 月，西南政法大学教授樊伟和武汉大学教授项久雨等所著的《百年征程——中国共产党坚守初心之路》由人民出版社在北京出版发行。

《百年征程——中国共产党坚守初心之路》尝试从历史与现实、理论与实践、中国与世界三个维度探究“中国共产党为什么能”这个时代命题。全书围绕为什么中国共产党能带领中国人民实现中华民族伟大复兴、为什么中国共产党能取得这样巨大的成就两个问题作出了系统、全面的梳理阐释。上篇“与历史同步伐”揭示了中国共产党初心、使命的历史逻辑生成；中篇“与时代共命运”论证了中国共产党初心、使命得以形成与坚守的理论逻辑；下篇“与理想共奋进”和“特别篇”，从“现实要求”解析了中国共产党“守初心、担使命”的实践逻辑。本书科学回答中国共产党“守初心、担使命，所以能”的问题，促进广大读者通过学党史，悟思想，强认同，增强坚定跟党走的向心力。

《百年征程——中国共产党坚守初心之路》坚持以马克思主义唯物辩证法为研究方法论，从文献考察、历史探究和现实分析入手，坚持问题导向，着力于回答“能”背后的原因及价值，对中国共产党的“能”进行从历史到现实、从理论到实践的系统考察，注重过去、现在与未来，理论、历史与现实的结合与统一，研究视域广阔而富有创新。

中国共产党早期报刊与马克思主义在上海的传播

徐立波．光明日报出版社2022年版

2022年7月，上海师范大学马克思主义学院教授徐立波所著的《中国共产党早期报刊与马克思主义在上海的传播》由光明日报出版社在北京出版。

上海经济比较发达，加之工人阶级队伍不断发展壮大、上海救亡图存的社会氛围与相对稳定的政治环境、上海开放的文化环境和报刊事业蓬勃发展的文化氛围，共同为中国共产党早期报刊在上海的广泛传播奠定了重要的基础。

《中国共产党早期报刊与马克思主义在上海的传播》以中国共产党早期报刊为基础文本，一是着重研讨中共早期报刊中哪几类作者群体在上海如何传播了马克思主义；二是研究这些群体传播马克思主义的内容、方式及产生的效应等；三是总结中共早期报刊与马克思主义在上海的早期传播的特点、经验、贡献与不足；四是梳理中国共产党早期报刊在上海传播马克思主义的启示价值。

《中国共产党早期报刊与马克思主义在上海的传播》的出版是给中国共产党成立100周年的一份献礼。该书为我们了解马克思主义在中国的传播史、中国共产党的思想理论发展史提供了极具研究价值的文本，这些文本中包含了中国共产党早期报刊出现的历史背景、产生的原因、阶级基础和现实条件、发展的人才条件等基本问题，并对中国共产党早期报刊报人群体进行了深层次剖析。

中国共产党上海历史第一卷(1921—1949)

中共上海市委党史研究室．中共党史出版社 2022 年版

2022 年 7 月,中共上海市委党史研究室所编写的《中国共产党上海历史第一卷(1921—1949)》由中共党史出版社在北京出版发行。

《中国共产党上海历史第一卷(1921—1949)》是对 1999 年版《中国共产党上海史(1920—1949)》的修订和完善。修订后,全书由原 44 章紧缩为 31 章,分党的创建和大革命时期、土地革命战争时期、全民族抗日战争时期、全国解放战争时期 4 编 31 章。全书以翔实、生动、珍贵的史料,全面系统、完整客观地记述了上海人民在中国共产党的带领下,在中国共产党的成立、土地革命战争、抗日战争和解放战争中的贡献,取得革命胜利的光辉历程和重大成就,回顾和总结了中国共产党及中共上海党组织在创立、发展和壮大过程中所取得的成功经验和历史教训。

习近平总书记强调:“上海党的一大会址、嘉兴南湖红船是我们党梦想起航的地方。我们党从这里诞生,从这里出征,从这里走向全国执政。这里是我们党的根脉。”《中国共产党上海历史第一卷(1921—1949)》一书的出版,为我们学习党的创建历史、弘扬伟大建党精神提供了重要教材。

伟大的起点:中国共产党是这样创立的

中共上海市委党史研究室．上海人民出版社 2022 年版

2022 年 7 月,上海市委党史研究室组织并与中共一大纪念馆研究骨干力量联合撰写的《伟大的起点:中国共产党是这样创立的》由上海人民出版社在上海出版发行。

《伟大的起点:中国共产党是这样创立的》以客观真实为编纂基本原则,史实翔实,叙事晓畅,力求重要历史事件均有史料依据。正文共 9 章 43.7 万字,包括五四爱国运动的爆发、马克思主义在中国迅速传播、中国共产党发起组的成立、各地共产党早期组织的建立、社会主义青年团的初始创建、马克思主义与工人运动的初步结合、推进马克思主义理论的研究宣传、中共一大的筹备、开天辟地的大事变等主要历史内容。注释共有 1100 多处,有利于读者做进一步探究。该书在篇章结构设置上,将中国共产党发起组的成立单列为一章,重点剖析从陈独秀南下上海到中国共产党发起组在老渔阳里 2 号成立的历史;将"中共一大的筹备""开天辟地的大事变"分设两章,以浓墨重彩的笔触讲述了中共一大在上海召开这一中国近代史上具有伟大而深远意义的历史事件,并有不少新的见解。

《伟大的起点:中国共产党是这样创立的》以习近平新时代中国特色社会主义思想为指导,是一本充分吸纳近年学术研究成果,兼顾学术性与通俗性,彰显上海作为伟大建党精神孕育地重要历史地位,全面反映建党历史时空的党的创建史图书。全书在描绘从新文化运动、五四运动到中国共产党成立这一时期波澜壮阔的历史画卷的同时,凸显了上海在党的创建历程中起到的举足轻重的历史作用。同时,各地共产党早期组织的建立与社会主义青年团的初始创建,在书中各设一章,以较为充裕的篇幅展现党、团创建在全国各地乃至海外的展开,从而使这本创建史专著具有相对恢宏的历史视野。

寻找“主义”：五四时期恽代英的政治思想转型

徐霞翔．人民出版社 2022 年版

2022 年 8 月，南京雨花台烈士纪念馆副研究员徐霞翔所著的《寻找“主义”：五四时期恽代英的政治思想转型》由人民出版社在北京出版发行。

本书主要在中国近代社会转型的宏大背景下，去考察“新青年”恽代英的家庭环境、性格特质、道德修身，及其投身社会政治事务、憧憬“黄金世界”、逐步由道德理想主义向革命理想主义转向，进行思想史探究和“新革命史”叙事。

《寻找“主义”：五四时期恽代英的政治思想转型》史料翔实，论证严谨，布局合理，逻辑性强，通过个案研究展示时代与思想的变迁，小时代—大历史的叙事视角新颖，这对于理解五四时期知识分子的现代性选择和共产主义在中国的传播，提供了很好的例证。

信仰的力量:金华早期共产党人的初心和使命

中共金华市委宣传部、浙江师范大学马克思主义学院.
东南大学出版社2022版

2022年8月,中共金华市委宣传部、浙江师范大学马克思主义学院所编写的《信仰的力量:金华早期共产党人的初心和使命》由东南大学出版社在南京出版发行。

《信仰的力量:金华早期共产党人的初心和使命》通过人物传记形式向人们着重介绍了陈望道、邵飘萍、施存统、冯雪峰、金佛庄、潘漠华、徐英等六位浙江金华籍早期杰出共产党人的不凡一生;运用大事记形式着重记载了这六位金华早期杰出共产党人艰难经历和英勇事迹;通过评述形式着重探讨了他们对马克思主义在中国传播、中国共产党创建及早期革命斗争中做出的历史贡献,揭示了他们身上所体现出的中国共产党人为中国人民谋幸福,为中华民族谋复兴的初心和使命。全书内容详细具体,可读性强,精神力量巨大。

中国共产党重要文献汇编(1—12卷)

中共中央党史和文献研究院、中央档案馆．人民出版社2022年版

2022年9月，由中共中央党史和文献研究院、中央档案馆合作编辑的《中国共产党重要文献汇编》(1—12卷)由人民出版社在北京出版。

《中国共产党重要文献汇编》(1—12卷)收录了中国共产党建党前后到1927年期间产生的各类文献1109篇，共12卷，430余万字，是目前为止最全面、系统、权威地反映中共早期思想和实践探索的文献集。该书全面系统反映了马克思主义传入中国后对中国社会产生的巨大影响；反映了先进的中国人选择科学理论、确立马克思主义信仰的思想脉络；反映了早期共产党人在马克思列宁主义指导下，对中国革命基本问题的创造性探索，以及为实现民族复兴所进行的英勇斗争。这些重要文献，清晰地记录了中国共产党筹建和创立的艰辛路程，记录了马克思主义中国化历程中与各种错误思潮进行的尖锐交锋，记录了中国共产党人确立初心、担当使命的光辉历程，记录了中国共产党不断以伟大自我革命引领伟大社会革命的壮阔历史，同时也呈现了中国共产党逐步形成并坚定践行的伟大建党精神。

《中国共产党重要文献汇编》的编辑出版，将有助于深化拓展党史学习教育，有助于广大党员、干部、群众从党的历史中汲取力量、坚定信心，更加紧密地团结在以习近平同志为核心的党中央周围，高举中国特色社会主义伟大旗帜，坚持以习近平新时代中国特色社会主义思想为指导，奋力谱写全面建设社会主义现代化国家崭新篇章。

复兴文库

金冲及．中华书局2022年版

2022年9月，中央文献研究室原常务副主任金冲及带领研究团队编撰的《复兴文库》由中华书局在北京出版发行。

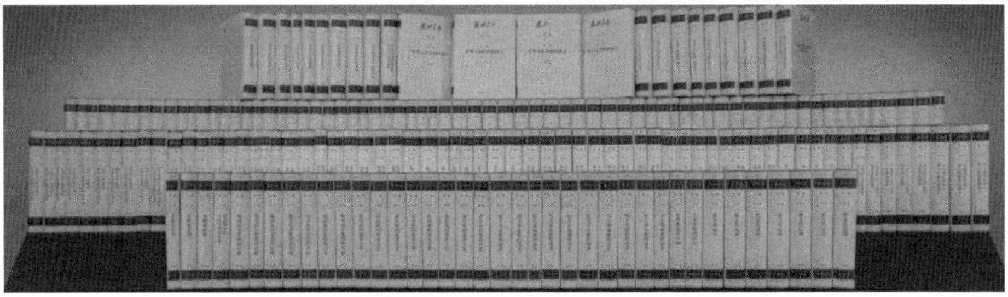

《复兴文库》是党中央批准实施的重大文化战略工程，反映了近代以来中华民族伟大复兴的历程，是一部非常庞大的大型文献丛书。《复兴文库》全五编包含60多卷、300多册、1.1亿多字。该书以中华民族伟大复兴为主题，以思想史为基本线索，精选1840年鸦片战争以来同中华民族伟大复兴相关的重要文献。《复兴文库》按历史进程的顺序分为五编，第一至三编先行出版。其中第一编集中选编1840—1921年，体现初期民族觉醒意识、探索救亡之道、传播进步思想的重要文献，重在展现中华民族伟大复兴的历史起点；第二编集中选编1921—1949年，记述中国共产党携手中国社会各阶层各党派各进步力量、团结带领中国人民，为推翻帝国主义、封建主义、官僚资本主义三座大山，实现民族独立、人民解放，完成新民主主义革命、建立中华人民共和国而不懈奋斗的重要文献；第三编集中选编1949—1978年，记载中国共产党团结带领全国各族人民进行社会主义革命、确立社会主义基本制度、推进社会主义建设，完成中华民族有史以来最为广泛而深刻的社会变革的重要文献。第四、五编正在继续编纂和审读中，反映改革开放和新时代以来高举中国特色社会主义伟大旗帜阔步前进的历史。

该书全景式记述了以中国共产党人为代表的中华优秀儿女为实现国家富强、民族振兴、人民幸福而不懈追求、百折不挠的历史足迹，集中展现了影响中国发展进程、引领时代进步、推动民族复兴的思想成果，深刻揭示了中华民族走向伟大复兴的历史逻辑、思想源流和文化脉络。

从五条脉络看百年党史

李捷．当代中国出版社 2022 年版

2022 年 9 月，中国史学会会长李捷所著的《从五条脉络看百年党史》由当代中国出版社在北京出版发行。

回顾百年历程，中国共产党带领中国人民不断开辟伟大道路、创造伟大事业、取得伟大成就，极大地改变了中国与世界，也极大地改变了自身。《从五条脉络看百年党史》从道路探索史、思想发展史、自身建设史、民族复兴史、走向世界史五条脉络出发，来研究中国共产党的成功经验，为读者更好地学习党史提供了途径和方法。

新中国成立前马克思主义传播文献续编

王东红．上海科学技术文献出版社 2022 年版

2022 年 9 月，陕西师范大学副教授王东红编的《新中国成立前马克思主义传播文献续编》由上海科学技术文献出版社在上海出版发行。

《新中国成立前马克思主义传播文献续编》是《新中国成立前马克思主义传播文献汇编》的续辑，在《汇编》已辑录 1949 年前马克思主义传播文献 100 余种的基础上进一步搜集，新辑得 100 余种珍稀文献，全面还原马克思主义传播的历史场景。以原始出版形态，保留最丰富的历史信息。重点选择版本价值较高的初版本进行整理，如初版本暂缺，则用再版本代替，并在目录中详细列明，以供考证。为避免重复，以对马克思主义进行宣传、阐释的著述为主，不再收录马克思主义经典著述译本以及期刊中的单篇文章。此外收录了对马克思主义进行论争、论战的文献。在编排时按照出版时间进行排序，客观再现马克思主义传播的过程。

马克思主义于清末民初传入中国，在十月革命特别是五四运动以后得到广泛传播。《新中国成立前马克思主义传播文献续编》对新中国成立前马克思主义传播文献进行了系统整理，从历史源头探寻马克思主义在中国传播的必然性，为新时期马克思主义中国化理论体系提供了历史支撑，有助于“四个自信”的树立。

中国共产党第一次全国代表大会档案文献选编

中共中央党史研究室、中央档案馆．中共党史出版社 2022 版

2022 年 9 月，中共中央党史研究室、中央档案馆合作编撰的《中国共产党第一次全国代表大会档案文献选编》由中共党史出版社在北京出版发行。

《中国共产党第一次全国代表大会档案文献选编》（2022 年版）为《中国共产党第一次全国代表大会档案文献选编》（中共中央党史研究室、中央档案馆编，中共党史出版社 2015 年版）的再版。再版书籍内容不做任何改动，仅更换开本、定价和装帧。全书收录了《中国共产党第一个纲领》和《中国共产党第一个决议》等 6 篇中共一大文件，《中国共产党宣言》等 19 篇中共一大相关文献，李达、董必武、陈潭秋等人的 29 篇中共一大回忆资料，以及国外有关一大的文献资料 5 篇。

《中国共产党第一次全国代表大会档案文献选编》是一本关于中共一大的资料工具书，对于回望中国共产党的初心和使命，对于加深对党的代表大会历史的研究具有较高的资料价值。

近现代马列主义文献汉译出版

复旦大学历史学系、中国近现代新闻出版博物馆．中华书局 2022 年版

2022 年 11 月，复旦大学历史学系、中国近现代新闻出版博物馆所编写的《近现代马列主义文献汉译出版》由中华书局在北京出版发行。

在中国共产党成立一百周年的重要节点，复旦大学历史学系、中国近现代新闻出版博物馆举办了“近现代马列主义文献汉译出版”学术研讨会，并将会议论文结集出版。全书收入研究论文二十篇、会议综述一篇，按主题分为“《共产党宣言》译刊研究”“经典与通俗读本译刊”“马列文献的译刊机构”“马列文献的传播与影响”“马列文献的翻译与演绎”“书报译介与述评”六个部分。

马列主义文献在近现代中国的翻译与出版，是中国共产党党史和中国近现代出版史中值得大书特书的一笔。在近现代中国翻译史和出版史的视域中，该书对这一重要史实进行了系统的梳理和全面的研究，进一步深化了马克思主义中国传播史的研究。

《帝国主义论》的汉译传播研究

郭巧云．华中师范大学出版社 2022 年版

2022 年 12 月，荆楚理工学院马克思主义学院副院长郭巧云所著的《〈帝国主义论〉的汉译传播研究》由华中师范大学出版社在武汉出版发行。

本书以“《帝国主义论》的汉译传播”为研究对象，主要从思想内容、版本源流、文本解读、传播条件、传播历程、传播特点及其对马克思主义中国化历史进程的影响等方面渐次展开，包括绪论、五章正文和结语三个部分。绪论部分，主要介绍本书的研究意义、研究现状、研究思路、研究方法、研究重点、研究难点和创新之处；第一章主要分析《帝国主义论》的写作背景、主要内容，进行版本考证；第二章主要探讨《帝国主义论》汉译传播的社会历史条件；第三章重点阐述《帝国主义论》在中国的传播历程；第四章认真总结《帝国主义论》汉译传播的特点及其启示；第五章深入分析《帝国主义论》的汉译传播对马克思主义中国化的影响；结语部分，主要总结全书内容，分析本书的特色以及存在的问题，并提出进一步研究的建议。

本书以《帝国主义论》在中国的翻译和传播为对象展开系统研究，注重历史与现实、理论与实践的结合，分析《帝国主义论》汉译传播的社会历史条件，从而推进研究马克思主义在中国深入传播的影响因素，通过深入分析《帝国主义论》汉译传播的发展历程、传播特点等，详细阐述《帝国主义论》汉译传播对马克思主义中国化的影响等，推进相关课题研究的广度和深度。

学术研讨会

学术研讨会目录

序号	主题	主办单位	时间	地点
1	“最年轻的中共四大代表、北方工人运动的先驱者之一”阮章史料征集与学术研讨会	中共上海市虹口区委党史办公室、天津南开中学校史馆、中共河北省唐山市委党研室、中共四大纪念馆等	2022.1.25	中共四大纪念馆
2	“志之所趋 无远弗届”纪念瞿秋白诞辰 123 周年党史学习研讨会	瞿秋白纪念馆	2022.1.27	瞿秋白纪念馆
3	“弘扬伟大建党精神 大力加强党性教育”理论研讨会	重庆市委组织部、重庆市委宣传部	2022.2.26	重庆红岩干部学院
4	“学习弘扬李大钊、毛泽东等建党先驱伟大精神与当代青年的使命奋斗”学术研讨会	中国李大钊研究会、湖南省委党史研究院、湘潭大学	2022.4.29	湖南湘潭
5	“常州三杰与马克思主义在中国早期传播——马克思诞辰日”主题学术研讨会	中共常州市委宣传部、中共常州市委党校、常州大学	2022.5.5	常州市革命烈士陵园
6	“百年来中国共青团的历史责任与使命担当”——庆祝中国共青团成立 100 周年理论研讨会	中央团校、共青团广东省委、共青团广州市委	2022.5.13	广州市团校
7	“中国共产党早期重要领导人罗亦农生平思想与革命精神”学术研讨会	中央党史和文献研究院第二研究部、湖南省委党史研究院、湘潭市委	2022.5.18	湖南湘潭
8	庆祝中共唐山地方组织成立 100 周年暨李大钊与党的建设学术研讨会	河北省唐山市党史系统	2022.6.24	河北唐山

续表

序号	主题	主办单位	时间	地点
9	首届北大红楼与伟大建党精神学术研讨会	中央党史和文献研究院、国家文物局指导，中共北京市委宣传部、中共北京市委党史研究室、中国李大钊研究会、北京市社会科学界联合会	2022.7.1	北大红楼
10	“中共创建与伟大建党精神”学术研讨会	中共浙江省委党史和文献研究室、嘉兴学院	2022.7.2	浙江嘉兴
11	“弘扬伟大建党精神，奋进新时代新征程”学术研讨会	中共上海市委宣传部指导，上海市中国共产党伟大建党精神研究中心、中共上海市委党史研究室、中共上海市委党校、中共一大纪念馆	2022.7.15	中共一大纪念馆
12	第六届“中国共产党的创建与上海”学术研讨会	中共上海市委宣传部、中共上海市委党史研究室	2022.7.21	中共一大纪念馆
13	上海市纪念首部党章通过100周年座谈会	中共上海市委、中央党史和文献研究院	2022.7.21	上海
14	“百年辅德里 奋进新时代”——纪念中国共产党首部党章通过100周年学术研讨会	中央党史和文献研究院第七研究部、中共上海市委宣传部、中共上海市委党史研究室、中共静安区委指导，上海市中国共产党伟大建党精神研究中心，中共一、二、四大场馆管理委员会，中共静安区委宣传部	2022.7.23	上海展览中心
15	中共二大与统一战线百年发展研讨会	中国统一战线理论研究会指导，上海市委统战部、上海市委党史研究室、中共静安区委	2022.7.23	上海

续表

序号	主题	主办单位	时间	地点
16	“常州三杰与马克思主义中国化”学术研讨会	江苏省瞿秋白研究会、张太雷研究中心、常州瞿秋白张太雷恽代英研究会	2022.8.6	江苏常州
17	“马克思主义在中国早期传播”学术研讨会	湖北大学马克思主义学院	2022.8.12—14	山东荣成
18	“中国共产党与百年中国”学术研讨会	中国现代史学会、山东大学	2022.8.15	山东济南
19	蒋先云革命实践与弘扬伟大建党精神学术研讨会	湖南省委党史研究院、湖南省总工会、永州市委市政府、湖南省中共党史学会、湖南省中共党史人物研究会	2022.8.17	湖南新田
20	纪念张闻天同志诞辰122周年座谈会	上海浦东区委宣传部、区教育局等	2022.8.28	张闻天故居
21	“毛泽东党建思想及在株洲的早期革命实践”学术研讨会	中央党史和文献研究院第二研究部、中国中共文献研究会毛泽东思想生平研究分会、中共湖南省委党史研究院、中共株洲市委、株洲市人民政府	2022.9.5	湖南株洲
22	“新时代与新青年：上海红色基因传承学术研讨会”	上海市中共党史学会、上海市社会科学界联合会及上海市高校思政课协作组	2022.11.5	中共四大纪念馆
23	2022年度浙江省博物馆学会纪念馆专业委员会年会暨“南湖红船与伟大建党精神”学术研讨会	浙江省博物馆学会纪念馆专业委员会、浙江省革命纪念馆联盟、南湖革命纪念馆	2022.11.28	浙江嘉兴
24	“中国共产党统一战线百年历史与经验”学术会议	中国经济社会理事会	2022.12.29	中央社会主义学院

学术研讨会简介

"最年轻的中共四大代表、北方工人运动的先驱者之一"阮章史料征集与学术研讨会

2022年1月25日,由中共上海市虹口区委党史办公室、天津南开中学校史馆、中共河北省唐山市委党研室、中共广东省中山市委党研室、中共辽宁省锦州市委党研室、中共辽宁省北票市政协文史委、中共河北省秦皇岛市委党研室、中共四大纪念馆联合举办的"最年轻的中共四大代表、北方工人运动的先驱者之一"阮章史料征集与学术研讨会在中共四大纪念馆召开。

中共四大纪念馆馆长童科主持开幕式,中共虹口区委宣传部副部长、虹口区文旅局党组书记赵明、天津南开中学理事会理事长孙海麟、上海市中共党史学会副会长、秘书长高福进分别致辞。交流发言环节由王佩军主持,分为专家发言、后人追忆和自由发言三个部分。原中共虹口区委党史办公室副主任李惠芬、中共广东省中山市委党研室主任黄春华、中共唐山市委党研室宣教处王素华、辽宁省北票市史志办原副主任石国清等多位党史专家、学者围绕阮章的相关研究作了精彩深入的发言。天津阮章后人阮宝胜、阮喆在发言中表示要学习好先辈精神,传承好红色基因,发扬好光荣传统。

本次研讨会通过线上线下同步的方式进行，现场会议共20余人出席，全国各地多位党史专家、学者参与了线上交流发言，总结了阮章研究的最新成果，为中共四大、北方工运代表人物的史料挖掘与研究作出了积极的贡献。

摘自“中共四大纪念馆”微信公众号，中共四大纪念馆研究部

“学习弘扬李大钊、毛泽东等建党先驱伟大精神与当代青年的使命奋斗”学术研讨会

2022年4月29日，由中国李大钊研究会、湖南省委党史研究院、湘潭大学联合主办的“学习弘扬李大钊、毛泽东等建党先驱伟大精神与当代青年的使命奋斗”学术研讨会在湘潭召开，围绕“李大钊毛泽东等建党先驱的‘初心’‘使命’思想研究”主题，以“线下＋线上”方式深入交流。

中国李大钊研究会会长、北京大学原党委书记朱善璐作主旨发言并强调，李大钊、毛泽东等建党先驱信念坚定、矢志不渝，始终坚守“时刻牵挂国家危亡，不忘民众疾苦，并为之不懈奋斗”的初心使命，对中国革命向前发展产生了重大的推动作用，是伟大建党精神的源头和开创者、模范践行者，是当代青年学习的典范。学习李大钊、毛泽东等建党先驱伟大精神，就是要深入理解践行共产党人的初心使命，传承发扬先驱们的青春奋斗精神，激扬起新时代广大青年继往开来、不懈奋斗的精神力量，凝心聚力把新时代的伟大事业推向前进。

来自中国人民大学、北京师范大学等高校和研究机构的近百名国内外知名专家学者参加交流。会议期间，中国李大钊研究会为湘潭大学中国李大钊研究会教研基地成立揭牌。

摘自《红网》，陈宗昊、吴义国

“常州三杰与马克思主义在中国早期传播——马克思诞辰日”主题学术研讨会

2022年5月5日，为纪念马克思诞辰204周年，由中共常州市委宣传部、中共常州市委党校、常州大学共同主办，常州大学马克思主义学院、常州大学近现代史与红色文化研究院、常州市委党校常州三杰研究中心、常州市革命烈士陵园（常州市瞿秋白张太雷恽代英烈士纪念地管理处）承办的“常州三杰与马克思主义在中国早期传播——马克思诞辰日”主题学术研讨会在常州市革命烈士陵园举办，同时拉开了常州大学第四届“马克思日”纪念活动。会议由常州大学马克思主义学院院长刘晓华教授主持。

本次学术研讨会采用线上与线下结合的方式举行，上海、广州、江苏等地的一批与会专家，围绕“常州三杰与马克思主义在中国早期传播”这一主题举行了学术研讨。常州大学马克思主义学院名誉院长、近现代史与红色文化研究院院长朱成山作了《略论常州三杰的初心与初步》的主旨发言；中共常州市委党校专职副教育长、常州三杰研究中心主任李兴勇围绕《张太雷共青团书记任上的改革与实践》进行专题报告；常州三杰纪念馆研究馆员黄明彦围绕《常州三杰与马克思主义中国化》这一主题发言；上海团中央机关旧址纪念馆馆长洪颖哲在线上作了《渔阳里，共青团从这里走来》专题介绍；广州青年运动史研究和青少年融媒体中心主任袁卫根以《团一大在广州召开、主要成果及其历史意义》为题目在线上研讨；常州市革命烈士陵园副主任李芸作了《坚定的政治信仰是烈士陵

园建设的不竭动力》的经验交流。

中共常州市委宣传部常务副部长汪忠泽在研讨会上致辞。他提出，常州在马克思诞辰204周年纪念日这一天举办线上线下相结合的学术研讨会，研讨马克思主义在中国的早期传播，缅怀常州三杰光辉业绩与崇高精神，这一活动非常有价值与意义。希望常州大学能继续充分发挥现有的红色文化学术研究的基础与优势，进一步整合各地、各高校三杰研究团队资源，培养新生研究力量，不断填补学术空白，推动党的历史、革命史更好进教材、进课堂、进头脑，发挥好党史立德树人的重要作用。中共常州市委党校常务副校长陈海军与中共常州大学党委常委、宣传部部长杨琳交换《携手合作备忘录》文本。此举深化了校地融合发展，为提升以常州三杰研究为主要内涵的红色文化课题，充分发挥和利用双方优势资源，提供了进一步拓展的契机。

摘自常州大学马克思主义学院网站，董盼盼、袁敏娴

“百年来中国共青团的历史责任与使命担当”——庆祝中国共青团成立100周年理论研讨会

2022年5月13日，由中央团校、共青团广东省委员会和共青团广州市委员会联合举办的“百年来中国共青团的历史责任与使命担当”——庆祝中国共青团成立100周年理论研讨会在广州市团校召开。本次研讨会以线上、线下相结合的方式召开，来自全国的中共党史、团史青运史、青年工作研究专家学者、青年工作者、获奖论文作者、部分高校师生共500多人参加了会议。

原中国青少年研究中心主任兼团中央青运史档案馆馆长郗杰英，中国青少年研究中心副主任、研究员张良驯，共青团中央青运史档案馆馆长胡献忠，原中

共广东省委党校副校长，中共广东省委党史研究室主任，历史学、党史学教授曾庆榴，中央团校（中国青年政治学院）教授陆士桢，上海高校智库·复旦大学政党建设与国家发展研究中心主任郑长忠在会议上进行了发言交流。与会代表一致表示，要深入学习领会习近平总书记重要讲话所蕴含的理论内涵、重要观点和重要要求，深刻领会中国共青团成立的伟大意义及初心使命精神，把团史研究融入党史国史研究之中，把青年运动研究融入大时代。

这次研讨会由共青团中央青运史档案馆、广东省团校、广州市团校、广州青年运动史研究和青少年融媒体中心承办，会议共收到征文近300篇，作者涵盖全国各地高等院校、科研院所、党史研究部门和共青团系统。

摘自“中央团校”微信公众号，王瑞琪

“中国共产党早期重要领导人罗亦农生平思想与革命精神”学术研讨会

2022年5月18日，由中央党史和文献研究院第二研究部、省委党史研究院、湘潭市委联合主办的中国共产党早期重要领导人罗亦农生平思想与革命精神学术研讨会在湘潭县举行。来自全国有关高校和研究机构的近百名专家学者参加会议。

湘潭市委书记刘志仁、省委宣传部副部长胡代松、省委党史研究院院长胡振荣出席开幕式并讲话，省委党史研究院副院长、省党史人物研究会副会长王小平主持专家交流，市领导刘永珍、刘新华出席，罗亦农亲属代表应邀出席会议并发言。研讨会上，8位专家先后交流发言。与会专家学者表示，罗亦农是中国无产阶级最热烈的领袖，中国共产党最英勇的战士，中国共产党全党党员的楷模。我们要牢记习近平总书记的殷切嘱托，学习革命先辈罗亦农高尚的思想品格，弘扬罗亦农的革命精神，踔厉奋发，砥砺前行，为实现中华民族伟大复兴的中国梦贡献自己的力量。

本次学术研讨会共收到学术论文 75 篇，经专家严格评审，入选论文 53 篇。入选论文基本涵盖罗亦农对中国革命所作的贡献，并且开辟了很多新的研究领域，挖掘了不少新的史料，研究颇有深度，将罗亦农生平、思想风范、历史贡献研究和宣传推上了一个新台阶。

摘自《湘潭日报》2022 年 5 月 19 日第 1 版，符瑶

首届北大红楼与伟大建党精神学术研讨会

2022 年 7 月 1 日，在中国共产党成立 101 周年之际，首届北大红楼与伟大建党精神学术研讨会在北大红楼举办。中央党史和文献研究院院长曲青山，文化和旅游部党组成员、副部长，国家文物局党组书记、局长李群，“七一勋章”获得者、李大钊之孙李宏塔，北京市委常委、宣传部部长莫高义出席开幕式并致辞。

此次研讨会汇集了多个学科领域的领军者，他们从历史内涵、实践意义和现实启迪等方面，全方位、多角度、多层次剖析了北大红楼与伟大建党精神的内在联系，极大拓展了以往对北大红楼的研究范畴。从研究内容看，与会专家学者的文章和发言既涵盖了党史、革命史的考证，也包括了对数字文博、新媒体传播等新兴议题的讨论。

本次学术研讨会克服疫情因素影响，以一个主会场和五个分会场以及京外人员在线参加的方式进行，是一次全国性学术类研讨会召开形式的创新尝试。尤其是主会场设在具有百余年历史的北大红楼原北大教室，分会场设在中国共

产党早期北京革命活动相关旧址，与本次研讨会主题交相辉映、相得益彰，对展示传播北大红楼与中国共产党早期北京革命活动旧址资源特色和丰富内涵，弘扬伟大建党精神，具有特殊重要意义。

摘自《新京报》2022 年 7 月 4 日第 1 版，田杰雄

第六届“中国共产党的创建与上海”学术研讨会

2022 年 7 月 21 日下午，由中共上海市委宣传部、中共上海市委党史研究室主办，上海市中共党史学会、中共一大纪念馆承办的第六届“中国共产党的创建与上海”学术研讨会在中共一大纪念馆报告厅顺利举行。

上海市委党史研究室主任、上海市中共党史学会副会长严爱云作为开幕式主持人介绍了本届会议和与会嘉宾的概况。在主旨发言阶段，与会专家学者围绕建党先驱在建党时期体现出来的伟大建党精神，中共一大、中共二大的历史贡献等主题进行了深入探讨。华东师范大学终身教授齐卫平、上海市党史研究室征编处副处长贾彦、上海立信会计金融学院教授、上海市中共党史学会副会长徐光寿、杨浦区委党史办主任黄伟一分别作了《习近平总书记党史观的历史起点情怀》《伟大建党精神与上海》《建党伟业的完成和百年党建的开端》《红色文化叙事的传播路径研究——以对黄浦码头（留法勤工俭学生重要离沪地）的挖掘为例》的发言，上海市中共党史学会监事俞敏介绍了俞秀松烈士冤案平反的艰难历程，并表示将继续完善相关史料研究。

会议强调，要学深悟透习近平总书记关于党的历史和党史学习教育重要论

述，深入学习贯彻市第十二次党代会精神，用情用力研究好宣传好中国共产党在上海创建的光荣历史、上海在中国共产党创建中的特殊地位及伟大建党精神，努力打造与党的诞生地崇高地位相匹配的研究高地，以实际行动迎接党的二十大胜利召开。

摘自《文汇报》2022年7月22日第3版，杨逸淇

“百年辅德里　奋进新时代”
——纪念中国共产党首部党章通过100周年学术研讨会

2022年7月23日，由中共中央党史和文献研究院第七研究部、中共上海市委宣传部、中共上海市委党史研究室、中共静安区委指导，上海市中国共产党伟大建党精神研究中心，中共一、二、四大场馆管理委员会，中共静安区委宣传部主办的“百年辅德里 奋进新时代”——纪念中国共产党首部党章通过100周年学术研讨会在静安区召开。

上海市委常委、宣传部部长赵嘉鸣出席会议并致辞。中共中央党史和文献研究院七部副主任纪晓华，静安区委书记于勇，市委党校常务副校长、上海市中国共产党伟大建党精神研究中心副主任徐建刚，中共二大代表陈独秀后人、安徽省安庆市独秀园管理处原主任、安庆市委侨联原副主席陈长璞分别以线上或线下的方式做了主旨发言。在主题演讲和学术交流环节，来自全国各地近50位专家学者围绕研讨主题，以线上线下结合的形式开展学术交流，重温在中共二大上通过的首部党章，共同探讨中共二大在党的创建史中的重要地位以及对党的建设的深远影响。

上海是中国共产党诞生地、初心始发地、伟大建党精神孕育地，也是首部党章

诞生地。1922 年 7 月 16 日—7 月 23 日，中国共产党第二次全国代表大会在上海召开，大会讨论通过了党的历史上首部党章。习近平总书记指出："党章就是党的根本大法，是全党必须遵循的总规矩。"从党的二大到党的十九大，党章的内容历经 17 次修改、不断更新变化，但人民立场一脉相承、初心使命始终不渝。

摘自《新民晚报》2022 年 7 月 25 日第 4 版，江跃中、曾悦

"马克思主义在中国早期传播"学术研讨会

2022 年 8 月 12 日至 14 日，由湖北大学马克思主义学院主办，齐鲁工业大学马克思主义学院、山东工商学院马克思主义学院、山东省荣成市博物馆协办的"马克思主义在中国早期传播"学术研讨会在山东威海荣成市举行。来自北京大学、华中科技大学、武汉大学、华中师范大学、湖南大学、中共广东省委党校、山东工商学院、嘉兴学院、齐鲁工业大学、湖北大学等高等院校和相关科研单位共计 33 位专家采用线上视频与线下出席相结合的方式参会。

"马克思主义早期传播"是中国共产党的"初心"，是中国共产主义运动的源头。新世纪以来，"早期传播史"资料收集、整理与出版取得了十分可喜的成果，出版了《马克思主义在中国早期著作选编》(2018)、《马藏》第一卷(2018—2021)、《马克思主义经典文献通考》(2020)、《新中国成立前马克思主义文献汇编》(2020)、《建党时期马克思主义文献丛编》(2021)、《原版初心——党的出版早期文萃》(2021)、《马克思主义在中国早期著作丛编》(2021)，以及《列宁主义在中国早期传播史料长编》(2019)和《马克思主义在中国早期传播史料长编》(2020)等。我院田子渝教授在主持会议并作专题报告时指出，这些资料性图书的出版，展现了"早期传播"的全景，为学人和读者研究这段辉煌历史提供了第一手资料，必将极大地推动中共创建史和"早期传播史"研究的纵深拓展。

山东工商学院党委书记白光昭从文艺复兴以来西方哲学家、思想家均从中华优秀传统文化中吸取精神营养的角度，提议对中国共产党人开创马克思主义

新境界和对人类精神文明的贡献与影响进行研究，令人耳目一新。丁俊萍教授从马克思主义建党学说和共产国际多种党章的视野考察中国共产党的第一个党章，指出它在建党中的历史地位以及对新党章制定的影响。李良明教授的发言将《中国青年》在"早期传播"中的历史贡献展现出来，填补了《中国青年》研究的空白。中国社会主义青年团的八位创始人之一金家凤的后人——苏州金诚科技有限公司董事长陈建和苏州科技大学教授陈建新分别作了发言。研讨会还对陈译本《共产党宣言》四个序言对"马克思主义早期传播"的影响，中国共产党的早期出版社社会主义研究社、新青年社与人民出版社的关系，"马克思主义早期传播"人物辞典的编纂等进行了有意义的探讨。

摘自湖北大学马克思主义学院网站，李竞、郑之欣

蒋先云革命实践与弘扬伟大建党精神学术研讨会

2022 年 8 月 17 日，由湖南省委党史研究院、湖南省总工会、永州市委市政府、湖南省中共党史学会、湖南省中共党史人物研究会联合主办的蒋先云同志革命实践与弘扬伟大建党精神学术研讨会在新田举行。

中央马克思主义理论研究和建设工程咨询委员会委员、原中央党史研究室副主任龙新民视频讲话。湖南省中共党史联络组常务副组长、省人大常委会原副主任杨泰波，省政协原党组副书记、副主席贺安杰出席。市委书记朱洪武出席并讲话。省委党史研究院院长胡振荣，省人大常委会委员、省工人运动史研究会会长徐文龙，省委宣传部部务会成员、二级巡视员刘新年，省退役军人事务

厅党组成员、副厅长易德才，省委党史研究院副院长、一级巡视员、省中共党史人物研究会会长王文珍出席。市委常委、宣传部部长刘厚主持研讨会。市委常委、秘书长刘玲军出席。

研讨会共收到论文77篇，经专家评审，入选论文43篇。全国有关党史党校系统、大专院校、社科研究机构的专家学者，蒋先云后代亲属，以及来自社会各界的党史研究爱好者等参加研讨，大家围绕蒋先云的革命实践与革命精神等进行研讨交流。

摘自《湖南日报》2022年8月18日第2版，王柯沣、钟伟锋

“中国共产党统一战线百年历史与经验”学术会议

2022年12月29日，由中国经济社会理事会主办、中央社会主义学院承办的“中国共产党统一战线百年历史与经验”学术会议在中央社院以线上线下相结合的方式举行。

中央社院党组副书记、副院长赵凡主持开幕式。中央社院党组书记、第一副院长、中国经济社会理事会副主席吉林和全国政协教科卫体委员会副主任、中国经济社会理事会副主席常荣军分别致辞。他们表示，统一战线因党而生、伴党而行，在革命、建设、改革和新时代各个时期，始终是党的总路线总政策的重要组成部分，是我们党克敌制胜、执政兴国的重要法宝，是我们党凝聚人心、汇聚力量的强大法宝。要完整准确全面理解习近平总书记关于做好新时代党的统一战线工作的重要思想的理论内涵和实践要求，准确把握新时代爱国统一战线的历史方位，从历史和现实、政治和理论、经验和措施等方面对统战工作这一重要法宝进一步做出形象化、具体化和生动丰富的展开和诠释，发挥新时代爱国统一战线的法宝作用，促进全体中华儿女大团结。

中央社院副院长袁莎、朱沛丰分别主持主旨演讲。中国经济社会理事会常务理事樊友山等17位嘉宾围绕会议主题从不同角度进行探讨交流。来自全国政协、各民主党派中央、全国工商联、地方社院、有关高校等单位的专家学者等近100人线上参会。

摘自“中国新闻网”，李雪峰

博物馆、纪念馆展览

博物馆、纪念馆展览目录

序号	主题	开展时间	展览地点
1	启航——中华全国总工会在广州	常展	中华全国总工会旧址纪念馆
2	中共中央机关旧址——春园	常展	中共中央机关旧址春园
3	华南明灯——杨匏安旧居革命史迹展	常展	杨匏安旧居
4	初心如炬——共产党人与黄埔军校展	常展	黄埔军校旧址纪念馆
5	“黄埔军校中的共产党人”油画展	常展	黄埔军校旧址纪念馆
6	伟大精神铸就伟大时代——中国共产党伟大建党精神专题展	2022. 1. 25	全国巡展
7	犹记峥嵘岁月稠——宣传画中的家国情怀	2022. 1. 26—7. 18	武汉中共中央机关旧址纪念馆
8	红巷巾帼——庆祝“三八”国际劳动妇女节专题图片展	2022. 3. 8	武汉革命博物馆
9	《上海1927——纪念上海工人第三次武装起义胜利95周年》主题云展	2022. 3. 22	中共四大纪念馆微信公众号“中国四大纪念馆”
10	用生命诠释忠诚——中国共产党首届中央监察委员会委员生平展	2022. 4—9	巡展
11	“喜迎二十大 永远跟党走 奋进新征程”——庆祝建团100周年主题展览	2022. 4. 22	建川博物馆
12	复兴路上 青春闪光——武汉庆祝中国共青团成立100周年专题展	2022. 4. 28	中共五大会址纪念馆
13	心向党 正青春——中国共产主义青年团南京史料展	2022. 4. 28	中共代表团梅园新村纪念馆
14	齐鲁青未了——庆祝中国共产主义青年团成立100周年山东省青年美术作品展	2022. 4. 29	山东美术馆
15	“青春百年”——庆祝中国共产主义青年团成立100周年美术展	2022. 4. 29	广州市天河艺苑、广州市天河区文化馆
16	一起向未来——常州三杰的青年担当	2022. 5. 4	巡展

续表

序号	主题	开展时间	展览地点
17	中共苏州独立支部史料展——党团组织	2022.5.5	苏州革命博物馆云展
18	中国青年运动历史展览	2022.5.5	中央团校
19	中国共产党领导下的中国社会主义青年团创建历史陈列	2022.5.12	团一大纪念馆
20	常州革命文物图片展	2022.5.12	巡展
21	罗亦农生平业绩陈列展	2022.5.18	湘潭县红色教育发展中心
22	“革命文物说·见证”——初心	2022.5.20	苏州革命博物馆云展
23	《红船起航》专题展	2022.6.5	巡展
24	人格的力量——中国共产党人的家国情怀	2022.6.8	国家博物馆
25	红色足迹——中国共产党党章历程展	2022.7.1	武昌农讲所
26	强国有我逐梦航海:庆祝中国共产主义青年团100周年特展	2022.7.1	中国航海博物馆
27	《红船从“浙”里启航——中国共产党在浙江(1921—1949)》大型巡展	2021.5.20—2024.5.20	巡展
28	不爱红装爱武装——纪念武汉中央军事政治学校女生队成立95周年特展	2022.8.1	巡展
29	伟大的握手——孙中山与李大钊会晤百年纪念展	2022.8.23	孙中山故居纪念馆
30	启航——中华全国总工会在广州图片展	2022.8.25	武昌农讲所
31	初心照耀——中共一大纪念馆建馆70周年纪念展	2022.9.3—2023.1.2	中共一大纪念馆
32	信仰的力量——馆藏中国共产党文献特展	2022.9.3—11.30	浙江省博物馆
33	伟大历程——中共一大至七大巡展	2022.9.16	延安革命纪念馆
34	光明摇篮 精神之源——迎二十大上海红色文物史料展	2022.9.29	上海市历史博物馆
35	以史为鉴 开创未来——党的一大到十九大	2022.10.1	八七会议会址纪念馆

续表

序号	主题	开展时间	展览地点
36	伟大的历史转折——八七会议	2022.10.1—11.15	张太雷纪念馆
37	“书生壮烈林可彝”——中共早期伟大的马克思主义者林可彝旧居展陈	2022.10.14	林可彝故居
38	“光辉的历程——中国共产党一大到二十大”主题展	2022.10.18	福建船政交通职业学院
39	抓铁有痕铸党魂——中国共产党早期纪律建设史料展	2022.11.11	中共四大纪念馆
40	信仰的力量——红色文献里的初心使命	2022.12.15	南湖革命纪念馆
41	“红色江南——长三角党史纪念地巡礼”展览	2022.12.16	苏州革命博物馆
42	初心永驻 使命相继——建党精神 延安精神 红旗渠精神联展	2022.12.26—2023.5.1	中共一大纪念馆、红旗渠纪念馆、延安革命纪念馆
43	“初心凝聚在申城 共青火炬耀青春”——庆祝建团百年史料珍遗展	云展	中国社会主义青年团中央机关旧址纪念馆
44	“百年前北大学术纪念展 1922”线上展	2022.12.30	“北京大学图书馆”微信公众号

博物馆、纪念馆展览简介

伟大精神铸就伟大时代

——中国共产党伟大建党精神专题展

2022年1月25日，由中共上海市委宣传部、中共上海市委党史研究室指导，中共一大纪念馆、上海图书馆、上海市中国共产党伟大建党精神研究中心合作举办的大型原创展览“伟大精神铸就伟大时代——中国共产党伟大建党精神专题展”在上海图书馆西区第二展厅开幕。

这是全国首个以“伟大建党精神”为主题的大型特展，在富有创意的一个个伟大精神展项中，因“景”制宜地嵌入了一件件珍贵历史文物。展览共分为五大部分。以习近平总书记“七一”重要讲话精神和党的十九届六中全会精神为指引，以首批纳入中国共产党人精神谱系的伟大精神为串联，紧紧围绕“伟大建党精神”这一主题，展示在伟大建党精神引领下党和人民的百年奋斗历程。在展陈形式上，本次展览通过艺术化、形象化、感性化等富有感染力的表现手法，以及交流式、互动式、沉浸式等创新型的体验模式，使观众能够更深刻地理解领会伟大建党精神的内涵和实质，使伟大建党精神能够在观众心中生根发芽。

这次展览是“伟大建党精神专题展暨全国巡回展”的第一次亮相，主办方还将充分联动全国红色场馆，与首批伟大精神所在地合作打造大型专题展、中型常规展、小型车载流动展等，大力传播好伟大建党精神，研究阐释好伟大建党精神，深入发掘好红色资源，以实际行动迎接党的二十大胜利召开。

“青春百年”

——庆祝中国共产主义青年团成立100周年美术展

2022年4月29日，由共青团天河区委员会联合广州市美术家协会、天河区文联、天河区文化广电旅游体育局共同举办的“青春百年”——庆祝中国共产主义青年团成立100周年美术展，在广州市天河艺苑、广州市天河区文化馆举行。

此次展览共征集到各类美术作品600余件，涵盖油画、国画、版画、水彩等画种，既有全国知名美术大师的精品力作，也有近年涌现的优秀中青年美术家的新品佳作。

作为这次展览的总策划，广州市美术家协会主席汪晓曙表示，这次展览的作品多以时代、青春等为主题，通过不同的艺术形式讴歌当下人民的精神面貌以及社会发展等方面取得的成就，生动展现了广州深厚的历史底蕴和人民的幸福生活。响应“新时代中国青年要勇做走在时代前列的奋进者、开拓者、奉献者，毫不畏惧面对一切艰难险阻，在劈波斩浪中开拓前进，在披荆斩棘中开辟天地，在攻坚克难中创造业绩，用青春和汗水创造出让世界刮目相看的新奇迹！”的新时代号召，广州市美术家协会举办此次美术展览，希望广大美术工作者始终以习近平新时代中国特色社会主义思想为指导，关注人民群众的精神生活建设，创作出更多具有精神引领性的优秀文艺作品，努力推动文化强省建设，为满足人民日益增长的精神文化需求而不断做出贡献。

红色足迹

——中国共产党党章历程展

2022 年 7 月 1 日，在中国共产党 101 岁生日之际，武汉革命博物馆与中共二大会址纪念馆共同举办的“红色足迹——中国共产党党章历程展”在武昌农讲所开展。

此次展览通过 80 余幅历史照片、30 余件展品，回顾党章百年历程，介绍党章基本知识，从党章角度展示中国共产党思想、理论和路线的发展轨迹，推动党史知识普及化、大众化，号召广大党员认真学习党章、严格遵守党章。展览分为“新民主主义革命时期的党章”“社会主义革命和建设时期的党章”“改革开放和社会主义现代化建设新时期的党章”“中国特色社会主义新时代的党章”和“奋进新征程 喜迎二十大”五个部分，吸收新时代党的制度建设史研究的最新成果，体现了“党章的制定和修改是为了更好地完成党的历史任务”。展览运用多媒体手段，设立“一大到十九大党章查询系统”和“习近平总书记关于党章的重要论述查询系统”，让观众实现党章知识“云”上看，把党章知识带回家。

在举办展览的同时，武汉革命博物馆还将在微信公众号上推出“我在红巷讲党章”系列栏目，扩大党史知识、党章知识的传播广度和深度，激励党员干部和观众在新时代新征程上争取更大荣光，以更加昂扬的姿态奋进新征程、建功新时代，迎接党的二十大胜利召开。

伟大的握手

——孙中山与李大钊会晤百年纪念展

2022 年是中共二大召开 100 周年和党的统一战线政策提出 100 周年，也是孙中山与李大钊在上海历史性会晤 100 周年。8 月 23 日上午，由市孙中山宋庆龄文管委主办、上海孙中山故居纪念馆承办、河北省乐亭县李大钊纪念馆协办的“伟大的握手——孙中山与李大钊会晤百年纪念系列活动”在上海孙中山故居纪念馆拉开帷幕。

展览分探索与抉择、会晤与合作、影响与传承三个部分，共展出文物史料图片近 150 件，其中实物近 30 件，生动展现了孙中山、李大钊在推动国共合作统一战线形成过程中的卓越贡献，彰显了他们为争取民族独立、人民解放和实现国家富强、人民幸福所建立的不朽功勋。

此外，由上海宋庆龄研究会指导、上海孙中山故居纪念馆主办的“伟大的握手——孙中山与李大钊会晤百年纪念”学术交流会议采用线上线下相结合方式召开，熊月之、廖大伟、戴鞍钢、邵雍、安东强、赵立彬、张金超、陈彩琴、徐涛、徐锋华、尤玮等专家、学者同与会者围绕会议主题开展研讨，并就有关问题和课题作了现场答疑和线上讲座。

初心照耀

——中共一大纪念馆建馆 70 周年纪念展

2022 年 9 月 3 日，适逢中共一大纪念馆建馆 70 周年之际，由中共一大纪念馆、上海市档案局(馆)、上海市城市建设档案馆联合举办的“初心照耀——中共一大纪念馆建馆 70 周年纪念展”在上海隆重开幕。市委常委、宣传部部长赵嘉鸣出席活动并宣布展览开幕。

市委宣传部副部长、市精神文明办主任潘敏，黄浦区委书记杲云出席活动并发布中共一大纪念馆宣传片。市委党史研究室主任严爱云、市委党校常务副校长徐建刚、上海图书馆馆长陈超、上海大学党委书记成旦红出席活动并发布《初心照耀》纪念封。出席活动的还有市有关部门、有关场馆负责同志、专家学者及中共一大纪念馆相关合作单位代表、老同志代表等。仪式后，领导、嘉宾移步专题展厅参观“初心照耀——中共一大纪念馆建馆70周年纪念展”。

本次展览通过展现百余年来中共一大会址和纪念馆的5个关键发展阶段，70年来一代又一代“一大人”默默坚守、笃行不怠地执着奋进，讲述“一大人”时刻牢记嘱托建设和守护中国共产党人精神家园背后的故事，再现千千万万党员群众一次又一次前来瞻仰中共一大会址重温初心汲取力量的感人事迹，从而彰显党和国家对纪念馆事业的亲切关怀及精心指导，展示中共一大会址作为党的诞生地、初心始发地和伟大建党精神孕育地的光辉力量。展览首次展出反映20世纪20年代法租界周边环境、50年代会址勘察复原、70年代以来纪念馆管理、修缮、建设的珍贵档案、文献、手稿五十余件，从馆藏12.8万件套革命文物中精选180件实物原件，翔实反映了中共一大会址从开天辟地、隐姓埋名到重见天日、举国瞩目的百年过程，管窥中共一大纪念馆七十年来文物征集、安保、管理、研究、教育和宣传等各项事业的发展。

同日，“新时代 新征程——红色场馆高质量发展研讨会”在中共一大纪念馆初心教室举行。现场专家围绕中共一大纪念馆战略定位、发展路径、大众传播、文旅融合、馆校协作、红色文创、文化服务等重大议题提出了宝贵建议。中共一大纪念馆老同志代表则围绕开馆70年历程展开了热烈的座谈会。

“书生壮烈林可彝”

——中共早期伟大的马克思主义者林可彝旧居展陈

2022年10月14日，由罗源县委、县政府指导，福建省革命历史纪念馆馆长主持策划的“书生壮烈林可彝”——中共早期伟大的马克思主义者林可彝旧居展陈正式对外开放。

“书生壮烈林可彝”——中共早期伟大的马克思主义者林可彝旧居展陈设在罗源县县级文物保护单位林可彝故居内。在对现存古建筑不产生破坏的前提下，按照林可彝烈士的生平轨迹，分为“执着求真的革命学者”“坚定的共产主义战士”“坚贞不屈的英雄先烈”等3个部分，在保留林可彝故居原貌的基础上，通过文字图片、场景还原、实物展示等多元表现形式，完整展现林可彝的生平事迹，充分彰显一位中国共产党早期伟大的马克思主义者的鲜明品格。

“书生壮烈林可彝”——中共早期伟大的马克思主义者林可彝旧居展陈是罗源县弘扬革命精神、传承红色基因的有力体现，填补了林可彝研究“有史无馆”的空白。通过宣传林可彝的事迹和思想来缅怀英烈，引领和教育后人继承以林可彝为代表的罗源先烈的遗志，励精图治、开拓进取，加快建设幸福宜居的现代化新罗源，为实现中华民族伟大复兴凝聚前进动力。

信仰的力量

——红色文献里的初心使命

2022年12月15日，由南湖革命纪念馆精心策划的原创展览“信仰的力量——红色文献里的初心使命”在纪念馆临时展厅举行展览开展仪式。

展览从馆藏文献资料中，精选主题鲜明、意义深刻、催人奋进、彰显中国共产党革命先驱初心使命的文稿、书信、日记、诗词等各类红色文献，分为三个部分内容：以毛泽东、周恩来等为代表的中国共产党领导人，以陈独秀、李大钊等为代表的中国共产党创始人，以俞秀松、邓中夏、瞿秋白等为代表的革命先烈，展现了中国共产党成立前后，革命先驱激扬在文字里的初心使命。以文记事、以物叙史、以史启思，与观众共同追寻中国共产党人坚持真理、坚守理想，践行初心、担当使命，不怕牺牲、英勇斗争，对党忠诚、不负人民的伟大建党精神。近年来，南湖革命纪念馆贯彻落实“保护第一、加强管理、挖掘价值、有效利用、让文物活起来”的新时代文物工作方针，不断加大革命文物遗产的全面保护，着力推进革命文物遗产的活化利用。

在展览开展仪式上，南湖革命纪念馆党组书记、馆长张宪义向市文旅局、共建单位代表赠送了近日纪念馆编辑出版的新书《馆藏文物精粹——文献篇》。该书从馆藏文物中精选了具有代表性的红色文献62件，主要是反映新民主主义革命时期重大历史事件、重要人物的书籍、杂志、书信、日记等。该书内容真实客观，语言平实素朴，图文并茂，具有较强的知识性和鉴赏性，与展览互为印证。

文学艺术纪念活动与作品

音乐作品目录

序号	名称	创作人
1	《青春之歌》	共青团湖南省委联合湖南省演艺集团
2	《有我》	共青团中央宣传部 周深/唱
3	《时空的花朵》	陈道斌/词 胡廷江/曲 高瑞璇/唱
4	《五月的光芒》	张雪峰/词曲唱
5	《青春无畏》	王广国 蓝筱琰 潘禹岷/曲 覃锋 潘禹岷/词
6	《闪亮》	王厚明/词曲
7	《强国青年》	汤剑明/词曲
8	《百舸》	良朋/词 唐轶/曲 王俊凯/唱
9	《闪光如你》	段思思/词 谭旋/曲 张艺兴/唱
10	《青春》	于博瀛 王生宁/词 白栋梁/曲 张峰 张影/唱
11	《百年正青春 一起向未来》	湖南浏阳市教育系统
12	《五月之光》	和凤琼/词 和德华/曲 金甲劲松 玉龙山组合等/唱
13	《伟大建党精神之歌》	陶传铭/词 冯丽娜/曲 亚洲爱乐合唱团/唱
14	《我们是青春中国的力量》	梁景永/词曲 梁景永 潘奕如 王文玥/唱
15	《心之所向》	李劲/词 李凯稠/曲 乌兰图雅 叶翠 王凯 云飞/唱
16	《筑梦时空》	许诺/词 张博文/曲 阎特 刘奕成/唱
17	《团聚青春歌》	吴庆/词 尹熊/曲
18	《发光》	刘兆一/词曲 蔡心洁 刘兆一/唱
19	《青春如火》	韩冰/词曲 房梅洁/唱

美术作品目录

序号	名称	类型	作者
1	《青年1·王尽美》	版画	武文治
2	《新青年—1》	中国画	皮理文
3	《新青年》	中国画	张明君
4	《星星之火·团一大》	中国画	柯鸿坤
5	《振兴中华》	中国画	邓亚新
6	《青春之歌,中国共青团百年而作》	油画	陈铿
7	《谭平山的一封信》	油画	肖景而
8	《青年阮啸仙》	油画	黄慧婷
9	《枪杆子出政权》	油画	林俊生
10	《青年·一群无声的炬火》	油画	丁量
11	《长夜明灯·广东农讲所叙事》	水彩	钟誉民

文艺活动目录

序号	主题	时间	地点
1	放飞梦想——五四青春歌会	2022.5.4	CETV—1
2	共青团之歌——庆祝中国共产主义青年团成立100周年合唱音乐会	2022.5.4	北京中山公园音乐堂
3	《中国共产主义青年团成立一百周年》纪念邮票	2022.5.5	
4	庆祝中国共青团成立100周年特别演出“征程”——国家大剧院合唱团演绎经典合唱作品专场音乐会	2022.5.7	国家大剧院
5	庆祝中国共产主义青年团成立100周年太原音乐会	2022.5.19	山西大剧院音乐厅
6	话剧《秋之白华》	2022.5.24	黄浦剧场
7	庆祝中国共产党成立101周年交响音乐会	2022.7.1	中国共产党历史展览馆
8	《第一部〈中国共产党章程〉通过一百周年》纪念邮票	2022.7.24	上海友谊会堂
9	《初心照耀》纪念封、70周年馆庆限量纪念徽章首发	2022.9.14	中共一大会址纪念馆

文学艺术纪念活动与作品简介

《伟大建党精神之歌》

2022 年 2 月 9 日，由国防大学政治学院出品的原创 MV《伟大建党精神之歌》发布。歌曲《伟大建党精神之歌》回顾了中国共产党的光辉历程，赞颂了建党百年来中国举世瞩目的辉煌成就，展望了在中国共产党领导下伟大中国新时代的似锦前程，讴歌了中国共产党心里装着人民、一切为了人民的初心情怀，表达了对党无比热爱、无比忠诚，永远跟党走的坚定决心。

《有我》

2022 年 5 月 4 日前夕，由共青团中央宣传部策划制作，庆祝中国共青团成立 100 周年主题宣传片《共青春》主题曲《有我》上线。该歌曲一经发出，迅速引爆全网，各类音视频平台、卫视播放总量超过 10 亿次，一时成为现象级的作品。歌曲将共青团 100 年的“伟大”与“平凡”唱成一首不朽的诗，词曲间蕴含、激荡着一股震撼人心的力量。

《闪光如你》

五四青年节前夕，由青春上海、人民日报新媒体、动感 101、话匣子联合出品的建团百年主题歌曲《闪光如你》MV 上线。此歌主题鲜明又青春激昂，旋律轻快而富有力量，致敬百年历史中的闪光青年，同时表达当代青年人志存高远、接续奋斗，立志做有志气、骨气、底气新时代青年的抱负和决心。“永远相信这一刻闪闪发光的我，也会像那年翩翩年少的你，有远行的勇气骄傲的底气，朝着光亮去也像光一样回应你。”强国有我，闪光如你。谨以此歌献给百年追梦路上不懈奋斗的闪光青春！

《我们是青春中国的力量》

2022 年 5 月 5 日，由滕州市文化馆、滕州市音乐家协会、滕州市学雷锋志愿者联合会、滕州市龙阳中学、滕州市华彩琴行、山东摩亚文化产业有限公司共同推出庆祝建团百年原创主题音乐歌曲 MV《我们是青春中国的力量》正式发布！整首歌曲歌词青春大气，富有时代气息；旋律优美动听、朗朗上口；节奏欢快动感、朝气蓬勃；MV 画面不仅与全片总基调相得益彰，更使全片主题得到升华。

庆祝中国共青团成立 100 周年特别演出“征程”

——国家大剧院合唱团演绎经典合唱作品专场音乐会

2022 年 5 月 7 日，庆祝中国共青团成立 100 周年特别演出“征程”——国家大剧院合唱团演绎经典合唱作品专场音乐会在国家大剧院上演。

在本场音乐会中，指挥焦淼带领国家大剧院合唱团上演了一段精彩绝伦的青春“征程”。以此来缅怀过去，歌唱未来，用音乐的形式与当代青年对话。从学堂乐歌，到刚刚落幕的冬奥会，整场曲目呈现出百年中国代代青年的精神风貌。如大家耳熟能详的抗战歌曲《长城谣》，音乐苍凉悲壮，质朴自然，感情深切而不缠绵。而电影《还我山河》的插曲《旗正飘飘》和影片《桃李劫》的主题曲《毕业歌》，则令人感到朝气蓬勃，饱含青春的正能量！全民“单曲循环”的冬奥主题口号推广歌曲《一起向未来》，将带领大家感受浓厚的冬奥情怀。最后，曲目《征程》点亮本场音乐会的主题，尽情展现中国青年热烈的爱国情怀与青春精神。过去、现在和未来之青春相聚于此，让我们一起踏上“征程”，来赴这场青春之约！

放飞梦想

——五四青春歌会

2022 年 5 月 4 日，在中宣部文艺局和教育部思政司指导下，中国教育电视台联合新华社新媒体中心及北京大学、天津大学、中山大学、四川大学、西安交通大学等全国部分高校共同举办了《放飞梦想——五四青春歌会》。歌会以“永远跟党走，奋进新征程”为主题，通过共青团百年史上脍炙人口的经典作品，以及当代青年师生自主创作的新时代原创校园歌曲等丰富多彩的内容形式，完成青春力量的又一次集中表达，让“建功新时代，强国有我在”的蓬勃精神培根铸魂，启智润心。《放飞梦想——五四青春歌会》于5月4日21:30在中国教育电视台一频道播出。

《中国共产主义青年团成立一百周年》纪念邮票

2022年5月5日，中国邮政《中国共产主义青年团成立一百周年》纪念邮票发行。该套邮票一套2枚，分别为《永远跟党走》和《请党放心强国有我》。《永远跟党走》以党徽与团旗为主体，团旗紧紧跟随着党徽，辅以数字“100”及奋斗在各行各业的青年群像剪影，突出共青团紧跟党走的政治定位。《请党放心强国有我》以共青团团徽为主体，辅以数字“100”、高铁、火箭、楼宇等画面内容，寓意广大共青团员为建设繁荣祖国、实现中华民族伟大复兴贡献青春力量的壮志豪情。

该套邮票由常沙娜、张磊设计。常沙娜是著名艺术设计教育家、艺术设计家、原中央工艺美术学院院长，是中国共产主义青年团团徽的主创人员。张磊是清华大学艺术与科学研究中心副教授，曾设计《教师节》《世纪交替千年更始——迈入21世纪》等多套纪念邮票和特种邮票。该套邮票由河南省邮电科技有限公司采用胶雕套印工艺印制。

庆祝中国共产党成立101周年交响音乐会

2022年7月1日晚8时，由中共中央宣传部、文化和旅游部、中央广播电视总台联合主办的庆祝中国共产党成立101周年交响音乐会在中国共产党历史展览馆举行，首都各界群众代表500余人观看了演出。音乐会共分为四个篇章，《红旗颂》《八月桂花遍地开》等脍炙人口的代表性作品折射出不同的时代发展历程，唤起观众美好回忆。在音乐会第四篇章中，钢琴协奏曲《新的天地》、交响合唱《未来你好》《领航》等作品，以及为庆祝中国共产党成立101周年特别创作的管弦乐《星辰大海》，都在用音乐语言集中描绘了新时代的风采和奋进新征程的美好愿景。音乐会于7月2日晚在中央广播电视总台综合频道、综艺频道播出。

影视作品

影视作品目录

序号	作品名称	制作机构
1	《青春百年》(短视频)	黑龙江共青团
2	《共青春》(短视频)	共青团中央宣传部
3	《百年青春 当燃有我》(短视频)	共青团中央
4	《信仰的守望》微纪录片	中共一大纪念馆
5	《铁骨柔情铸信仰》短视频	武汉革命博物馆
6	"高擎革命火炬,践行初心使命"——李大钊事迹专题片线上展播(微视频)	李大钊纪念馆
7	《谋将来永远幸福——张太雷》广播剧	中共常州市委宣传部、共青团常州市委、江苏恐龙园赞奇影业有限公司等
8	《星火筑梦人》数字视觉小说	中国青少年新媒体协会 腾讯互动娱乐社会价值探索中心
9	《辅德里 1922》(纪录片)	中共静安区委宣传部、中共二大会址纪念馆
10	《一封信》(短视频)	中国唱片集团有限公司
11	《一叶红船问初心》(短视频)	南湖革命纪念馆
12	《惊涛》(纪录片)	安徽电视台
13	《思南路上的枪声——向着光明前行》(戏剧)	中共一大纪念馆、中国共产党代表团驻沪办事处纪念馆(周公馆)
14	《CPC》微视频	人民日报
15	《百年辅德里 明灯伴我行》(短视频)	中共二大会址纪念馆
16	《握手》(情景剧)	上海孙中山宋庆龄文管委
17	《中国共产党人精神谱系特别节目——精神的力量》之建党精神(电视访谈)	山西电视台
18	《红讲台之农运风云》(音视频)	农讲所纪念馆、广东广播电视台康毅工作室
19	《永远的旗帜——百年党章的红色历程》(党章专题片)	中共静安区委宣传部联合区委党史研究室
20	《红色摇篮·烈火永生》(评弹)	中共苏州苏丽支部旧址纪念馆
21	《红色革命的心脏》(短视频)	武汉中共中央机关旧址纪念馆
22	《口述历史:星火燎原 光耀未来》	八七会议会址纪念馆

影视作品简介

《百年青春 当燃有我》

2022年5月4日晚7:30,由共青团中央宣传部、芒果TV、湖南卫视联合制作的"百年青春 当燃有我"五四青年节青春讲演剧在"青春心向党 建功新时代"五四主题网络直播活动中精彩呈现。

《百年青春·当燃有我——五四青年节特别节目》以当下青年之问切入,以我们熟悉的青年为代表,书写青年真实故事,激发青年情绪价值,撬动青年文化市场,从而掌握清晰的主流流量密码。新一代主流文艺创作者们提出了"新高大上"的表达——让高创新、大格局、上乘之作,成为新主流文艺作品的标尺。芒果TV五四特别节目,采用了"青春讲演剧"这样一种全新文艺形式,打破传统晚会体结构,以"演讲+影视+戏剧"的文艺组合拳,成就一台耳目一新的节目。

《谋将来永远幸福——张太雷》

2022年4月23日,由共青团中央宣传部、共青团江苏省委联合指导,由中共常州市委宣传部、共青团常州市委、中共常州国家高新区工委(新北区委)宣传统战部、常州市新北区薛家镇人民政府联合出品，由江苏亚细亚影视制作有限公司、江苏恐龙园赞奇影业有限公司联合制作的广播剧《谋将来永远幸福——张太雷》在中央广播电视总台《中国之声》首播。该剧被共青团中央宣传部列入2022年度“重点宣传协同项目”。

广播剧生动地讲述了张太雷短暂而光辉的人生故事，以及他为党的事业和共青团的建立所做出的巨大贡献，从成长经历、革命历程到英勇牺牲，从亲情、友情到爱情，充分表现了张太雷超凡独特的人格魅力和为人民“谋将来永远幸福”的革命初心。

作为中国共产党早期的重要领导人之一，张太雷与瞿秋白、恽代英并称为“常州三杰”。张太雷于1920年参加中国共产党北京早期党组织，1927年壮烈牺牲时也不过29岁，在他这短短的一生中，他不仅是中国共产党早期组织派赴共产国际的第一位红色使者、推动第一次国共合作的先行者、第一个城市苏维埃政权的领导者和建立者，还是第一个牺牲在战斗火线上的中央政治局成员。这无数个第一次，正如张太雷从小立下的宏愿——“愿化作震碎旧世界的惊雷”，昭示着革命领袖有着敢为人先、初啼春雷的魄力。

在首播之后，这部文艺精品还将以“广播剧＋视频”的全新方式在学习强国、央视频、云听、B站、喜马拉雅、常州广播电视台、中吴网与听众见面。5月，广播剧将举行“高举团旗跟党走”品读宣传发布活动。5—7月将在北京、南京、常州三地举行专家听评会。

《星火筑梦人》

2022年4月30日，在共青团中央宣传部指导下，中国青少年新媒体协会联合腾讯互动娱乐社会价值探索中心共同出品叙事互动产品《星火筑梦人》上线。

该剧以“叙事＋互动”等数字化方式，生动还原从五四运动、六三运动、到筹建青年团、团一大召开的建团前后历史。用户可通过6位不同身份的主角参与剧情互动，真实感受1919年至1922年的革命故事剪影，见证跨越百年的热血青春。

从立项到对外发布，《星火筑梦人》制作全程共计耗时10个月之久。其中，为了全面呈现中国共青团建团前后历史，主创团队研究共青团团史资料就用了3个多月时间。据了解，《星火筑梦人》全剧四大篇章、86个小剧情事件均由主创团队搜集查阅建党、建团史料，革命史专家专业指导修订完成，力求做到“大事不虚，小事不拘”。全剧近100张美术图、近70个人物立绘以及小物件插图等，全部采用手绘写实风格，一张场景图从建模到成品平均15天，部分甚至长达20～30天。此外，在产品背景音乐和音效方面，产品上线前一周，音效还在不断打磨。除剧本设计，在《星火筑梦人》中，从角色配音，到画面细节，甚至音频配乐等方面，主创团队均以尊重历史的角度出发，竭尽全力还原每一处细节以追求符合历史环境的真实感，帮助青年学习党、团历史，了解先辈革命道路的艰辛，弘扬继承青年群体的家国精神与时代使命担当责任，引导青年坚定听党话、跟党走的信念。

《信仰的守望》

2022年9月3日，中共一大会址纪念馆建馆70周年。值此之际，中国一大会址纪念馆推出微纪录片《信仰的守望》。

上海是党的诞生地，这里有一座令人瞩目的红色地标——中共一大纪念馆。从 1952 年一大会址修缮完成、设立纪念馆，到如今，中共一大纪念馆走过了整整 70 年。在 70 年里，一代代一大守护者始终不忘初心、守望信仰，赓续红色血脉，守护好这座中国共产党人的精神家园。

展望未来，中共一大纪念馆馆长薛峰表示："我们目标是将一大会址纪念馆建设成为三个高地，中国共产党创建历史资源的保护和呈现高地、中国共产党创建故事的讲述和传播高地、伟大建党精神的研究和阐述高地。"

《永远的旗帜——百年党章的红色历程》

2022 年 9 月 11、12 日，上海市静安区委宣传部、静安区委党史研究室联合拍摄的党章专题片《永远的旗帜——百年党章的红色历程》在上海广播电视台纪实人文频道播出。该片分为 4 个章节，分别从指路明灯、自我革新、党规党法、历久弥新等角度出发，展现百年来党章的制定、修订、完善发展史。

党章的百年发展史深刻表明：坚持党的领导、完善党的领导是中国共产党不断创造辉煌的根本保证；坚持理论创新、加强理论武装是中国共产党始终走在时代前列的不竭动力；牢记初心使命、坚持人民至上是中国共产党不断成长壮大的力量源泉；全面从严治党、勇于自我革命是中国共产党永葆青春活力的强大支撑。

该片同时采访了中央党史和文献研究院、上海浦东干部学院、上海市委党校、上海市委党史研究室等部门的专家学者，他们从专业角度出发阐释了历次党章修订的背景、目的以及产生的深远影响。

经过近4个月的拍摄制作，该片于9月11日晚，在上海广播电视台纪实人文频道与观众朋友见面。随后，上海市静安区委党史研究室将把该片作为重要的党史学习材料，同深入学习贯彻习近平总书记关于党章的重要论述相结合，同近期中心组学习相结合，使全区党员干部更加自觉地学习党章、遵守党章、贯彻党章、维护党章，让初心薪火相传、把使命永担在肩，以实际行动迎接党的二十大胜利召开。

《CPC》

2022年10月19日，中国共产党国际形象网宣片《CPC》在人民日报客户端播出。

宣传片一经发布，迅速在网上引发巨大反响并霸屏各大热搜榜，引发了国内外对中国共产党百余年光辉成就的广泛讨论。讲好中国共产党的故事，塑造百年大党风华正茂的国际形象，有助于为中国构建良好的国际舆论环境，提升中国的综合实力。

响应国内外网友需求，人民日报联合上海外国语大学制作推出《CPC》多语种

版本，包括英语、法语、俄语、德语、西班牙语、阿拉伯语、日语、朝鲜语/韩国语、葡萄牙语、意大利语、哈萨克语（基里尔文）以及斯瓦希里语等。该片气势恢宏磅礴，从中国共产党的百年历史出发，诠释党始终如一为人民服务的宗旨。从建党到新中国成立，从解放战争到建立现代化强国，一代又一代的中国共产党人奋力拼搏，努力奋斗，以坚定的信念和无悔的行动建设自己的国家，捍卫祖国的尊严。

面对当前纷繁复杂的国际局势，中国共产党关注人类的前途和命运，愿意同一切进步力量携手前进，致力于人类和平与发展崇高事业，充分展现出共产党开放包容的格局和中华人民共和国的大国风范。

《红色革命的心脏》

2022 年底，由武汉中共中央机关旧址推出的《红色革命的心脏》短视频在湖北文物公众号播出。短视频以武汉中共中央机关旧址复原陈列展为主要内容，武汉中共中央机关旧址纪念馆讲解员易梦妮生动讲述了 1927 年，中共中央秘书厅以及以陈独秀、蔡和森等为代表的一大批中共中央早期领导者在汉办公、居住的情景，带领观众“云观”革命旧址，还原早期共产党人苦苦探求革命道路的艰难历程。

武汉中共中央机关旧址复原陈列位于汉口胜利街 165、167、169 号，还原了中共中央政治局常委会办公室、中共中央秘书厅办公室、陈独秀办公室及卧室等房间的原貌。《红色革命的心脏》记载了中国革命艰难曲折的历程，也留下共产党人正视挫折与磨难，心怀希望砥砺前行、奋斗不息的身影。该段视频获得 2022 年度湖北省文博短视频展示推介活动优胜奖。

求实篇

中共上海发起组成立于1920年6月16日

冯铁金

摘　要：中共上海发起组是中国共产党的最早组织，是各地共产主义者进行建党活动的联络中心。本文通过查阅、整理、分析研究史料，对中共上海发起组成立的具体时间进行了考证，最终得出中国共产党上海发起组成立于1920年6月16日的结论。

关键词：中共上海发起组；共产主义；创建

中共一大通过的《中国共产党第一次代表大会》的第一句话："中国的共产主义组织是从去年年中成立的。"[①]但"去年年中"是1920年何月，在中共党史研究界有两种主要观点。一种是1920年8月，举两例：一部中共党史著作说，1920年，"8月，上海共产主义小组正式成立。参加者有陈独秀、李汉俊、李达、陈望道、俞秀松等"。[②] 另一部中共党史著作说，1920年，"8月，陈独秀等在上海成立共产党早期组织。这实际上是中国共产党的发起组织，是各地共产主义者进行建党活动的联络中心"。[③] 另一种观念是一位专家在《李汉俊与中国共产主义运动起源》一文中提出的：1920年，"9月，陈独秀告刚到上海的李达，他和李汉俊正在准备发起组织中共。上海建立起党的中心组织后，随即着手在外地建党。李汉俊主要负责湖北，致函要董必武、张国恩等'组织起来，以后又亲去武汉指导工作'"。[④]

笔者认为，《中国共产党第一次代表大会》说的"去年年中"，并不是指1920年内的任何一个时间段，而是指1920年中期那段时间。也就是6月30日24时（亦即7月1日零时）向前向后各推半个月，即6月16日至7月15日这段时间，这样前半年和后半年各有5.5个月，8月不在"年中"这个时间段内。从8月1

---

① 中国社会科学院现代史研究室、中国革命博物馆党史研究室：《"一大"前后》（一），北京：人民出版社1980年版，第20页。

② 胡绳主编《中国共产党的七十年》，北京：中共党史出版社1991年版，第21页。

③ 中共中央党史和文献研究院：《中国共产党一百年大事记》，北京：人民出版社2021年版，第2页。

④ 中共一大纪念馆编：《中国共产党创建史研究》，上海：上海人民出版社2012年版，第388页。

日算起，到12月31日，为5个月，而1—7月为7个月，因此，这里的“年中”绝不会是指到8月。笔者说的是1920年6月16日。

祖基、哲民在1920年6月16日夜写的两首诗，说明该组在当日成立

祖基即孙祖基，哲民即费哲民。他俩在1920年6月19日《民国日报》副刊《觉悟》发表当日夜写了两首同名诗《送存统赴日本》，这说明在这天上午中共上海发起组已经成立。如果该组不在此时成立，孙、费二人就不会写出同名诗。公认的事实是，在6月16日之前，该组曾经召开过一次有戴季陶等人参加的会议。戴季陶在这次会议上说，因为他是孙中山领导的国民党党员，不能背叛孙中山，加入共产党。第二次召开会议时，参加人是陈独秀、李汉俊、俞秀松、施存统、陈公培。他们5人当时都信仰马克思主义，一致同意建立共产党组织，不存在意见分歧，6月16日上午很快开完这次会议，建立该组。

孙的《送存统赴日本》，共分“(一)(二)(三)”3节、26行[含序号(一)(二)(三)]、209字[含31个标点、序号(一)(二)(三)]。诗中“(三)”说的以下话：“存统！你脱离一切、你总脱离不了世界！‘新社会就建设在旧组织上’，你何必失望、你又何必得意！你何必停留、你又何必脱离。”这里的关键之语是“新社会就建立在旧组织上”，这句话实际上说的是，新组织就建立在旧组织上。孙祖基写这首诗时，就是为了发表，因而不能把该组成立之事说得过于明显，因而用了“新社会”这样比“新组织”含蓄的话语，其他人从“新社会”这个词是揣度不出该组成立之事的。

费的《送存统赴日本》，共15行、148字(含24个标点)，其中后6行说：“你到扶桑去游，是不是目的在求美？红灼灼的花儿、把全般的世界映得都通红了。你行了、排山倒海的革命潮、好像挟着‘血和泪’送你一程。”这6句，完全是把政治性的语言诗化了，实际上是对该组成立给予了高度评价。“革命潮”说的是该组的成立，预示着中国将出现“革命潮”。

应该说，送别诗的写法，几乎都是叙述送别者与被送别者之间的深厚情谊，极少有用过多的文字谈及政治的。但这两首诗，基本未涉及相互之间的情谊，却写了不算少的政治话语，可证说的是该组成立的史实。孙、费的《送存统赴日本》，是难得的“功夫在诗外”的好诗。虽然各自在诗中未写他们与施的深厚情谊，但这恰恰是他们有深厚情谊的见证。

还应提到，说施存统将中共上海发起组成立之事告诉了孙、费二人，这不是推测。俞秀松1920年7月6日的日记亦记载了施将该组织成立之事告诉了浙

江金华来的两名学生吴××、倪芳，见下叙述。

俞秀松1920年7月6日日记载，此前已成立了“组织”

俞在这天的日记中记载：“今天仲九善生没有来，只来了两个从浙江金华来的学生。一名叫吴××，一名倪芳。这两位是施存统底朋友，他们说，他们是存统叫来的，玄庐也不接洽的。我问他来的目的是甚样的，他们说来求点知识，并且来看这里有个组织，存统说的。”①“存统说的”“组织”没有第二种解释，只能是该组。至于吴××、倪芳是通过什么途径得知上海有个“组织”，上述引语说得很清楚，“他们是存统叫来的”，也就是说，施在6月19日夜乘船赴日本之前，将此事告知了他们。“玄庐也不接洽”，亦证明了5名成员是不包括沈玄庐的。

俞秀松1920年7月10日日记载，此前已成立了“社会共产党”

俞在这天的日记中写道：“经过前回我们所组织底社会共产党以后，对于安那其主义和波尔雪佛克主义，都觉得忙无头绪，从前信安那其主义，的确是盲从的”。② “经过前回我们所组织底社会共产党”，这充分说明该组不是8月成立的。特别是，在上海“社会共产党”成立之前一段时日，俞秀松是既信无政府主义，又信布尔什维克主义，而在该党成立之后，他深切认识到“从前信安那其主义，的确是盲从的”。从这一点来讲，也充分证明了该组不是8月成立的。如果该组织是在8月成立的，他就不会在7月10日就剖析自己“以前信安那其主义，的确是盲从的”。俞秀松虽未在此日日记写明该组是何时成立的，但通过上述《中共一大》记载的“年中”、孙祖基、费哲民两人的诗写于“六月十六日夜”，可证该组已于6月16日成立。

俞秀松1920年6月19日日记载，当晚他未送施去日本

他在日记中说：“仲九逃走是十八日上午五点光景，十九日大家都弄到昏头

① 上海革命历史博物馆（筹）：《上海革命史资料与研究》第1辑，北京：开明出版社1992年版，第291页。

② 《俞秀松烈士日记》（1920年6月—7月），上海革命历史博物馆（筹）：《上海革命史资料与研究》第1辑，北京：开明出版社1992年版，第297页。

颠倒，存统这天晚上乘船赴日本，我们也无心送他了。”[①]这条证据，亦可充分说明中共上海发起组是1920年6月16日成立的。如果不在这天成立，施存统就不会在6月19日夜乘船去日本。

上海革命局做了大量工作

上海革命局在1920年8月17日之前做了大量工作，可证该组不会在8月成立。

当天，维经斯基在《给俄共（布）中央西伯利亚局东方民族处的信》中说：“我在这里逗留期间的工作成果是：在上海成立了革命局，由5人组成（4名中国革命者和我），下设三个部，即出版部宣传报道部和组织部。”[②]维氏在这里虽然未提到上海革命局何时成立，但该信中提到在8月17日前该局下属的3个部门做了大量工作（其中主要为该组所做），而这些工作在1个月内是完不成的。为节省文字，下面只摘录出版部所做工作：“出版部现在有自己的印刷厂，印刷一些小册子。几乎从海参崴寄来的所有材料（书籍除外）都已译载在报刊上。《共产党宣言》已印好。现在有15本小册子和一些传单等着付印。顺便说一下：《共产党员是些什么人？》《论俄国共产主义青年运动》《士兵须知》（由此间一位中国革命者撰写）等已经印好。”[③]“星期日，即8月22日，我们出版部将出版中文报纸《工人的话》创刊号，它是周报，印刷2000份，一分钱一份，由我们出版部印刷厂承印。”[④]《工人的话》“指的是1920年8月至1921年1月上海出版的《劳动界》”[⑤]。加之此信中提到上海革命局是由中共党员和维氏组成的，故可以肯定，该组成立在先（也就是上面论述的6月16日），该局成立在后，时间为7月初左右。

① 《俞秀松烈士日记》（1920年6月—7月），上海革命历史博物馆（筹）：《上海革命史资料与研究》第1辑，北京：开明出版社1992年版，第297页。

② 中共中央党史研究室第一研究部译：《联共（布）、共产国际与中国国民革命运动》第1卷（1920—1925），北京：北京图书馆出版社1997年版，第31页。

③ 中共中央党史研究室第一研究部译：《联共（布）、共产国际与中国国民革命运动》第1卷（1920—1925），北京：北京图书馆出版社1997年版，第31页。

④ 中共中央党史研究室第一研究部译：《联共（布）、共产国际与中国国民革命运动》第1卷（1920—1925），北京：北京图书馆出版社1997年版，第31页。

⑤ 中共中央党史研究室第一研究部译：《联共（布）、共产国际与中国国民革命运动》第1卷（1920—1925），北京：北京图书馆出版社1997年版，第31页。

上海社会主义青年团正式成立时，其8名成员均为共产党员

上海社会主义青年团正式成立时，其8名成员均为共产党员，故该组织不会在8月下旬成立。

为了能使读者对这个小标题有更深入的了解，需要引用1921年7月由张太雷、俞秀松、陈为人合署的《中国代表在青年共产国际第二次代表大会上的报告》（以下简称《向青年国际二大报告》）中的这句话："第一个青年团是在上海成立的，它的目标是，在青年热情的帮助下来准备社会革命。最初，这个青年团被称为青年社会革命党。只是在第九次会议后，它才采用现在的名称。在这次会议上，当建议改变此组织的名称时，那些原本是无政府主义者的成员离开了这个组织。1920年8月22日，社会主义青年团正式举行成立典礼，其成员均为共产主义者（共产党员）。"①这就是说，上海社会主义青年团是在开第9次会议时才正式成立的，且8名成员均为"共产主义者（共产党员）"。如果说这一条属于孤证，下面再举3例，以增强说服力。

一为，《中国共产党第一次代表大会》说"中国共产主义组织是去年年中成立的。"那五个人即共产党员，他们是陈、李、俞、施、陈（公培），都是共产党员。二为，张国焘在1921年12月10日将英文稿《中国共产党宣言》（原稿为中文）译为中文稿时，写了译者的话，其中说："我很希望诸位同志把这个宣言仔细研究一番，因为每一个共产主义者都得要注意这种重要的文件——共产党宣言，并且会提出远东人民会议中国代表团中之共产主义者组讨论。讨论的结果，将要供中国共产党的参考和采纳。"②这里两处的"共产主义者"，分别对应的是"共产党宣言""中国共产党中央"，这说明"共产主义者"即共产党员。三为，1921年，共产国际远东书记处创办了一种刊物，苏联研究中共历史的专家K.B.舍维廖夫在《中国共产党成立史》一书，对引用《中国共产党宣言》中的一句话作注时说，引自"《共产党人》，伊尔库茨克一九二一年第七期第四页"。③ 而日本研究中共党史的著名专家石川祯浩则将这个刊物译为"共产主义者"："舍维廖夫《中

---

① 中共浙江省委党史研究室：《俞秀松百年诞辰纪念文集》，北京：当代中国出版社1999年版，第199页。

② 中国社会科学院现代史研究室、中国革命博物馆党史研究室：《"一大"前后》（一），北京：人民出版社1980年版，第20页。

③ 中国社会科学院现代史研究室、中国革命博物馆党史研究室：《"一大"前后》（一），北京：人民出版社1980年版，第20页。

国共产党成立史》，是考察舒米亚茨基这篇文章(即发表在 1921 年 5 月出版的《远东人民》创刊号的《共产主义在远东》之文——引者注)的少数论文。据该论文考证，除《远东人民》外，与舒米亚茨基文章所引用的几乎相同的文字，也出现在当时伊尔库茨克发行的《共产主义者》(Kommy Hucm)第 7 期(1921 年)上。”[①]由于未见到《向青年国际二大报告》原稿，故原稿到底写的是“其成员全是共产主义者”，还是“其成员全是共产党员”，无法确定。但通过上面张国焘、舍氏、石川先生的译法，《向青年国际二大报告》中的“其成员全是共产主义者”，亦可译为“其成员全是共产党员”。

还需要提及的是，该组于 6 月 16 日成立后，施存统于 6 月 19 日晚上前往日本，陈公培则在 1920 年 6 月 25 日，由上海乘法国邮轮“博尔多斯号”出发，踏上赴法勤工俭学行程。这样，此后该组 5 名成员就变为了 3 名。针对这种情况，陈独秀、李汉俊、俞秀松 3 人迅速采取措施，先后发展杨明斋(实际上也是由俄共党员转为中共党员)、沈玄庐、袁振英、金家凤、叶天底为中共党员，最终于 8 月 22 日成立社会主义青年团(关于上述 8 人为上海社会主义青年团成员，请见下面注释)。[②] 上面已谈到，上海革命局是由中共党员和维经斯基共同组建的，因而是该组成立在先。而该局、该组又在如此短的时间内做了那么多的工作，因此，上海革命局的成立时间为 6 月下旬或 7 月初。实际上，上述这 5 名党员就是在这个时间加入中共上海发起组的。很难设想，这后 5 人会在 8 月 21 日时一起成为该组成员，并在第二天成为上海社会主义青年团成员。因为提出上海早期共产主义组织成立于 1920 年 8 月说，并没有说该组是 8 月下旬成立的，故该组不会在 8 月成立。

总括全文，概言之，说该组于 1920 年 8 月或 9 月成立，实际上是忽视了成立组织的最重要标志。8 月时成立的该组，与 6 月 16 日成立的该组相比，纲领未变，领导人未变，变的只是成员的增加，一句话，没有质的变化。严格说，到 8 月时的该组，并不是发起期，而是发展期。结论是：中共上海发起组成立于 1920 年 6 月 16 日。

作者简介：冯铁金，中共河北省唐山市丰南区委党校原副校长

---

① [日]石川祯浩著，袁广泉译：《中国共产党成立史》，北京：中国社会科学出版社 2006 年版，第 238 页。

② 冯铁金：《关于上海社会主义青年团创始人的考证》，共青团中央青运史档案馆：《青运史资料与研究》2019 年第 12 期(内刊)，第 1—12 页。

“剩余价值”术语何时传入中国?

王　敏

摘　要:剩余价值理论是马克思主义理论在中国传播的先导理论。“剩余价值”术语在中国传播的起始阶段有多种译法。本文通过梳理“剩余价值”术语在传入中国初期的翻译情况,帮助读者与学人了解、学习马克思主义的核心理论剩余价值在中国的传播过程。

关键词:剩余价值;术语;传入

剩余价值理论是马克思主义理论在中国传播的先导理论。马克思主义本身是一个庞大博深的理论体系,其在中国的传播遵循着由社会现象逐渐导入相关理论,再由局部理论辐射至整个理论体系的逻辑线路。剩余价值理论因对社会现象的强解释力而成为率先被介绍至我国的马克思主义理论。鸦片战争后“睁眼看世界”的中国人不断求索救国救民的真理。他们最初憧憬资本主义,认为资本主义是民族复兴的良方,国人对资本主义社会的认识经历了从现象描述到理论剖析的过程。剩余价值理论揭示了资本家无偿占有工人创造的剩余价值是资本主义社会“贫者愈贫,富者愈富”的原因,成为最早介绍至我国的马克思主义理论。“剩余价值”术语是剩余价值理论在中国传播的重要载体和标志。19 世纪末 20 世纪初的中国,既处于中西文化交融交汇的激烈期,也处于文言文向白话文的转型期,因此,译介者和著述者对“剩余价值”术语的翻译和解读呈现出多元景象。本文旨在对“剩余价值”术语在中国传播起始阶段的发展轨迹进行探究,以推进马克思主义政治经济学在中国的传播研究。

最早对“剩余价值”术语进行表述是《大同学》。《大同学》由李提摩太翻译、蔡尔康笔述,以 1894 年出版的英国学者本杰明·基德(Benjamin Kidd)的《社会进化论》为原著,先是节译前四章于 1899 年 2—5 月连载于《万国公报》第 121—124 册,后将原书全部译出,同年出版发行。其第八章“今世养民策”中有“要知当今第一要事。即在民间之佣值。按其所应得者。或不过得半而止。其半尽为醵金设立公司之富室。日渐侵蚀。以充成本。积之既久。竟成亿兆京垓之钜欵。甚至富于帝王岁入之帑”。[①] 翻译成现代汉语为：要知道当今第一要紧之事就是百姓的佣金。其所得佣金只不到应得的一半，另一半为设立公司的富人所占，富人日日侵占穷人的佣金，以充当经营企业的本钱。日积月累，富人积累了巨额的财富，甚至超过古代帝王的税赋收入。这段文字可视为“剩余价值”这一术语最早的汉文表述。这段文字来源的英文原文是：“When we reach the heart of the matter we find it to be, according to Marx, a system by which the capitalism is enable to appropriate the surplus value of the work of the labourers these being able to retain as wages only what represents the average subsistence necessary for themselves and their children in keeping up this supply of labour.”[②]英文中的“surplus value”，翻译成汉文就是“剩余价值”。《大同学》没有明确译出“剩余价值”这一术语，但通过这两段文字比较，可了解剩余价值最初译成汉文的演变：从内容上，英文意在阐释资本主义社会运行的核心是剩余价值，译文则代之以当今社会第一紧要之事是以佣值为核心的穷人与富人之间尖锐的矛盾。从形式上，原文是理论推导与辨析，明确使用了“剩余价值”这一术语，但未对“剩余价值”的内容做说明；译文则用具体的数值详细解释了剩余价值，但没有译出“剩余价值”这一术语。《大同学》译述者作这样的处理是为了适应中国读者实际情况的需求。19 世纪 90 年代的中国处于清王朝统治下的封建社会末期，绝大多数民众对资本主义社会是陌生、无所知的，对社会主义的相关内容更是无从知晓。他通俗地解读了“剩余价值”，让中国人能够了解资本主义社会，资产阶级发财致富的主要手段，是无偿占有了工人创造的超过劳动力价值的那部分价值。这样通俗的解释在《大同学》还有多处，如原著文本出现“graduated taxation”[③]即“累进税制”这一名词，译文也没有出现这一名词但以举例的形式进行了解释，“假如一人身死。遗留五百镑之产业。国家百取其一。

---

① 北京大学《马藏》编纂与研究中心：《马藏》(第一部第一卷)，北京：科学出版社 2019 年版，第 413 页。

② Benjamin Kidd, Social Evolution [M]. New York: New York Macmillan and Co. 1894:228.

③ Benjamin Kidd, Social Evolution [M]. New York: New York Macmillan and Co. 1894:251.

有一千镑者。百取其二。有一万镑者。百取其三。有二万五千镑者。百取其四。有五万镑者。百取四五。有七万五千镑者。百取五。有一亿镑者。百取五五。有一亿五万镑者。百取六。有二亿五万镑者。百取六五。有五亿镑者。百取七。有一兆镑者。百取七五。有一兆镑以上者。百取八。”[①]

“剩余价值”术语最早的译名是“剩余价格”。1899年7月12日劳动新闻社发行了日本学者村井知至的《社会主义》一书。该书第三章有“本家の意を迎え、勞働の條件、時間、賃銀等も一切資本家の定むる所に從ひ、若し之に抗せ直に餓死を免れざるの悲境に沈む、其狀實に奴隸と擇ぶなきなり、されば多數勞働者が粒々辛苦の餘生產したる巨大の富も悉く資本家の占奪する所となり勞働者は唯生活費を受くるのみに止まり其餘の利益は總て資本家の財囊を肥やすのみ、是れカール、マークスが所謂剩餘價格(サルプラス、ヴアルユー)なる者なり”。[②] 村井在作了解释后,明确指出这就是“剩余价格”,并对此词用日文片假名加上了“Surplus Value”的注音。1902年11月30日《翻译世界》第1期刊载了《社会主义》1—3章,将以上内容翻译为:“然则以多数劳动者,万万辛苦,而生产无量之富,悉为资本家所占夺。劳动者止受生活费,其余利坐实资本家囊橐。是马克士所谓剩余价格者了”。[③] 译者不仅依照原文,采用了“剩余价格”一词,而且还加上了“马克士”即马克思,这是中文书刊中第一次出现“剩余价格”这一术语。

至于日文中为什么把“价值”译为“价格”,据李博考证,“‘价值’一词在古汉语中早已有之,后也被日语所借用。但在近代,日本人又创造了‘价格’一词(其读音为kakaku)来表达价值之意”。[④] 1893年,日本几乎同时出现了介绍马克思及其社会主义理论的一篇重要文章和一部重要著作,即草鹿丁卯次郎在《国家

---

① 北京大学《马藏》编纂与研究中心:《马藏》(第一部第一卷),北京:科学出版社2019年版,第415页。

② 北京大学《马藏》编纂与研究中心:《马藏》(第一部第一卷),北京:科学出版社2019年版,第255页。

③ 北京大学《马藏》编纂与研究中心:《马藏》(第一部第一卷),北京:科学出版社2019年版,第213—214页。

④ 李博著,赵倬等译:《汉语中的马克思主义术语的起源与作用》,北京:中国社会科学出版社2003年版,第298—300页。

学会杂志》第6卷第72号和74号上发表的题为《卡尔马克思》的传记文章和深井五英编辑、民友社出版的《现时之社会主义》一书，两者都介绍了马克思的剩余价值，前者译为"剩余价值"，后者译为"剩余价格"。[①] 也就是说在日本近代，"价值"与"价格"是等义的。村井至知在翻译马克思的"剩余价值"即"surplus value"时，就翻译成"剩余价格"这一名词。同时在日本其他宣传马克思主义的文章里多处用"剩余价格"这一名词。

此外，在马克思主义在中国早期传播中，"剩余价值"还有多种译名。

一种译为"过额之利益"。1903年2月16日出版的矢野龙溪著、作新社译的《新社会》第四节"新社会之出现"提到经济学界"新说精意""麻路葛斯"(即马克思)，在解释旧社会"贫富偏倚"时，说到"假其物之价。一元。五十钱。为工人之雇。三十钱。为资产之利。其余这二十钱。自肥其家。旧社会之资本家。不过贪过额之利益"，[②]此处"过额之利益"即"剩余价值"。

一种译为"余剩价格"。1903年2月22日印行的福井准造著、赵必振译的《近世社会主义》第二编第一章加陆马陆科斯(即卡尔．马克思)及其主义第二节其学说中对剩余价值理论作了较为系统详细的介绍。在介绍资本主义社会"贫者愈贫。富者益富"原因时，说到"然资本家所以蓄积其利润。增加其财产者。则以生产社会余剩价格之故"。[③] 此处的"余剩价格"即"剩余价值"。进而阐释了剩余价值的概念、生产、源泉、实质和意义，逻辑上基本遵循了马克思对剩余价值的论述逻辑，内容上较为准确地反映了马克思剩余价值理论，是第一部较为系统介绍剩余价值理论的中文著作。

一种译为"残余价格"。1903年5月15日出版，大原祥一著、高种译的《社会问题》第二十三章"社会主义经济说"写道："今日社会主义(即科学的社会主义经济说)根于麻克士(即马克思)之资本论。"他论述资本主义社会，"残余价

---

① 北京大学《马藏》编纂与研究中心：《马藏》(第一部第四卷)，北京：科学出版社2019年版，第73页。

② 北京大学《马藏》编纂与研究中心：《马藏》(第一部第八卷)，北京：科学出版社2020年版，第36页。

③ 北京大学《马藏》编纂与研究中心：《马藏》(第一部第二卷)，北京：科学出版社2019年版，第499—500页。

格。由劳动者赁银之多少。而产出之。换言之。即资本家除生产费用。所得之价格之谓”,[①]此处的“残余价格”即为“剩余价值”。还介绍了剩余价值的实质和绝对与相对剩余价值的生产。

一种译为“剩价”。1908 年上海群益书社发行,小林丑三郎著,李佐庭译的《经济学》第 1 卷第 2 章第 7 节在介绍马克思的学说时写道:“彼劳力者,因计自己及家庭之生存发达,作成应用之生产物,于一日之间,为六时间之劳动而已足。然因欲买取衣服于市场,乃不得不为十时间之劳动,此当然之事实也。然则此四时间之剩价,果何所适归乎? 不问而可知其归于彼等佣主之手”,[②]其中“剩价”即“剩余价值”。

一种译为“余利”。恩格斯著、施仁荣译的《理想社会主义与实行社会主义》(发表于 1912 年 5 至 8 月《新世界》第 1、3、5、6、8 期)中“夫以上所述二大发明,一为以物质思想观察历史,一为以余利所得维持资本生产行为,皆归功于社会党领袖马克斯氏”,[③]“马克斯氏”即马克思,“余利”为“剩余价值”的汉译文。

一种译为“赢率”。1912 年上海广学会出版,(英)甘格士著,胡贻谷译的《泰西民法志》第 7 章“马格司”(即马克思)中“推衍马格司派者。当知其要在赢率之原理。夫赢率为劳佣所生。今劳佣所得者。仅足赡家。此外则尽遭佣主之渔夺”,[④]此处“赢率”即“剩余价值”。

一种译为“余值 Surplus Value”。晓洲的《挽近社会主义之派别与宗旨》(刊发于 1914 年 11 月《进步杂志》第 7 卷第 1 号)一文写到“科学社会主义”“以马克斯 Marxism 为其中枢”,马克思的学说包含“余值 Surplus Value”与“资财由渐汇聚之公例”两大学理[⑤],首次将剩余价值的英文原名与中译名并列刊出。

---

① 北京大学《马藏》编纂与研究中心:《马藏》(第一部第七卷),北京:科学出版社 2020 年版,第 330 页。

② 李佐庭编辑:《经济学》,上海:上海丙午社 1912 年版,第 27 页。

③ 北京大学《马藏》编纂与研究中心:《马藏》(第一部第十二卷),北京:科学出版社 2023 年版,第 495 页。

④ 北京大学《马藏》编纂与研究中心:《马藏》(第一部第十二卷),北京:科学出版社 2023 年版,第 325 页。

⑤ 晓洲:《挽近社会主义之派别与宗旨》,《东方杂志》第 12 卷第 4 号(1915 年 4 月 1 日)。

第一次明确译为“剩余价值”是《社会主义神髓》。1907 年 2 月 10 日出版的幸德秋水著，蜀魂译的《神髓》第三章“产业制度之进化”中“马尔克母有言交易。决非生价值者。价值决非于市场劫造者。然而资本家于其资本运转之间。自增益其额者何郁。无他。彼等实能创造价值。以购可敬可怖有势力之商品故也。商品奈何。人世之劳动力也。夫此力之所有者。以其生活必要之故也。不得不奇廉售之。而此力一日所创造之价值。总较其支持一日生活费用所受佣金之价值为多。例如一日创造六志之富所得之劳动力。一日以三志购之。名其差额。曰‘剩余价值’。彼等资本家得增益其资本者。惟自劳动者掠夺其剩余价值以萃集于掌握中耳。然则。‘剩余价值’之掠夺。是惟使资本增益无已”。[①] “马尔克母”即马克思，大意为马克思说价值产生于生产领域，资本家从市场上购买到一种特殊的商品——劳动力，这种商品的特殊之处在于可以创造新价值。劳动者为生活所迫不得不出卖其劳动力，劳动力所创造的价值要多于其佣金，这个差额就是剩余价值。该译本不仅明确使用了“剩余价值”这一术语，而且介绍了劳动力商品论、剩余价值的源泉、生产、实质及剩余价值的资本化等剩余价值的核心理论。以三先令一日价值购买的劳动力，一日可以创造六先令的价值即带来三先令的差额这一数字比喻，在马克思《资本论》阐释剩余价值的举例中可以看到。译文较为准确地介绍了马克思的剩余价值理论，与同时期的译著或著作相比水平较高。

作者简介：王敏，湖北大学马克思主义学院副教授

① 北京大学《马藏》编纂与研究中心：《马藏》（第一部第四卷），北京：科学出版社 2019 年版，第 113 页。

版本源流与底本甄别：陈望道《共产党宣言》文本考辨*

陈红娟

摘　要：根据共产国际代表维经斯基通信记录，陈望道翻译的《共产党宣言》初版时间可以精确到1920年8月17日前。当前，陈望道译本在全国共发现十七种版本，考证其版本刊布，可见该译本传播时间久、范围广、影响大，且译本发行与传播受制于国内政治环境。此外，无论是陈望道本人的回忆还是陈望道译本与1906年日译本的文本比对，抑或是对译本术语差异的考究，都佐证了陈望道译本主要依据的底本为1906年幸德秋水、堺利彦合译的《共产党宣言》日译本这一事实。

关键词：陈望道；《共产党宣言》汉译本；版本源流；底本甄别

初版时间再考订

学界对陈望道翻译《宣言》的过程基本达成共识②，但对译本首次出版的具体时间存在一些争论。20世纪50年代前，学界对陈望道译本出版时间认识较为模糊，主要以"一九二〇年春"说法为主。50年代至70年代末，学界以"四月说"为主，认为陈望道译本首次出版时间为1920年4月。1954年，张静庐指出："共产党宣言最早的中文全译本，陈望道译，一九二〇年四月上海社会主义研究社出版，上图为同年九月初版重印本书影。"③值得注意的是，这里虽然结论为"四月"，但并没有具体的证据，而只列举了"九月"版"书影"。不过，之后不少学者还是沿用此说法，80年代至90年代初学界掀起关于译本首次出版时间的争论，"八月说"逐渐占据主流。持"八月说"的学者认为陈望道译本首次出版的时间为1920年8月。伍仕豪指出："陈望道翻译的《共产党宣言》……根据笔者的

---

* 本文已在《中共党史研究》2016年第3期发表。

② 参见邓明以：《陈望道传》，复旦大学出版社，2005年；陈振新：《陈望道与翻译〈共产党宣言〉》，《〈共产党宣言〉汉译纪念版》，北京：中华书局2011年，第67—71页等。

③ 张静庐辑注：《中国现代出版史料（甲编）》，北京：中华书局1954年，第7页。

查考，认为应是一九二〇年八月。”[①]当前，杨金海、高放、王保贤、陈家新等[②]均在文中肯定“八月说”，但具体在8月的什么时间出版，并没有更多进展。

学界研究陈望道《宣言》译本初版时间主要依据陈望道以及相关人员的忆述，较少运用共产国际相关资料。事实上，1920年4月末5月初[③]，共产国际代表维经斯基来到中国，以出版机关为中心协调各地多种多样的组织。为此，1920年7月19日，维经斯基委托陈独秀在上海召开联合大会。郑佩刚回忆，会议决定建立印刷所秘密印刷社会主义者同盟的书刊文件传单等，“我便在辣菲德路成裕里租一房子，建立‘又新印刷所’（即‘日日新又日新’之意），第一次印刷了陈望道翻译的《共产党宣言》”[④]。

1920年8月17日，维经斯基在写给俄共（布）中央西伯利亚局东方民族处的信[⑤]中，对活动详细记述，“出版部现在有自己的印刷厂，印刷一些小册子。几乎从海参崴寄来的所有材料（书籍除外）都已译载在报刊上。《共产党宣言》已印好”。

由此可知，陈望道《宣言》全译本第一次出版的时间可以更加具体，应在1920年7月19日的联合大会之后，又鉴于当前发现的最早版本末页印有“一千九百二十年八月”，所以出版日期应为1920年8月以后，维经斯基写信之前，即1920年8月17日前。

---

① 伍仕豪：《陈望道翻译的〈共产党宣言〉初版时间略考》，《党史资料丛刊》1981年第1辑，上海：上海人民出版社1981年，第164页。

② 参见杨金海：《〈共产党宣言〉与中华民族的百年命运》，《光明日报》2008年7月3日；高放：《〈共产党宣言〉有23种中译本》，《中共天津市委党校学报》2009年第2期；王保贤：《译本·版本·版次：对〈共产党宣言〉“中译本”的再清厘》，《中国社会科学报》2010年8月19日；陈家新：《〈共产党宣言〉在中国的翻译和版本研究》，《中国国家博物馆馆刊》2012年第8期等。

③ 当前学界还没有对维经斯基来到上海的具体时间达成共识，但陈公培在《回忆党的发起组和赴法勤工俭学等情况》中指出“我在这年（1920）的‘五一’以前，在《星期评论》社碰到他（维经斯基）”。中国社会科学院现代史研究室、中国革命博物馆党史研究室选编：《“一大”前后中国共产党第一次代表大会前后资料选编》（二），北京：人民出版社1980年版，第564页。

④ 《郑佩刚的回忆（一九六四年二月——五月）》，《“一大”前后中国共产党第一次代表大会前后资料选编》（二），第484页。

⑤ 《维经斯基给俄共（布）中央西伯利亚局东方民族处的信》，《联共（布）、共产国际与中国国民革命运动（1920——1925）》，中共中央党史研究室第一研究部译，北京：北京图书馆出版社1997年版，第31页。

版本源流

当前陈望道译本(1920 年 8 月版)在全国共发现 11 本,分别藏于上海中共一大纪念馆、上海市图书馆、上海鲁迅纪念馆、上海市档案馆、中国国家图书馆、中国国家博物馆、北京市文物局、延安革命纪念馆、山东东营历史博物馆、浙江上虞市档案馆、浙江温州市图书馆。全书 32 开,该书初版 1000 册,全部送人,“第一版印千把本,奉送,很多地方翻印。到北伐战争时印得更多,随军散发”①。陈望道说“我是从日文本转译的”②,但在书中一些新名词、专用术语以及部分章节标题如“有产者”“无产者”“劳动阶级”“平民”“宗教”“社会主义”“贫困底哲学”等均用英文原文加括号附注。当时印刷比较仓促,错将封面的“共产党宣言”印刷成“共党产宣言”,且书中存在少量字体的残缺、错印。9 月,社会主义研究社再版该书,印 1000 册,封面书名更正为《共产党宣言》,马克思肖像的底色也变成蓝色。不过,8 月版中的字体残缺、错印等现象依然延续。

新中国成立前,陈望道译本在全国共发现了十七种版本,具体如下:

(1)陈望道 1920 年 8 月初版的再版版本

表 1　　陈望道译本版本(非伪装本)

著者	译者	出版发行	出版日期版次	注
马格斯安格尔斯	陈望道	社会主义研究社(上海)	一千九百二十年八月出版(1920 年 8 月)	
马格斯安格尔斯	陈望道	社会主义研究社(上海)	一千九百二十年九月再版(1920 年 9 月)	
马克思昂格士	陈望道	平民书社(上海)	一九二四年六月第三版	
马格斯安格尔斯	陈望道	社会主义研究社(上海)	一九二四年九月第三版	56 页印“总理遗嘱”

① 宁树藩、丁淦林:《关于上海马克思主义研究会活动的回忆——陈望道同志生前谈话记录》,《复旦学报(社会科学版)》,1980 年第 3 期。

② 宁树藩、丁淦林:《关于上海马克思主义研究会活动的回忆——陈望道同志生前谈话记录》,《复旦学报(社会科学版)》,1980 年第 3 期。

续表

著者	译者	出版发行	出版日期版次	注
马克思昂格士	陈望道	国光书店(广州)	一九二五年四月第五版	封面附"目次"①
马克思昂格士	陈望道	平民书社(上海)	一九二五年七月第六版	
马克思昂格士	陈佛突②	平民书社(上海)	民国十五年一月八版,民国十五年二月十版(1926年2月)	封面附"目次"
马克思昂格士	陈望道	国光书店(广州)	一九二六年四月第六版	封面附"目次"
马克思昂格士	陈佛突	平民书社(上海)	民国十五年一月八版,民国十五年五月十六版(1926年5月)	封面附"目次"
马克思昂格士	陈佛突	平民书社(上海)	民国十五年一月八版,民国十五年五月十七版(1926年5月)	封面附"目次"
马克思昂格士	陈望道	党化社(汉口)	民国十六年一月(1927年1月)分售处各省各大书店	封面印"苏俄政策"
马克思恩格斯	中国青年社编译③	长江书店(汉口)	一九二七年三月十一版,分售处武昌长江书店特约处、广州国光书店、四川国民书店、长沙真理书店、南昌明星书店、安庆江淮书店	

参考资料:范强鸣主编:《红色经典第一书:〈共产党宣言〉汉译图典》,中共中央党校出版社2012年版,第19—35页。其中,表格为笔者所加。

① 在书的首页附加了有竖排版的"目次",依次为"第一章有产者及无产者""第二章无产者和共产党""第三章社会主义及共产主义的著作""第四章共产党和在野党各党底关系"。

② "在白色恐怖下,我用'佛突'(望道二字英文译音第一个字母为V.T.)这个笔名",宁树藩、丁淦林:《关于上海马克思主义研究会活动的回忆——陈望道同志生前谈话记录》,《复旦学报(社会科学版)》,1980年第3期。

③ 虽然标注为"中国青年社编译",但经核对,确实为陈望道译本。该版本著者首次使用"马克思恩格斯",总发行所为长江书店。该版本为上海一大会址所藏。

(2)国共第一次合作破裂后,国内局势紧张,陈望道译本出现以下伪装本[①]

①1933 年 2 月,书名"宣言","马克司恩格斯合著","仁子译",上海春江书店印行,出版者魏寒涛,北平东安市场发行,代售处为全国各大书局。但翻开书籍,内为竖排《共产党宣言》。

②因为没有版权页,书名为"恩格斯和马克思的宣言",无译者,经核对为陈望道译本,推断该译本出版于 1937 年至 1938 年前后。封面印马克思和恩格斯圆形头像,自左向右印有红色字体"恩格斯和马克思的宣言",下面印有"目次"。

③1937 年 11 月,汉口人民书店出版发行,书名自左向右为"宣言"二字,内容为竖版,版权页标明马克思恩格斯著,译者陈望道,封面还有黑色的马克思恩格斯正面头像组合。

④1938 年 1 月 5 日,(延安)青年出版社印行,书名为自左向右横排的"马克思与恩格斯之宣言",书名下有黑色的马克思恩格斯侧面头像,内容为横版。底页注明经售者为全国各大书局,没有标明译者,经核对为陈望道译本。

⑤1938 年,汉口人民书店印行,华新书店出版发行,书名为竖排的红色字样"宣言",右侧印有马克思恩格斯正面头像组合。底页标明"译者陈道望",显然,将陈望道的名字印错了。

根据以上陈望道译本版本刊布[②]情况得知:

第一,传播时间久,版本多。译本传播的时间跨度大,从 1920 到 1938 年长达 19 年。事实上,1930 年国内已经出版了华岗翻译的第二个中文全译本《共产党宣言》。即使如此,1930 年至 1938 年间,陈望道译本仍有 5 个伪装本发行。

第二,传播范围广,影响力大。从版本演变与发行来看,1920 年至 1926 年《宣言》都是单个书店或书社印刷,并由该书店发行,主要集中在上海、广州两地。到 1927 年 1 月(湖北汉口)党化出版社版本的分售处为"各省各大书店",

---

① 伪装本又称"托名本""伪装书",是将封面印以其他书名以掩饰其内容的书。在新中国成立以前,中国共产党领导及其影响下的出版机构,为对付反动当局查禁革命、进步书刊,常常将书刊进行伪装传播,其通常做法是采取封面伪装、不断变化书刊名称以及委托别的出版社名号等等。黄霞:《简述国家图书馆藏革命历史文献中的伪装本》,《文献》2003 年第 4 期。

② 以上为当前在国家图书馆、上海一大会址、北京红展马克思主义文献珍藏馆等地可查阅到的陈望道译本版本。由于版本散落在全国各地,且个别版本由个人收藏,难以穷尽,不可避免存在漏遗之处。比如有学者提到的 1923 年,上海书店翻印了陈望道《共产党宣言》译本,署名陈晓风(参见杨金海、胡永钦:《解放前〈共产党宣言〉的六个中译本》,《纵横》1999 年第 4 期),因未能亲见,故不作统计。

从之前的上海、广州两地向全国拓展。到 3 月份，(汉口)长江书店印行的版本分售处则延伸到湖北、四川、安徽等地。后来，伪装本也在北京、延安等地传播。这 19 年间，《宣言》译本由一版到多版，由上海向全国各地传播，影响力不断提升。

第三，译本发行与刊布形式受制于国内政治环境。在共产国际的帮助和撮合下国共两党以"党内合作"的形式实现了从 1924 年 1 月至 1927 年 7 月的第一次合作。这时期马克思主义理论文献的发行出版得到国民党支持，黄埔军校的学生也可以阅读社会主义、共产主义以及马克思主义理论方面的书籍①。正是在此背景下，《宣言》才能在 5 个月内再版 10 次。而且，表 1 中第十一个版本的《宣言》封面印有"苏俄政策"，可见，《宣言》的学习、宣传与传播与"联俄、联共、扶助农工"相关联。那时，要"联俄"就必然要了解苏俄的政策与理论，《宣言》是一个重要切入口。这样，在北伐期间"随军散发"就不足为奇了。当然，伪装本也是对当时社会政治环境的"应变"。

底本甄别

以往，学界研究陈望道翻译《宣言》的底本主要存在英译本说和日译本说②。近来，有学者提出了英日俄底本说。现藏于上海龙华历史纪念馆的《俞秀松日记》记载：1920 年 6 月 27 日，"夜，望道叫我明天送他译的《共产党宣言》到独秀家去，这篇宣言底原文是德语，现在一时找不到，所以只用英俄日三国底译文来对校了。"③

首先，根据陈望道译本产生过程，译本参考的底本应只有英文本、日文本两种可能，俄文本应该只做了校订之用，且作用不大。因为陈望道在 1920 年三四月已经完成了译稿，而维经斯基 1920 年 4 月末 5 月初才来到上海，陈望道在翻译期间应该还没有接触到维经斯基。从 1920 年 8 月 17 日维经斯基的信中"几乎从海参崴寄来的所有材料(书籍除外)，都已译载在报刊上"，可以看出，维经

① 《思想的历程》创作组编：《思想的历程：马克思主义在中国的百年传播》，北京：中央编译出版社 2011 年版，第 48 页。

② 参见陈红娟：《新世纪以来〈共产党宣言〉在中国翻译传播研究述评》，《中共党史研究》，2015 年第 2 期。

③ 《附录二俞秀松的日记、书信、文稿选集》，《俞秀松传》编委会编：《俞秀松传》，杭州：浙江人民出版社 2012 年版，第 190 页。

斯基来到上海工作任务之一就是将海参崴寄来的所有材料翻译出版。“《共产党宣言》已印好”的强调，则说明俄文版《宣言》也在所寄材料之中，在校订之时应该也作为参考，故才有俞秀松日记中所载之文。不过，陈望道、陈独秀不懂俄文，而李汉俊通晓的是日、德、英、法四国语言，俄文版的校订应是维经斯基一行人中既懂俄文又懂中文的杨明斋来完成。

其次，陈望道本人的回忆中并没有提到英译本，而将“译文中不少名词的后面都用英文做了标注”作为译本所据语言的一个最直接的证据①，则并不成立。因为日译本也有英文标注，存在将日译本中英文注释直接平移到中文译本之可能。最早发表在《平民新闻》周刊第53号（1904年11月13日）上的日译文《共产党宣言》是幸德秋水、堺利彦二人根据萨缪尔·穆尔（Samuel Moore）的英译本合译的，但《宣言》刊载时略去了第三章，之后，1906年3月在《社会主义研究》创刊号上刊登《宣言》译文时，进行了补译。查看收录于《幸德秋水全集》中的《宣言》日译文，可见文中存在多处英文标注，且与陈望道译本中的英文标注基本吻合，具体如图（这里略去了日译本中的注释部分，重复部分只用其一）

表2　幸德秋水、堺利彦日译本与陈望道译本英文标注对照表

幸、堺译本	陈望道译本	幸、堺译本	陈望道译本
Metternich	梅特涅	“英國青年”（Young England）	“青年英国”（Young England）
Guizot	基佐（Guizot）	宗教的社會主義（Clerical Socialism）	宗教的社会主义（Clerical Socialism）
紳士	有产者（Bourgeois）	小紳士社會主義（Petty Bourgeois Socialism）	小资本家社会主义（Petty Bourgeois Socialism）
平民	无产（Proletarians）	市民（Burgesses）	市民（Burgesses）
自由民（Freeman）	自由民（Freeman）	Sismondi	西斯蒙地（Sismondi）
奴隷（Slave）	奴隶（Slave）	同業組合	同行组合（Guild）

① 王东风、李宁：《译本的历史记忆：陈望道译〈共产党宣言〉解读》，《中国翻译》，2012年第3期。

续表

幸、堺译本	陈望道译本	幸、堺译本	陈望道译本
貴族（Patrician）	贵族（Patrician）	“眞”社會主義（German or “true” Socialism）	“真”社会主义（German or “true” Socialism）
平民（Plebeian）	平民（Plebeian）	カトリック	加特力（Catholic）
領主（Lord）	领主（Lord）	保守的社會主義、既、紳士社會主義（Conservative or Bourgeois Socialism）	保守的社会主义（资本家社会主义）（Conservative or Bourgeois Socialism）
農奴（Serf）	农奴（Serf）	Proudhon	蒲鲁东（Proudhon）
同業組合員（Guild—master）	行东（Guild—master）	《貧困の哲學》（Philosophyof Misery	《贫困底哲学》①（Philosophie de la Misere）
被雇職人（Journey—man）	佣工（Journey—man）	批評的空想社會主義和共產主義（Critical—utopian Socialism and Communism）	批评的空想社会主义和共产主义（Critical—Utopian Socialism and Communism）
騎士（Knight）	骑士（Knight）	Babeuf	巴布夫（Babeuf）
家臣（Vassal）	家臣（Vassal）	St. Simon	圣西门（St. Simon）
徒弟（Apprentice）	徒弟（Apprentice）	Fourler	福利耶（Fourler）
紳士（Bourgeoisie）	有产阶级（Bourgeoisie）	Owen	阿温（Owen）
製造業（Manufacturingsystem）	手工工场组（Manufacturingsystem）	Phalansteres	“社会主义植民地”（Phalansteres）

① 此处为英译本，原文见 Samuel Moore 翻译，恩格斯校订，1888 年，《共产党宣言》，应该是校对中对日文本中的错误进行了勘正，参见韦正翔：《〈共产党宣言〉探究》（对照中、德、英、法、俄文版），中国社会科学出版社 2013 年版。

续表

幸、堺译本	陈望道译本	幸、堺译本	陈望道译本
生れながらの長上（Natural Superiors）	“生来的长上”（Natural Superiors）	Home Colonies（家庭殖民地）	“家庭殖民地”（Home Colonies）
勞働階級（Working Class）	劳动阶级（Working Class）	Icaria	“小伊加利亚”（Icaria）
共產黨（Communist）	共产党	Chartist	改进党（Chartist）
復古的社會主義（Reactionary Socialism）	复古的社会主义（Reactionary Socialism）	Reformist	社会改良（Reformist）
封建社會主義①（Feudal Socialism）	封建的社会主义（Feudal Socialism）	農業改良黨（Agrarian Reformers）	农地改良党（Agrarian Reformers）
佛國尊王黨（Franah Legitimists）	法国底王党（Franah Legitimists）	Cracow	克拉葛（Cracow）
萬國の勞働者團結せよ！（Workingman of all Countries unite!）	万国劳动者团结起来呵！（Workingmen of all Countries unite!）		

从表2可知，两个译本出现的47处英文标注中，只有梅特涅、共产党两处陈望道没有标注，其余标注位置完全与1906年的日译本相同。特别是最后一句，出现了惊人的相似，日译本为“萬國の勞働者團結せよ！”②而陈望道译本翻译为“万国劳动者团结起来呵！”③。而该日译本与以英文为底本翻译成的陈瘦石译本中英文标注一致处仅有20处，主要是一些专有名词、人名等。而且，陈瘦石译本最后一句与1906年日译本最后一句则相去甚远，为“全世界工人联合起来”，且无英文标注。

① 此处为492页用法，但494页再次用到时改为封建的社會主義，参见《共產黨宣言》，幸德秋水全集編集委員会编：《幸德秋水全集》第5卷，明治文献，昭和43年9月12日（1968年9月12日），第492、494页。

② 《幸德秋水全集》第5卷，第508页。

③ 马格斯安格尔斯合著，陈望道译：《共产党宣言》，第55页。

表 3　　幸德秋水、堺利彦日译本与陈瘦石译本英文标注一致表①

幸、堺译本	陈瘦石译本	幸、堺译本	陈瘦石译本
Guizot	基佐（Guizot）	St. Simon	圣西门（St. Simon）
同業組合員（Guild—master）	行东（Guild—master）	Fourler	傅立叶（Fourier）
被雇職人（Journey—man）	诸工（Journey—man）	Owen	奥文（Owen）
製造（Manufacturingsystem）	手工业制度（Manufacturing system）	Phalansteres	"费兰斯托尔"（Phalansteres）
"英國青年"（Young England）	英国青年党（Young England）	Home Colonies（家庭殖民地）	"家庭殖民地"（Home Colonies）
市民（Burgesses）	市民（Burgesses）	Icaria	"小伊加利亚"（Little Icaria）
Sismondi	西思蒙第（Sismondi）	Chartist	宪章主义者（Chartists）
Proudhon	蒲鲁东（Proudhon）	Reformist	改革主义者（Reformist）
《貧困の哲學》（Philosophyof Misery）	贫困的哲学（Philoophie de la Misere）	農業改良黨（Agrarian Reformers）	农业改革党（Agrarian Reformers）
Babeuf	巴柏夫（Babeuf）	Cracow	克拉科（Cracow）

通过对比能够推断，陈望道译本的底本是日译本，而非英译本，否则不可能出现英文标注与幸德秋水、堺利彦日译本中英文标注的高度一致。如果是以英译本为底本，英文标注应该出现非常大的差异。毕竟，幸德秋水、堺利彦和陈望道分别于 1906 年的日本和 1920 年的中国进行翻译，不同语境下他们对英译本的理解自然不同，不可能出现同时认为该词生僻或者难以用准确术语表达而加上英文标注的"耦合"（一些专有名词、人名除外）。然而，不可否认的是，日译本

① 事实上，华岗译本也是以英译本为底本，但因为华岗学习过陈望道翻译的《共产党宣言》，在翻译中有所参照，所以此处选择非共产党人陈瘦石的译本为对比对象。

与陈望道译本确实存在一定的术语差异。

整理20世纪初至1920年间翻译成中文的《宣言》译文，不难发现马克思主义术语发生了由“绅士”“平民”到“有产者”“无产者”的变迁。

1908年1月15日《天义报》所刊民鸣翻译的《共产党宣言》第一章即为《绅士与平民》，文章中采用了绅士、平民、绅士阀等日译本中的术语。但在文后的“案”中用资产阶级概念解释了绅士阀，即“绅士阀”含有资产阶级、富豪阶级、上流及权力阶级诸意义。

1912年，广州的《民生日报》刊载的陈振飞所译《共产党宣言》第一部分译文亦是命名为《绅士与平民阶级之争斗》，虽然标题将bourgeoisie译为“绅士”，但内文中译成“资本家”的有38处，已经意识到“资本家”比“绅士”更为准确[①]。

1919年5月5日—8日，《晨报》副刊分三期连载渊泉所译《马克思的唯物史观》，鉴于作者要讨论《宣言》与唯物观之间的关系，文中节译了第一节《有产者和无产者》中数段语录。译文中用“有产者”“无产者”“有产阶级”代替了“绅士”“平民”“绅士阀”等术语。此后这些术语在有关马克思主义理论的文章、书籍中广泛使用。1919年5月和11月，李大钊在《新青年》第6卷5号和6号上发表《我的马克思主义观》，在第五部分介绍唯物史观时，涉及《宣言》中8段文字，沿用了“有产者”“无产者”“有产阶级”等术语。1919年11月1日，《国民》第2卷刊登李泽彰摘译的《马克斯和昂格斯共产党宣言》继续使用了“有产者”“无产者”的术语，并用“无产阶级”替代了之前的“劳动阶级”。

可见，20世纪初至1920年间，马克思主义术语在《宣言》译文中经历了“去日本化”再“中国化”形成“中国话语”的过程。在此背景下，陈望道译本中必然存在“有产者”“无产者”这样不同于1906年日译本所用术语的现象，这并不能成为推翻其底本为日译本的理由。

总之，无论是陈望道本人的回忆还是陈望道译本与1906年日译本的比对，抑或是对译本术语差异的探究都能看出，陈望道译本主要依据的底本为1906年幸德秋水、堺利彦合译的《共产党宣言》日译本。

作者简介：陈红娟，华东师范大学马克思主义学院教授

---

① 邱捷：《1912年广州〈民生日报〉刊载的〈共产党宣言〉译文》，《中山大学学报(社会科学版)》，2011年第6期。

李季对马克思主义在中国传播的有益探索

刘　霞

摘　要：李季是中国共产党早期党员，是马克思主义理论造诣颇深的翻译家和理论家，是民国时期传播马克思主义思想的重要人物。他翻译了大量社会主义、马克思主义作品，为马克思主义在中国传播提供了理论准备；更为难得的是，在留学期间，李季广泛阅读马克思、恩格斯的原著，写就约70万字的中国第一部长篇《马克思传》，并多次再版，使马克思生动形象地出现在中国人面前，为马克思主义在中国广泛传播，从而进一步深入人心做了重要贡献。不仅如此，李季通过理论论辩与实践活动来宣传马克思主义，特别是撰文著书，同唯心论尤其是胡适的实用主义做论争，极力宣扬唯物史观，为马克思主义在中国的广泛传播做出了贡献。

关键词：李季；马克思主义传播；马克思传

李季(1892—1967)，男，中共早期党员①，湖南岳阳市平江县伍市镇秀水村人。又名卓之、原博，字懋猷、默然，号季子②、季之、协梦，自称移山郎。曾用笔

---

① 此注释本文作者已发表。关于李季的入党时间，说法主要有二：一说李季是于1920年10月入党的，一说他是1921年春在广州入党的。笔者比较倾向于第二种说法，因为据吴海勇的《中国共产党创建时期李季翻译经历考述》中讲到李季是1920年8月27日离开北京，前往山东峄县枣庄的，在李季所著的《我的生平》中写到李季在山东工作三个月后，于1920年底才辞去山东的工作去上海，适逢陈独秀将往广东办教育，李季遂与陈独秀一起前往广州。李季在广州住了半年，到1921年5月初，回乡准备留学事宜，后于1921年7月返沪。张国焘在《我的回忆》中说，1920年7月底，陈独秀谈到要出版《共产党月刊》，由李季作为主编。陈独秀认为学者型的李季也许不会参加中共组织，但是会尽力办好此刊物。由此可推测，李季此时并未有入党的强烈要求。另据中共中央党史研究室编撰的《中国共产党历史》(2011年版)记载，在党的一大召开之前，先后参加上海的共产党早期组织的成员中并未提到李季，而称李季是1921年春成立的"广州共产党"的成员。所以李季不太可能是1920年10月入党的，而更可能是在1921年春在广州入党的。引自刘霞：《对李季所著中国首部长篇〈马克思传〉的研究》，《河南社会科学》，2014年第1期，第62页。[参见李季：《我的生平》(第1册)，上海：亚东图书馆，1932年，第236—254页；张国焘著《我的回忆》(第一册)，北京：东方出版社，1998年，第97页；中共中央党史研究室著《中国共产党历史》第一卷(上册)，北京：中共党史出版社，2011年第2版，第57—63页]

② 参见1926年《新青年》不定期4，题《马克思的家庭成员》。

名王冰若[①]，王季之、李华、李懋猷等。1915年秋天考入北京大学英国文学专业，参加五四运动，参与筹建上海共产主义小组，指导参加广东支部的活动。1921年8月去法国，1922年又转德国。1924年李季转入苏联莫斯科东方大学。1925年归国任上海大学经济系教授，主讲社会主义史、资本论等课程，并大力支持上海大学的学生活动。1927年初李季到中央军事政治学校（武汉分校）教社会学。1927年汪精卫与蒋介石合作反共后，李季回到湖南平江。1928年春季，移居上海，埋头笔耕。1929年李季因加入托派被江苏省委开除党籍。翌年就退出托派。之后一直从事理论研究。中华人民共和国成立后，李季任国家出版总署特约翻译，译有《马克思恩格斯通信集》《现代资本主义》等。1950年12月21日在《人民日报》上发表声明与托派断绝关系。1964年中风，1967年病逝。李季是20世纪20年代最著名的马克思主义者之一，民国时期传播社会主义思想的重要人物，一生著述达600多万字，致力于介绍宣传共产主义思想，为马克思主义在中国的早期传播及大众化做出了特有的贡献。

输入火种：译介大量相关著作，为马克思主义在中国传播提供理论准备

一种异国的理论要想被传播、被接受，首先就是把它翻译成本国语言。翻译不仅是交流的桥梁，而且翻译的过程也是学习的过程，形成世界观、人生观、价值观的过程。社会主义、马克思主义思想传入中国的历程也是如此。在这个过程中，李季不仅使自己成为一名马克思主义者，而且通过他的译著引导、带领了许多仁人志士走上了信奉马克思主义的道路。

李季自幼刻苦攻读，精通英文、德文，通晓法、俄、日等多门外语，是当时少有的能够同时阅读翻译马克思、恩格斯德文、英文原著的知识分子，为他从事译介马克思主义理论打下了语言基础。

李季从事翻译外文书从开始就不是盲目的，而是自觉的，有意识的。李季在五四运动的感召下，思想有了很大触动，开始研究社会科学，国内的政治、经济科讲义读着空洞无物，于是就找来英文书来读，先是相信托尔斯泰的学说，后来意识到他的缺陷，于是“开始向着科学的社会主义坦途前进”。[②] 李季觉得研

① 参见《新青年》第8卷及不定期3，译有《社会主义与中国》《马克思通俗资本论序言》等。

② 李季：《我的生平》，上海：亚东图书馆1932年版．第205页。

究一门学说，需先从他的历史下手，便有了翻译《社会主义史》的意愿。李季在建党前后就翻译了八本书，共八十万字。吴海勇先生的《中国共产党创建时期李季翻译经历考述》（《上海党史与党建》2010.11）一文，以李季《我的生平》为经，以晚近公开的史料为纬，比较详细地叙述了李季在建党前后的翻译经历。

据1922年2月6日《北大日刊》，北京大学马克思学说研究会积极搜集马克思主义原著和有关图书，仅有马克思主义的英文书籍四十余种、中文书籍二十余种。由此我们可以得知，当时关于马克思主义理论的中译本的确很缺乏；但是就在仅收集到的十种社会主义丛书中，李季翻译的就占三本，分别是《社会主义史》《到自由之路》和《工团主义》，[①]无疑，李季为马克思主义的早期传播做出了突出贡献。

李季早年译的柯卡普著的《社会主义史》（由蔡元培作序）很受欢迎，1922年9月初版就已售罄。蔡元培序中有言，“俄国多数派政府成立以后，介绍马克思学说的人多起来了，在日刊、月刊中，常常看见这一类的题目。但是切切实实把欧洲社会主义发起以来，一切经过的情形，叙述出来的还没有。我友李君懋猷取英国辟司所增订的克卡朴《社会主义史》，用白话译出，可以算是最适当的书了。”[②]该书系统地论述了阶级斗争理论，出版后影响很大，毛泽东多次在不同的场合说过，此书还是使他“得到关于阶级斗争启蒙的三本书之一”。[③]《社会主义

① 参见《马克思学说研究会通告》（四），《北京大学日刊》，1922年2月6日。应该说明的是：《通告》中有误，一是《社会问题详解》并非是由李季译，而是盟西翻译的日本学者高岛素之的著作（1921年由上海商务印书馆出版）。二是《到自由之路》的译者是李季、黄凌霜、雁冰译，而并非雁冰、凌霜、崧年共译。1923年2月20日，在写给蔡元培、胡适二人的书信中，李季涉笔在国内从事翻译的经历：“生在国内时，前后不及一年，曾译书八部，共八十万字。”从李季在回忆录《我的生平》和《胡适遗稿及秘藏书信》中我们知道，这八本书分别是《社会主义史》《到自由之路》《工团主义》《社会主义之思潮及运动》《现代的奴隶制》《科学的社会主义之原理》《不要调和》《价值价格及利润》，并没有《社会问题详解》，而且李季在北京大学学的是英国文学，第二外语是法语，当时并不会日语。李季的《2000年中日关系发展史》（广西柳州：学用社，1938年，第4—5页）序言中可以证实李季在1920年代不会日语，不可能翻译日语书籍。《到自由之路》是张申府委托李季译的，由于急于赶在罗素到中国讲学时出版，所以最终由李季、黄凌霜、沈雁冰分译，李季一个人译了二分之一。（耿云志．胡适遗稿及秘藏书信(28)[C]．合肥：黄山书社，1994．第60、61、62、82、95页，李季．我的生平[M]．上海：亚东图书馆，1932．第208—210页，252页）

② 原题为《克卡朴氏社会主义史》序，刊载于《新青年》第8卷第1号（1920年9月1日出版）。

③ （美）埃德加·斯诺著，董乐山译：《西行漫记》，上海：三联书店1979年版，第131页。

史》(李季译)是在我国传播社会主义系统知识的第一本书，虽然其中含有许多似是而非的错误观点，但在社会主义知识荒的当时，《社会主义史》在勾勒社会主义发展史方面已是功不可没。1921年初，法租界曾查抄《社会主义史》。蔡元培为《社会主义史》作序，此序竟为"上海各学校并选为国文读本"。[①] 凡此种种，足以表明李季翻译的《社会主义史》在当时的震撼力。

李季翻译罗素的《到自由之路》主要是看中此书后半部"记一九一四年后各国社会党派的行动，较前半部为佳。克卡朴的社史至一九一三年为止，此书记一九一四年以后的事，可与克氏书相衔接。"[②]李季翻译这两本书为国人认识了解社会主义做了有意识的努力。在完成《到自由之路》的翻译工作后，李季在山东"中兴煤矿公司"工作之余转而翻译哈利《工团主义》，于1921年出版。李季译的《社会主义史》、《到自由之路》(李季译1/2)、《工团主义》成为由陈独秀新成立的"新青年社"主持出版的"新青年丛书"之第1种、第5种、第7种，在"新青年丛书"一共出版的八种著作[③]里，李季的译著就占了三种，可见李季在传播新思想中的作用和在陈独秀心中的地位。

李季翻译的作品大多数次出版，对时人了解和接受马克思主义提供了必要条件。《社会主义之思潮及运动》5次出版，《通俗资本论》据1922年德文第4版译出。1926年6月初版，一月后1926年7月再版，1929年、1937年、1949年、1950年等至少出版8次，上海：神州国光社、社会科学社、学用社等都有出版。此书为早期中共地下出版物，非常珍贵。李季译《社会经济发展史》被列为当时学校教材补充读物及参考书。

在《彭德怀自传》中就有这样一段文字："1928年2月中旬，黄公略还关心地问(彭德怀)：'最近看什么书？'我(指彭德怀)说：'看三本书：《共产主义ABC》(布哈林著)、《通俗资本论》(李季编)、《水浒传》。'"[④]王凡西在回忆他20世纪20年代的大学生活时说，"在北京，至少在整个东城部委所属的诸支部中，流通着阅读的理论书，只有一本郑超麟同志翻译的《共产主义ABC》和李季翻译

---

① 叶文益、吴海勇、王淑远、田玄：《"南陈北李"之外——建党史上不应被遗忘的人》，《北京日报》2011年3月7日第20版。

② 耿云志：《胡适遗稿及秘藏书信(28)》. 合肥：黄山书社1994年版，第55页。

③ 这八种书分别是：《社会主义史》、《社会主义讨论集》、《学问题》、《俄罗斯研究》、《到自由之路》、《欧洲和议后之经济》、《工团主义》、《阶级争斗》(参见新青年社编辑部编辑：《社会主义讨论集》，广州：新青年社，1922年9月初版，目录第3页)

④ 彭德怀：《彭德怀自传》，北京：解放军文艺出版社2002年版，第29页。

的《通俗资本论》。”[①]

可见，在当时具有先进思想的知识分子迫切需要马克思主义理论方面的书籍，但是译著和作品又很贫乏的情况下，李季的诸多著作适应需要，影响颇大，对马克思主义的传播起到了积极的推进作用。

为马立传：著中国首部长篇《马克思传》，为马克思主义大众化做助推器

梁赞诺夫指出："关于马克思恩格斯的科学传记是现代历史编纂学的最重要、最富魅力的任务。"[②]李季在中国共产党成立前后主要翻译有关社会主义学说的进步书籍，留德以后，想法发生改变，1923 年 2 月 20 日，曾写信给蔡元培、胡适，"生来德的主要目的是研究马克思主义，所以到德后陆续购得关于这种主义的书一百余种，预备通读一遍，作个大规模的干法。要研究马克思主义，自然先从马氏的传记入手。"[③]表明自己要全力读书，要学要思，不想成为译书的机器，立志要在著作上力求自立。通过著述《马克思传》，以达到传播马克思思想的目的。李季在《马克思传》序言中就坦言："作者固为马克思主义者，穷年累月，专治斯学，今既作《马克思——其生平其著作及其学说》一书，则作者希望马氏学说得传播于世的心理，也自然不减于柏柏尔。"[④]而且那时李季已经著有十九万五千字。[⑤]

李季的代表作《马克思传》原名《马克思——其生平其著作及其学说》。本书上中下三册先后出版于 1926、1930 和 1932 年，但中册交由平凡书局付排时，被改称《马克思传》。[⑥] 此书一经出版，影响较大，于 1932、1936、1949 年等多次再版，客观上扩大了马克思及其学说在中国的影响，推动了马克思主义在中国

---

① 王凡西：《双山回忆录》，北京：东方出版社 2004 年版，第 44 页。

② 赵玉兰：《梁赞诺夫与〈马克思恩格斯全集〉历史考证版的渊源》.《中国社会科学》，2010 年第 6 期。

③ 杜春和、韩荣芳等编：《胡适论学往来书信选》(上册)，石家庄：河北人民出版社 1998 年版，第 561 页。

④ 李季：《马克思传》(上)，上海：神州国光社 1949 年版，著者自序第 17 页。

⑤ 杜春和、韩荣芳等编：《胡适论学往来书信选》(上册)，石家庄：河北人民出版社 1998 年版，第 561 页。

⑥ 李季：《马克思传》(上)，上海：神州国光社 1949 年版，重版序言第 2 页。

的广泛传播。

要想科学客观定位李季著的《马克思传》，则必须了解李季著《马克思传》前后在中国马克思生平事迹传播的情况，经过细致调查与研究发现，民主革命时期中国人撰写马克思传记的为数不多，李季写的《马克思传》篇幅最长，文字最多，内容丰富，三卷近70万字，比梅林的《马克思传》还多约30万字，而且梅林的《马克思传》能够查到的最早的中译本出现在1945年的11月，较李季的《马克思传》晚近二十年，1929年梁赞诺夫的《马克思恩格斯合传》才出中文版，比李季的《马克思传》第一册晚3年传入中国人的视野。此著作由蔡元培题序，为李季的代表作之一，称之为中国首部长篇《马克思传》乃实至名归。

在充分搜集、分析、比较了已出版的关于马克思的传记后，尤其是比较了斯巴哥、墨尔林（即梅林）和梁赞诺夫的大部头著作后，李季著《马克思传》有四大突破。

（一）纠正梅林的《马克思传》对于拉萨尔和巴枯宁的认识偏差

李季专用整整一章大约52000字的篇幅来详细叙述拉萨尔的生平事迹、学说以及他和马克思的交往以及关系问题，有力地驳斥了梅林对于在拉萨尔与马克思关系问题上的模糊认识。李季认为马克思青年时期先成为少年黑格尔派的信徒，后又变为唯物论者，三变为历史的唯物论者，而拉萨尔却终身为黑格尔的信徒，这是马克思和拉萨尔两人的不同之点，也是他们两人持论格格不入的重大原因。[①] 李季充分论证了"拉萨尔在《公开书信》中所说的普通直接选举权，工资铁律，和生产协作社三个要点，或是达不到他所预期的终极目的，或是和实际状况不符，或是与他本来的宗旨全相背驰。"[②]批评了拉萨尔以至考茨基皆视议会为无产阶级解放的不二法门是非愚即妄的。否定了梅林提出的拉萨尔的工资铁律和生产协作主张是出自《共产党宣言》，认为拉萨尔的工资铁律脱胎于马尔萨斯和李嘉图的学说，生产协作社学说是出于布协，毋宁说是出于路易勃朗。而拉萨尔所著述的《工人计划》和《工资劳动与资本》里面都剽窃了马克思的著作。李季详尽描写了马克思与拉萨尔由相识、交往到交恶的缘由、经过，澄清了人们对于马克思的误解。

在李季《马克思传》（下）第四篇的第四章，李季专门围绕巴枯宁写了约

① 李季：《马克思传》（中），上海：神州国光社1949年版，第134—135页。

② 李季：《马克思传》（中），上海：神州国光社1949年版，第214页。

45000字。对于巴枯宁的成长氛围、思想、性情及人格等略加介绍，认为巴枯宁与马克思的斗争主要由于阶级背景的不同和主义上的差异，但与他擅于支配他人的性情也有关系。李季详细描述了巴枯宁的无政府主义、与马克思的交往经过和误会之点，精辟地指出巴枯宁无疑是一个革命家，但他干革命不是从阶级的观点出发，而是从人种的观点出发，从而认敌为友，认友为敌。一方面拜倒在沙皇座前，恳求沙皇起来革命；另一方面把反革命的斯拉夫人看作革命的主力军，把一切德意志人看作反动的集团，包括马克思的社会主义和俾斯麦的外交都是反动势力。

李季以史料为据，以理论为剑，很大程度上厘清了马克思与拉萨尔、马克思与巴枯宁之间复杂的关系，纠正了梅林关于拉萨尔、巴枯宁的认识偏差。并且在1949年重版的李季著《马克思传》的重版序言中揭示了关于拉萨尔、巴枯宁的新材料，特别强调了对拉萨尔、巴枯宁不应像梅林那样采取同情的态度。虽然说梅林的《马克思传》在中国影响了几代人，但是他对马克思和恩格斯反对拉萨尔和拉萨尔派的斗争和意义存在错误理解，在某些问题上为巴枯宁辩护，李季的这一有力论证具有较大意义。[①]

（二）描写“整个马克思”，而非“半个马克思”

梅林的《马克思传》限于时代的局限，较多地注重马克思的政治生活，着重描写马克思作为革命家的事迹，对马克思的学说描写得不多，尤其是对马克思后半生学说论述尤少，重视不够。同样，梁赞诺夫的《马克斯与恩格斯》，正如他在序言中明确的那样：此书的要旨是在描述革命家的马克思与恩格斯，与梅林的《马克思传》同为政治传。李季正是要克服马克思传记叙述中的缺陷，“本书的要旨即在描写战场上的马克思，与研究室中的马克思”，[②]力求兼收并蓄，希望写出“整个马克思”，而非“半个马克思”。因此，取材范围非常广泛，比如对于1848年欧洲各国的革命、国际党、巴黎公社和德国社会民主党等都特辟专章，详其起止。作为一名伟大的学者，马克思一生好学，孜孜以求，为此，专设《家庭教育》《学校教育》《思想的变迁》《文字生涯》《家庭状况》《研究室中的成绩》和《疾病与死亡》等章。为了让读者详尽地了解真实的马克思，作者比较详细地介绍

---

① 李季：《马克思传》（上），上海：神州国光社1949年版，重版序言第1、2页；李季：《马克思传》（中），上海：神州国光社1949年版，第221—222页；李季：《马克思传》（下），上海：神州国光社1949年版，第220页。

② 李季：《马克思传》（上），上海：神州国光社1949年版，著者自序第11页。

了马克思的家人、朋友和敌人，特别是专章介绍了恩格斯、拉塞尔、巴枯宁等与马克思联系密切的人物。“马克思做学问的目的既专在沟通社会主义与工人运动，既专在替无产阶级服务，故本书将他对于工人运动的学说与批评，以及他所手草的党纲和议案等等，尽量地加以介绍，这也是本书取材独多之点。”①此书多达70万字，比梅林的《马克思传》还多30万字。李季的《马克思传》是中国当时较早的也是内容最丰富的一部马克思传记。

(三)不虚夸不拔高，力求公正客观

李季在序言中就坦言：“作者固为马克思主义者，穷年累月，专治斯学，今既作《马克思——其生平其著作及其学说》一书，则作者希望马氏学说得传播于世的心理，也自然不减于柏柏尔。可是作者固不挟丝毫成见，对于马氏的学说与事业任意加以鼓吹。本书是一本求真求实的精神，纪述必以事实为根据，批评必以公正为准则，凡马氏的学说与事业，对的地方，固予以表彰，即不对的地方，也不稍加掩饰。”②比如：李季客观评价马克思1854年3月在《法国与英国——希腊暴动——亚细亚》中关于中国人与满洲人宗教战争的言论。李季说：“至于他(马克思)所谓中国人与满洲的宗教战争，未免以欧洲人习于宗教战争的眼光，来观察中国的事件，其实即使太平王能够成功，以当时的情势而论，也不会有什么宗教战争跟着出现。”③还有，李季指出马克思恩格斯第一次见面是在1842年底，而非1843年或者1944年④；证实马克思是因缺少路费而未参加1847年公正同盟会，而非斯巴哥在其《马克思的生平及其言行》中错误地认为马克思要有正式的请求才肯参加大会。⑤ 也许有些言论需要进一步求证，但是起码李季这种不鼓吹不隐瞒不迷信权威的治学精神在今天尤为可贵。

(四)注重马克思对于“中国问题”的论述

第一，李季的创作动机就是针对“谈马色变”的社会现状而作。第二，李季强调指出中国的社会革命迟早会爆发。第三，李季赞成革命阶级联合的思想，主张无产阶级可以联合资产阶级以反对共同的敌人。第四，李季认同马克思、恩格斯“不断革命”的论述。第五，李季结合中国国情，指出争取民族自决或独

① 李季：《马克思传》(上)，上海：神州国光社1949年版，著者自序第16页。
② 李季：《马克思传》(上)，上海：神州国光社1949年版，著者自序第17页。
③ 李季：《马克思传》(中)，上海：神州国光社1949年版，第69页。
④ 李季：《马克思传》(上)，上海：神州国光社1949年版，著者自序第6、9页。
⑤ 李季：《马克思传》(上)，上海：神州国光社1949年版，著者自序第6页。

立必须坚决反对反动派勾结帝国主义企图分裂国家的行径。第六,李季反对社会主义自然生成论,驳斥认为早年的马克思主张革命论、晚年的马克思主张改良论的思潮。第七,李季旗帜鲜明反对爱德华·伯恩斯坦的修正主义。第八,李季坚决反对德国社会民主党中的修正派和正宗派,并针对国内以孙倬章为首的社会民主党进行批判。第九,李季特别注意译介马克思、恩格斯等人的著作中关于中国问题的论述。第十,李季非常重视恩格斯对创立马克思主义的卓越贡献。这些都表明李季自觉运用马克思主义的基本原理来理解、分析中国革命实践和社会问题,尝试进行马克思主义中国化。

统观李季著《马克思传》三册,其鲜明特色是把详尽生动介绍马克思生平与系统介绍马克思主义理论融为一体,为国人深入了解马克思及马克思主义做出了独特贡献。而且,李季通过译介马克思、恩格斯等人的论著,在自己理解的基础上,自觉运用马克思主义的基本原理尝试解释、阐发中国社会实际和中国革命运动,尽管有些观点值得推敲,但这种力图进行马克思主义中国化的努力是难能可贵的。

投身实践:积极参加革命活动,
为马克思主义在中国广泛传播贡献力量

当1919年五四运动爆发以后,作为教员的李季,被学生群众在运动中所表现出来的热情情绪和奋斗精神激励了他潜伏已久的活动的本能,使他登时抛弃向来离群索处的冷静态度,以北京大学毕业生的身份加入群众大会,参加了学生游行示威,投身于运动洪流中。[①] 1920年8月,李季去了山东朱启钤的“中兴煤矿公司”任英文秘书。1920年底,李季辞职去上海,参与筹建上海共产主义小组,为小组成员。经常出席马克思主义研究会,1920年12月,李季同陈独秀、林伯渠、袁振英一起去广州,做教育工作,这些党员后来分别成为各地党组织的发起人,对于在中国传播马克思主义有一定的贡献。李季是在1921年春在广州加入共产党组织的。到中共“一大”前夕,陈独秀、李季、沈玄庐、袁振英和包惠僧等指导参加广东支部的活动。

1925年归国任上海大学经济系教授,主讲社会主义史、资本论等课程。他

① 李季:《我的生平》(第1册),上海:亚东图书馆1932年版,第199—200页。

曾拟著述《马克思、恩格斯传》，内容包括两人生平、著作、学说等，预计四百万言，虽未完成，但讲授社会主义史大都取材此书，并将编著计划在课堂上讲述。当时上海大学差不多是共产党的党校，校长于右任不在上海；副校长邵仲辉（即邵力子）是共产党员；总务主任韩觉民是共产党员；社会学系教授施存统、李季、高语罕、蒋光赤、尹宽、王一飞、箫朴生、彭述之和郑超麟都是共产党员。学生中也有许多共产党员。[①] “功课的确是不认真的……除了李季以外，其他的共产党教员都是敷衍塞责。李季译了《通俗资本论》作为讲义，我们则说明不编讲义，上课以前也未曾有好好的准备。”[②]而且，李季大力支持上海大学的学生活动，担当上海大学学生社团“社会问题研究会”[③]的指导员；1926 年 1 月 12 日，李季和其他一些上海大学教师如沈雁冰、周建人，周予同、周越然，蒋光慈，郑振铎、丰子恺等与郭沫若、丁晓先等社会知名人士，为刘华遭秘密枪决一事发表“人权保障宣言”，谴责军阀当局暴行。1926 年 3 月 21 日，在上大教职员会议上，李季被选举为行政委员会委员。

1927 年李季任武汉中央军事政治学校社会学教授。1927 年曾与郭沫若等应邀在国立武昌中山大学演讲，同年 4 月 8 日李季在武昌党义研究所为武昌各校学生演讲，题目为“中国民族解放运动与青年学生的责任”。刊文时附注上称“李季先生是中国研究马克思学说的第一人，即不然，也至少是中国介绍马克思学说的第一人，这在今日凡是问津过社会主义书籍者，定能一致首肯的。”（亚銮附注）[④]

---

① 郑超麟:《郑超麟回忆录》，北京：东方出版社 2004 年版，第 206 页。

② 郑超麟:《郑超麟回忆录》，北京：东方出版社 2004 年版，第 207 页。

③ “社会问题研究会”是中国共产党直接领导和组织的上海大学主要学生社团组织。一九二三年十一月，中共上海地委在研究教育宣传工作时，决定由上大党小组负责组织“社会问题研究会”，并规定党小组每月要向地委报告情况。以社会学系学生为主的“社会问题研究会”，其宗旨是:“研究社会现象，讨论社会问题”。研究会规定每周聚会一次，活动内容主要是聘请专家学者演讲；会员演讲和互相评论，开展社会现象调查；会员认真读书并写出读书报告；借《民国日报》。先后请李大钊作“社会主义释疑”、恽代英作“中国民生问题”、杨杏佛作“从社会方面观察中国政治的前途”等讲演，由于各系前来听讲的人很多，实际上成为全校性的活动。研究会的会员开始有八十多人，以后增至一百多人。一九二五年十月，执行委员会改选，选举了社会学系学生高尔柏、武思茂、李宇超、詹至圣、汤有光五人为执行委员，教师李季担任指导员。（参见王家贵，蔡锡瑶编《上海大学：1922—1927》，上海 ：上海社会科学院出版社，1986 年，第 13—14 页）

④ 引自武汉《中央副刊》第 21 号，1927 年 4 月 13 日。

以笔为戈:不畏权威,勇于进行理论论辩,为马克思主义理论摇旗呐喊

尽管1929年李季曾经加入托派,但是翌年就自行退出,后来一直专心理论研究。在抗日战争爆发时,李季以笔代枪,自学日语,写出一部几十万字的《二千年中日关系发展史》(上、下册),为抗日战争出力。1950年12月21日,李季在《人民日报》上公开申明:当年贸然加入托派是错误的。并表达了为新中国努力工作的愿望。后来,李季的确做了有益的事情,以一己之力翻译了四卷本的《马克思恩格斯通信集》等等,为马克思主义在中国的传播起到了推动的作用。

李季撰文著书,以笔为戈,同唯心论尤其是胡适的实用主义做论争,极力宣扬唯物史观,为马克思主义在中国的广泛传播做出了贡献。李季的论著具有强烈的论辩色彩,曾经批评过胡适、郭沫若、顾颉刚、孙卓章、陶希圣、陶孟和、叶青等人,留下了《中国社会史论战批判》《胡适中国哲学史大纲批判》《辩证法还是实验主义?》等论战作品。尽管囿于当时的认识水平,李季的批判或多或少存在缺陷和不足,但是真理越辩越明,李季敢于与当时的学术权威(比如胡适),进行坚决深入的论战,维护和宣扬唯物史观和唯物辩证法,令人敬佩。

余论

作为中国共产党的第一批党员,李季是民国时期一部分努力寻求救国出路的知识分子的一个缩影。不仅如此,李季小时候系统接受了中国传统文化的教育,少年时期受新学的影响,接触西方先进思想,并学习钻研英语,青年时期考入北京大学,接受良好的英语专业的教育,后留学德国、苏联,在学习研究中逐渐坚定了对马克思主义的信仰,并长期著述宣传马克思主义,为马克思主义中国化作了理论上的准备和铺垫,对马克思主义的早期传播起到了积极的推进作用。可以说,李季的学术思想既有中国近代大部分知识分子中西合璧的共性,又具有其独特性,值得深入研究。

作者简介:刘霞,浙江中医药大学马克思主义学院教授

湘鄂籍留学群体:马克思主义在两湖地区出场的重要传播渠道*

李爱军

摘　要:湘鄂籍留学生群体是马克思主义在两湖地区出场的重要传播渠道。以留日、留法、留俄和留美为主体的知识分子、青年学生和革命者等构成湘鄂籍留学生群体共同参与了马克思主义的介绍、宣传和传播活动,他们在共同的阵地上促进了马克思主义在两湖地区的出场和传播,起到了极其重要的桥梁作用。

关键词:中国共产党;马克思主义;两湖地区;传播渠道

马克思主义在两湖地区的出场主要是通过两湖地区留学群体、两湖地区及其之外的报刊和共产国际代表等传播渠道传入的。“三源合流”使得马克思主义在两湖地区得到广泛传播,拓展了其自身行动的场域,实现了它在两湖地区的“现身行动”。其中湘鄂籍留学群体是马克思主义在两湖地区出场的重要传播渠道,它包括留日留学群体、留法留学群体、留俄留学群体和留美留学群体等。

留日留学群体

清末民初,中国形成了一股留学日本的潮流。两湖地区的一些知识精英和进步人士出于不同的留学动机也积极奔赴日本,加入留日大潮之中,其中不乏“有怀抱非常之志愿者”。清末民初,留日学生运动兴起发展之时也正是日本社会主义运动迭起之际,因而日本社会主义运动不能不对中国留日学生产生很大的影响。其实,早在1903年至1907年前后,留日学界就掀起了一次评介社会主义学说的热情。他们通过印书办报刊等形式,将各种社会主义的日文书刊译成中文,同时融合自己的观点,介绍给国内知识界。在此十几年之后,当俄国十月革命的炮声震惊亚洲时,中国留日学生中具有初步共产主义思想的知识分子

* 基金项目:国家社科基金一般项目“日本渠道马克思主义文献的汉译、传播和接受研究”(项目编号:18BKS034)。

再次充当了传播马克思主义的桥梁。[1] 在湖北，以董必武、李汉俊等人的贡献最突出；在湖南，以罗大维、赵必振、宁调元、林修海、林伯渠、李达、周佛海、李季、李六如等人的贡献最为突出。

李汉俊（1890—1927），原名李书诗，字人杰，号汉俊，湖北潜江（今园林办事处袁桥居委会）。他是中国传播马克思主义的播火者。留日期间（1902 年—1918 年），他受日本社会主义运动的影响，最终选择了马克思主义。1912 年，他考入东京帝国大学土木系，因接受日本著名的马克思主义经济学家河上肇的影响，转而研究马克思主义，成为“河上肇的得意门生”[2]。他还结识了一些日本的社会主义者、倾向社会主义者，以及其他进步人士，如堺利彦、高津正道、宫崎滔天等。1918 年毕业回国，他带回来大量英、德、日等国的马克思主义书刊。回国之后，他积极投入到马克思主义理论的翻译和著述之中，以极大精力从事介绍、宣传和传播马克思主义理论。据不完全统计，在 1919 年至 1922 年间，李汉俊在《新青年》《星期评论》、上海《民国日报》副刊《觉悟》《劳动界》《共产党》月刊、《建设》等报刊上发表宣传马克思主义的译文和文章 90 多篇[3]。由此可见，李汉俊的宣传和传播马克思主义的工作是卓有成效的。上述这些报刊在两湖地区都有发行，因而对两湖地区先进知识分子思想的发展起了积极的推动作用。此外，李汉俊还利用回家探亲和回武汉执教的机会，积极宣传马克思主义。1920 年冬，李汉俊由上海回潜江探亲路过武汉，武汉地区的有关党组织便请他讲授唯物主义史观，介绍世界上各种社会主义的流派。这些流派其实是马克思主义在各国嬗变的必然结果。他还明确指出苏俄的布尔什维克实际上是马克思主义理论的发展和创新，其余的一切主义都是歪曲了马克思主义，这在很大程度上促进了马克思主义水平的提高[4]。1922 年，李汉俊回到武汉，在武昌私立中华大学、武昌高等师范学校执教，自编教材讲义，主讲社会学通论，实际上讲授的是马克思主义的唯物史观。

李达（1890—1966），字永锡，号鹤鸣，笔名立达等，湖南零陵（今永州）人。

---

① 参见元清等著：《中国留学通史·民国卷》，广州：广东教育出版社 2010 年版，第 80 页。

② 中国社会科学院现代史研究室：《“一大”前后》第二册，北京：人民出版社 1980 年版，第 317 页。

③ 田子渝：《武汉五四运动史》，武汉：湖北人民出版社 1999 年版，第 205 页。

④ 中国社会科学院现代史研究室：《“一大”前后》第二册，北京：人民出版社 1980 年版，第 313 页。

他是我国杰出的马克思主义宣传家、理论家。留日期间(1913年、1917年、1918—1920年),特别是俄国十月革命胜利之后,他开始学习和研究马克思列宁主义,迅速转变为马克思主义的信奉者。1918年6月,他回日本后毅然放弃了理科的学习,专攻马克思列宁主义。一方面,他如饥似渴地学习《共产党宣言》《国家与革命》等马列经典著作以及介绍马克思主义理论的大量书刊;另一方面,他还着手翻译郭泰的《唯物史观解说》、考茨基的《马克思经济学说》和高畠素之的《社会问题总览》等三本介绍马克思主义的著作。他同时还积极向上海《民国日报》副刊《觉悟》等国内报刊上投稿,相继发表了《什么叫社会主义?》《社会主义的目的》《陈独秀与新思想》《战前欧洲社会党的情况》等多篇文章。1920年8月回国后,他与陈独秀、李汉俊等人在上海共同发起成立上海的共产党早期组织。他主编《共产党》月刊和参加《新青年》的编辑工作,并且还主持建立党的第一个出版社——人民出版社,加强马克思列宁主义的著作出版和宣传工作。1922年11月应毛泽东邀请赴湖南长沙出任湖南自修大学学长(校长),并主编机关刊物《新时代》。1923年秋,李达因为与陈独秀在国共合作问题上发生了激烈争论,而未能采取正确态度,遂负气离开党组织。李达从离开党组织到1949年重新入党期间,仍然坚持马克思主义的研究和宣传,并为党做了不少的革命工作。1923年到1926年期间,李达任湖南法政专门学校(今湖南大学的前身)学监兼教授。1926年出版发行《现代社会学》专著,系统论述唯物史观和科学社会主义。1927年1月,他担任武汉中央军事政治学校武汉政治教官、代理政治总教官,兼国民革命军总政治部编审委员会主席。同年3月,党组织要他回长沙工作,与谢觉哉、夏曦、郭亮等人筹办国共合作的国民党省委党校,他担任教育长,实际上是负责党校工作。[①]

除此之外,在留日群体当中还有一类特殊人物,那就是所谓的“亡命客”,也就是资产阶级改良派或革命派的人士。不管他们属于改良派还是革命派,变法或革命一旦失败,领袖或成员便亡命日本,并以此为基地等待时机东山再起。在这些人当中,少数人在日本受到社会主义先进思潮的影响而发生了世界观的改变,转而投入到翻译、宣传和著述马克思主义当中。湖北人有董必武等;湖南人有罗大维、赵必振、宁调元、林修梅、林伯渠等。特别需要指出的是,两湖地区之外曾经留学日本的李大钊、陈独秀等对两湖地区马克思主义传播也起着非常

---

① 宋镜明、吴向伟:《党的重要历史人物与早期马克思主义中国化》,北京:中国社会科学出版社2012年版,第82页。

关键的作用。在李大钊、陈独秀等人的影响下，两湖地区很多进步知识分子完成了世界观的转变，皈依了马克思主义的信仰。他们对两湖地区进步知识分子的影响主要分为两类：一是间接影响，主要是他们两人创办或利用进步刊物，输入到两湖地区销售进行思想的启蒙。二是直接影响，主要是他们与两湖地区先进知识分子直接接触，介绍和宣传马克思主义进行思想启蒙。李大钊、陈独秀二人对湖北的恽代英、刘仁静等人和湖南的毛泽东、蔡和森、黄爱、邓中夏、林伯渠等人产生了积极的影响。

留法留学群体

一般来说，留法勤工俭学运动主要是指中国青年于 1919 年 3 月至 1921 年 11 月间集中分批赴法勤工俭学的运动，而实际上留法勤工俭学运动在 1920 年底就已经基本上结束了。该运动是由蔡元培、李石曾、吴稚晖、汪精卫、吴玉章等人发起。在俄国十月革命和五四运动的影响和推动下，留法勤工俭学运动于 1919 年和 1920 年形成了一个空前的热潮。从 1919 年 3 月到 1920 年 12 月中国先后有 20 批青年学生赴法，其留学总人数大约有 1763 人。[①] 这些学生来自全国不同省份，在华法教育会名册所列的 1579 人中，四川 378 人，湖南 346 人，广东人 251 人，直隶 147 人，福建 89 人，浙江 86 人，江苏 69 人，湖北 40 人，安徽 40 人，山西 28 人，河南 25 人，贵州 9 人，广西 7 人，云南 6 人，奉天 5 人。[②] 在这些赴法留学生当中以勤工俭学者居多，与晚清留学生相比，更具有 20 世纪救国救民的自觉性。属于两湖地区的湘鄂籍勤工俭学生是马克思主义传入两湖地区的一条重要渠道，对马克思主义在两湖地区的传播起着很大的推动作用。从目前现有资料来看，与湖北的勤工俭学生相比，湖南的勤工俭学生所起着的作用更大，主要是赴法留学的蔡和森、向警予、李维汉、罗学瓒、萧三、李立三等部分新民学会会员。他们大都是在法国勤工俭学时完成了世界观的转变，皈依了马克思主义的信仰。只不过转变马克思主义者的情况不同而已，有的在国内已经有相当的思想基础，比如蔡和森等。他们转变为马克思主义者之后，一方面在外国积极进行政治斗争（即“二二八”运动、反借款斗争和进展里昂中法大学），组织旅欧共产主义组织，另一方面还通过书信或向国内报刊投稿等方式向

① 元清等：《中国留学通史（民国卷）》，广州：广东教育出版社 2010 年版，第 100—103 页。
② 郑名桢：《留法勤工俭学运动》，太原：山西高校联合出版社 1994 年版，第 37 页。

湖南宣传马克思主义。

李维汉等部分新民学会会员于1920年2月组织了勤工俭学励进会(简称“工学励进会”)。同年8月,该会改名为“工学世界社”。工学世界社在蔡和森的影响和指导下,毅然放弃了“工学主义”的宗旨转而以信仰马克思主义和实行苏俄社会革命为自己的宗旨。至此,“工学世界社和新民学会的宗旨已趋于一致”①。需要指出的是,虽然蔡和森没有参加工学世界社,但是他对于工学世界社宗旨的转变起着相当大的作用。工学世界社转型后,除了积极学习马克思主义之外,还积极向国内传播马克思主义。据李维汉后来回忆:“工学世界社成立后,除了学习马克思主义外,还组织了一个工学世界通信社,由罗学瓒负责,向国内发稿,报道留法勤工俭学和华工运动的情况。蔡和森、李富春、向警予以及其他一些新民学会会员、工学世界社社员都曾经往国内报刊投过稿。大部分稿件都经毛泽东同志转递。”②

在这些国外新民学会会员当中,以蔡和森的贡献最大。蔡和森于1920年7、8月间完成了马克思主义世界观的转变,成为他们当中最早的马克思主义者。据李维汉后来回忆:“在我们这些中间,搞马克思主义,蔡和森是先走了一步,他确实是我们的先驱者。”③其实,这与他到法国后勤奋努力钻研马克思主义理论是分不开的。蔡和森一方面在国外通过“日惟手字典一册,报纸两页,以为常”④,其目的就是“专把法文弄清,把各国社会党各国工团以及国际共产党,尽先弄个明白”⑤。现在“看报渐有门径,各国社会运动消息,日能了解一二,颇思综合写来,以作为我与你通信资料”。⑥ 另一方面与国内毛泽东等新民学会会员通过书信加强联系。此外,通过订阅国内进步刊物,及时了解国内形势的发展。正如他于1920年5月28日给毛泽东的信中所说:“国内新出版物,请设法多寄(过日议)。我们现在订了的为时事新报,解放与改造,建设,新潮,新青年等,中

---

① 李维汉:《回忆与研究》上册,北京:中共党史文献资料出版社1986年版,第18页。

② 李维汉:《回忆与研究》上册,北京:中共党史文献资料出版社1986年版,第18页。

③ 郑名桢:《留法勤工俭学运动》,太原:山西高校联合出版社1994年版,第284—313页、122—125页。

④ 中国革命博物馆、湖南省博物馆编:《新民学会资料》,北京:人民出版社1980年版,第124页。

⑤ 中国革命博物馆、湖南省博物馆编:《新民学会资料》,北京:人民出版社1980年版,第125页。

⑥ 中国革命博物馆、湖南省博物馆编:《新民学会资料》,北京:人民出版社1980年版,第124—125页。

华馆新出版之世界两种图，有钱请买寄，时事旬刊还出否定?”[①]他通过搜集各国无产阶级革命等上百种小册子，经过“猛看猛译”，综合思考分析，从而得出“社会主义真为改造世界对症之方，中国也不能例外”[②]的必然结论。

在确立了马克思主义的坚定信仰之后，蔡和森便将以书信的内部交流形式，传递给在国内的以毛泽东为首的新民学会会员，特别是他于1920年5月28日、8月13日、9月16日给毛泽东的三封信最为重要。毛泽东将这些书信分别编入《新民学会会员通信集》一、二、三集，在新民学会会员中广泛传阅，帮助了包括毛泽东在内的许多新民学会会员摆脱各种主义或思潮的干扰，逐渐接受和信仰了马克思主义。另一方面，他还于1921年2月11日写信给陈独秀，参与到国内的“社会主义大论战”当中来，积极发表自己的看法，并向陈独秀请教探讨研究马克思主义的心得。陈独秀对此积极作出回应，认为:“历史上一切制度底变化是随着经济制度底变化而变化的，我们因为这个要义底指示，在创造将来的历史上，得了三个教训……照我这样解释，马克思主义并没有什么矛盾。若是把唯物史观看作一种挨板的自然进化说，那么，马克思主义便成了完全机械论的哲学。”[③]为了促进关于马克思主义的讨论，他把这封通信以《马克思主义学说与中国无产阶级》为题发表在《新青年》第9卷第4号上，这就极大地推动了马克思主义在全国包括两湖地区的传播。

留俄留学群体

与轰轰烈烈的留法勤工俭学运动不同，留苏留学群体规模相对较小，而且比较隐蔽。需要指出的是，前往苏俄留学较多的是中共党员。因此，他们具有很强的政治动机，希望得到苏俄政府的指导和帮助。1919年和1920年苏俄政府两次对华宣言公开发布后，当时国内各界人士和团体纷纷发表赞扬和宣传俄国劳农新政权的文章，诸如全国报界联合会、全国学生联合会、全国各界联合会、中华实业协会、中华劳动公会、中国工人联合会、中华民国国会等，其中以《中国工人联合会致俄劳农政府书》最为瞩目。该文指出:“中国人民目前仍处

① 中国革命博物馆、湖南省博物馆编:《新民学会资料》，北京:人民出版社1980年版，第127页。

② 中国革命博物馆、湖南省博物馆编:《新民学会资料》，北京:人民出版社1980年版，第128—129页。

③ 《湖南新文化运动史料》第二册，长沙:湖南人民出版社2011年版，第843页。

于本国和外国资本家的压迫之下，但是希望贵国政府竭诚相助。贵国政府深切同情中国人民，定会伸出援助之手，使中国人民在贵国的正确指引下挣脱国内外资本家的禁锢。这就是我们的全部希望。”①这就强烈表达了中国工人阶级希望脱离帝国主义和封建主义压迫的真实心声。

1920 年 8 月上海的共产党早期组织一经成立就立即投入到组织赴俄勤工俭学的紧张工作之中，并为此专门成立了以杨明斋为校长、以俞秀松为书记的上海外国语社作为其留俄的预备学校。湖南省首先响应赴俄勤工俭学运动。1920 年 8 月 22 日，毛泽东、何叔衡、彭璜等在长沙发起组织了俄罗斯研究会，专门从事“以研究俄罗斯一切事情为宗旨”，并决定“发行俄罗斯丛刊，派人赴俄从事实际调查”和“提倡留俄勤工俭学”②三项会务。会后，俄罗斯研究会就积极宣传留俄勤工俭学运动，并选派湘籍思想进步人士前去俄勤工俭学。1920 年夏，经“俄罗斯研究会”介绍，刘少奇、任弼时、萧劲光、罗亦农等 14 人去俄勤工俭学，其中刘少奇本来原想留法，不成后经贺民范的介绍转而去了俄国。在上海外国语社经过短暂的培训学习之后，他们于 1921 年 5 月从上海出发前往苏俄。到达苏俄之后，随之进入莫斯科东方大学中国班学习。萧劲光后来回忆说：“学习的主要内容是政治、国际工人运动史和俄文。记得学习的课程有列宁的《青年团的任务》、布哈林的《共产主义 ABC》、波格丹诺夫的政治经济学，还有《共产党宣言》和有关工会运动的小册子等。”③他们通过系统地学习马列主义和苏俄十月革命的经验，转而确立共产主义的信仰，并在俄国加入中国共产党。刘少奇后来回忆曾讲道：“在这样的情况下，在东方大学学了八个月跑回来了，也算取了经，取到的经不多就是了。当时我们学得不多，倒是我自己的革命人生观开始确定了。懂得组织上的一些东西，讲纪律、分配工作不讲价钱、互相批评、一切服从党，这些东西我脑子里种得很深。”④回国之后，他们大都成为我们党早期的革命骨干力量，积极宣传和传播马克思主义，使马克思主义在国内得到深入的传播。

除了留日、留法和留俄留学群体外，还有留美群体也是马克思主义在两湖

---

① 中共中央党史研究室第一研究部编：《共产国际、联共(布)与中国革命文献资料选辑(1917—1925)》第 2 卷，北京：北京图书馆出版社 1997 年版，第 87 页。

② 中国革命博物馆、湖南省博物馆编：《新民学会资料》，北京：人民出版社 1980 年版，第 354 页。

③ 湖南人民出版社编：《怀念刘少奇同志》，长沙：湖南人民出版社 1980 年版，第 88 页。

④ 《刘少奇论党的建设》，北京：中央文献出版社 1991 年版，第 510 页。

地区出场和传播的不容忽视的重要渠道。与留日、留法和留俄留学群体不同的是，留美学生群体比较注重学习西方的科学和技术，他们大多数选择的是自然科学和机械工程类的专业。正如蒋廷黻后来回忆："在欧柏林的其他中国学生，大部分均较我年长，中文也较好，但对自然科学不感兴趣。原因很简单，因为他们认为实验室工作困难。然而，在当时的美国大学中，却有许多中国学生学习自然科学或是学习机械工程。他们有些是因为兴趣所在，有些则是依靠意志去克服困难。他们认为：中国目前最需要的是西方科学和技术。有些人甚至以为：中国只需要科学和技术。"[①]需要指出的是，在留美留学群体当中，仍然不乏关注国家命运的先进知识分子。他们在国内目睹帝国主义对中国的侵略，在国外深感美国等资本主义国家的强盛，因而他们对帝国主义国家的侵略认知比较深刻。何浩若(1899—1971)，湖南湘潭县人，是何特循先生之子。1920 年赴美国留学，入斯坦福大学学习。1923 年入威斯康星大学研究经济，获哲学博士学位，后又入洛威治军校习骑兵。1926 年回国后，他曾就任黄埔军校第四期教官等职。留美期间，他曾于 1925 年 10 月撰写《帝国侵略主义与国家主义》一文，投稿刊发于国内报刊，后被湖南《大公报》转载。据文首所加的按语来看，此篇转录自《大江会宣言》。他从帝国侵略主义和国家主义之间的关系入手，明确指出了"我辈得一显真确之公例"，即"任何国家，其国民之国家观念不发达者，必被帝国侵略主义所歼灭。任何国家，苟不托命于国家主义之下者，必为帝国侵略主义所淘汰"[②]。尽管他没有像留日等其他群体那样，直接翻译马克思主义的译著或撰写阐释性的著作，但是他运用马克思主义的唯物史观分析帝国主义强盛的原因及其侵略的实质，使得当时国人对帝国主义的侵略有更加清醒的认识，并呼唤中国借助国家主义实现自身的强大。

综上所述，尽管由来自留日、留法、留俄和留美为主体的知识分子、青年学生和革命者等构成的湘鄂籍留学生群体对马克思主义在两湖地区的传播贡献是不同的，但是他们都共同参与了马克思主义的介绍和传播活动，他们在共同的阵地上促进了马克思主义在两湖地区的传播，起到了桥梁中介作用。毛泽东对此曾明确指出："数十年来，中国已出现了一个很大的知识分子群和青年学生群。在这一群人中间，除去一部分接近帝国主义和大资产阶级并为其服务而反对民众的知识分子之外，一般地是受帝国主义、封建主义和大资产阶级的压迫，

---

① 蒋廷黻：《蒋廷黻回忆录》，长沙：岳麓书社 2003 年版，第 62 页。

② 李永春：《湖南新文化运动史料》第二册，长沙：湖南人民出版社 2011 年版，第 926 页。

遭受着失业和失学的威胁。因此，他们有很大的革命性。他们或多或少地有了资本主义的科学知识，富于政治感觉，他们在现阶段的中国革命中常常起着先锋和桥梁的作用。辛亥革命前的留学生运动……就是明显的例证。”①值得注重的是，这一时期留日、留法和留苏留学群体的性质比较特殊，他们政治留学的色彩较浓，超过了一般意义上的知识留学，但是他们对传播马克思主义的贡献是不容忽视的。正如有学者对此所作出的评价那样，“留日学生中知识分子较多，对马克思主义的早期传播和中国共产党的创建贡献甚巨，但在革命进程中不少人离开党的领导层或者偏离了共产主义轨道；留欧学生多为赴法勤工俭学者，主要在实践活动中了解和接受马克思主义，并成长为中共领导层中最坚韧的一股力量；留苏学生是中共中央领导层中最庞大的群体，但长期存在的内部矛盾和路线斗争削弱了他们在党中的影响力”②。

作者简介：李爱军，湖南大学马克思主义学院助理教授

① 《毛泽东选集》第二卷，北京：人民出版社1991年版，第641页。

② 李喜所：《留学生与中外文化》，天津：南开大学出版社2005年版，第61页。

郑超麟与列宁主义早期传播研究*

曾银慧　郑之欣

摘　要：列宁主义在中国早期传播历程中，郑超麟对译介、传播列宁主义诠释文本，推进列宁主义中国化、大众化具有不可磨灭的贡献。他是最先重视悼念列宁价值的早期中共党人之一，较早通过组织纪念列宁活动来推进列宁主义早期传播。其传播列宁主义最大贡献是集中翻译出版影响后世的早期诠释经典：《共产主义的ABC》《列宁主义概论》《马克思主义者的列宁》《农民问题》，这些书籍成为诸多早期知识分子们确立马克思主义信仰的必读经典。作为资深马克思主义宣传家、理论家，他不遗余力宣传民族殖民地问题理论、释义新经济政策、农民问题等理论，诠释列宁主义的指导价值，高举起列宁主义伟大旗帜，并艰难探索列宁主义中国化的方法论原则，在列宁主义早期传播史上留下不可磨灭的痕迹。但终因其难抵知识分子的执拗、认知的偏激，加之脱离群众，不能彻底完成马克思主义信仰的皈依，终突破不了超越自身局限的自我革命，亦无法承担伟大民族复兴的历史使命。

关键词：郑超麟；列宁主义；早期传播；诠释经典

郑超麟作为列宁主义在中国早期传播历程中诠释列宁主义的集大成者，对译介“早期传播”诠释文本、推进列宁主义大众化、中国化做出难以抹杀的历史贡献。然迄今学界有关郑超麟对“早期传播”的贡献研究却未展开，究其缘由在于：一是对“早期传播”诠释文本的译者考证起步较晚②；二是出于对郑氏本人的敏感性③保守为之。按照实事求是的治学精神，不能因其后面的政治转向而忽视前期对探索“早期传播”的贡献，更不能因其社会地位对之盖棺论定。故以往

* 本文系国家社科基金重大项目“列宁主义在中国传播文献搜集、整理与研究(1917—1949)”(20ZD015)；教育部人文社科青年基金“列宁主义在中国早期传播的中文本研究(1917—1927)”(17YJC710006)；湖北省高等学校马克思主义中青年理论家培育计划(第五批)“马克思主义在中国早期传播的经典文本研究”(18ZD124)的阶段性成果。

② 近些年考证出“早期传播”的经典诠释本《共产主义的ABC》《列宁主义概论》《马克思主义者的列宁》《农民问题》的译者均为郑超麟。

③ 他于1924年正式转为中共党员，1929年年底因参加分裂中国共产党活动被开除出党，后参加中国“托派”。

有关郑超麟的研究大多集中于探讨其跌宕生平、思想嬗变等方面，几乎不过多涉及其“早期传播”价值。值列宁逝世一百周年之际，特撰此文以表纪念。

郑超麟传播列宁主义的概况

郑超麟(1901—1998)，字则连，号玉尹老人，曾化名马道甫(Марлотов)、元和、王绳祖等。笔名丝连、超麟、林伊文、林超真、曹真、绮纹、舒严、唐虞世等。福建漳平人。中共早期党员，中国“托派”领导之一。1919年中学毕业半公费赴法留学。1922年参加少年共产党，成为旅欧支部的一员。1923年被派到莫斯科东方劳动者共产主义大学留学。1924年正式转为中共党员，同年秋奉命回国，在上海中共中央宣传部工作，编辑《向导》。《热血日报》《布尔什维克》主编。参加过五卅运动、中国共产党第五次全国代表大会、八七会议，曾任中共湖北省委常委兼宣传部部长等职。1929年底因参加分裂中国共产党活动被开除出党。晚年任上海市第六届政协委员、市政协文史资料委员会委员。著有《郑超麟回忆录》《史事与回忆——郑超麟晚年文选》《怀旧集》等。

纵观郑超麟早期革命活动轨迹，他更多活跃在革命宣传一线，专职从事马克思列宁主义理论的研究、传播与普及。其旅欧、旅俄的5年留学经历，使他熟练掌握德、法、英、俄等多门外语，甚至包括鲜有人问津的世界语，加之有着较好的旧学功底，故而成为中共早期具有较高理论水平的马克思主义宣传家。特别是旅俄期间，他接触了大量马克思列宁主义书籍，专门在东方大学学习马克思列宁主义经典，为他传播列宁主义奠定了扎实的理论基础。

大革命期间，郑超麟通过翻译大量列宁经典及诠释性著作，为列宁主义大众化、时代化贡献大量心血。据现有史料不完全统计，自1924年列宁逝世，郑超麟负责编辑《新青年》悼念列宁号始，正式掀开传播列宁主义大幕，至1929年脱党前后，其发表论文有百余篇，翻译列宁主义著作6部，仅出版政治类论著文字就逾百万字。通过梳理郑超麟译著，不难发现他传播列宁主义始于翻译列宁经典，即通过直译、意译、节译列宁经典来逐步吸收、宣传及普及列宁主义。这亦是其传播列宁主义的一个重要特色。

郑超麟翻译文章集中在1924、1925、1926这三年间(见下图1)，是其回国后踌躇满志的高产时期，正好切合了民主革命如火如荼开展的蓬勃之势。其扎实的翻译功底、精湛的翻译技能，加之较深厚的马克思列宁主义理论素养，为革命翻译事业绽放绚丽光芒。多部列宁主义经典诠释作品出自其手，广为流传。

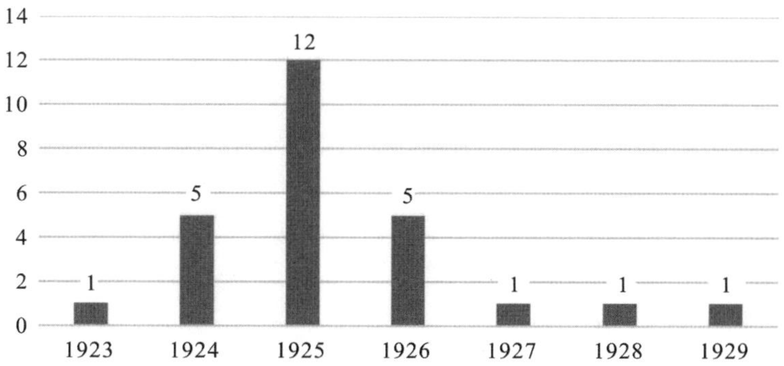

图 1　郑超麟翻译有关列宁主义的论文分布图(1922—1929)

(注:纵轴线为 20 世纪 20 年代郑超麟翻译国外列宁主义经典的篇数,横轴线为具体年份。)

系统归纳郑超麟对列宁主义的早期传播,主要经历以下两个阶段。

第一阶段,即从 1924 年 8 月《新青年》季刊第三期到 1925 年 6 月《热血日报》创办,为诠释列宁主义阶段。把列宁东方革命理论深入根植到中国革命,用来指导民主革命,成为中宣部宣传工作的一项重要政治任务。时任中宣部秘书的郑超麟利用自身优势,有选择性地翻译列宁经典来推进列宁主义大众化、时代化。从翻译《专政问题的历史观》《第三国际及其在历史上的位置》等列宁经典来逐渐把列宁东方革命理论的核心内容民族殖民地问题理论灌输到群众头脑当中,之后直译列宁主义经典诠释作家的作品,如《辩证法与逻辑》《马克思主义者的列宁》《东方革命之意义与东方大学的职任》《国际共产主义运动之目前的问题》等文章,使列宁主义进一步通俗化、普及化,逐步让群众掌握理论,为列宁主义中国化做足思想准备。

第二阶段,即从 1925 年《热血日报》到 1929 年初离开《布尔塞维克》,为列宁主义与革命实际结合阶段。五卅运动不仅使工人运动进入一个新高潮,且使中国社会问题、阶级矛盾进一步凸显,如何进一步促进国共合作,更好地引导舆论,摆在中共面前,故《热血日报》应运而生。郑超麟在其主编的《热血日报》上发表了 13 篇文章,用列宁主义基本观点、立场分析中国国情,针砭时弊,“把报纸办得有声有色,富于战斗性和煽动性,在群众中产生强烈反响。”①“四一二”反革命政变和“七一五”反革命政变使中共遇到前所未有的打击,党中央机关遭到毁灭性破坏,《向导》被迫停刊。为重振列宁主义旗帜,鼓舞人心,由郑超麟提

① 甘竟存:《“托派”郑超麟的坎坷人生》,《文史精华》,1999 年第 7 期。

议、瞿秋白等人决议，另创党的机关报刊《布尔塞维克》，更加突显理论的实践价值。《国民党背叛革命后中国国民革命运动如何？》《中国革命目前几个重要的理论问题》等文即是郑超麟发表于上，探讨将列宁主义运用于中国实境，解决革命问题的中国化理论成果。

郑超麟传播列宁主义的主要内容

专职革命宣传的他不仅翻译共产国际文件，及时介绍共产国际策略方针，而且在诠释列宁主义方面着力颇多，使列宁主义在中国走实走心，并不断思考列宁主义如何运用中国实境的问题，探索民主革命出路。

第一，高举列宁主义旗帜。新生的苏维埃政权之所以战胜重重苦难，在资本主义国家阵营封锁中突出重围，归根结底是在列宁主义伟大旗帜下创新发展了马克思主义，探索出一条苏俄式的社会主义道路。中国亦然，高举列宁主义旗帜成为民主革命一个重要的思想标识。郑超麟率先举起列宁主义旗帜。

首先，通过纪念列宁，宣扬列宁主义，逐步强化列宁主义指导思想意识。如前所述，列宁逝世正值郑超麟旅莫留学期间。彼时，他以敏锐的洞察力，提议《新青年》刊出列宁专号，以纪念列宁。“他们赞成，随即分配了文章，并派我负责催稿和整理工作。”[①]由此，《新青年》季刊第三期刊印悼念列宁专刊。在其后连续三年列宁纪念日中亦都有他悼念列宁的身影。如在《向导》发表《一九零五年的列宁》《十月革命列宁主义和弱小民族的解放运动》《“列宁死了，但列宁主义活着！”》等文。这些文章，一方面总结列宁逝世后世界革命的局势，彰显列宁主义旗帜凝聚作用；另一方面，指出列宁主义的精髓，即与时俱进。

其次，宣传第三国际，突显列宁主义价值。郑超麟是最早对第三国际作出反应的中共党人之一。他通过翻译列宁在《共产国际》创刊号的文章，推介第三国际，彰显列宁主义价值。一方面，揭示成立第三国际的初心，即“第三国际的特性及其使命在乎输入马克思主义原则于生活当中，在乎实现几世纪的社会主义和工人运动的思想”，“第三共产国际全世界历史意义在乎开始实现马克思最伟大的口号，结算几世纪以来社会主义发展和工人运动的口号，确定无产阶级

---

① 郑超麟：《郑超麟回忆录》（上卷），北京：东方出版社2004年版，第203页。

专政意义的口号。”[①]另一方面，批判第二国际，突显列宁主义与马克思主义的一脉相承及科学性。第二国际是“无产阶级运动的国际组织，这种运动逐渐扩大，但却不得不暂时地降低了革命的水平线，提高了机会主义”，“第三国际收获了第二国际劳动的果实，删除了资产阶级的、小资产阶级机会主义和社会爱国主义的分子，开始实现无产阶级专政。”[②]。从第三国际发展视角弄清两种思想的来龙去脉，列宁主义的鲜明旗帜自然就真正竖立起来了。

第二，宣传民族殖民地问题理论。民族殖民地问题理论作为列宁东方革命理论的核心，直接指导早期中共党人对中国国情等基本规律的认识。郑超麟在翻译列宁主义诠释本的最经典著作之一《列宁主义概论》（以下简称《概论》）中重点论及该问题。主要从以下两点展开：

其一，深入探讨民族解放运动与无产阶级革命的关系。这是列宁民族自决权理论产生的前提。郑超麟极力倡导列宁的观点，即“无产阶级革命才是解决民族问题的澈底办法”，“民族的利益应该安放在阶级利益之下。”[③]这说明民族解放运动完成的前提是无产阶级革命，只有无产阶级革命成功才可能真正完成民族运动。因此，阶级利益始终高于民族利益，二者是种与属的关系。故在民族策略上，他坚持列宁的被压迫民族解放运动是无产阶级革命的同盟军的观点。

其二，集中介绍民族自决权理论。郑超麟在《概论》中专辟一章集中介绍列宁主义民族殖民地问题理论，并大力赞成民族自决权。归纳起来，可总结为以下三点：一是世界上分为两个阵营，即占有财政资本并剥削地球上大多数人的殖民国家和被压迫和被剥削的殖民地弱小国家。“受财政资本的压迫和剥削，成为帝国主义势力之最广大的后备军和最重要的储藏库。”[④]二是殖民地弱小国家反帝国主义的民族斗争中，需与先进国无产阶级革命运动相结合，“联合起来，成一共同的战线，反对共同的敌人，反对帝国主义。”[⑤]三是殖民地被压迫民

---

① 列宁著、郑超麟译：《第三国际及其在历史上的位置》，《新青年》第11卷第1号，1925年4月22日。

② 列宁著、郑超麟译：《第三国际及其在历史上的位置》，《新青年》第11卷第1号，1925年4月22日。

③ 郑超麟：《苏维埃制度底下民族问题之解决》，《新青年》第10卷第4号，1924年12月20日。

④ 斯达林著、郑超麟译：《列宁主义概论》，武汉：新青年社1927年版，第97页。

⑤ 斯达林著、郑超麟译：《列宁主义概论》，武汉：新青年社1927年版，第98页。

族或其他民族一律平等，有“民族分离权”“组织独立国家权”，“联盟只能够是自愿的，建立在各民族相互信任和友爱关系上面的。”①等。该理论直接指导中国民主革命，帮助建立国共统一战线，为打倒帝国主义、反封建军阀作出重要贡献。

第三，驳斥否定新经济政策的错误言论，阐明新经济政策的意义。新经济政策是列宁对经济技术落后的国家如何巩固无产阶级专政及建设社会主义的首创，实施之初质疑重重。郑超麟以革命实践家的睿智、开放的格局及辩证的思维，密切关注着新经济政策带来的社会变化，并把这些变化及思考总结为万余字的论文《新经济政策之第五年与苏维埃政权底下的农民问题》发表在《新青年》上，集中代表了中共对苏俄革命建设思考的理论水平，进一步启发早期中共党人推动列宁主义中国化。

首先，驳斥各种否定新经济政策的错误言论。面对当时最大的质疑声——新经济政策是对资本主义的恢复，是一种退守的言论，郑超麟用苏联近 5 年的经济发展雄辩地证明，“新经济政策乃是走向社会主义必经的步骤，决不是恢复资本主义。”②批判了有关新经济政策的谬论，指出“世界革命停顿并不能用来说明施行新经济政策的理由。”③

其次，深刻揭示新经济政策的意义。通过上述批判，郑超麟更加明晰实施新经济政策的必要性，其现实作用亦是表露无遗，即“新经济政策是无产阶级唯一正确的经济政策。是无产阶级专政的过渡时代之经济组织。新经济政策不仅是退守的，不仅是暂时的，不仅是小资产阶级国家中特有的，乃是这过渡时代之必然的经济组织。”④总之，郑超麟用苏联近 5 年的社会变革与历史发展的客观事实有力证明新经济政策的必要性、可行性及有效性，这为被压迫国家进行无产阶级革命与建设提供有益必要的借鉴。

第四，重视农民问题。农民问题是中国革命的根本问题，对新民主主义革命胜利具有决定性意义。郑超麟翻译布哈林著的《农民问题》（以下简称《农

---

① 斯达林著、郑超麟译：《列宁主义概论》，武汉：新青年社 1927 年版，第 99 页。

② 郑超麟：《新经济政策之第五年与苏维埃政权底下的农民问题》，《新青年》第 11 卷第 4 号，1926 年 5 月 25 日。

③ 郑超麟：《新经济政策之第五年与苏维埃政权底下的农民问题》，《新青年》第 11 卷第 4 号，1926 年 5 月 25 日。

④ 郑超麟：《新经济政策之第五年与苏维埃政权底下的农民问题》，《新青年》第 11 卷第 4 号，1926 年 5 月 25 日。

民》)是马克思列宁主义传播史上一部重要的宣传农民问题的著作,《向导》第179期、180期封底均刊登《农民》广告:"这是共产国际扩大执行委员会席上布哈林关于农民问题的报告及其起草的议决案。这本小册子,乃是农民问题之有系统的理论的叙述。农民问题是中国革命中目前最重要的问题之一,凡是关心中国革命问题的人,都应注意农民问题,都不可不读这一本小册子。"①《概论》封底亦附广告称:"此书亦布哈林所著,书中明白指出农民问题是世界革命运动中最重大的问题之一,'殖民地问题,根本就是农民问题'。中国革命运动正如怒潮高涨,中国革命者既然不能忽视农民问题,便应该读此有系统的马克思主义理论的农民问题名著。"②《农民》一方面阐述了农民问题的重要性,另一方面初步探讨帝国主义时代的农民政策。该书影响大革命时期及其后中国农民问题的关注和解决。

除此之外,郑超麟在传播帝国主义理论、苏俄革命与建设、政党建设等方面都作过一定程度的宣传及思考,使他成为"早期传播"中一个不可或缺的旗手。

郑超麟对列宁主义早期传播的贡献

列宁主义诠释本是连接列宁主义经典与列宁主义中国化文本的桥梁,亦是列宁主义中国化道路的必经台阶。在"早期传播"史上,有4部列宁主义经典诠释本——《共产主义的ABC》(以下简称《ABC》)、《马克思主义者的列宁》(以下简称《列宁》)、《概论》和《农民》,他们的价值及影响力在当时报刊广告、著作广告、序言、跋等中都得到一一印证,然译者始终成谜。经查证,译者乃郑超麟。据《郑超麟回忆录》载:"在那种生活中,我每月仍能抽出时间来翻译《共产主义ABC》,……我未曾想到这本书能在中国发生如此之大的影响!……《ABC》以后我还译了几本书,如布哈林的《马克思主义者的列宁》,《农民问题》及最后斯大林的《列宁主义概论》。我当时自己定了两个原则:不署译者姓名,不另支稿费。"③这则信史昭示着一名马克思列宁主义播火者的使命担当及奉献精神。整体而言,郑超麟对列宁主义早期传播的历史贡献有以下三点:

第一,最早悼念列宁、组织纪念活动,掀起"早期传播"的高潮。自列宁逝世至

① 《向导》第179期,1926年10月25日,封底广告页。
② 斯达林著、郑超麟译:《列宁主义概论》,武汉:新青年社1927年版,广告页。
③ 郑超麟:《郑超麟回忆录》(上卷),北京:东方出版社2004年版,第230—231页。

1927年大革命失败，中共连续4年在主流媒体上刊发纪念列宁专号，集中系统传播列宁主义，使“早期传播”形成第一个高潮。郑超麟是最早对列宁逝世作出回应的人之一，不仅旅莫期间倡议并策划第一个悼念列宁的专刊，而且归国后在每年的纪念日中组织纪念专刊并亲自撰文悼念列宁。以《向导》为例，作为五卅运动后《向导》的实际负责人，郑超麟全力策划了《向导》第135期、第178期、第184期连续3年的纪念专刊，并发表了一些脍炙人口的作品，产生较大的影响力，一度使《向导》成为传播列宁主义的风向标，促进武汉国民政府时期列宁主义早期传播达到顶峰。无疑，郑超麟助推“早期传播”盛况具有不可替代的作用。

第二，对诠释列宁主义功不可没。中共早期党员的马克思列宁主义理论水平普遍不高，亟需通俗易懂的列宁主义诠释中译本来弥补不足。郑超麟在翻译列宁主义经典方面作出重要贡献。党成立后曾谋划推出“新青年丛书”“世界改造丛书”“马克斯全书”“列宁全书”“康民尼斯特丛书”“马克斯学说丛书”等几十余种丛书，以扩大马克思列宁主义传播影响力，《ABC》《列宁》《概论》和《农民》等作为“新青年社丛书”被集中介绍给广大读者。郑超麟亦把它们视为一个有机整体，指出《ABC》与《概论》为姊妹篇，前者为上篇，后者为下篇，“必须读过《共产主义的ABC》懂得若干原则和术语之后，读此书才能懂得这一部走遍全世界的著作。”①视《概论》与《列宁》为互补篇，同为列宁主义诠释本，前者侧重实践，后者“内容则尤侧重于列宁主义的理论方面，尤其反复说明马克思主义与列宁主义之关系。拿此二书参照读之，可收互相挥发之效。”②

实践表明，这4部著作在马克思列宁主义早期传播史上发挥了重要作用。《ABC》影响最甚，“此前出版的通俗读本都各自发挥了作用，但没有一本读本的影响力超过《ABC》。它一面世，便受到热烈欢迎和追捧。”③不仅是邓小平马克思主义入门的书籍之一，刘少奇、陈云、彭真、杨尚昆、彭德怀、张闻天、许继慎等第一代马克思主义者大都深受其影响；《概论》仍是迄今对列宁主义定义最权威最专业的著作之一，“已被全世界公认论列宁主义最正确最得体的书了。”④“《概

---

① 《向导》第201期，1927年7月18日。

② 斯达林著、郑超麟译：《列宁主义概论》，武汉：新青年社1927年版，广告页。

③ 曾银慧、田子渝：《马克思主义经典通俗中译本——〈共产主义的ABC〉》，《决策与信息》，2016年第4期。

④ 《向导》第187期，1927年2月7日，封底广告页。

论》出版不久,就再次出版,成为最畅销的书籍之一。"[1]《农民》是第一代中国共产党人进行农民运动的重要理论基础与依据,是第一代中国共产党人探索关于新民民主主义革命理论基本思想的理论来源之一。《列宁》是国内第一部具有思想评传性质的列宁主义诠释中译本,"是论列宁在马克思主义上地位的一本言简而意明的书。……凡要研究马克思列宁主义的人,不可不读他这本著作。"[2]基于上述著作的重要性及对后世的影响力,郑超麟的翻译贡献无法抹杀。

第三,初步探讨列宁主义中国化。中国共产党自成为共产国际支部开始,其马克思列宁主义宣传更多受制于共产国际的指示与纲领(尽管共产国际的纲领对民主革命产生过重要深刻的作用),对独立自主探索列宁主义中国化道路亦受一定阻滞。尽管如此,早期播火者们以无畏的勇气探索中国化道路。郑超麟对列宁主义早期中国化理论的探索贡献主要体现在两个方面:

一是实事求是地研断"七一五"反革命政变后中国革命形势。汪精卫叛变革命后,党内思想一度处于混乱状态,对于当前革命形势是处于低谷还是高潮并不明晰。作为新党报《布尔塞维克》的负责人,郑超麟以实事求是、负责任的态度在创刊号上发表《国民党背叛革命后中国国民革命运动如何?》一文,客观指出目前革命处于低落,大国民革命已经失败,党应当重新做起准备下次新的革命高潮的到来。"但国际和中央说革命更接近于胜利"[3],与他的看法完全相反。郑超麟之所以作出此判断,恰恰是把列宁主义灵活运用于中国实际的独立思考的结果,尽管当时的他如履薄冰,但仍不失为一名知识分子出身的共产党员本色担当,较为难能可贵。

二是灵活运用列宁主义方法论原则,尝试探索中国革命的方法论。其较出色的探索勇气体现在其革命主张上,他一直主张不能"生吞活剥将马克思列宁主义现成的'结论'机械地应用到中国来,……尽可以应用马克思列宁主义的'方法'来研究中国的特殊条件,求得正确的结论。"[4]运用这个方法论原则,他自觉提出中国革命迫切需要解决的几个理论问题,即中国国情问题、中国革命性

---

① 曾银慧、孙厚权:《列宁主义中文经典诠释本——〈列宁主义概论〉》,《决策与信息》,2016 年第 8 期。

② 《向导》第 187 期,1927 年 2 月 7 日,封底广告页。

③ 郑超麟:《郑超麟回忆录》(上卷),北京:东方出版社 2004 年版,第 274 页。

④ 超麟:《中国革命目前几个重要的理论问题》,《布尔塞维克》第 1 卷第 8 期,1927 年 12 月 12 日。

质问题、无产阶级革命同盟者问题、革命政权问题等几大重要理论问题,说明这些问题的重要性,以期一切革命党人参与讨论探索之。虽然郑超麟仅是提出问题,但其宝贵的理论探索勇气和开拓精神值得称道。

综合观之,应该说作为知识分子出身的中共早期党员,郑超麟保留了知识分子的气节与思考独立性,因而能在“早期传播”中成长为中共早期重要的马克思主义理论家、宣传家。但囿于知识分子的学究与固执,易陷入思想的极端,即当他亲历了斯大林主义的教条与专断,进而对党内民主产生不满,继而转向托洛茨基主义,决然加入中国“托派”,最终走向另一种思想极端。正如有学者指出,他与陈独秀“都是富有思想的知识分子,他们尤为特别的相似之处,还在于自信到既偏激又固执”,“他们脱离实际,脱离群众的教条主义与‘异想天开’,都招致了自己的孤立与失败。”[①]因而,即使郑超麟为“早期传播”出力尤甚、着墨甚多,但终不能彻底完成马克思主义政治信仰的皈依,终突破不了超越自身局限的自我革命,亦无法承担伟大民族复兴的历史使命。

作者简介:曾银慧,华中师范大学马克思主义学院副教授;郑之欣,中共中央党校(国家行政学院)党的建设教研部博士研究生

① 郑庆荣:《郑超麟与陈独秀思想》,《福建党史月刊》,2000 年第 5 期。

中国共产党早期出版机构的历史考察*

金姣　田子渝

摘　要：近代以来，传媒技术的发展大大推动了马克思主义在中国广泛传播。中国共产党成立后，中国早期出版也开启了历史征程。文章对1920年至1927年中国共产党领导的新闻出版基本概况做了梳理，探析了中国共产党早期出版机构出版的期刊与著作在中共创建至大革命时期对马克思列宁主义广泛传播与早期马克思主义中国化的理论贡献，以推进中国共产党早期出版史研究，填补中国近代出版史研究的空白。

关键词：中国共产党；早期；红色出版；考察

媒体是传播知识与信息的最重要、最有效的渠道和工具。十月革命后，得益于近代新闻传播媒体的发展，马克思主义在中国广泛传播开来。从这个意义上讲，马克思主义在中国广泛传播是从早期红色出版开始的。中国早期红色出版史既是中共党史重要的一部分，也是近代中国出版史璀璨的一页。20世纪初，我国主要媒体是期刊和书籍，中国早期红色出版事业主要围绕期刊和书籍这两大板块，然而，纵观学术界，中国早期红色出版研究却是我国出版史研究的薄弱一环，迄今为止，我国没有早期红色出版史的专著。由于中国早期红色出版的史料稀少，加之学术界对马克思主义在中国早期传播（简称"早期传播"）的著作挖掘和研究不够，导致在已经出版的出版史专著中，如《中国现代出版史料》（甲乙丙三编，1954年至1956年）、《中国近代期刊发展概况》（1986）、《中国近代现代出版通史》（2002）、《中国出版通史》（2008）、《中国出版图史》（2009）等，对中国早期红色出版史的介绍浅薄。本文主要依据大量红色传播原始图书、期刊及期刊和图书上的有关广告，以及有限的党的档案文献，探寻这段红色出版历史，推动中国早期红色出版史的研究，以填补中国近代出版史研究的空白。

* 本文系中央"马"工程《马克思主义在中国早期传播著作选集（1920—1927）》、教育部哲学社会科学研究重大课题攻关项目《马克思主义在中国早期史料收集、整理与研究》（17JZD010）的阶段性成果。

中国共产党早期出版概况

中国早期红色出版史是中国共产党领导下成立的近代媒体(出版社、期刊等)通过宣传马克思主义和革命的理论来启发和动员人民群众,形成人民共识,凝聚人民力量,进行无产阶级革命的历史。这段历史在时间上从 1920 年至 1927 年,在中国出版的海洋上掀起了第一波红潮。限于篇幅,本文主要叙事中国共产党直接领导的出版机构及其历史作用,对于地方党组织建立的出版机构,如中共广东区委领导的国光书店等暂不议。

(一)共产党上海早期组织成立后的出版机构及发行

1920 年 8 月,中国共产党的第一个组织共产党上海早期组织,也称中共上海发起组诞生。上海发起组诞生后立即作出了三项决定,这三项决定都与出版事业密切相关。

第一,将《新青年》转变成共产党上海早期组织的刊物。众所周知,《新青年》初名《青年杂志》,于 1915 年 9 月创刊,第二年改名《新青年》。最初宗旨是高举资产阶级民主与科学、文学革命的大旗,开辟了新文化运动的新时代。1920 年随着创办者陈独秀由激进民主主义者转变成马克思主义者,在中国共产党上海早期组织组建后,便决定将《新青年》转变成为马克思主义启蒙的媒介。1921 年中国共产党正式成立后,《新青年》便顺理成章地成为中共中央的机关刊物。

第二,建立社会主义研究社(简称“研究社”)。“研究社”出版的第一本书是陈望道翻译的《共产党宣言》,于 1920 年 8 月面世。因此,也可以将 1920 年 8 月视为“研究社”建立的时间。经过搜集整理,目前发现“研究社”出版、再版的原始图书如下表:

书名	作者	译者	出版社	时间
共产党宣言	马格斯安格尔斯	陈望道	社会主义研究社	1920 年 8 月
共产党宣言	马格斯安格尔斯	陈望道	社会主义研究社第 2 版	1920 年 9 月
马格斯资本论入门	米里・伊・马尔西(Marcy Mary E)	李汉俊	社会主义研究社	1920 年 9 月
陈独秀政治主义谈	施存统著述		社会主义研究社	1920 年
马克斯底共产主义	施存统		社会主义研究社	1921 年 8 月 14 日
共产党宣言	马格斯安格尔斯	陈望道	社会主义研究社第 3 版	1924 年 9 月

据此可知,“研究社”出版的最后一本书是1924年9月出版的《共产党宣言》第3版,也就是说“研究社”1920年8月建立到1924年9月结束有4年的历史。“研究社”共出版了4种马克思主义的书籍,是中国共产党上海早期组织成立后“早期传播”的最早纸质著作文本,在马克思主义在中国传播中立下传播马克思主义著作的首功。

第三,建立了新青年社。在相关的著述里均称新青年社于1920年9月成立,依据是1920年9月出版的《新青年》第8卷第1号刊登的《本志特别启事》称:“本志自八卷一号起,由编辑部同人自行组织新青年社,直接办理编辑印刷发行一切事务。”①这不是新青年社成立的时间,而是将新青年社刊登“启事”的时间确定为成立的时间。1920年8月15日《劳动界》创刊号的首页,清清楚楚地写了《劳动界》的经销处在“上海法租界大自鸣钟对面新青年社”。由此可知,新青年社1920年8月已经存在,也就是说共产党上海早期组织成立后,同时成立了“研究社”与新青年社两家出版机构。

新青年社社址设在上海法大马路(今上海金陵东路280号),编辑部设在上海新青年编辑部,即上海环龙路老渔阳里2号(今南昌路一〇〇弄二号,即陈独秀住宅)。它的职能是负责编辑、印刷与发行,下属编辑部和发行所。总负责人是陈独秀,发行所负责人(经理)是陈独秀的同乡苏新甫。编辑部的主要任务是编辑《新青年》杂志与编辑“新青年丛书”。发行所的主要任务是印刷发行中共负责或主导的期刊,如《新青年》、《劳动界》、《上海伙友》、《共产党》月刊、《向导周刊》、《前锋》等;印刷发行“新青年丛书”、人民出版社及与党密切相关的其他出版部门出版的图书以及党团宣传品和文件。此外新青年社,还负责《新青年》的招股。

新青年社最突出的贡献是出版马克思主义著作及革命与进步书籍。根据原始图书统计,新青年社出版发行的图书如下表:

著作	作者	译者	出版发行时间
社会主义史	克卡朴(今译柯卡普)、皮司(今译皮斯)	李季	1920年10月
到自由之路	[英]罗素	李季、凌冰、雁冰	1920年11月

① 《新青年》第8卷第1号,1920年9月1日。

续表

著作	作者	译者	出版发行时间
欧洲和议后之经济（今译和约的经济后果）	坎斯（今译凯恩斯）	陶孟和、沈性仁译，陈独秀校阅	1920 年 11 月
工团主义	J. H. 哈列	李季	1921 年 1 月
阶级争斗	柯祖基（今译考茨基）	恽代英	1921 年 1 月
劳动运动史	施光亮（施存统）编辑		1922 年 4 月
社会主义讨论集	陈独秀编		1922 年 9 月
陈独秀先生演讲录	陈独秀		1924 年 5 月
共产主义的 ABC	布哈林	郑超麟	1926 年 1 月
中国革命问题论文集（上下册）	新青年社编辑		1926 年 9 月
农民问题	布哈林		1926 年 11 月
马克思主义者的列宁	布哈林	郑超麟	1927 年 1 月
列宁主义概论（今译《论列宁主义基础》）	斯达林（今译斯大林）	郑超麟	1927 年 1 月
经济科学大纲（上下 2 册）	蒲格达诺夫（今译波格丹诺夫）	施存统	1927 年 1 月
资本主义稳定与无产阶级革命	布哈林	陆定一	1927 年 2 月
无产阶级之哲学——唯物论	哥列夫（今译戈尔德曼）	瞿秋白	1927 年 3 月
世界劳工运动现状	洛若夫斯基（今译洛佐夫斯基）	瞿秋白	1927 年 4 月
共产国际党纲草案		王伊维（王一飞）	1927 年 4 月
马克思主义的民族革命论	马克思等著		1927 年 4 月
俄国革命运动史 4 册	瞿秋白编著		1927 年 7 月

由此可知，新青年社上限为 1920 年 8 月，下限为 1927 年 7 月，共 7 年的时

间，出版了 20 种红色书籍。

（二）中国共产党正式成立后的出版及发行

人民出版社。人民出版社是党建立的第三家出版机构，是中国共产党第一次全国代表大会成立后的第一家出版社，其发展历史曲折。它于 1921 年 9 月在上海创办，李达为第一任社长，地址在上海法租界上海南成都路辅德里六百二十五号（现老成都北路七弄三十号），同时在广州设立发行部。由于受到上海租界当局压迫，于 1922 年迁至广州昌兴马路 26 号。1923 年再迁回上海，与新青年社合并，机构撤销。人民出版社建立时，就旗帜鲜明登出通告，主要使命就是出版马克思主义、共产主义书籍。通告如下：

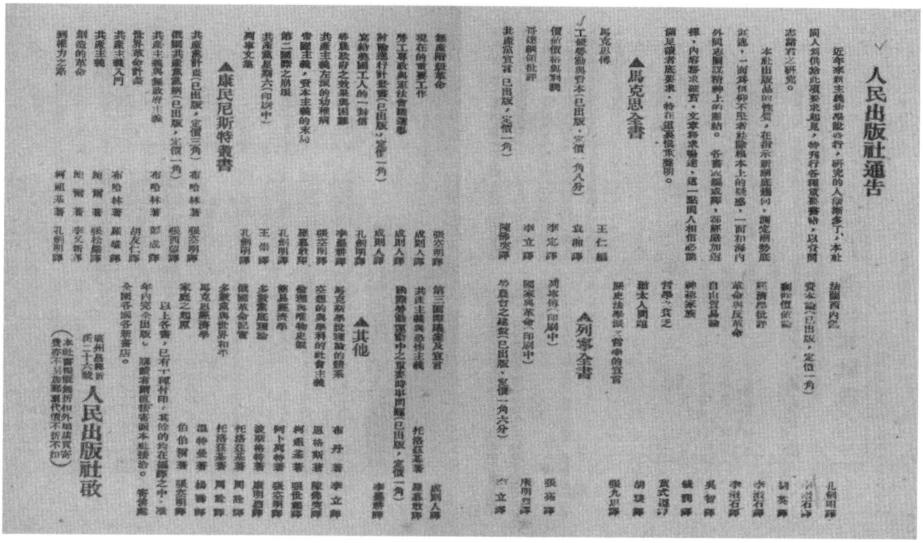
人民出版社通告

近年來新主義新學說盛行，研究的人漸漸多了，本社同人為供給此項要求起見，特刊行各種重要書籍，以資同志諸君之研究。

本社出版品的性質，在指示新潮底趨向，測定潮勢底狂速，一面為信仰不堅者祛除根本上的疑惑，一面和海內外同志圖謀精神上的團結。各書或編或譯，都經嚴加選擇，內容務求確實，文章務求暢達，這一點同人相信必能滿足讀者底要求，特在這裏慎重聲明。

▲馬克思全書

馬克思傳 王仁編
工錢勞動與資本（已出版，定價一角八分） 袁湘譯
價值價格與利潤 李定譯
哥達綱領批評 李立譯
共產黨宣言（已出版，定價一角） 陳佛突譯
法蘭西內亂 孔劍明譯
資本論（已出版，定價一角） 李澤石譯
剩餘價值論 胡英譯
經濟學批評 李澤石譯
革命與反革命 李澤石譯
自由貿易論 吳智譯
神聖家族 錢潤譯
哲學之貧乏 袁武選譯
猶太人問題 胡琪譯
歷史法學派之哲學的宣言 張九思譯

▲列寧全書

列寧傳（印刷中） 張亮譯
國家與革命（印刷中） 康明烈譯
勞農會之建設（已出版，定價一角六分） 李立譯
無產階級革命 張空明譯
現在的重要工作 成則人譯
勞工專政與軍法會議議事 成則人譯
討論進行計劃書（已出版，定價一角） 成則人譯
寄給美國工人的一封信 孔劍明譯
蘇維埃政府之效果與困難 李墨耕譯
共產主義左派的幼稚病 張空明譯
帝國主義，資本主義的末局 羅嘉獻譯
第二國際之崩壞 孔劍明譯
共產黨星期六（印刷中） 王崇譯
列寧文集 孔劍明譯
第三國際議案及宣言 成則人譯

▲康民尼斯特叢書

共產黨計劃（已出版，定價三角） 布哈林著 張空明譯
俄國共產黨黨綱（已出版，定價一角） 張西望譯
共產主義與無政府主義 布哈林著 彭成譯
世界革命計劃 胡友仁譯
共產主義入門 布哈林著 羅嘉譯
共產主義 鮑爾著 張松壽譯
創造的革命 鮑爾著 李父新譯
到權力之路 柯祖基著 孔劍明譯
共產主義與恐怖主義 托洛茨基著 羅嘉獻譯
國際勞動運動中之重要時事問題（已出版，定價一角） 李墨耕譯

▲其他

馬克斯學說體系 布丹著 李立譯
空想的與科學的社會主義 恩格斯著 陳佛突譯
倫理與唯物史觀 柯祖基著 張世鑫譯
簡易經濟學 阿卜列特著 張空明譯
多數黨底理論 波斯格特著 康明烈譯
俄國革命記實 托洛茨基著 周詮譯
多數黨與世界和平 托洛茨基著 周詮譯
馬克思經濟學 溫特曼著 楊譯
家庭之起原 伯伯爾著 張空明譯

以上各書，已有十種付印，其餘的均在編譯之中，准年內完全出版。讀者諸君欲購者函本社接洽。寄售處全國各埠各新書店。

廣州昌興街二十六號 人民出版社啟

（本社書籍價值折扣外埠寄費亦不另加郵費代價不折不扣）

根据原始图书统计，人民出版社实际出版和发行的图书如下表：

著作	作者	译者	出版发行时间
工钱劳动与资本（今译《雇佣劳动与资本》）	马克思	袁让（湘）	1921 年 12 月
劳农会之建设（今译苏维埃政权的当代任务）	列宁	李立	1921 年 12 月
讨论进行计划书（今译《论无产阶级在这次革命中的任务》，又名《四月提纲》）	列宁	成则人（沈泽民）	1921 年 12 月
共产党底计划	布哈林	太柳（张国焘）	1921 年 12 月

续表

著作	作者	译者	出版发行时间
俄国革命纪实	托洛次基	周诠	1922 年 1 月
俄国共产党党纲		希曼（张西曼）	1922 年 1 月
列宁传	山川均	张亮（施存统）	1922 年 1 月
国际劳动运动中之重要时事问题	季诺维埃夫	墨耕（李梅羹）	1922 年 1 月
李卜克内西纪念		李特等编	1922 年 1 月
共产党礼拜六（今译《伟大的创举》）	列宁	王静	1922 年 1 月
劳农政府之成功与困难（今译《苏维埃政权的成就与困难》）	列宁	墨耕（李梅羹）	1922 年 2 月
第三国际议案及宣言	第三国际	成则人（沈泽民）	1922 年 4 月
两个工人谈话	安利科马赍斯太原	李少穆	1922 年
太平洋会议及我们应取的态度	汗（李汉俊）		1922 年

上海书店。上海书店是继党建立的社会主义研究社、新青年社、人民出版社之后的第四家出版社。1923 年人民出版社、新青年社从广州迁回上海，人民出版社合并到新青年社，然而新青年社曾被法租界封闭，无法用这个名称，于是中共中央决定成立上海书店，作为党对外公开的出版机构，原人民出版社、新青年社所有的存书及账务亦转交给该书店。党派徐白民[①]担任经理。1925 年 12 月，党中央又派毛泽民到上海，任中共中央出版发行部经理，领导上海书店和印刷厂的工作。

上海书店于 1923 年 11 月 1 日开张，第二天在媒体上刊登《开业启事》："我们要想在中国文化运动上尽一部分的责任，所以开设这一个小小的书铺子。我

① 徐白民（1895—1963），字凌虚，又名麟书。浙江诸暨人。1923 年 1 月加入中国共产党。曾任中共上海地方兼区执行委员会委员，时任上海书店经理。

们不愿吹牛，我们也不敢自薄，我们只有竭我们的力设法搜求全国出版界关于这个运动的各种出版物，以最廉价格供献于读者之前，这是我们所愿负而能负的责任。”[①]书店旧址在上海华界小北门民国路振业路里第11号(新中国成立后为黄浦区人民路1025号，2001年建造环城绿地时拆除，立石碑纪念)。书店是一个临街单开间的小铺子，坐东朝西，一楼一底加一间过街楼。楼下单开间为书店，店堂靠墙两边是按房间高度定制的木质玻璃书橱，中间有一个橱柜放置笔墨纸等文具；楼上过街楼放置桌椅和床铺，作为宿舍和党内秘密活动场所。店门口挂蓝底黑字“上海书店”的搪瓷店名。

在毛泽民、徐白民等人的努力下，书店迅速发展，经营范围日益扩大。书店在沪西、沪东、沪北开办了分销处，在长沙、湘潭、广州、潮州、太原、安庆、青岛、重庆、宁波等地建立了支店或代办处，在海参崴、香港、巴黎也设立了代售处。书店经营出版马克思主义和进步书刊，影响力日益扩大，引起军阀的极度恐慌，1926年2月3日，淞沪警察厅以“煽动工团，妨害治安性质”[②]为由，派出探警查封上海书店。

根据原始图书统计书店出版和发行的图书如下表：

书名	作者、编辑者	翻译者	出版社	出版时间	备注
唯物史观浅释	刘宜之		上海书店	1923年12月	
社会科学讲义(4集)	社会科学会编辑		上海书店	1924年1月至4月	上海大学教材
少年共产国际(创刊号)	中国青年社编辑		上海书店	1924年7月	
社会科学概论	瞿秋白		上海书店	1924年10月	
各时代社会经济结构原素表	张伯简		上海书店	1924年12月	
社会哲学概论	瞿秋白		上海书店	1924年	上海大学教材
近代的基督教	蔡和森		上海书店	1924年	此文原载《反基督教运动》

① 上海书店开业启事，上海《民国日报》1923年11月2日；又见《新青年》季刊第2期，1923年12月20日；《前锋》第2号，1923年12月1日。

② 《上海书店发封原因》，上海《民国日报》1926年2月3日。

续表

书名	作者、编辑者	翻译者	出版社	出版时间	备注
新梦(诗集)	蒋光赤		上海书店	1925年1月(实际4月)	诗人在苏联的诗集
社会进化简史	张伯简		上海书店	1925年11月	
唯物史观	中国青年社编辑		上海书店	1925年2月	"中国青年社丛书"第2种
资本制度浅说	[日]山川均	施存统	上海书店	1925年2月	
马克思主义浅说	一峯(张若名)、辟世(任弼时)		上海书店	1925年3月	"中国青年社丛书"第3种
将来之妇女	M. S. Lilienthal(梅塔·斯特恩·利林塔尔)著	张秋人	上海书店	1925年4月	"中国青年社丛书"第1种①
青年平民读本(4册)	卓恺泽编	恽代英、李允皋订正	上海书店	1925年7、9月	平民夜校教材
关税问题与特别关税会议	中国青年社编辑		上海书店	1925年10月	"中国青年社丛书"第4种
青年工人问题	中国青年社编辑		上海书店与国光书店同时发行	1925年10月	"中国青年社丛书"第5种
恋爱与道德	爱伦凯著	沈泽民	上海书店	1925年10月	
革命歌集	李求实编			1926	
世界名人明信片					

上海书店还同时印刷出版发行、销售《新青年》、《向导周刊》、《中国青年》、上海《民国日报》副刊《觉悟》、《热血日报》等革命、进步期刊。

汉口长江书店。汉口长江书店是中国共产党直接领导的第五家出版社。1926年2月上海书店被查封后，中共中央便决定创办长江书店，承接上海书店

① "中国青年社丛书"第2种出版时间是1925年2月，此处"中国青年社丛书"第一种《将来之妇女》实物图书是1925年4月。

的出版业务。书店由中共中央宣传委员瞿秋白主管，毛泽民筹办，苏新甫任经理。书店初址在汉口后城马路血花世界（今民众乐园）下首，5 月 1 日“因业务异常发达”“原有铺面狭小，不敷应用”①，特搬迁到汉口后城马路济生马路上首中南旅社对面的一栋三层大楼（今汉口六渡桥人行天桥东北侧），后再迁到汉口交通路。

汉口长江书店是武汉大革命时期党的最重要宣传阵地，是继承上海书店营业，其宗旨：“经售向导社、新青年社、中国青年社并一切关于革命的书报，‘没有革命的理论便不可能有革命的行动，’②本店愿意于这革命高潮中供给革命民众以研究高深革命理论的材料”。书店还在武昌（时中书店）、广州（国光书店）、成都（国民书店）、重庆（明星书店）、长沙（文化书社、真理图书社）、南昌（明星书店）、安庆（江淮书店）、万县、九江、汕头（汕头书店）等地设有分店、代派处、通信处等，将革命的火种播散到全国各地。1927 年 7 月 20 日，书店被汪精卫反革命政权查抄。8 月 4 日，书店在《汉口民国日报》上刊登“停业启事”。

书店虽然只有 9 个月的生命，但它出版、翻印、印刷发行、销售近百种马克思主义著作与其他革命图书，发行经销《向导周刊》《中国青年》《群众》《武汉评论》等数十种期刊。根据原始图书与《汉口民国日报》《向导周刊》《中国青年》等期刊的广告进行统计，长江书店出版和发行的图书如下表：

长江书店出版发行图书表（1927 年 1—7 月）

书名	作者	译者	发行所	出版时间
哀中国（新诗集）	蒋光赤		长江书局总发行	1927 年 1 月
资本主义稳定与无产阶级革命	［苏俄］布哈林	陆定一	长江书店总发行	1927 年 2 月
无产阶级之哲学——唯物论	哥列夫（今译戈尔德曼）	瞿秋白	长江书店总发行	1927 年 3 月
世界劳工运动现状	洛若夫斯基（今译洛佐夫斯基）	瞿秋白	长江书店总发行	1927 年 4 月
马克思主义的民族革命论	马克思等著		长江书店总发行	1927 年 4 月

① 《汉口民国日报》1927 年 4 月 29 日广告。

② 《汉口民国日报》1927 年 5 月 28 日，第 1 版。

续表

书名	作者	译者	发行所	出版时间
三八国际妇女纪念	赤女杂志社编辑		长江书店总发行	1927 年 3 月 8 日
革命日历			长江书店总发行	1927 年
农民问题	布哈林		长江书店印行	1926 年 11 月
青年工人问题	钟恭著	编辑者： 中国青年社	长江书店印行	1927 年 3 月 3 版
湖南农民革命(一)	毛泽东		长江书店印行	1927 年 4 月
中国职工运动概论	李立三		长江书店印行	1927 年 6 月
俄国革命运动史 4 册	瞿秋白编译		长江书店印行	1927 年 7 月
俄国共产党历史	季诺维埃夫 (今译季洛维也夫)	王一飞译	长江书店印行	1927 年

需要说明的是，新青年社、上海书店、长江书店除了出版红色期刊、书籍外，还销售、翻印其他书店出版的革命、进步及一般期刊、书籍，因数目众多、重复，故不一一列出。

中国共产党早期出版机构的历史贡献

中国早期红色出版机构除了“研究社”外，都有营业部。它们的职能汇出版、发行、印刷、销售四位为一体。它们出版和发行、销售期刊和图书，其中革命期刊有《新青年》《共产党》《向导周刊》《中国青年》《前锋》《新建设》《群众》等，图书可见上面各表。各出版机构通过这些期刊与红色著作的出版，广泛传播了马克思列宁主义，宣传了党的方针、政策与思想，在马克思主义荒芜的中国大地升起了科学社会主义的精神太阳。

第一，树立马克思列宁主义的大旗，给中国革命指明了前进的方向。在社会急剧动荡的近代中国，早期的红色出版机构出版销售的李大钊、陈独秀等第一代马克思主义者文章和著作，高高举起马克思列宁主义的大旗，在中国进行马克思主义的宣传。在《我的马克思主义观》《马克思学说》《马克斯底共产主义》《布尔什维克的胜利》《马克思主义浅说》等著述中，他们指出，马克思主义是为了人类解放的社会科学，揭示了人类社会发展的规律，是科学的理论体系，中国应该接受马克思列宁主义，用来改造中国，赶上世界潮流。这无疑给在迷茫中的中国人以思想上的指引，也指明了中国革命的前进方向。

施存统指出，在《哥达纲领批判》中，马克思对共产主义的实现进行了预言："从资本主义社会推移到社会主义社会底中间，必须经过一个革命的变形时期。同这个革命的变形时期相适应的，有一个政治上的过渡期，这个政治上的过渡期，就是无产阶级革命的独裁政治。"[①]再进而把生产资料收归国有，创造比资本主义更巨大的生产力，最终实现人人自由、"各尽所能"、"各取所需"的共产主义。[②] 他强调马克思把"共产主义的目的、手段、过程，都一一告诉"中国人民，[③]并坚信"向资本主义的路上走去，是逆而必败之道；向社会主义路上走去是顺而必胜之道。"[④]李大钊、陈独秀等在文章中还指出欧洲社会民主党大多数已经堕落成修正主义、改良主义，他们反对阶级斗争和无产阶级专政，他们是背叛马克思的议会派、修正派，如果采用这些主张，无疑是"与虎谋皮"。[⑤] 在坚持马克思主义方面，认为只有俄国的布尔什维克才是马克思主义的"正宗"，是当代的马克思主义。他们充满激情歌颂十月革命是人民的胜利，是布尔什维克的胜利，昭示了人类历史发展的必然方向，"试看将来的环球，必是赤旗的世界！"[⑥]李汉俊指出，马克思主义是无产阶级解放的理论体系，也适合我们现代经济落后的国家，中国"没有一定要经过资本主义充分发展的阶段的必要"，可以"进化到社会主义"。[⑦] 这实在是给我们改造中国，以赶上世界潮流的"天赐之幸"，如果我们不接受马克思主义将遭到"天谴"。[⑧]

中国共产主义运动始于十月革命之后，马克思主义已经发展到列宁主义阶段。列宁主义对中国革命和建设产生了巨大的影响。中国第一代马克思主义者翻译的《马克思主义者列宁》、《共产主义的 ABC》(简称《ABC》)、《列宁主义概论》(简称《概论》)等经典，受到热烈欢迎，《ABC》印了 4.5 万册，《概论》第一版

---

① 施存统：《马克斯底共产主义》，社会主义研究社 1921 年版，第 9 页。

② 施存统：《马克斯底共产主义》，社会主义研究社 1921 年版，第 11 页。

③ 施存统：《马克斯底共产主义》，社会主义研究社 1921 年版，第 14 页。

④ 李汉俊：《我们如何使中国底混乱赶快终止?》，《社会主义讨论集》，新青年社 1922 年版，第 364—365 页。

⑤ 陈独秀：《社会主义批评》，《社会主义讨论集》，新青年社 1922 年版，第 94 页。

⑥ 李大钊：《Bolshevism 的胜利》，《新青年》第 5 卷第 5 号，1918 年 11 月 15 日。

⑦ 李汉俊：《我们如何使中国底混乱赶快终止?》，《社会主义讨论集》，新青年社 1922 年版，第 365 页。

⑧ 汉俊：《研究马克思学说的必要及我们现在入手的方法》，上海《民国日报》副刊《觉悟》1922 年 6 月 6 日。

就印了1万册，使列宁主义的阳光照耀中华大地。列宁主义主要是列宁的学说，据现有资料，对列宁主义最权威、科学的论述是1924年斯大林撰写的《概论》。1927年列宁逝世三周年之际，即1927年1月21日由新青年社出版了《概论》的中译本。斯大林对列宁主义科学定义为"列宁主义是帝国主义和无产阶级革命时代的马克思主义。"①正如《向导周刊》刊登《概论》的中文本广告上所指出的那样："这是一部列宁主义言简而意赅的书，读过《共产主义的ABC》后，必须读此书，对于世界共产主义之理论和实际才能有完全的概念；但亦必须读过《共产主义的ABC》懂得若干原则和术语之后，读此书才能懂得这一部走遍全世界的著作。"②中国共产党人清楚地认识到："我们的旗帜——列宁，我们的武器——列宁主义，我们的任务——全世界革命。"③"中国被压迫的民众们要得到真正的最后的解放，只有站在列宁主义旗帜之下来奋斗，来学习列宁主义，来接受列宁主义的理论和策略，使列宁主义成为我们解放自己的唯一武器。"④

第二，宣传马克思列宁主义的核心理论，给中国送来了科学的宇宙观和方法论。中国早期红色出版社宣传了反映马克思列宁主义核心理论的经典著作，给中国共产党和中国人民认识和改造中国和世界提供了科学的宇宙观和方法论。马克思主义是博大精深的社会科学理论体系，列宁主义是帝国主义时代的马克思主义，进一步构建了帝国主义时代马克思主义学术体系和话语体系，马克思列宁主义的核心概念构成了马克思主义话语体系的逻辑起点。

从著作的角度来说，宣传马克思主义的核心理论的有《共产党宣言》《资本论》和《社会主义从空想到科学的发展》等经典。李汉俊指出："要将马格斯社会主义以及要晓得马格斯社会主义理论的人，都非把马格斯社会主义三经典（马格斯因格尔斯合著《共产党宣言》，'Communist Manisfesto'；因格尔斯所著《空想的及科学的社会主义》，'Socialism：Utopian and Scientific'及马格斯底大著《资本论》，'Das Kapital'之一的《资本论》）拿来详详细细读一读不可。"⑤社会主义研究社、新青年社等红色出版机构出版、销售的《共产党宣言》《马格斯资本论

---

① 斯达林：《列宁主义概论》，新青年社1927年版，第3页。

② 《〈列宁主义概论〉出版》，《向导周刊》第201期，1927年7月18日。

③ 《新青年》"列宁号"专刊，1925年4月22日。

④ 述之：《列宁主义是否不适合于中国的所谓"国情"》，《向导周刊》第184期，1927年1月21日。

⑤ 李汉俊：《马格斯资本论入门·序》，《马格斯资本论入门》，社会主义研究社1920年版，第1页。

入门》《科学的社会主义》(即《社会主义从空想到科学的发展》)等马克思主义的经典,犹如壮丽的精神日出,照亮了黑暗中国,指明了中国人民认识历史发展规律和寻求自身解放的道路。在传播列宁主义方面,早期的红色出版社出版了《帝国主义浅说》(1925)、《第三国际议案及宣言》(1922)、《列宁主义概论》(1927)、《马克思主义的民族革命论》(1927)等著作,宣传了列宁对马克思主义的理论创新,同时为中国人进行革命提供了新的世界观和方法论的指导。

从学说内容的角度来说,马克思主义分为唯物史观、剩余价值理论和科学社会主义。李大钊将马克思主义诠释为三部分,一为关于过去的理论,即唯物史观;一为关于现在的理论,即剩余价值论;一为关于将来的理论,即科学社会主义。"他的这三部理论,都有不可分的关系,而阶级竞争说恰如一条金线,把这三大原理从根本上联络起来。"①唯物史观是马克思对人类社会学科的两大伟大发现之一,是马克思哲学的基石。恩格斯将唯物史观解释为"彻底的唯物论"和"自觉的辩证法"的统一。② 早期红色媒体出版的《唯物史观浅释》(1925)、《唯物史观》(1925)重点阐释了"彻底的唯物论",特别是翻译了《〈政治经济学批判〉序言》,将唯物史观的5个"要旨"介绍给了中国人民。上海书店1924年出版的瞿秋白《社会哲学概论》、《社会科学概论》、《现代社会学》第一次比较系统地阐释了马克思主义辩证法对立统一、质量互变和否定之否定三个基本"法则"。剩余价值理论是马克思对人类社会学科的第二个伟大发现,是马克思政治经济学的基石。新青年社、人民出版社等出版了《马格斯资本论入门》(1920)、《工钱劳动与资本》(今译《雇佣劳动与资本》)(1921)、《资本制度浅说》(1925)等文献,通俗易懂地阐释了这个理论。《共产党宣言》(1920)、《哥达纲领的批评》(1925)、《阶级争斗》(1921)等经典著作,诠释了马克思的阶级斗争学说。列宁主义的核心理论是帝国主义理论、无产阶级专政理论和东方革命理论。列宁主义是"帝国主义和无产阶级革命时代的马克思主义"。早期红色出版机构出版的《俄国革命运动史》、《俄国共产党历史》、《第三国际议案及宣言》、《俄国革命纪实》、《讨论计划进行书》等书,大大宣传了列宁主义的核心理论,鼓舞和推动了全世界一切被压迫阶级和一切被压迫民族解放的斗争,是无产阶级革命的行动

---

① 见李大钊《我的马克思主义观》上篇,《新青年》第6卷第5号,1919年10月。

② 今人一般将唯物史观称为"历史唯物主义",将马克思的辩证法称为"辩证唯物主义"。五四时期,我国红色媒体将唯物史观称为"辩证法的思索法和唯物论的观察法"的"巧妙地结合"。

指南。

第三，揭开了马克思主义中国化的历史序幕，极大地推动大革命洪流蓬勃向前。习近平总书记说："十月革命一声炮响，给中国送来了马克思列宁主义。在中国人民和中华民族的伟大觉醒中，在马克思列宁主义同中国工人运动的紧密结合中，中国共产党应运而生。中国产生了共产党，这是开天辟地的大事变，深刻改变了近代以后中华民族发展的方向和进程，深刻改变了中国人民和中华民族的前途和命运，深刻改变了世界发展的趋势和格局。"[①]中国共产党人之所以引进、传播马克思主义，一开始思路就非常清晰，即用马克思主义的真理救亡图存，振兴中华。最先提出这个使命的是李大钊，他指出马克思主义的运用必须环绕中国的"实境"。[②] 张申府指出"生于东方的人，不能不仍希望东方"。[③]李汉俊与张闻天讨论救国之策，指出马克思主义是一个理论系统，他必须与中国结合，现在虽然还不知道结合成什么样子，"要靠中国人底努力了。我们努力底结果，或能够造出什么来。张闻天先生！我们大家来努力吧！"[④]人民出版社1922年4月出版的《第三国际议案及宣言》传播了列宁的东方革命理论，直接的结果就是中国共产党在中共二大实现了革命战略的转变，制定了中国革命分民主革命和社会主义革命两步走的战略。新青年社出版的《社会主义讨论集》(1922)、《中国革命论文集》(1926)是中国共产党人运用马克思主义结合在中共创建至国民革命时期的理论成果。毛泽东的《湖南农民运动考察报告》、《中国社会各阶级的分析》是大革命后期马克思主义中国化的代表作。以上思想与著作构成了早期马克思主义中国化的最初成果，开启了马克思主义中国化的先河。

第四，促进中国近代出版业发生革命性的转变，红色出版业成为中国共产党宣传马克思列宁主义，宣传中国共产党的政治主张、政策、策略的重要舆论工具。近代出版业与传统出版业不同，主要引进西方先进的铅活字排版和机械化印刷。中国的近代出版社起源于19世纪初叶，中国共产党一成立就立即运用现代出版业，先后创建了社会主义研究社、新青年社、人民出版社、上海书店、长

---

① 习近平：《在庆祝中国共产党成立一百周年大会上的讲话》，新华社2021年7月1日。

② 李大钊：《再论问题与主义》，《每周评论》第35号，1919年8月17日。

③ 张崧年致陈独秀，《新青年》第9卷第3号，1921年7月。

④ 汉俊：《读张闻天先生底〈中国底乱源及其解决〉》，上海《民国日报》副刊《觉悟》1922年2月6日。

江书店等现代概念的出版社，逐渐形成了编、校、印、发人员齐备的独立行业，继而建立起又新印刷厂、国华印刷所（崇文堂印务局）、中兴印刷所、競新印刷所（亦称长江印刷所）等现代印刷厂，创造了在一次印刷上万册书的同时印刷上万册《向导周刊》《中国青年》等革命刊物的奇迹。红色出版业的产生与发展给我国近代出版业增加了马克思列宁主义与马克思主义中国化的全新内容，谱写了我国近代出版业灿烂辉煌的华章。大革命武汉时期，早期红色出版业依靠赤都的环境与优势，印刷马克思列宁主义与革命书籍册数之多，印刷质量之高、装帧之精美，是民主革命任何时期都无法与之媲美的。在早期红色出版业发展的基础之上，延安时期党出版的马列主义的著作和期刊无论是在数量还是理论水平上都实现了质的飞跃，马克思主义中国化也进入了成熟时期，进一步推动了中国红色出版业的发展。

作者简介：金姣，湖北大学马克思主义学院讲师，博士
田子渝，湖北大学马克思主义学院教授

《京汉工人流血记》封面美术作品考*

彭茹娜

摘　要:《京汉工人流血记》因是中国共产党组织出版的第一部记载中国工人阶级与帝国主义、反动军阀斗争的实录而载入我国红色出版史,然而它的封面是第一幅描绘中国工人阶级的红色美术作品,则无人研究。文章指出《流血记》封面美术的设计源自匈牙利画家米哈伊·比罗1912年创作的石版画,认为《流血记》封面美术标志了中国木刻版画由传统到现代的转型,是中国红色美术的最初经典之一,是世界红色美术交流史上的典范。

关键词:京汉工人流血记;封面美术;作品考

2023年是京汉铁路工人大罢工纪念100周年。1923年5月由北京工人周刊社编辑的《京汉工人流血记》(简称《流血记》)是记载这场震惊世界京汉铁路工人大罢工的壮丽史册。这次大罢工是中国工人阶级在中国共产党领导下的第一次工人运动的高潮,它第一次在世界上“显示出中国工人阶级的坚定的革命性和坚强的战斗力,扩大了中国共产党在全国的政治影响,为党同其他革命力量合作,掀起全国规模的大革命准备了一定条件。”②《流血记》因是中国共产党组织出版的第一部记载中国工人阶级与帝国主义、反动军阀斗争的实录而载入我国红色出版史,然而它的封面——一个强壮工人抡起大锤的形象(见图1),是第一幅描绘中国工人阶级的红色美术作品,则无人研究。笔者2013、2015年两次访学美国佛罗里达大学从事美术深造时,开始关注中国红色美术,经过长期寻觅资料,基本搞清楚了这幅红色作品的来龙去脉。

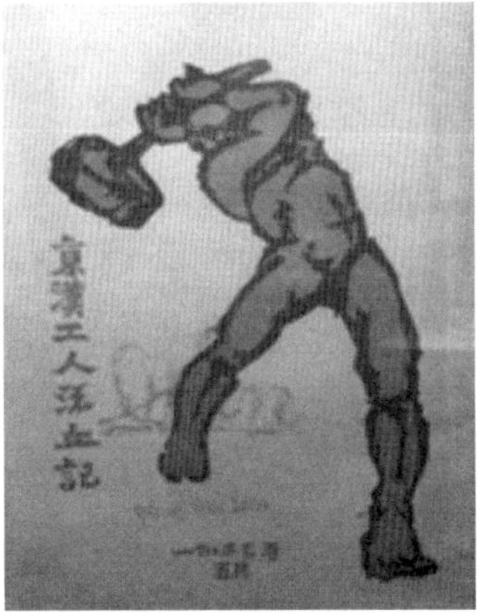

图1　《京汉工人流血记》封面

---

* 此文是中央“马”工程《马克思主义在中国早期传播著作选集》前期成果。

② 中央党史和文献研究院等:《中国共产党简史》,北京:中共党史出版社2021年版,第19页。

一

《流血记》封面美术的主体是一件以人物为题材的木刻版画。画面中描绘了一位健壮且年富力强的男性，大步迈开，举起手臂，正拼尽全力抡起一把巨大的石锤，奋力砸向前方，画面中人物形象作为中国工人阶级的象征，其视觉冲击力极强。

这幅图的最初设计来源于1912年，匈牙利画家比罗创作的一幅石版画。比罗即米哈伊·比罗(Mihály Biró，1886—1948)(见图2)，生于匈牙利布达佩斯，是匈牙利无产阶级红色美术家。比罗早年在伦敦阿什比手工艺协会(Ashbee's Guild of Handicraft in London)做学徒，在那里他不仅学会了印刷工艺，也接触到英国工艺美术运动的社会主义精神和乌托邦理想，从而加入了社会主义事业。1910年至1919年期间，比罗为匈牙利社会民主党[①]设计了引人注目且广为人知的海报插图。1919年3月，在匈牙利共产党的领导下，匈牙利苏维埃共和国诞生，成为继苏俄政府后世界上第二个无产阶级红色政权，比罗热情地用画笔歌颂新生的红色政权，成为匈牙利苏维埃共和国红军的图形喉舌。8月，红色政权在法国等侵略军的攻击下失败，匈牙利进入以前奥匈帝国海军上将霍尔蒂为头子的反革命政权的黑暗恐怖统治下，比罗被迫流亡国外，并在1920年创作了揭露鞭挞霍尔蒂政权暴行的彩色石版画作品集。1947年，匈牙利社会主义政府召回比罗，并授予其至高荣誉。

图2　匈牙利画家 Mihály Biró (1886—1948)

比罗少年时代就是学徒，有工人的经历，对工人的悲惨遭遇有切身的体会。1912年，26岁的比罗创作了一幅名为“挥舞锤子的红色男人”(the red—hammer—weilding man)的石版画，这幅以工人为题材的人物画是画家以其挚友——匈牙利摔跤冠军蒂博尔·费舍尔(Tibor Fischer)为模特塑造的工人形象。画面中，比罗将工人塑造成大力神或火神的形象，用极简主义的画面和极具挑衅性和威慑力的动态彰显出革命的力量。尽管其原作已不可考，但可以肯

① 匈牙利社会民主党1919年与匈牙利共产党合并，成立匈牙利社会党。

定的是，比罗对自己塑造的这个工人形象情有独钟，因为该形象屡屡出现在他随后的创作中。

目前见到的第一幅以比罗塑造的红色男人形象出现的作品是笔者在纽约大学图书馆档案中发现的一件临摹品。这件临摹品出现在美国纽约一本名为《群众》(MASSES)的杂志封面上(见图 3)。《群众》是一部关于社会主义政治的单月刊杂志，创办于 1911 年，1917 年停办。1916 年 7 月刊封面上的人物形象是一件无论在造型、色彩还是艺术语言上，均与比罗“抡锤子的红色男人”相同的摹本。在《群众》封面上红色男人的右下角，即男人左脚的旁边有一排很小的文字“After Birot.”(比罗之后)，以此文为证，说明这幅封面美术作品的原创来自米哈伊·比罗，只不过纽约人按照自己的英文发音习惯，在“Biro”的名字末尾加上了字母“t”。

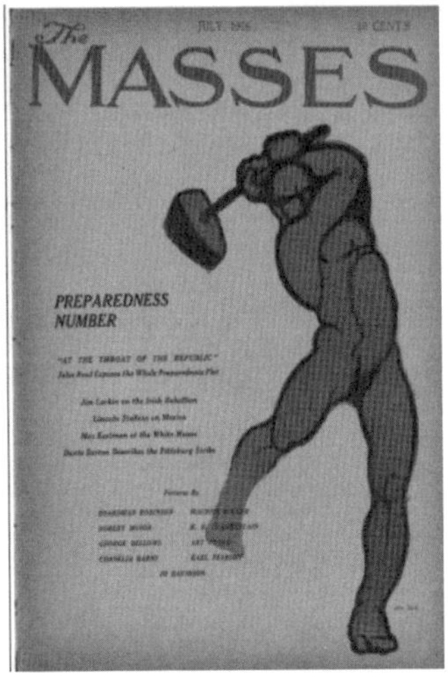

图 3　1916 年 7 月《群众》封面

笔者见到米哈伊·比罗的原作是在 2011 年美国现代艺术博物馆(Museum of Modern Art)举办的“看见红色:匈牙利革命海报展”上，来自多萝西和刘易斯·B. 卡尔曼画廊(the Dorothy and Lewis B. Cullman Gallery)收藏的两件比罗的作品(见图 4)。一件创作于 1918 年，是印在匈牙利社会民主党报纸 NÉPSZAVA(《人民之声》)上的石版画，长 94 厘米，宽 63.5 厘米(见图 5)。另一件创作于 1919 年，是印在宣传国际工人运动“五一劳动节”海报上的石版画，长 126 厘米，宽 95 厘米(见图 6)。

图 4　12011 年美国现代艺术博物馆“看见红色:匈牙利革命海报展”中的展品

图5　印在报纸上的石版画(1918)

图6　“五一劳动节”海报(1919)

这两件作品中人物形象完全一致,即均为“抡着锤子的红色男人”形象。事实上,该形象还出现在比罗众多版本的海报设计中,形成了表现工人形象的系列作品,彰显了比罗的政治倾向与艺术风格,是其代表作和成名作。该形象也出现在国际无产阶级媒体上,成为蜚声世界的无产阶级红色美术名作。

《流血记》封面上的木刻版画就源自比罗的这幅名作。至于《流血记》从何处参考到这幅名作,由于缺乏资料不可考,有待于继续深挖史料,希望能够获得突破。

二

《流血记》封面美术在美术史与红色美术交流史上均具有重要的里程碑意义。

第一,《流血记》封面美术标志了中国木刻版画由传统到现代的转型,是中国现代木刻版画的萌芽。中国是版画的发明国,是木刻版画的故乡。中国复制木刻版画有两千余年历史,其西传致使欧洲复制版画产生,在19世纪中叶,欧洲在复制木刻的基础上发展起现代版画,即创作版画。① 从绘画语言与风格图式上看,《流血记》封面美术与中国传统木刻版画有很大的区别。中国传统木刻版画从最初附庸于文字的书籍插图到独立成作品的年画佛像,均是通过画家与

① 复制版画与创造版画的主要区别在于,复制版画是“以刀拟笔”、“依样画葫芦”,制作时画、刻、印分工,由画师、刻工和印工分别完成;创作版画是“以刀代笔”,画、刻、印均由版画家一人完成。

刻工的合作来完成，而决定画面风格特色的画家又大多是画中国画的画家，故中国传统木刻版画的艺术风格与审美趣味通常与传统中国画相一致，换言之，传统木刻版画大多是对传统中国画的复制，追求复制的精确。此外，在中国传统绘画中，对人物的描绘往往较为含蓄，具体表现为对造型的弱化，在人物形象刻画上不求形似，追求气韵、诗性与雅致，而《流血记》封面上的人物形象描绘却对造型和人体结构加以强化，追求强劲而有张力——画面中的人物肌肉发达，身形矫健，四肢粗壮有力，被刻意强化的双腿向前迈进，身体受石锤向后方抡起时重力的影响而向后伸展，其动态构成蓄势待发的弓形，汇聚成一股强烈的爆发力和视觉冲击力，其造型特色、艺术风格与审美趣味显然不同于复制中国画的传统木刻版画。

从美术史的角度来看，《流血记》封面强调艺术形式与内容的完全结合，强调艺术的教化功能、鼓舞效应与视觉的冲击力，有别于传统版画的被动复制，尽管其人物形象参考了比罗的原创，在很大程度上呈现出临刻的痕迹，是一件"复刻版画"而不能算作一件"创作版画"，但与同时期美国纽约《群众》杂志封面上对原作的简单照搬截然不同的是，《流血记》封面美术既不是照搬，也不是简单的临摹，而是一种中西文化的融合。它跨越地缘限制，积极汲取外来作品的图式、造型与色彩，同时又试图对粉本进行再创作，将其本土化，用中国传统的木刻工具取代石版，舍弃原图以流畅的线条对人体动态与结构精准描绘的艺术追求与审美趣味，用中国人最熟悉、最亲切、最简单的平口刀和斜口刀，注入强烈的情感，以果敢、快速、激烈、深刻的刀痕，刻画出变化丰富、强悍硬朗、激情澎湃的线条，表现具有革命性的主题与内容，彰显出比原作更强大的"力之美"，这种中西文化的主动融合与"本土化"改造，正是中国现代木刻版画创作意识的萌芽。

第二，《流血记》封面美术是中国红色美术的最初经典之一。我国红色美术起源于中国共产党的诞生，早期作品通常以中国共产党组织出版的图书封面为主要形式。今天我们所能见到的早期红色美术，从 1920 年 8 月出版的《共产党宣言》中译本封面，到 1923 年 5 月出版的《流血记》封面，共计 40 余种，其封面美术主要分为三种类型：其一，以人像摄影为主体，如直接采用马克思、列宁的照片（见图 7）；其二，以文字为主体，用美术字直接书写书籍名称，仅有文字大小、字体、排版变化，无图形装饰（见图 8）；其三，以绘画为主体，图文并茂，以图达意，这是早期红色美术的高级形式，艺术性与创造性均超出前面两类，《流血记》封面是迄今为止发现的唯一一件以绘画为主体的封面作品。

图 7　1920 年 8 月—1923 年 5 月，以人像摄影为主体的封面美术

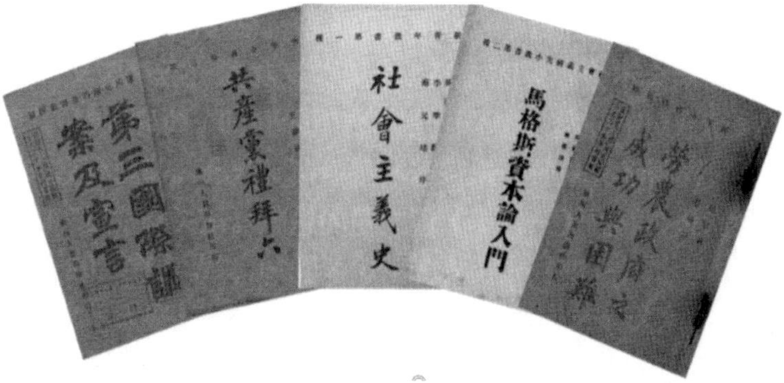

图 8　1920 年 8 月—1923 年 5 月，以文字为主体的封面美术

从中国无产阶级革命史的角度来看，尽管京汉铁路工人大罢工是一件惨案，但是，《流血记》封面却丝毫没有悲伤的负面情绪。在京汉铁路工人大罢工遭到镇压，工人阶级运动跌入低潮的危难时刻，《流血记》封面开创了红色美术史以人物绘画为主题的时代篇章，借助强烈的视觉冲击力和极具挑衅性、威慑力的人物形象彰显中国工人阶级的力量，为中国的无产阶级革命斗争服务。在为民众的强烈愤怒发声，声讨、抗议军阀之恶行的同时，激情澎湃地歌颂中国工人阶级反对军阀的英勇斗争，鼓舞工人阶级奋起反抗，积极投身火热的革命，迎接工人运动的新高潮，成为鼓舞中国人民反对帝国主义、反对军阀的形象旗帜，对中国无产阶级革命具有重要的推动作用。因此，《流血记》封面美术也是表现中国工人阶级斗争精神、创作工人阶级风貌的第一幅红色美术作品。

第三,《流血记》封面美术是世界红色美术交流史上的典范。如前所述,《流血记》的封面美术来自比罗的无产阶级名作,成为马克思主义美术在中国早期传播的例证。20 世纪 20 年代,中国的红色美术尚处在幼年时期,当时既没有专门从事红色美术创作的画家,也没有红色美术创作的经验,临摹国外无产阶级美术作品就成了当时红色美术生产的唯一手段。以早期的红色出版物封面为例,1920 年 8 月《新青年》第 8 卷第 1 号①的封面主体图案——以世界地球仪为背景,左右各伸出一只手,强而有力地紧紧相握,就直接借鉴了美国社会党(美国共产党前身)党徽的图案(见图 9);1923 年 5 月《流血记》的封面又借鉴了比罗创作的工人形象;1923 年 6 月《新青年》季刊的第 1 期封面,由主编瞿秋白绘制的图案——一只有力的手从监牢的铁窗里伸出来,手中握着飘展的鲜红绸带(见图 10),则源自罗马里亚红色画家安努莫斯(Anonympus)创作的《来自监牢的庆祝和呼声:共产国际万岁》,该作品曾发表在 1923 年的《社会主义新闻》刊物上。② 以上列举的三件中国早期的红色美术作品,其原型均来自西方无产阶级红色美术,在此仍需指出的是,世界红色美术的交流促使西方无产阶级红色美术成为中国本土艺术家的创作源泉,但他们对异域图像的借鉴与挪用并不是机械地复制与照搬,而是对其进行本土化改造,是在学习过程中的再创作。

图 9　1920 年 8 月《新青年》第 8 卷第 1(左),美国社会党党徽(右)

① 共产党上海早期组织的刊物。

② 王观泉:《关于〈新青年〉创刊号封面设计的补正》,《文物天地》1982 年第 2 期。

以《流血记》封面为例，尽管引用了比罗创作的红色男人形象，却体现了一种“中国化”的诉求，这种诉求是对中国美术主体地位的主张，是对中国传统美术独特价值的肯认，也是对中国传统美术之发展前途的自信。首先，《流血记》封面与比罗图的创作内容不同。比罗图是为纪念国际劳动节而创作，他所创作的是一般工人阶级打碎旧世界的斗争形象；《流血记》封面则是为京汉铁路工人大罢工而创作，所创作的是中国工人阶级奋起反抗、迎接工人运动新高潮的形象。其次，《流血记》封面与比罗图的绘画种类不同。比罗图是石版画，《流血记》封面则是中国本土的木刻版画，二者采用的艺术媒介不同，运用的艺术语言有别，呈现的视觉效果相异。最后，《流血记》封面比比罗图更有视觉冲击力。尽管其造型、色彩与图式表现出对西方无产阶级红色美术的向往与学习，但其木刻版画的语言与激昂的刀痕是其对外来美术的本土化与再创作，通过这种再创作，汇聚成震撼人心的强大力量，以视觉的形式回应马克思在《共产党宣言》中所指出的“无产阶级在这个革命中失去的只是锁链，他获得的将是整个世界”①的精辟论断。如果说比罗的“工人图”作为比罗创作的工人系列作品，成为共产国际美术史上的经典，那么，《流血记》封面则为比罗创作的“工人图”家族增添了中国革命者的贡献。

图 10　1923 年 6 月《新青年》季刊第 1 期封面

三

有关马克思主义理论与美术作品在中国早期传播的研究，一直是马克思主义在中国传播和中国美术史研究领域的薄弱环节，而《流血记》封面设计源头的发现则表明了该研究的重要性与必要性。

正如鲁迅先生在《艺苑朝华》中所言：“当革命时，版画之用最广，虽极匆忙，

① 弗里德里希·恩格斯、卡尔·马克思：《马克思恩格斯选集》第 1 卷，北京：人民出版社 2012 年版，第 435 页。

顷刻能办。”[①]版画在马克思主义在中国的早期传播过程中发挥了其他画种无法比拟的重要作用,其便捷性、复数性和战斗性恰到好处地符合了当时中国无产阶级革命运动的需求,这也是中国共产党早期的红色美术作品以木刻版画面貌诞生的时代契机。《流血记》封面上的版画作品取法于欧洲,诞生于马克思主义在中国的早期传播,以及中国人民由麻木走向觉醒、由屈辱奋起反抗的奋斗步伐和革命事业,既是中国现代木刻版画的萌芽,亦是中国共产党早期红色美术的经典作品。同时,这件作品也表明,中国红色美术从一开始就具有开阔的国际视野,具有对世界优秀艺术、人类进步文明吸纳与包容的姿态。或许,正是因为这件作品启发了鲁迅,让他发现了木刻版画有效服务国家需要的潜力,将之视为宣传推动社会变革的重要艺术媒介,进而不遗余力地介绍德国科勒惠支、梅斐尔德,比利时麦绥莱勒,苏联法复尔斯基、克拉甫琴科等欧洲版画大师的作品,由此催生了20世纪30年代让世界都震惊的中国新兴版画运动。

作者简介:彭茹娜,湖北大学艺术学院副教授

校订者:田子渝,湖北大学马克思主义学院教授

① 鲁迅:《集外集拾遗·〈新俄画选〉小引》,《鲁迅全集》第7卷,北京:人民文学出版社2005年版,第363页。

红色经典——评《马克思主义在中国早期传播著作精粹(1920—1927)》

徐方平　侯晗倩

摘　要:“惟殷先人,有册有典”。中国共产党百余年的历史就是一部不断探索和推进马克思主义中国化的历史。马克思主义中国化,首先是马克思主义文本的中国化,以陈独秀、李大钊、李达等为代表的早期马克思主义者译介马克思主义经典著作,推动马克思主义在中国的早期传播(以下简称“早期传播”),引导中国人民和中华民族树立马克思主义科学理论的思想旗帜。2022 年 11 月,由长江出版社出版,湖北大学田子渝教授策划、徐信华教授等主编的《马克思主义在中国早期传播著作精粹》(以下简称《精粹》)面世,为学界研究马克思主义在中国初期传播史、中共创建史、马克思主义中国化史提供了宝贵的历史资料,贡献了其初步研究的成果。

关键词:红色经典;马克思主义;早期传播

目前学术界的早期传播著作汇编成果与《精粹》简介

“早期传播”对中国革命的重要贡献之一就是孕育诞生了一个革命的党——中国共产党和革命的理论——马克思列宁主义。对“早期传播”的研究一直是学界研究的重要议题。十九大以来由专家学者收集整理出版的“早期传播”相关编著丛书成果丰硕,主要有《马克思主义在中国早期传播著作选集(1920—1927)》(以下简称《选集》)、《马藏》第一部著作类(含译著)、《马克思主义经典文献传播通考》、《新中国成立前马克思主义文献汇编》、《原版初心——党的出版早期文献萃编》、《建党时期马克思主义文献丛编(1918—1923)》、《马克思主义在中国早期传播著作丛编(1920—1927)》(以下简称《丛编》)和《马克思主义在中国早期传播著作精粹(1920—1927)》等约 10 部。其中《选集》《丛编》《精粹》都是由湖北大学马克思主义学院田子渝教授领衔编纂完成的教育部哲学社会科学研究重大攻关项目“马克思主义在中国早期传播史料收集、整理与研究”,以及中宣部“马工程”重大委托项目“《马克思主义在中国早期传播著作选集(1920—1927)》(全200种)整理出版”的重要成果。

2021年12月,由湖北人民出版社出版的《丛编》面世发行。这是一部从250种原始文本中精选151种汇编而成的2860万字的鸿篇巨著。然而由于一些原因,尚有一些孤本、珍本未能收入。《精粹》作为《丛编》的姊妹篇,旨在为已出版的《丛编》补遗,共收集、整理和出版了7卷26册的“早期传播”著作。其中《一九一九旅俄六周见闻记》、《共产主义与共产党》、《湖南农民革命(一)》、《中国社会各阶级的分析》、《陈独秀政治主义谈》、《十月革命给了我们甚么》、《中国共产党第三次全国代表大会决议案及宣言》、《中国共产党第四次全国代表大会决议案及宣言》、《平民读本(四)》、《苏俄的东方政策》等著作文本,是第一次影印出版。这些深藏于各地图书馆、博物馆、档案馆和私人收藏的珍贵文献化身千百,为学术界提供了鉴赏和研究的珍奇文本,史料价值极高。

《精粹》延续了《丛编》的体例,有利于提升读者的阅读体验。一是出版了著作原件的影印本,使这些深藏了约百年的红色典籍得以继续保存,让更多的读者共享,“看得见”,让更多的研究者“用得着”;二是编撰者对每一本著作作了题解,介绍了著作的版本、出版时间、出版意义、主要内容、理论价值等,便于读者特别是研究者“看得全”,进一步认识其理论意义和实践作用;三是对文本内容作了注释,对著作中的专有名词、概念、人物、事件等进行考据,使其从历史深处浮现出来,有利于厘清史料背景,增强著作文本的可读性,便于读者特别是研究者“看得真”。

关于《精粹》的主要内容

《精粹》文本由1920—1927年在中国传播的马克思主义著作选编而来,在内容上进行划分,大致可分为四种:

源头:十月革命在中国的早期传播。中国对无产阶级革命的报道早已有之,1871年巴黎公社革命爆发后,《上海新报》最早报道了起义,《中国教会新报》持续报道了整个事件。1872—1879年,有关巴黎公社的少量消息仍不时见于几种报刊。[①] 但巴黎公社最终以失败告终,未能引起国内对无产阶级革命的重视。直到十月革命胜利的消息传到中国后,才真正使中国先进分子认识到马克思列

① 巩梅:《晚清时期“巴黎公社”在国内的传播与认知——基于〈马藏〉所收1911年前文献史料的梳理》,《思想教育研究》2021年第3期,第37页。

宁主义领导革命的必要性和可行性，掀起了国内研究马克思主义的第一波高潮。早期共产主义者和进步人士翻译并出版了相关著作，向民众介绍俄国革命和苏俄的真实情况。如最先在中国全面介绍俄国革命和苏俄情况的著作《一九一九旅俄六周见闻记》（简称《见闻记》）和《劳农政府与中国》。《见闻记》发行于1920年4月，是英国《曼彻斯特卫报》记者亚瑟·兰塞姆根据自身旅居苏俄的经历和见闻写下的记录，旨在以客观的叙事介绍真实的苏俄情况，由黄凌霜译为中文本在国内发行。同年6月，汉口新文化共进社发行了由张冥飞编纂的《劳农政府与中国》，比较系统地介绍了俄国十月革命和苏维埃共和国的内政状况，澄清了当时西方主流媒体对俄国革命的一些歪曲报道和攻击，使中国人民尤其是先进知识分子看到了人类历史上第一次胜利的社会主义革命，极大地鼓舞了进步人士的革命意志。自苏俄建立后，俄共（布）曾派遣代表在中国进行宣传活动，推动中国革命。其中来华全权代表维经斯基翻译出版了《十月革命给了我们甚么》（简称《甚么》）。这本小册子现由中国社会科学院俄罗斯东欧中亚研究所助理研究员周国平在俄罗斯国立社会政治历史档案馆中发现，他认为该文源自1920年8月前后发表的《1919年苏维埃日历》中的《十月革命给了什么》一文，俄文翻译者为中国共产党上海发起组成员、俄共党员杨明斋。该文献与《共产党宣言》一样，促进了中国先进知识分子对苏俄的了解，并进而推动了他们走上“俄国式”的革命道路[①]。另要说明的是，该书的另一版本是由李绰从英译本翻译过来的《俄国无产阶级革命的十月革命》（简称《革命》）。目前所见唯一原件由上海党的一大会址纪念馆收藏。从内容上看，《革命》是《甚么》的另一种译本，《精粹》将两个版本一齐出版，通过对照研究能够更准确掌握外文原文，对苏俄革命与建设的历史有更全面的了解，对当时没有统一标准翻译的情况也有了新的研究范本。[②] 十月革命在中国的早期传播进一步推动了马克思主义在中国的广泛传播，对新文化运动起到了思想解放的作用，对使其由浓厚的资产阶级色彩转变或者升华为以传播马克思列宁主义为主导起着关键的决定性作用[③]，为中国共产党的创建奠定了思想基础。

---

① 周国长：《〈十月革命给了我们什么〉的翻译与传入》，《湖南社会科学》2021年第1期，第159页。

② 徐信华等：《马克思主义在中国早期传播著作精粹（1920—1927）》（第1卷），武汉：长江出版社2022年版，第573页。

③ 石仲泉，鞠俊俊：《热话题与冷思考——五四运动与马克思主义在中国的早期传播》，《当代世界与社会主义》2019年第2期，第14页。

逐浪:“早期传播”中的日本渠道。马克思主义在中国的早期传播经历了从萌芽到思潮的转变过程,其最初是由先进知识分子自发、自觉传播实现的,其中的一部分人最终成为了中国第一批马克思主义者,将马克思主义与中国的救亡运动相结合,为中国的无产阶级革命点起了星星之火。日本渠道对“早期传播”发挥了重要的作用。十月革命的胜利,不仅对中国产生了巨大的影响,对陷入低迷的日本社会主义运动也起到振奋作用。日本国内掀起了研究马克思主义的热潮,山川均、河上肇、布施胜治、高畠素之、远藤无水等社会主义者积极将马克思主义经典著作翻译为日文本。李大钊、陈独秀、李达等在日本留学的进步青年,通过阅读日文版的马克思著作,了解、认同了马克思主义。为更通俗化地介绍马克思主义和社会主义,实现大众化传播,他们将马克思主义经典著作的日文本与日本社会主义者撰写的诠释性著述一同转译为中文本传入中国,受到中国革命知识分子的热烈欢迎。其中《精粹》选编的著作《救贫丛谈》(日文原名《贫乏物语》)在日本再版三十次之多①,作者河上肇在书中揭示了欧洲资本主义社会随着生产和社会财富的急剧增长,广大的劳动者即工人和农民却迅速地贫困化的现象。《精粹》的第四卷集中收录了由高畠素之编著的《社会问题详解》(全三册)中译本。该书自1921年初版后至1928年4月共发行了五版,主要由“社会政策”“社会主义”“劳动组合”“妇女问题”四编及附录构成,重点介绍了资本主义国家的社会政策、各种派别的社会主义、十月革命后苏维埃政府的情况、近代的女权运动等内容,推动了马克思主义在中国的早期传播。毋庸置疑,日本渠道作为马克思主义传入中国的主要渠道之一,对实现马克思主义在中国的早期传播、促进中国共产主义运动、推动早期马克思主义中国化发挥了重要作用。

赤潮:早期马克思主义中国化的理论全景。“早期传播”推动了早期马克思主义中国化的探索历程,逐步形成并完善了党的新民主主义革命理论。从文本出发,聚焦早期马克思主义中国化研究,有助于正确认识中国共产党创建时期的历史,客观看待早期马克思主义者在将马克思列宁主义与中国革命实践相结合的过程中遭受的一些挫折。以党的全国代表大会文献为经,以党的政治家、

① 徐信华等:《马克思主义在中国早期传播著作精粹(1920—1927)》(第1卷),武汉:长江出版社2022年版,第646页。

理论家、学者、工作者的理论成果为纬。[①]《精粹》选编了二大的文献和三大、四大的决议案及宣言，作为再现历史的一手资料，结合早期马克思主义者的理论著作，展现了早期马克思主义中国化理论创新的集体贡献，汇聚为早期马克思主义中国化一波又一波的赤潮。中国共产党召开一大至五大所形成的会议文献，蕴含了党不断创新、不断前进的历史线索。1921 年召开的一大，标志着一个正确的党——中国共产党正式成立，开始了党的初步探索和奋斗方向。1922 年召开的二大，制定了党的最高纲领和最低纲领，指出中国革命要分两步走，推进了马克思主义早期中国化的实践，并根据“无产阶级倘还不能够单独革命，扶助民主派对于封建革命也是必要的”[②]主张，通过了《关于“民主的联合战线”的决议案》。1923 年召开的三大，正确解决了党内在国共合作问题上的重大分歧，决定建立国共合作的统一战线。1925 年在党的四大上形成的《中国共产党第四次大会宣言》，号召：“要使中国不陷于奴隶的地位，完全靠着中国劳苦群众的努力，完全靠着全世界劳农联合起来反对资本主义的奋斗！”[③]党在这次大会第一次明确提出了无产阶级在民主革命中的领导权问题和工农联盟问题。以党史为基，以党建为用，有利于绘就早期马克思主义中国化理论的全景，进而梳理中共创建史、马克思主义中国化史的发展脉络，为文献中的百年党史留下宝贵的精神财富。

争锋：科学社会主义道路的选择。马克思指出：“理论在一个国家实现的程度，总是决定于理论满足这个国家的需要的程度。”[④]马克思主义的传播正是在各种社会思潮在中国广泛流传的百家争锋中进行的。

一是五四时期围绕中国社会与革命向何处去的问题展开了三次思想论战。1922 年由新青年社出版发行的《社会主义讨论集》，是马克思主义在中国传播和社会主义大讨论的产物，讨论集选编了陈独秀、李达、施存统等人的文章，在论战中有力传播了唯物史观、剩余价值、阶级斗争、无产阶级专政等马克思主义的基本原理，早期马克思主义者和共产党人正是运用马克思主义的立场、观点和

---

① 田子渝，徐方平等：《马克思主义在中国早期传播的历史背景、演进历程和著作回顾》，《决策与信息》2022 年第 5 期，第 10 页。

② 徐信华等：《马克思主义在中国早期传播著作精粹（1920—1927）》（第 5 卷），武汉：长江出版社 2022 年版，第 27 页。

③ 徐信华等：《马克思主义在中国早期传播著作精粹（1920—1927）》（第 5 卷），武汉：长江出版社 2022 年版，第 270 页。

④ 《马克思恩格斯选集》（第 1 卷），北京：人民出版社 2012 年版，第 11 页。

方法进行社会主义的论战，批驳了基尔特社会主义、无政府主义，传播马克思主义，坚定科学社会主义的信仰。[①] 讨论集文章指明了第一代中国共产党人与基尔特社会主义者、无政府主义者的根本分歧，指出中国革命必须走苏俄式的社会主义道路，为科学社会主义在中国的发展奠定了基础。在思想论战中马克思主义不仅打退了资产阶级的进攻，捍卫了马克思主义的纯洁性，而且团结争取了一大批青年，使他们摒弃了曾经信奉的无政府主义、空想社会主义和改良主义，走上革命的道路，有些还成为杰出的无产阶级先锋战士。[②]

二是对中国民主革命的基本问题进行探索。1920 年由上海社会主义研究社发行的《陈独秀政治主义谈》，作为中国第一部运用唯物史观剖析中国革命的著作，是展现陈独秀从主张赞颂资产阶级民主共和国的民主主义者，转变为主张建立劳动阶级当政国家的马克思主义者的标志性作品。陈独秀在书中对无政府主义进行了批判，主张要用“革命的手段建设劳动阶级即生产阶级的国家，创造那禁止对内对外一切掠夺的政治法律，为现代社会第一需要。”[③]1926 年新青年社收录陈独秀、蔡和森和彭述之等人公开发表的文章，出版了《中国革命问题论文集》，论文集文章对中国特殊的社会、中国民主革命的性质以及战略、策略等全局性问题进行了初步的探索，提出要开展反帝反军阀的国民革命。1927 年 4 月，汕头书店和长江书店分别发行了毛泽东的《中国社会各阶级的分析》、《湖南农民运动(一)》(即《湖南农民运动考察报告》)两部著作。毛泽东分别从中国各阶级的经济地位及其革命态度和农民运动在中国革命中的作用两个角度，探索马克思主义与中国民主革命的基本问题，产生了具有中国特色的民主革命理论——新民主主义革命理论体系的初步思想，成为早期马克思主义中国化的杰出理论成果。“早期传播”的生命力与创造力，在于为中国共产党人认识世界、改造世界提供思想武器，从马克思主义经典著作的传播到早期马克思主义中国化理论成果的初步形成，中国共产党人在思辨与创新中探析中国革命的前途命运，在时代潮变的前列以马克思主义科学理论为戈矛，引领中国人民最终走上了无产阶级革命的道路。

---

① 曾成贵:《让科学社会主义之光照亮中国道路——以〈社会主义讨论集〉为中心的再考察》,《苏区研究》2021 年第 3 期,第 24 页。

② 邵维正:《东方欲晓 中国共产党是如何诞生的》,北京:人民日报出版社 2022 年版,第 42 页。

③ 徐信华等:《马克思主义在中国早期传播著作精粹(1920—1927)》(第 3 卷),武汉:长江出版社 2022 年版,第 468 页。

《精粹》出版的价值

史料价值。心有所信，方能远行。如果说党的百年奋斗重大成就厚植了历史自信的实践根基，那么党在不同时期形成的思想理论成果则是深育历史自信的理论根脉。“早期传播”中的马克思主义著作文本，是中国具有初步共产主义思想的知识分子在探索救国救民道路上，经过反复比较、推求，最终选择马克思主义、选择科学社会主义的文本标识，是马克思主义中国化的源头。对马克思列宁主义经典著作、国内外诠释马克思列宁主义的著作、马克思主义早期中国化的著作等马克思主义在中国早期传播史料的收集、整理和研究，是研究党史、认识马克思主义中国化历史演变轨迹的基础性工程。《精粹》中的文本收集来之不易，如《精粹》中的《甚么》在过去一直没有看到实物，直到周国平研究员在俄罗斯国立社会政治历史档案馆首次发现。另一版本《革命》目前所见的唯一原件，过去一直由上海一大会址纪念馆珍藏。《中国共产党第三次全国大会决议案及宣言》记录了党的三大的召开过程，见证了中国共产党发展的重要历史节点，是珍贵的历史文献。[①] 现于中国国家博物馆珍藏的一份《中国共产党第三次全国大会决议案及宣言》被评定为国家一级文物，可见该档案的历史价值。这些珍贵的史料现由《精粹》影印出版，以资料的原貌原样展现给了读者。史料是包括党史在内的历史研究的生命。这些来之不易的著作丰富了研究“早期传播”的资料基础，有利于尊重历史研究的整体性，避免“碎片化”割断联系，以今解昔地“重构”历史；有利于尊重历史研究的系统性，避免“以论代史”杂乱拼凑；有利于尊重历史研究的有机性，即在历史研究中既能够见组织、机构又要见人，通过完整地、系统地、客观地展现马克思主义在中国早期传播的著作全景，使当代读者正确认识我们的百年党史，讲好中国共产党的故事，回答好中国共产党从哪里来、到哪里去的问题，在新时代深刻认识并发扬伟大建党精神，赓续红色血脉。

学术价值。史海钩沉，方成妙笔。毛泽东在《如何研究中共党史》中指出：“我们研究党史，只从一九二一年起还不能完全说明问题，恐怕要有前面这部分

① 李琮：《中国国家博物馆馆藏〈中国共产党第三次全国大会决议案及宣言〉》，《中国档案》2023年第4期，第16页。

的材料说明共产党的前身。"[①]这里的"前面"正是指"五四运动"时期，在全面的史料基础之上进行研究，有利于丰富"早期传播"的学术研究成果。

一是推动早期传播研究向纵深发展。《精粹》对"早期传播"阶段原始文本的补充，有利于学界对"早期传播"中的著作出版时间、不同版本、主要内容进行深入的考察，有利于系统梳理"早期传播"中的历史逻辑、理论逻辑和实践逻辑，是阐明"早期传播"历史进程，总结党的政治家、理论家、学者、工作者的理论成果的重要佐证，为新时代创新马克思主义初期传播史研究提供动力。

二是还原早期中国共产党人的宣传活动。党的宣传工作在建党初期和大革命的洪流中艰辛起步，各地共产党早期组织成立后，有计划有组织地研究、宣传马克思主义，在工人中进行宣传和组织工作[②]，为党培养了最初的骨干，造就了一批后备力量。中国共产党还将红色美术设计运用到宣传中，以美术形象为工具进行大众化的宣传，通过研究早期著作的封面插画、语言风格和话语体系，可以进一步分析早期马克思主义中国化进程中中国共产党人的宣传活动，总结党的宣传工作经验。

三是为当代马克思主义在中国初期传播史的守正创新研究提供支持。从出版发行角度来看，各地共产党早期组织纷纷成立红色出版社，如新文化共进社、社会主义研究社、人民出版社、新青年社等，诸多早期共产主义者曾担任出版社的译者和作者。这些出版机构和出版物，是观察早期党的出版发行活动、了解早期中国共产党人思想转变的重要窗口。从翻译角度来看，由于时代水平的限制，"早期传播"中的翻译活动与当代有较大的区别，对外文本及其中译本的比较研究，同一著作不同译本的比较研究，有利于还原著作原貌，客观认识著作原始内容。从传播渠道来看，目前学界普遍认为马克思主义在中国的广泛传播有日本、苏俄、欧洲三条渠道。日本学者石川祯浩提出了美国渠道的早期传播，他认为有不少马克思主义传播的原文本是从美国出版物中来的，著作文本是主渠道变化的风向标。[③] 在中国传播的早期文本从何种渠道而来？这些渠道最终传播了多少马克思主义著作文本？不同渠道对马克思主义在中国的广泛传播各自起到怎样的作用？这也是学界研究"早期传播"的重要内容，有必要继

---

① 《毛泽东文集》(第 2 卷)，北京：人民出版社 1993 年版，第 402 页。

② 《中国共产党宣传工作简史》(上卷)，北京：人民出版社 2022 年版，第 15 页。

③ 杨荣，田子渝：《马列主义著作文本在中国的早期传播》，《马克思主义研究》2018 年第 6 期，第 36 页。

续深入研究。

政治价值。不忘初心，方得始终。习近平总书记指出："一切向前走，都不能忘记走过的路；走得再远、走到再辉煌的未来，也不能忘记走过的过去，不能忘记为什么出发。"①马克思主义在中国的广泛传播，对中国共产党的创建起到了思想奠基的作用。《精粹》正是用原始性的文献回顾百年党史，诠释党的红色初心。对马克思主义早期传播红色典籍的收集、整理和研究，正是让红色文物活起来，以原始文本说明中国共产党的思想理论从何而来，中国共产党的伟大建党精神何以能成。近代以来为改变中国被压迫、剥削的落后地位，中国的仁人志士和各阶层民众自觉不自觉地发起了一系列救亡图存的斗争，从太平天国农民革命到地主阶级改革派的洋务运动，从资产阶级改良派的维新变法到资产阶级革命派的辛亥革命，最终都不可避免地走向失败。十月革命胜利后，世界无产阶级革命步入新纪元，伴随中国革命和国际形势的发展变化，觉悟起来的中国共产党人经历长期的实践探索后，也从决意要"走俄国人的路"，到革命胜利后逐渐走"中国特色社会主义道路"。这是中国共产党领导全党和全国各族人民走出来的复兴之路。正是李大钊、陈独秀、毛泽东等革命知识分子最初在达尔文主义、科学主义、无政府主义等众多思潮中选择并捍卫了马克思主义，以通俗的文字和语言将马克思主义传播到广大工农群众中，才能凝聚起伟大的人民革命力量，在百年风雨中牢固树立起马克思主义在意识形态领域的指导地位。习近平总书记强调，开展党史学习教育，"要做到学史明理、学史增信、学史崇德、学史力行，教育引导全党同志学党史、悟思想、办实事、开新局"②。我们要在"两个结合"的推进过程中，认识马克思主义创新发展规律，以"早期传播"的历史广度和思想深度，增进中国共产党领导的历史信度，推动当代马克思主义研究在中国初期传播史、中共党史取得新成果，建构中国共产党人新的历史自信。

心中有信仰，脚下有力量。1920年，毛泽东指出："主义譬如一面旗子，旗子立起了，大家才有所指望，才知所趋赴。"③马克思主义在中国的早期传播，使中国的一批先进知识分子在众多"主义"中坚定选择了共产主义信念，诞生了中国最早的一批马克思主义者。党的二十大报告指出："马克思主义是我们立党立

---

① 《习近平谈治国理政》(第2卷)，北京：外文出版社2017年版，第32—33页。

② 《习近平著作选读》(第2卷)，北京：人民出版社2023年版，第418页。

③ 《毛泽东年谱1893—1949(修订本)》(上卷)，北京：中央文献出版社2013年版，第70页。

国、兴党兴国的根本指导思想。实践告诉我们，中国共产党为什么能，中国特色社会主义为什么好，归根到底是马克思主义行，是中国化时代化的马克思主义行。”[①]中国共产党自诞生之日起，就将马克思主义鲜明地写在自己的旗帜上，在革命、建设、改革和新时代的实践中不断推进马克思主义的中国化时代化。《精粹》的出版，是对《丛编》非常重要的补遗，有利于我们回到马克思主义信仰的原点，感悟马克思主义的真理力量，弘扬早期马克思主义者的革命精神，自信自强、守正创新，为实现中国式现代化而不懈奋斗！

作者简介：徐方平，湖北大学马克思主义学院教授
侯晗倩，湖北大学马克思主义学院博士研究生

① 本书编写组：《党的二十大报告辅导读本》，北京：人民出版社2022年版，第15页。

大事记

1月

25日

“最年轻的中共四大代表、北方工人运动的先驱者之一”阮章史料征集与学术研讨会在中共四大会址纪念馆召开。

“伟大精神铸就伟大时代——中国共产党伟大建党精神专题展”开始全国巡展。

26日

“犹记峥嵘岁月稠——宣传画中的家国情怀”展览在武汉中共中央机关旧址纪念馆展出。

27日

“志之所趋 无远弗届”纪念瞿秋白诞辰123周年党史学习研讨会在瞿秋白纪念馆召开。

本月(1月)

《中国共产党宣传工作简史》由人民出版社在北京出版发行。

《马克思主义在中国早期传播著作精粹》由长江出版社在武汉出版发行。

《北大红楼日志》由中共中央党校出版社在北京出版发行。

《伟大从此开始——中国共产党的创建》由中国青年出版社在北京出版发行。

《中国共产党重庆100年大事记》由重庆出版社在重庆出版发行。

《中国由此改变》由北京联合出版公司在北京出版发行。

《百年大党的关键抉择》由北京联合出版公司在北京出版发行。

《鲜红的党旗:写给青少年的建党故事》由上海少年儿童出版社在上海出版发行。

《毛泽东研究》2022年第1期发表丁俊萍、贾书衡的《毛泽东俄国革命观的演变历程及其鲜明特点》。

《北京党史》2022年第1期发表侯且岸的《李大钊与中国共产党理论形态的起源——理论史研究的新课题》。

《青年记者》2022第2期发表张泉泉《“主编”还是“指导”？——李大钊〈晨报副刊〉任职身份考辨》。

《理论学刊》2022年第1期发表陆卫明、曹芳《论马克思主义和中华优秀传统文化的契合性——以五四时期先进知识分子接受马克思主义为例》

2月

9日

原创MV《伟大建党精神之歌》发布。

26日

“弘扬伟大建党精神 大力加强党性教育”理论研讨会在重庆红岩干部学院召开。

本月(2月)

《党史研究与教学》2022年第1期发表王千迁 田子渝《〈马克思主义在中国早期传播著作丛编(1920—1927)〉述论》。

《党史研究与教学》2022年第1期发表宋俭、栗荣《李达对马克思主义唯物史观和唯物辩证法的独特运用与阐释》。

3月

5日

广州起义纪念馆创作推出的沉浸式话剧《1927永远的红色》在广州起义纪念馆上演。

8日

红巷巾帼——庆祝“三八”国际劳动妇女节专题图片展在武汉革命博物馆展出。

22日

《上海1927——纪念上海工人第三次武装起义胜利95周年》主题云展在中共四大纪念馆微信公众号“中共四大纪念馆”展出。

本月(3月)

《马克思主义在中国的创新与发展》由辽宁人民出版社在沈阳出版发行。

《东方欲晓：中国共产党是如何诞生的》由人民日报出版社出版发行。

《少年中国学会研究——基于马克思主义中国化的历史审视》由四川大学出版社在成都出版发行。

《北京师范大学学报(社会科学版)》2022 年第 2 期发表李萍、张冠《早期中国共产党人接受马克思主义的历史契合点及其当代启示——20 世纪初“社会主义论战”的再审视》。

《湖北大学学报(哲学社会科学版)》2022 年第 3 期发表罗福惠《辛亥革命前后的阶级言说》。

《理论学刊》2022 年第 2 期发表荆蕙兰、刘东《认知与背离：〈建设〉杂志的马克思主义早期传播及其局限》。

4 月

21 日

《北大红楼日志》专家研讨会在北大红楼举行。

22 日

“喜迎二十大 永远跟党走 奋进新征程”——庆祝建团 100 周年主题展览在建川博物馆展出。

28 日

复兴路上 青春闪光——武汉庆祝中国共青团成立 100 周年专题展在中共五大会址纪念馆展出。

心向党 正青春——中国共产主义青年团南京史料展在中共代表团梅园新村纪念馆展出。

29 日

“学习弘扬李大钊、毛泽东等建党先驱伟大精神与当代青年的使命奋斗”学术研讨会在湖南湘潭召开。

“青春百年”——庆祝中国共产主义青年团成立 100 周年美术展在广州展出。

齐鲁青未了——庆祝中国共产主义青年团成立 100 周年山东省青年美术作品展在山东美术馆展出。

本月(4 月)

《马克思主义东北传播史》由辽宁人民出版社在沈阳出版发行。

《中国共产党百年法治大事记(1921 年 7 月—2021 年 7 月)》由人民出版

社、法律出版社在北京出版发行。

《党史研究与教学》2022 年第 2 期发表张育诚 张旭东《“共产党”的宣介与“中国共产党”名称的确立》。

《中共党史研究》2022 年第 2 期发表《新民主主义革命时期中国共产党与美国共产党的交往》。

5 月

4 日

共青团之歌——庆祝中国共产主义青年团成立 100 周年合唱音乐会在北京中山公园音乐堂演出。

全国部分高校共同举办的“放飞梦想——五四青春歌会”在中国教育电视台播出。

“一起向未来——常州三杰的青年担当”线上展览开展。

“百年青春 当燃有我”五四青年节青春讲演剧在“青春心向党 建功新时代”五四主题网络直播活动中精彩呈现。

5 日

“常州三杰与马克思主义在中国早期传播——马克思诞辰日”研讨会在常州市革命烈士陵园召开。

“中共苏州独立支部史料展——党团组织”展览在苏州革命博物馆云展。

“中国青年运动历史展览”在中央团校展出。

《中国共产主义青年团成立一百周年》纪念邮票在全国各地同时发行。

庆祝建团百年原创主题音乐歌曲 MV《我们是青春中国的力量》正式发布。

7 日

庆祝中国共青团成立 100 周年特别演出“征程”——国家大剧院合唱团演绎经典合唱作品专场音乐会在国家大剧院上演。

10 日

中国共产主义青年团成立 100 周年庆祝大会召开，习近平总书记发表重要讲话。

12 日

“中国共产党领导下的中国社会主义青年团创建历史陈列”在团一大纪念馆展出。

常州革命文物图片展巡展开始。

13 日

“百年来中国共青团的历史责任与使命担当”——庆祝建团 100 周年主题理论研讨会在广州召开。

15 日

《北京大学校报》第 3 版刊发陈长安的《〈共产党宣言〉的第一个北大译本》。

18 日

“中国共产党早期重要领导人罗亦农生平思想与革命精神”学术研讨会在湖南湘潭召开。

“罗亦农生平业绩陈列展”在湘潭县红色教育发展中心展出。

19 日

庆祝中国共产主义青年团成立 100 周年太原音乐会在山西大剧院音乐厅演出。

20 日

“革命文物说·见证——初心”在苏州革命博物馆云展。

30 日

《学习时报》第 7 版刊登周铁钧《中国共产党第一个关于妇女运动的决议》。

本月(5 月)

《中国共产党百年制度史》由中国工人出版社在北京出版发行。

《马克思主义与现实》2022 年第 3 期发表房静雅《早期中国共产党人对巴黎公社的宣传及其启示》。

《马克思主义与现实》2022 年第 3 期发表张凯《马克思主义政治经济学在中国的早期传播研究——基于相关译介文本的考察》。

《出版科学》2022 年第 3 期发表李光杰《试论中国红色出版史研究的三个维度》。

《毛泽东邓小平理论研究》2022 年第 5 期发表邹卫韶《“开篇之作”与“首要问题”——剖析毛泽东对〈中国社会各阶级的分析〉文本修改的深刻内涵》

6 月

8 日

“人格的力量——中国共产党人的家国情怀”在国家博物馆展出。

24 日

庆祝中共唐山地方组织成立 100 周年暨李大钊与党的建设学术研讨会在

河北唐山召开。

本月(6月)

《中国共产党历史自信从哪里来》由人民日报出版社在北京出版发行。

《中国共产党的一百年》由中共党史出版社在北京出版发行。

《党的文献》2022年第3期发表任牧《共产国际执委会的中国籍委员"张凯"是谁?——兼谈张太雷在青年共产国际二大当选执委一说》。

7月

1日

首届北大红楼与伟大建党精神学术研讨会在北大红楼召开。

红色足迹——中国共产党党章历程展在武昌农讲所展出。

强国有我逐梦航海:庆祝中国共产主义青年团100周年特展在中国航海博物馆展出。

庆祝中国共产党成立101周年交响音乐会在中国共产党历史展览馆奏响。

2日

"中共创建与伟大建党精神"学术研讨会在浙江嘉兴召开。

15日

"弘扬伟大建党精神,奋进新时代新征程"学术研讨会在中共一大会址纪念馆召开。

《中国社会科学报》第5版刊登忻平、姜楠的《从红色文献看伟大建党精神》。

21日

第六届"中国共产党的创建与上海"学术研讨会在中共一大会址纪念馆召开。

上海市纪念首部党章通过100周年座谈会在上海召开。

23日

"百年辅德里 奋进新时代"——纪念中国共产党首部党章通过100周年学术研讨会在上海展览中心召开。

24日

《第一部〈中国共产党章程〉通过一百周年》纪念邮票首发式在上海友谊会堂举行。

本月(7月)

《中国共产党全国代表大会档案文献丛书》(13卷)由中共党史出版社在北京出版发行。

《伟大的起点:中国共产党是这样创立的》由上海人民出版社在上海出版发行。

《中国共产党上海历史第一卷(1921—1949)》由中共党史出版社在北京出版发行。

《中国共产党早期报刊与马克思主义在上海的传播》由光明日报出版社在北京出版发行。

《百年征程——中国共产党坚守初心之路》由人民出版社在北京出版发行。

《新中国成立前马克思传记重要文本研究——以李季著〈马克思传〉研究为中心》由中国社会科学出版社在北京出版发行。

《开端:中国共产党成立述实》由吉林人民出版社在长春出版发行。

《河南大学学报(社会科学版)》2022年第4期开辟"编辑学视野下的《新青年》"专题研究(5篇)。

《北京大学学报(哲学社会科学版)》2022年第4期发表孙来斌《马克思主义在东方早期传播的历史逻辑》。

《理论学刊》2022年第4期发表邱华宇《马克思主义传播起始阶段与中国传统文化的结合——以〈马藏〉第1部第1—8卷为考察对象》。

8月

1日

不爱红装爱武装——纪念武汉中央军事政治学校女生队成立95周年特展在武汉中共中央机关旧址纪念馆展出。

6日

"常州三杰与马克思主义中国化"学术研讨会在江苏常州召开。

12日

"马克思主义在中国早期传播"学术研讨会在山东荣成召开。

15日

"中国共产党与百年中国"学术研讨会在山东济南召开。

17日

蒋先云革命实践与弘扬伟大建党精神学术研讨会在湖南新田召开。

23 日

“伟大的握手”——孙中山与李大钊会晤百年纪念展在孙中山故居纪念馆展出。

25 日

启航——中华全国总工会在广州图片展在武昌农讲所展出。

28 日

纪念张闻天同志诞辰 122 周年座谈会在张闻天故居召开。

本月(8 月)

《信仰的力量:金华早期共产党人的初心和使命》由东南大学出版社在南京出版发行。

《寻找“主义”:五四时期恽代英的政治思想转型》由人民出版社在北京出版发行。

《历史研究》2022 年第 4 期发表王毅《主义、组织与群众:中国共产党成立初期的特质》。

《党的文献》2022 年第 4 期发表李颖《党的二大与党的自身建设》。

《广东党史与文献研究》2022 年第 4 期发表曾景忠《中国社会主义青年团 1920 年创立辨析》。

《广东党史与文献研究》2022 年第 4 期发表李天华、郭广迪《马克思主义政治经济学在中国的早期传播——以〈一个马克思学说的书目〉为视角》。

9 月

3 日

中共一大会址纪念馆建馆 70 周年。

初心照耀——中共一大会址纪念馆建馆 70 周年纪念展在中共一大会址纪念馆展出。

信仰的力量——馆藏中国共产党文献特展在浙江省博物馆展出。

5 日

“毛泽东党建思想及在株洲的早期革命实践”学术研讨会在湖南株洲召开。

11 日

党章专题片《永远的旗帜——百年党章的红色历程》在上海广播电视台纪实人文频道播出。

19 日

中共一大纪念馆形象宣传片完整版首发。

29 日

光明摇篮 精神之源——迎二十大上海红色文物史料展在上海市历史博物馆展出。

本月(9 月)

《复兴文库》由中华书局在北京出版发行。

《中国共产党第一次全国代表大会档案文献选编》由中共党史出版社在北京出版发行。

《中国共产党重要文献汇编》(1—12 卷)由人民出版社在北京出版。

《新中国成立前马克思主义传播文献续编》由上海科学技术文献出版社在上海出版发行。

《从五条脉络看百年党史》由当代中国出版社在北京出版发行。

《中共创建史研究》2022 年第 6 辑刊登李丹阳、刘建一《〈救国日报〉载建党人物轶文和有关报道选编》。

《中共创建史研究》2022 年第 6 辑刊登曹典、徐迟《有关 1920 年初陈独秀南下上海相关问题的考证》。

《大学图书馆学报》2022 年第 5 期发表吴冕《北京大学马克思学说研究会史实新探——以“亢慕义斋”的藏书与编译为中心》。

10 月

1 日

”以史为鉴 开创未来——党的一大到十九大“主题展在八七会议会址纪念馆展出。

14 日

“书生壮烈林可彝”——中共早期伟大的马克思主义者林可彝旧居展陈在林可彝故居展出。

16 日

中国共产党第二十次全国代表大会召开。

18 日

“光辉的历程——中国共产党一大到二十大”主题展在福建船政交通职业学院展出。

19日

中国共产党国际形象网宣片《CPC》在人民日报客户端播出。

本月(10月)

《党的文献》2022年第5期发表中共南京市委党史办、东南大学团委联合课题组《俄藏毛泽东参加青年团二大相关史料考》。

《社会主义研究》2022年第5期发表陈红娟、林飞《文化视域中马克思主义的出场语境与思想内嵌(1919—1923)》。

11月

5日

“新时代与新青年:上海红色基因传承学术研讨会”在中共四大纪念馆召开。

11日

抓铁有痕铸党魂——中国共产党早期纪律建设史料展在中共四大纪念馆展出。

28日

2022年度浙江省博物馆学会纪念馆专业委员会年会暨“南湖红船与伟大建党精神”学术研讨会在浙江嘉兴召开。

本月(11月)

《近现代马列主义文献汉译出版》由中华书局在北京市出版发行。

《近代史研究》2022年第6期发表孙会修《中国共产党早期发展策略转换与群众性政党的成长》。

《中国社会科学》2022年第11期发表孙代尧、路宽《探寻中国马克思主义的思想史源头》。

12月

15日

“信仰的力量——红色文献里的初心使命”主题展在南湖革命纪念馆展出。

16日

“红色江南——长三角党史纪念地巡礼”展览在苏州革命博物馆展出。

26日

“初心永驻 使命相继——建党精神 延安精神 红旗渠精神”联展在中共一

大会址纪念馆、红旗渠纪念馆、延安革命纪念馆联合展出。

29 日

“中国共产党统一战线百年历史与经验”学术会议在中央社会主义学院召开。

《中国社会科学报》发表李昕皓《〈共产党宣言〉在中国的翻译与传播》。

30 日

“百年前北大学术纪念展 1922”线上展在“北京大学图书馆”微信公众号云展出。

31 日

习近平总书记发表二〇二三年新年贺词。

本月(12 月)

《〈帝国主义论〉的汉译传播研究》由华中师范大学出版社在武汉出版发行。

《历史研究》2022 年第 6 期发表欧阳军喜《中国共产党对马克思主义中国化的早期探索》。

《党的文献》2022 年第 6 期发表黄光秋《中国先进知识分子与马克思列宁主义同中国工人运动的结合——中国共产党创建史研究的一个重要视角》。

《党史研究与教学》2022 年第 6 期发表宋妍婧《关于中共一大闭幕日期若干史料的补充及分析》。

沉痛哀悼、深切缅怀本刊顾问萧甡先生

著名党史专家、中国人民解放军国防大学教授、中国中共党史学会特约研究员、中国共产党创建史研究中心特约研究员萧甡先生于2024年1月30日9时许，因心脏病在京去世，享年88岁。

萧甡，1937年出生，天津市人。1962年毕业于北京大学历史系。1993年起享受政府特殊津贴。从事党史教学和研究工作近60年，有着深厚的研究造诣和治学经验。参编和主编著作23部，发表专著4部、论文170余篇，累计570余万字。著有《中国共产党的战略策略(1921—1949)》(主编之一)、《最后的决战》(主编)、《中国共产党会议概要》(主编之一)、《两种命运的决战》(二人合著)、《中国共产党的创建》、《中共党史百人百事》、《锋芒初露：中共早期军事活动纪实(1924—1927)》等。

萧甡先生在世时担任本刊的顾问，为本刊提供学术支持和指导，对本刊的发展做出重要贡献。感恩萧甡先生多年来对湖北大学党史研究的支持。萧甡先生的逝世是党史学界的重大损失，深切缅怀萧甡先生，先生千古！

后　记

《马克思主义在中国早期传播研究年度报告》是由田子渝教授策划、湖北大学马克思主义学院、湖北大学马克思主义早期传播研究中心组织年轻的博士教师团队集体编写的丛书。《年度报告．2022》承接《马克思主义在中国早期传播研究年度报告．2021》，为该系列丛书的阶段性成果，后续将逐年出版《马克思主义在中国早期传播研究年度报告》。

《年度报告．2022》编辑部成员具体分工如下：

田子渝：策划、审稿、求实篇（约稿）。

易振龙、徐信华：主编、审稿。

高静：本辑执行主编、综述、著作目录、重要著作文摘。

金姣：审稿、学术研讨会、博物馆纪念馆展览、文学艺术纪念活动与作品、影视作品、求实篇、大事记。

王千迁、侯晗倩：报刊论文目录、论文文摘。

黄首禄：硕博论文目录、硕士论文文摘、博士论文文摘。

潘婷：撰写悼文《沉痛哀悼、深切缅怀本刊顾问萧甡先生》。

张晶晶：整理文摘目录。

由于我们掌握的资料和研究水平有限，难免出现错漏和不足，敬请专家学者和广大读者批评指正。

2024年3月

征稿启事

1.《马克思主义在中国早期传播研究年度报告》是湖北大学马克思主义学院、湖北大学马克思主义早期传播研究中心主办的专业学术史文集，国内统一公开发行。

2. 本年度报告坚持唯物史观，提倡实事求是的学风和踏实严谨的文风，充分反映每年度已发表的马克思主义早期传播史和中共创建史的原创性研究与最新成果。

3. 欢迎马克思主义早期传播史和中共创建史研究的新成果、新史料、学术争鸣的文章投稿。稿件按照学术标准取舍，一般在1万字以内，一个月内没有收到稿件录用通知，请自行处理。本年度报告不收取任何费用，稿酬从优。

4. 稿件文责自负。

地址：湖北省武汉市武昌区友谊大道368号，邮编430062

邮箱：zqcbyj@163.com

图书在版编目（CIP）数据

马克思主义在中国早期传播研究年度报告．2022 / 湖北大学马克思主义学院，湖北大学马克思主义早期传播研究中心编．-- 武汉 ：长江出版社，2024. 7. -- ISBN 978-7-5492-9571-5

Ⅰ．D61

中国国家版本馆 CIP 数据核字第 20248QV372 号

马克思主义在中国早期传播研究年度报告．2022

MAKESIZHUYIZAIZHONGGUOZAOQICHUANBOYANJIUNIANDUBAOGAO.2022

湖北大学马克思主义学院 湖北大学马克思主义早期传播研究中心 编

责任编辑： 李海振
装帧设计： 刘斯佳
出版发行： 长江出版社
地　　址： 武汉市江岸区解放大道 1863 号
邮　　编： 430010
网　　址： https://www.cjpress.cn
电　　话： 027-82926557（总编室）
027-82926806（市场营销部）
经　　销： 各地新华书店
印　　刷： 武汉市首壹印务有限公司
规　　格： 787mm×1092mm
开　　本： 16
印　　张： 30.5
字　　数： 510 千字
版　　次： 2024 年 7 月第 1 版
印　　次： 2024 年 8 月第 1 次
书　　号： ISBN 978-7-5492-9571-5
定　　价： 178.00 元